海权论

（插图典藏版）

［美］阿尔弗雷德·塞耶·马汉⊙著

欧阳瑾⊙译

台海出版社

图书在版编目(CIP)数据

海权论：插图典藏版 / (美)阿尔弗雷德·塞耶·
马汉著；欧阳瑾译 . -- 北京：台海出版社，2017.2
（2022.7重印）
ISBN 978-7-5168-1276-1

Ⅰ.①海… Ⅱ.①阿… ②欧… Ⅲ.①制海权-研究
Ⅳ.① E815

中国版本图书馆CIP数据核字 (2017) 第030707号

海权论：插图典藏版

著　　者：（美）阿尔弗雷德·塞耶·马汉　　译　者：欧阳瑾

责任编辑：刘　峰　　　　　　　　　　装帧设计：同人阅文化传媒·书装设计
版式设计：同人阅文化传媒·书装设计　　责任印制：蔡　旭

出版发行：台海出版社
地　　址：北京市东城区景山东街 20 号　　邮政编码：100009
电　　话：010 - 64041652（发行，邮购）
传　　真：010 - 84045799（总编室）
网　　址：www.taimeng.org.cn/thcbs/default.htm
E-mail：thcbs@126.com

经　　销：全国各地新华书店
印　　刷：香河县宏润印刷有限公司
本书如有破损、缺页、装订错误，请与本社联系调换
开　　本：710mm×1000mm　　　　　　　1/16
字　　数：419 千字　　　　　　　　　印　张：22
版　　次：2017年5月第1版　　　　　　印　次：2022年7月第4次印刷
书　　号：ISBN 978-7-5168-1276-1
定　　价：45.00 元

前　言

本书有着一个确切的目标，那就是具体地根据海权对历史进程的影响，来审视欧洲和美洲的概史。史学家们通常都不熟悉海洋的情况，他们对海洋既无特殊兴趣，也无专业知识；因此，海权对于一些重大问题所起的深刻而具有决定性的影响，往往就被他们忽略了。对于某些具体战例与海权总体的发展趋势而言，具体战例甚至更符合这种情况。泛泛而谈，说利用和控制海洋是而且一直是世界历史的一个重要因素，做到这一点并不难；但找出并说明它在某一具体时刻的准确影响，却要棘手得多。然而，不这样做的话，我们对海权整体重要性的认可，就是含糊而空洞的；因为我们本来应当是以一系列特定的、清晰地显示出海权准确影响的战例为基础，并且在分析了某一给定时刻的形势之后，才能进行此种认可的。

从英格兰民族的两位史家身上，即可以看出人们忽视海上力量影响历史事件的这种古怪倾向——英格兰民族之伟大，比其他任何民族都更可归因于海洋。阿诺德在其《罗马史》中曾说："历史已经见证过，有两位最重要的个人天才，曾经与两个伟大国家的资源和制度进行斗争；而在这两次斗争中，最终都是国家获胜。汉尼拔与罗马斗争了17年，拿破仑与英国斗争了16年；前者付出了努力，却

阿诺德（Thomas Arnold, 1795～1842）。英国近代教育家，著有《罗马史》和其他一些布道作品，其子马修·阿诺德（Matthew Arnold）为著名诗人和评论家。

西庇阿（Publius Cornelius Scipio Africanus，公元前236～前184？）。古罗马统帅和政治家，生于贵族家庭，公元前205年开始担任执政官，后因罪引退并死于流放途中。他因在扎马战役中打败了汉尼拔而获称"征服非洲的西庇阿"，或称"大西庇阿（Scipio the Elder）"，以区别于家族中的其他人。

威灵顿公爵（Arthur Wellesley，1769～1852，获封第一任威灵顿公爵）。英国政治家、军事家和外交家，拿破仑战争时期的英军将领，后为英国第21任首相，人称"铁公爵"。他也是历史上唯一一位获得7国（英国、法国、沙皇俄国、普鲁士、西班牙、葡萄牙、荷兰）元帅军衔的人。

在扎马[1]折戟，而后者则在滑铁卢败北。"爱德华·克里西勋爵在引用了这种说法之后，又进一步说："然而，这两场战争相似性当中的一点，却并未得到充分的强调；那就是，最终击败了这位迦太基伟人的罗马将军，与最终给予法兰西皇帝以致命一击的那位英国将领之间，具有显著的相似性。西庇阿与威灵顿二人，虽说都曾身居高位数年，却都根本没有到过主战场。而二者主要的军事成就，也是在同一个国家取得的。西庇阿在西班牙时，跟威灵顿公爵一样，是在相继遭遇并且打败了敌人差不多所有的下级将领之后，才去面对敌军主帅或征服者本人的。西庇阿与威灵顿公爵二人，都在同胞遭遇了一系列挫折而产生动摇之后，重新让这些同胞恢复了对本国武装的信心，并且二者都是通过彻底而压倒性地击败了敌人的精兵强将，从而结束了一场旷日持久、危险可怕的战争。"

不过，这两位英国人都没有提及一种更为显著的一致性，那就是：获胜的一

---

[1] Zama：扎马。北非古城，位于迦太基西南部。公元前202年，古罗马将领西庇阿在此击败迦太基将领汉尼拔，使之成为了结束第二次布匿战争（Bella punica，指古罗马与古迦太基之间的战争，共进行了3次）的古战场。

帆船时代的战舰

方控制了海洋。罗马人控制了水上，迫使汉尼拔不得不经由高卢进行遥远而危机四伏的行军，从而令其手下身经百战的部队损失过半；这也使得大西庇阿既能够让军队从罗纳河沿河而上前往西班牙，以切断汉尼拔的交通运输，同时还能亲自返回来，在特雷比亚面对入侵者。在整个战争期间，罗马军团都是经由水路，不受袭扰且毫不疲惫地往来于西班牙和意大利之间，可西班牙本来却是汉尼拔的大本营；而梅陶罗决战，则取决于罗马国内的军队对哈斯德鲁巴[1]与汉尼拔所率军队的态度，且最终原因还是在于汉尼拔的这位弟弟无法从海路带来援兵，只能经由高卢的陆路对其进行增援的事实。在如此关键的时刻，迦太基的两支军队却被长长的意大利分割开来，于是其中一支就被罗马将领们联合起来消灭了。

另一方面，研究海军的历史学家们，却又很少努力去了解普通历史与他们所研究专题之间的联系，通常都只让自己成为海军历史事件的简单记录者。对于这一点，法国史学家的情况并不像英国的史学家那样绝对；因为法兰西民族的天赋和法国史学家所受的训练，使得他们能够更加细心地去探究特定事件的前因后果，以及各个事件之间的相互关系。

然而，据笔者所知，还没有哪一部著作阐述了此处我们所要探究的这个特

---

[1] Hasdrubal：哈斯德鲁巴（公元前270～前221）。迦太基将领，汉尼拔的二弟。

美国革命

殊目标；也就是说，评估海权对历史进程和各国繁荣的影响。由于其他历史科目在研究战争、政治以及各国的社会与经济状况时，对海洋事件都只会顺带涉及，并且通常都是淡然置之，所以本书之目标，便是将海洋利益推向前台，但又不将它们与普通历史的因果环境割裂开来，而是力图表明它们如何改变了普通历史的因果环境，以及它们是如何被普通历史的因果环境所改变的。

本书所选的时间段，是从具有显著特征的帆船时代已然开始的1660年，到美国革命结束时的1783年。虽说维系接连发生的那些海洋事件的普通历史线索都被人们有意地忽略掉了，但本书还是想努力为它们呈现出一个清晰而不失准确的轮廓来。作为一名对自己的职业深有感触的海军军官，笔者在写作本书时，会毫不犹豫、自由自在地去探究那些与海洋军事政策、战略以及战术相关的问题；不过，本书略去了一些太过专业的术语，寄望这些简单平实地呈现出来的事情，能够引起非专业读者的兴趣。

阿尔弗雷德·塞耶·马汉
1889年12月

目 录

导　论

　　海权之历史，虽说绝非全部，却也在很大程度上，是一种对于国家间你争我斗、相互竞争以及以战争而告终之暴力的记述。在人们还没有揭示出控制海上贸易增长与繁荣的真正原则之前，海上贸易对于各国财富与实力所产生的深远影响，就早已清晰地显现出来了。为了确保所属民族能够占有此种利益中超过其应得的份额，各国都会不遗余力地排斥其他国家，要么是通过和平的立法途径，用垄断或者禁止性条例，要么便是在立法途径失败之后，直接动用武力。利益冲突，即为了多占有贸易利益份额、为了多占有远方那些归属未定的商业地区——就算不是为了全部占有——而发生冲突，会激发冲突双方的愤怒之情，从而引发战争。另一方面，那些因为其他缘故而引发的战争，其进程与结果也受到了海洋控制权的极大影响。所以，海权的历史，既涵盖了某一民族试图在海洋上或者通过海洋来变得强大的所有行为，同时在很大程度上也是一种军事史；因此下文所涉及的，虽说并非全部，但主要还是军事这个方面的内容。

　　许多伟大的军事领袖都曾告诫我们，像本书这样来研究过去的军事史，对于在未来形成正确的军事思想，对于在未来熟练地进行战争，都是至关重要的。拿破仑曾从尚不知火药为何物的亚历山大大帝、汉尼拔和恺撒等人所进行的战争中，为手下那些有所抱负的士兵指定了一些必须加以研习的战役；而专业的史学家们实际上也一致认为，虽说随着武器的发展，战争的许多情况世世

亚历山大大帝

汉尼拔

恺撒

代代都不相同，但历史这所学校中还是有着某些亘古不变的教训，它们得到了普遍的应用，因而能够被提升到一般原理的高度。我们也会发现，出于同样的原因，尽管在过去的半个世纪中，科技的进步和引入蒸汽动力已经使得海军的武器装备发生了巨变，但通过阐述海上战争的一般原则来研究过去的海权历史，还是很有教育意义的。

因此，批判性地研究帆船时期海上战争的历史与经验就更加必要了；尽管这些历史与经验为目前的海战提供了可以应用与颇有意义的教训，但汽船时代的海军，迄今为止还没有名垂史册，也没有什么具有决定性意义的战争经验可供引述。对于帆船时期的海战，我们有着许多的经验性知识；而对于汽船时代的海战，我们却几乎一无所知。因此，关于未来海战的诸多理论，差不多完全都是假定性的；尽管人们已经试着通过仔细研究汽船舰队与有着悠久历史且众所周知、以桨驱动的桨帆船队之间的相似之处，来给这些理论以更加坚实的基础，但我们最好还是不要陶醉于这种类推的方法，除非此种方法得到了彻底的验证。二者之间的这种相似性，实际上绝非只是表面上的。汽船与桨帆船的共同特征是，它们都能够不依赖于风向，能够转向自如地航行。这种能力，使得此类船舶与帆船有了根本性的区别；因为后者在有风的时候，只能沿着数量有限的一些航线航行，而若是无法沿着这些航线航行，它们就只能在原地打转了。不过，虽说观察相似之处很明智，但寻找相异的方面也是很可取的；因为当我们的想象力全都沉迷于探究事物的相似点——这是一种最令人愉快的精神追求——时，倘若新发现的相似物中出现什么不一致的地方，我们就极容易失去耐心，从而可能忽视或者不愿承认这种不一致。因此，桨帆船与汽船虽说发展情况并不相同，但都有着上述共同的特征；不过，它们之间至少也有着两点不同，而在桨帆船的历史中寻求与汽船相似的作战教训过程中，我们必须始终记住其差异与相似点，否则我们可能会得出错误的推论。在航行的时候，桨帆船的动力会不可避免地迅速下降，因为这是一件相当累人的工作，人力不可能长久坚持，所以桨帆船只能持续进行有限时间的战术运动[1]；再则，桨帆船时代所用的攻击性武器非但射程短，而且差不多完全属于短兵相接式的武器。这两个条件，几乎不可避免地导致了交战双方的相互袭击，但也不乏巧妙地攻击或夹击敌舰的方法，然后才是短兵相接的混战。就是在这种袭击和混战当中，人们对于目前海军那种可敬的、甚至是卓越的观点达成了一种重大的共识，从而发现了现代海军武器所导致的必然结果——即一种"唐尼布鲁克集市"[1]式的局面；正如混战历史所表明的那样，在此种局面中，我们是很难分清谁是敌

---

[1] Donnybrook Fair：唐尼布鲁克集市。指1885年以前，曾经在爱尔兰都柏林东南郊唐尼布鲁克市所举办的、以酒色殴斗著称的一种一年一度的集市。

人谁是友军的。无论这种观点的最终价值如何,我们都不能仅凭桨帆船与汽船能够在任何时候直接进逼敌人、并且在船头装上金属撞角这一事实,而不顾桨帆船与汽船的差异,就说这种观点有了历史基础。到目前为止,这种观点还只是一种假设,我们不妨等到经过战斗验证、进行了进一步的阐述之后,再来做出最终的判断。在此之前,还是可以存在与之相对立的观点的——即对于数量相等的舰队来说,发生那种基本上无需战术的混战,并不是如今这个时代利用精巧而强大的武器所能取得的最佳结果。一位舰队司令越有把握,其舰队的战术发展得越完善,其手下的舰长们越称职,他就必然会越不愿意去与数量相等的敌军展开混战;因为这样一来,所有的这些优势便会付之东流,谁占上风全凭运气,而他手下的舰队就会跟那种以前从未集中作过战的一群乌合之船没什么两样了[2]。至于何时适于混战或者不适于混战,历史上是有着许多教训的。

　　桨帆船与汽船虽说有着显著的相似之处,但在其他许多重要的特点上,它们却各具差异;由于这些重要特点并不是全都非常明显,因此我们都较少重视它们。相反,对于帆船而言,其显著特征却是它们与更为现代化的船舶之间的差异;虽说二者之间也存在相似之处,且这些相似之处也不难发现,但由于它们并不是很明显,因而我们同样也较少留意。这种印象,因帆船相比于汽船来说能够依赖风向而显示出全然不如汽船的这种感觉强化了;忘掉这一点,就像帆船在与其对手作战的时候那样,那么其中的战术教训就是正确的了。桨帆船从未在风平浪静的时候无法行动,因此才在我们这个时代受到了比帆船更多的敬重;不过,帆船还是取代了桨帆船,并且直至采用蒸汽动力之前,一直都保持着霸主的地位。能够从远距离击伤敌人,机动时间不受限制且不会让船员

西班牙无敌舰队是帆船时代的代表

们累得筋疲力尽，大部分船员能够去控制攻击性武器而不是去划桨——这些本领，是帆船和汽船的共同特征；并且从战术上来考虑，它们起码也像桨帆船能够在无风情况下航行或者能够逆风行驶的本领一样重要。

在探究相似之处的过程中，我们都有一种倾向：不但会忽视有所差异的地方，还会夸大其相似之处——从而使得这种相似之处显得非常奇怪。我们可以这样来考虑，指出：正如帆船装有射程较远、相对穿透力较大的火炮，以及虽说射程较短、却会产生巨大粉碎性效果的大口径火炮那样，现代汽船也装备了远程火炮组和鱼雷组——鱼雷仅在有限的距离内才能发挥作用，而火炮则跟原来的一样，旨在利用其穿透效果。不过，这些无疑都属于战术方面的问题，必然会影响到舰队司令与舰长们的作战计划；因而这种类推就是事实，而非牵强附会。所以，帆船与汽船也都会希望与敌舰短兵相接——前者通过强行登船攻占敌舰，而后者则通过猛撞来击沉敌舰；对于这两种船舶来说，此种任务都是极其艰巨的，因为要想完成这一任务，就得让自己的舰艇处于战场的某个位置上，可在这一位置上，敌方却可以在大范围内的多个位置上，使用投射武器来攻击我方。

两艘帆船或者两支舰队根据风向而定的相对位置，涉及了绝大多数重要的战术问题，因此可能也是那个时代海军主要关注的问题。从表面上来看，似乎是由于这个方面对汽船来说变得无关紧要了，而这方面的历史教训也是毫无意义的，所以在目前的条件下不应当再进行什么类推。然而，倘若更加细致地考虑下风与"上风"[3]的一些显著特征，把注意力放在它们的基本特点上，而不去考虑那些次要细节的话，我们就会看出，这种想法是错误的。处于上风位置的显著特征是，能够想打就打、不想打就不打，并且反过来，还具有了在采取攻势时可以选择进攻方式的优势。当然，这种优势也伴随着某些弊端，诸如打乱战斗序列，会暴露在敌方斜向或纵向炮火的攻击之下，以及损失攻击用的部分或全部炮火等等——这一切，都会在逼近敌舰的过程中出现。而处于下风位置的船只或舰队则无法进击；倘若不想撤退，那么它的行动就只能是防御，只能是按照敌方的条件来被动作战。这种劣势，却会因保持战斗序列相对较易、可以进行持续炮击并令敌方一时无法还击的优势而得到弥补。从历史来看，这些有利或者不利的特点，在各个时代的进攻战和防御战中，都有着与之相对应和相类似的地方。进攻一方会冒着某些危险和劣势去接近并摧毁敌军；而防御的一方只要保持着防守态势，就不会贸然进击，就会保持着谨慎而有序的阵势，并且可以利用进攻者不得不暴露于我方炮火之下的机会。人们已经透过种种较小的细节，非常清楚地认识到了上风位置与下风位置的这些根本差异，所以英国人才通常选择上风位置——英国人的一贯政策，便是进攻和消灭敌人；而法国人则喜欢下风位置，因为他们这样做，往往能够在敌人逼近的过程中削弱敌军实力，并且往往还能够让自己避开决战，从而保存好己方的舰艇实力。除了极少数例外情况，法国人一向都认为海军作战的重要性不如其他军种，一向都不愿意为海军多花军费，故他们更愿意通过采取守势，只愿意击退敌军的进攻，以便充分利用好自己的舰队。出于这一原因，只要敌方表现得有勇无谋，法国人就会令人佩服地加以调整，巧妙地利用下风位置；不过，当罗德尼打算利用风向优势，非但要发动攻击，还想集中火力猛攻敌军防线一部的时候，其小心谨慎的对手基申伯爵却改变了战术。在双方3次作战行动的第一次中，法军处于下风位置；但意识到了罗德尼的目的之后，基申伯爵便利用风向优势，率领舰队进行了机动——不过其目的不是为了进攻，而是为了拒绝应战，为了只在能够按照自己意愿行事的情况下作战。所以，能够采取攻势或者能够拒绝应战，就不再取决于风向，而是取决于速度更快的那一方了；对于整支舰队而言，则不仅取决于每艘舰船的速度，还取决于它们在作战时的战术一致性。自此以后，那些速度最快的舰船就会占据上风位置了。

罗德尼（George Brydges Rodney, 1719～1792）。英国军事家、海军上将，获封罗德尼男爵一世（1st Baron Rodney）。1780年4月7日，他率英国舰队与基申伯爵所率法国海军在马提尼克岛（南美加勒比海地区的一个法国殖民地）海域发生海战。

因此，既从帆船的历史、又从桨帆船的历史中寻求有益的教训，并不像很多人所认为的那样，并非只是一种徒劳无用的期望。这两种船只，与现代舰艇既有类似之处，也有根本性的差异，使得我们不可能将这些舰船的战斗经历或战斗模式，当成可以沿用的战术先例。不过，先例与基本原则并不相同，也不如基本原则那样有价值。前者可能原本就是有瑕疵的，或者可能在环境改变之后并不适用了；后者则植根于事物的本质当中，并且在应用的时候，无论因环境改变而有多么的变化无穷，它都会保持着某种标准，而我们在战斗中，则必须遵照这一标准才能获胜。战争中的确存在着这样一些基本

基申伯爵（Comte De Guichen, 1712～1790），法国军事家，海军上将。在马提尼克岛海战中，率法国海军和英国舰队交战，双方不分胜负。

原则；前人的研究已经揭示了它们的存在，无论获胜抑或失败，这些原则世世代代都是一样的。作战环境与作战武器都会变化；而为了应对作战环境，或者成功地运用好作战武器，我们就必须遵守那些大规模战争中属于临场战术或战略范畴的那些亘古不变的历史教训才行。

　　然而，正是在这些范围更广泛、涵盖了整个战场的战争中，正是在可能覆盖了全球大部分区域的海战中，这些历史教训有着一种更为明显、也更为恒久的意义，因为它们的战争环境更为恒定。虽说战场范围可能或大或小，作战困难可能或显著或不显著，交战双方的军队可能或强大或不强大，必要的战术运动可能或容易或不容易，但这些情况都只是范围或程度上有差异，而不是类别上有差异。虽然随着蛮荒为文明所取代，随着交通方式越来越多，随着道路开辟、河流架桥、粮食资源增加了，作战也变得更加容易、更加快捷、范围更加广泛了，但是作战时必须遵循的那些基本原则，却依然如故。徒步行军为马车运送部队所取代，而马车运送又被铁路运送所取代之后，行军距离就大大增加了，或者，假如您愿意那样说的话，就是行军时间缩短了；但决定部队在哪里集结、部队向哪个方向运动、进袭敌人哪个部分和保护交通要道这些基本原则，却并未改变。所以，在海上，从桨帆船小心翼翼地在港口之间潜行，到帆船大胆出航至天涯海角，从帆船再到我们现在的蒸汽轮船，这种进步在增加了海军的作战范围和速度的同时，并没有必然地改变了指导海军作战的那些基本原则；而之前我们引述过的、2300多年前赫莫克拉提斯所说的话，也蕴含了一种正确的战略规划，其基本原则在如今与当时并无两样，仍然可加以应用。在

赫莫克拉提斯（Hermocrates，公元前5世纪～公元前407年）。伯罗奔尼撒战争中雅典城邦发动西西里远征时期的一位将军，也是柏拉图晚期的对话集《蒂迈欧》（Timaeus）和《克里提亚斯》（Critias）中的人物。

豪勋爵（Richard Howe, 1726～1799）。英国的军事家、舰队司令，曾任海军大臣，获封第一任豪伯爵。他既是一位才能卓异的海军指挥官，也是一位较有远见的政治家。

圣文森特勋爵（Lord St. Vincent, 原名John Jervis, 1735～1823）。英国海军司令、国会议员，曾指挥舰队参加了"七年战争"、美国独立战争等多次战争。1797年，他在圣文森特角海战中取胜，从而声名大噪，并获封第一任圣文森特伯爵。

纳尔逊（Horatio Nelson, 1758～1805）。英国海军指挥官、军事家，以杰出的领导才能与非常规战术著称，曾获数次海战大捷，1805年死于特拉法尔加海战。

与敌方部队或舰队发生接触之前（这样说，可能要比其他区分战术与战略的说法要更好），有许多问题需要进行决断，它们涉及贯穿了整个战场的整体作战计划。其中包括：海军在战争中应当发挥的正确作用；海军的真正目标；海军应当集结的一处或多处地点；燃煤和军需补给站的建立；这些补给站与国内大本营之间交通补给线的维护；贸易破坏战作为一种决定性的或者辅助性的作战行动，具有什么样的军事意义；最有效地进行贸易破坏战的方法，是用分散的巡洋舰呢，还是有效地控制商船所必经的某一重要的航运中心。所有这些都属于战略问题；而关于这些问题，历史上也有着诸多的经验可循。近来，英国的海军界进行了一场很有意义的讨论，评价了豪勋爵和圣文森特勋爵这两位伟大的英国海军司令在英法战争中部署海军时各自所定政策的相对贡献。这个问题纯粹是战略性的，并非只有历史价值；如今这一问题则具有至关重要的意义，而决策所依赖的那些基本原则，在如今和当时都是相同的。圣文森特勋爵的政策使得英国免遭入侵，而在纳尔逊及其同行海军将领的执行下，又直接导致了特拉法尔加海战那次大捷。

　　尤其是在当时的海军战略领域，过去的经验教训有着不可抹杀的意义。这些教训，非但具有示范基本原则的作用，还因为环境的相对稳定性而具有先例的作用。对于战术而言，当战略考量使得双方的舰队狭路相逢的时候，这一点却没有那样明显了。人类不安于现状，一直都在进步，使得武器不停地更新换代；随之而来的，则必然是作战方式的不断改变，即在战场上排兵布阵、部署舰船的方式在不断地发生着改变。这样一来，许多研究海洋问题的人就产生了一种倾向，认为研究过去的经验教训带来不了什么益处，认为这样做是在浪费时间。虽说这种观点很正常，但它不仅全然忽视了那些显著的战略考量——正是这些战略上的考量，既使得各国都纷纷建造舰队、控制着各国的作战范围，也改变了、并且仍将继续改变世界的历史；而且，即便是从战术上来看，这也是一种片面而狭隘的观点。在作战时，过去是获胜还是失败，取决于是否遵照战争的基本原则去作战；而那些仔细研究获胜或失败原因的海军人士，则不仅会发现并逐渐吸收这些基本原则，还会提高自己的能力，使之能够在战术性地运用自己所处时代的舰船和武器的过程中，应用这些基本原则。这些人还会发现，战术不仅随着武器的改变而改变——此种情形是必然的——而且这些变化之间的时间跨度都很久。这种情况无疑是因为，武器的改良在于一两个人的力量，而战术上的改变则必须克服整个保守阶层的惰性才行；这种惰性，正是一种巨大的弊端。只有通过坦诚地认识到每一种变革，通过仔细研究新舰艇、新武器的长处与局限，并且采取相应的办法，根据形成其战略的特性来对它们加以利用，才能纠正这一弊端。历史业已表明，虽说不要指望军人经常会不遗余力地来这样做，但那些这样做了的人，在战场上都会获得巨大的优势——这种教训，本身就具有极大的价值。

莫罗盖（Sébastien-François Bigot, Vicomte de Morogues，1706~1781）。法国炮兵专家和海军战术家，著有《海军战术》（Tactique navale）一书。

因此，如今我们可以接受法国战术家莫罗盖的训导了。他在125年前曾这样写道："海军之战术，乃是以其主因——即武器装备——可能发生变化之前提为基础；此种主因，转而必然导致船舶结构、操作方法发生改变，并因而最终使得舰队之部署与调遣发生改变。"他还进一步指出，"此非一种以绝对不变原则为基础之科学"，但这一说法却更易招来人们的批评。更恰当一点的说法应当是，对海军战术基本原则的应用，会随着武器装备的改变而不断改变。而应用这些基本原则时，在战术上无疑也是时常变化着的，只不过这种变化要小得多罢了，所以认识到这些基本原则也要容易得多。他的这一说法，

尼罗河河口之战（The Battle of the Nile）。英、法两国海军于1798年8月1日至2日在尼罗河河口附近发生的一次海战，以英军获胜告终。它是法国大革命战争中最重要的一次海战。由于战斗发生处为阿布基尔湾（Aboukir Bay），故此役又称"阿布基尔湾海战"。

对于我们论述的主题非常重要，从而让我们可以从历史事件中获得某些实例。

1798年的尼罗河河口之战，不仅是英国海军对法国舰队一次压倒性的胜利，还对摧毁法国与位于埃及的拿破仑所率军队之间的交通补给产生了关键性的影响。此战中，英国海军司令纳尔逊为世人提供了一个极为杰出的"大战术"战例——假如可以这样说的话——正如"大战术"的定义所指出的那样："在战前与战中都充分组合的艺术。"特殊的战术组合，取决于如今已经不再存在的一种前提，即舰队中处于下风位置且已泊锚的船只，无法在处于上风位置的舰船被摧毁之前赶去救援；但是，此种战术组合的基本原则——即选择敌方战斗序列中最难施以援手的部分，用优势兵力加以攻击——却并未过时。海军司令杰维斯在圣文森特角之战中，以15艘舰船对阵敌方的27艘战舰并取得了胜利，遵循的正是相同的原则，只是在此役中，敌方的舰船并非停泊着，而是在航行中。然而，人们的思维却具有定式，他们对于环境无常的印象，似乎比对支配环境的基本原则更为深刻。与此相反，在纳尔逊获胜而对此次战争所产生的战略效果当中，涉及的基本原则却不但容易看出，还能让我们马上就明白，这一原则可以应用到我们所处的这个时代来。埃及战事中哪方获胜的问题，取决于能否让此处与法国之间的交通补给保持畅通。尼罗河河口大捷，摧毁了本可确保补给畅通的法国海军，从而决定了法国的最终失败；而我们马上

维尔纳夫（Silvestre de Villeneuve, 1763~1806）。法国贵族、海军将领，在1798年的尼罗河河口之战中，他为一艘主力舰的舰长。此役中拿破仑的埃及远征军舰队被纳尔逊歼灭，只有维尔纳夫的这艘舰艇和其他3艘得以逃脱。而在1805年的特拉法尔加海战中，他指挥无方，使得所率的法、西联合舰队再度惨败于纳尔逊之手，而他本人也成了英军的俘虏。

也能看出，非但此次出击遵循的正是打击敌人交通补给线的原则，并且这一原则如今仍然有效；而在桨帆船、帆船与汽船时代，这条原则也是同样有效的。

尽管如此，人们还是怀有一种模糊的感觉，认为过去已被淘汰，从而轻视过去；再加上天生的惰性，所以即便是海军历史上那些非常明显、具有永久意义的战略教训，他们也看不到。比如说，有多少人，不会将属于纳尔逊司令荣耀巅峰、标志着其天才的特拉法尔加海战，看成只是一件异常宏伟的孤立事件呢？有多少人，问过自己这样一个战略性的问题："那些舰船如何正好处于那里呢？"又有多少人认识到了，此次海战是为时一年或更久的一部宏大战略戏剧所上演的最后一幕，是拿破仑与纳尔逊这两位历史上最伟大的领袖在这幕大戏中相互对垒呢？在特拉法尔加海战中，并非是维尔纳夫失利，

而是拿破仑战败了；也并非是纳尔逊赢了，而是英格兰得救了。为什么呢？这是因为，拿破仑的战术组合失败了，而纳尔逊的洞察力与积极性却让英国舰队一直追击着敌人，从而让舰队在关键时刻及时抵达了战场。特拉法尔加海战所用的战术，虽说在细节上容易招致批评，但其主要特征还是符合战争原则的，而战术上的大胆创新，也因当时形势紧急以及结果取胜而变得合情合理了；不过，此战最大的教训，是备战富有效率、执行积极有力，以及英军统帅在战前数月间的深思熟虑和洞察入微。它们都是战略意义上的教训；就其本身而论，这些教训如今对我们来说仍然是很有裨益的。

在这两个战例中，战事都是以自然而具有决定意义的方式结束的。我们还可以看一看第三个战例：在这个战例中，由于没有出现如此明确的结果，所以对于该不该采用那样的战略战术，人们可能就会众说纷纭了。在美国革命战争中，法国和西班牙在1779年结成了同盟，共同对抗英国。法、西联合舰队曾3次进击英吉利海峡，前线作战舰船一度达到了66艘；由于英军舰船数量远不及对方，所以英国舰队只得回港避战。此时，西班牙的最大目标就是夺回直布罗陀和牙买加；为了实现前一目标，对直布罗陀这个差不多固若金汤的要塞，法、

西同盟从海陆两个方面都尽了极大的努力。但这些努力，却全都无果而终。当时人们提出了一个问题——并且是一个纯粹的海军战略问题：如果控制英吉利海峡，进击即便是泊在港口里的英军舰队，用摧毁其贸易、进攻其本土来威胁英国，比起费劲得多地直接去进攻英帝国这处偏远而坚固的前哨基地，是不是会更有把握来收复直布罗陀呢？由于长期未受战争困扰，英国民众尤其担心外敌入侵；并且，倘若有力地动摇他们对于英国舰队的极大信心，就会让他们变得同等程度地泄气了。无论从哪个方面来判断，作为一种战略，这个问题都是很有利的；但这个问题，却是当时一位法国军官用另一种方式提出来的，这名军官支持大力攻取西印度群岛中一处可以用来与直布罗陀进行交换的岛屿。然而，尽管可能会为了保护家园和首都而屈从，但英国是不太可能因为外国占领了该国别的领土而心甘情愿地放弃进出地中海的这处门户的。拿破仑曾经宣称，他会在维斯瓦河沿岸夺回庞迪切里。倘若他能像1779年法、西联合舰队暂时所做的那样，控制住英吉利海峡，那我们还能不能怀疑，他会在英国的海滩上夺回直布罗陀呢？

为了让大家对于历史既启发我们去进行战略研究、又通过史实阐明了战争原则这一道理的印象更加深刻，我们还可以举出另外两个战例来；它们发生的时间，比本书专门研究的这一时期更为久远。东西列强中，在地中海地区有两个敌对的大国，其中一个在已知世界所建立的那个帝国正危若累卵；双方舰队数次狭路相逢，彼此之间相距像阿克提姆与勒班陀两地那样近——这种情况是

阿克提姆海战，发生在公元前31年，也是古代世界发生在地中海最重要的海战。罗马皇帝屋大维派著名海军统帅阿格里帕指挥400艘战舰，在希腊阿克提姆与安东尼对决，击溃安东尼和埃及艳后的联合舰队（480艘战舰）。此次海战成为安东尼与屋大维斗争的决定性战役。

勒班托海战。1571年，奥斯曼土耳其帝国的海军向欧洲发起进攻，西班牙联合罗马教廷、威尼斯组成联合舰队，与奥斯曼舰队在勒班托海角大战。奥斯曼土耳其帝国海军损失惨重，彻底失去了进军欧洲的能力。这场战役与查理曼大帝抵御摩尔人的多尔城战役并称为保卫天主教的两大战役。

怎样发生的呢？这是纯属巧合呢，还是由于出现了相同的条件并且可能再次重现呢？[4] 倘若属于后者，那么就值得研究，来找出其中的原因；因为，如果将来会重新崛起一个东方的海洋大国，就像安东尼或者土耳其帝国那样，那么所涉及的战略问题就是相似的了。的确，在如今看来，海上力量主要集中于英、法两国，它们似乎在西方占有绝对优势；但是，假如除了控制如今处于俄国手中的黑海盆地，有可能再占领地中海入口的话，那么，影响制海权的现有战略条件，就会全盘改变了。如今，倘若西方能够联合起来，一致对抗东方，则英、法两国马上就会像它们在1854年、英国独自于1878年所干的那样，直取黎凡特[1]，并且所向无敌；而一旦形势发生前面所提到的那种改变，那么东方国家就会像以前的那两次一样，向西方俯首称臣了。

在世界历史上一个值得注意的重要时期，制海权具有战略上的意义和重要性，但人们却并未充分认识到这种意义和重要性。如今，已经不可能再有人拥有全面而必要的知识，来详细地探究制海权对于第二次布匿战争[2]的结局所带来的影响了；不过，此次战争所遗留下来的迹象，仍然足以让我们断言：制海权是当时的一个决定性因素。要想对这一点形成一种准确的判断，仅仅掌握

[1] Levant：黎凡特。指地中海东部的西亚地区，包括埃及和希腊以东诸国和地区，故也译为"远东"或"东方"。

[2] Punic War：布匿战争。古罗马帝国与古迦太基之间为争夺地中海沿岸地区霸权而进行的3次战争，亦称迦太基战争。Punic一词，源于当时罗马人称迦太基为Punici。第一次布匿战争从公元前264年至公元前241年，第二次发生在公元前218年至公元前201年间，第三次则从公元前149年至公元前146年。其中，第二次布匿战争最为有名，当时迦太基一方的统帅即是汉尼拔。

第一次布匿战争。

第二次布匿战争。

第三次布匿战争。

某次特定战争业已清晰地呈现出来的一些事实是不够的，因为在这些事实当中，海军事务照例已经被人们漫不经心地忽略掉了；所以，我们还需要熟悉海军通史的详细内容，以便根据一些细微的迹象，在了解那些众所周知的历史时期可能发生了什么的基础之上，做出正确的推断。不管有多千真万确，控制海洋都并不意味着，敌方的单艘舰船或者小型舰队就无法偷偷出港、就无法穿过那些或多或少有船只出没的海域、就无法对漫长海岸线上那些未设防的地方进行骚扰、就无法进入被封锁的海港了。恰恰相反，历史业已表明，在一定程度上，无论双方的海军实力悬殊有多巨大，势弱的一方都总有可能实施这样的遁避之法。因此，在罗马舰队全面掌控了海洋或者控制了海上关键区域的情况下，迦太基的海军统帅波米尔卡在开战后的第四年中，即令人叹为观止的坎尼[1]大捷之后，还能率4000士兵和一队大象在意大利南部登陆，与罗马控制了海洋并不矛盾；在第七年中，他避开了锡拉丘兹海岸边的罗马舰队，再次出现在当时为汉尼拔所控制的塔伦特姆，与罗马控制了海洋并不矛盾；而汉尼拔能够派遣快船前往迦太基，与罗马控制了海洋并不矛盾；甚至最后汉尼拔率领手下的残兵败将安

全地撤往非洲，也与罗马控制了海洋并不矛盾。这些事情中，没有哪一件表明，假如希望那样做的话，迦太基的政府可能不断地为汉尼拔派遣了援军，而事实上，汉尼拔却从未得到过这样的支援；不过，这些东西的确会让人产生一种自然而然的印象，以为迦太基政府很可能对汉尼拔进行了这样的支援。因此，说罗马在海上所拥有的优势对于此次战争进程产生了决定性影响这句话，需要通过对业已确定的事实进行仔细研究，才能得到证实。这样，它产生了什么样的影响、影响的程度如何，就可以得到公正的评价了。

蒙森曾经说过，在战争初期，罗马控制着海洋。无论是出于什么样的原因，还是由于种种原因的结合，在第一次布匿战争期间，本质上并不属于海洋国家的罗马，竟然

蒙森（Christian Matthias Theodor Mommsen，1817～1903）。德国古典学者、法学家、历史学家、记者、政治家、考古学家和作家，1902年诺贝尔文学奖的获得者，著有《罗马史》等作品。

[1] Cannae：坎尼。古城名，在今意大利东南部巴列塔的奥凡托河注入亚得里亚海附近。公元216年，古罗马和迦太基进行的第二次布匿战争期间，迦太基统帅汉尼拔率军和古罗马决战于此，并获大捷。

胜过了习惯于航海的对手,掌握了制海权,并且后来还一直保持着这种状态。在第二次布匿战争中,并未发生过什么重大的海战——这种情况本身,连同人们已经确定了的、与这种情况相关的其他事实,都显示出了一种优势;而这一点,与其他时代以同一特征为标志的情况则是类似的。

由于汉尼拔并未留下回忆录,所以促使他下定决心经由高卢并翻越阿尔卑斯山,从而踏上那条危机四伏、几近毁灭之途的动机,我们已经不得而知。然而,可以肯定的是,他部署在西班牙沿海的那支舰队并不强大,并不足以与罗马舰队相抗衡。就算这支舰队足够强大、能够与罗马舰队抗衡,他可能也会由于受到种种原因所左右,仍然踏上他实际所走的那条进军路线;但如果走的是海路,那么,他出发时所率的那60000名能征善战的士兵中,就不会损失掉33000人了。

就在汉尼拔开始这一危险进军之时,罗马人正派两位大西庇阿率罗马舰队一部,运送一支执政官集团军[1]前往西班牙。这支舰队在航行过程中并无重大损失,而那支陆军则成功地在埃布罗河以北、汉尼拔的交通补给线上扎下了营寨。与此同时,另一支小型舰队与一支由另一名执政官所指挥的部队,则被派往了西西里。这两支舰队合起来,舰船数量达到了220艘。它们在各自的战斗位置上,分别遭遇并击退了一支迦太基的小型舰队,且胜得轻而易举;这一点,可以从人们对战斗过程只是一笔带过的事实就可以推断出来,也显示出了罗马舰队的真正优势。

第二年过后,此次战争的形势是:从北部进入意大利、打了一系列胜仗的汉尼拔,已经绕过罗马向南进军,并在意大利南部驻扎下来,就地征取军粮——这种情况,往往会使民心背离,而在涉及罗马帝国在该国所建立的那种强大的政治与军事制度时,则尤为危险。因此他的第一要务,就应当是在他自己与某个可靠基地之间,建立起畅通的补给与援兵线,用现代战争的话来说,就是应当建立起一条"交通补给线"。当时有3个友好地区,就是迦太基本土、马其顿和西班牙,它们各自或者合起来都可以形成这样的一个基地。对于前面两个地区而言,提供交通补给只能经由海上。而从最坚定地支持汉尼拔的西班牙,则既可以从陆上、也可以从海上获取补给,除非有敌军拦截;不过,海路更近,也更容易。

在此次战争最初的那几年中,罗马通过其制海权完全掌控了位于意大利、西西里和西班牙之间的海域,即如今我们所知的第勒尼安海与撒丁尼亚海。从

---

[1] Consular army:执政官(所率)集团军。古罗马最常见的一种部队单元和战斗序列,一般包括两个罗马军团和两支兵力相等的同盟部队,总兵力达2万人。

埃布罗河到台伯河的沿岸地区，多半都与罗马交好。在第四年的坎尼之战后，锡拉丘兹背弃了与罗马的同盟，整个西西里都发生了叛乱，而马其顿也与汉尼拔结成了攻守同盟。这些变化，使得罗马舰队的作战次数越来越多，因而削弱了舰队的实力。那么，罗马舰队做了什么样的部署，而此后罗马舰队又是如何影响到整个战争的呢？

种种迹象都很清楚地表明，罗马从未停止过对第勒尼安海的控制，因为该国的各分舰队一直都畅通无阻地往来于意大利和西班牙之间。而在西班牙沿海，直到小西庇阿认为可以让舰队退役之前，罗马也都掌握着完全的控制权。在亚得里亚海，罗马则在布林迪西建立了一支小型舰队和一个军港，以遏制马其顿；这支舰队和军港的作用非常巨大，使得以方阵[1]著称的马其顿步兵从未踏上过意大利一步。"由于没有一支军舰舰队，"蒙森曾这样说，"所以腓力五世[2]在所有行动中都力不从心。"制海权在此处所产生的影响，就不再是一种推理了。在西西里，战争主要以锡拉丘兹为中心。迦太基与罗马双方的舰队在此遭遇，但优势显然在罗马舰队这一边；因为，尽管迦太基人多次成功地把给养投入了城中，但一直避免与罗马舰队直接交锋。由于掌控着利利俾、巴勒莫和墨西拿等地，所以罗马舰队一直牢牢地据守着西西里岛北部沿海。但迦太基人仍然可以从该岛南部进入，因此才能继续与罗马对抗。

把这些事实放在一起来看，我们便可推断出一个合理且为整个历史进程所支持的结论来：从西班牙的塔拉戈纳到西西里岛西端的利利俾（即如今的马尔萨拉），然后绕过该岛北侧，经由墨西拿海峡，向南至锡拉丘兹，再到亚得里亚海上的布林迪西，此线以北的海域，都由罗马海军控制着。并且，在整个战争期间，罗马都牢牢地保持着这种控制权。这并不是说，罗马并未受到过前面已经提及的、规模或大或小的海上袭扰；不过，它却确确实实地阻断了汉尼拔所急需的那种既不间断又很安全的交通补给。

另一方面，在此次战争的前10年间，罗马舰队仍然不够强大，无法在西西里与迦太基之间的海域持续作战，实际上也无法在前述那条线以南的许多海域持续作战，这一点似乎也同样非常明显。汉尼拔在出征之时，曾指派手下的一些船只在西班牙和非洲之间运送补给，而罗马人当时却并未试图去袭扰这些船只。

---

[1] Phalanx：（马其顿）方阵。一种早期步兵作战时所用的战术。在荷马时代以前，步兵打起仗来像一窝蜂似的，杂乱无章，所以，具有严格阵法的马其顿方阵能够轻易地打败数量上占优势但较混乱的敌人，这在当时可以说是战术上的创新。

[2] 腓力五世（Philip V，公元前238年～前179年），马其顿国王。他在第二次布匿战争中与迦太基结盟，对罗马宣战，从而开始了马其顿战争。

因此，罗马的制海权将马其顿完全踢出了此次战争之外。它并没有阻止迦太基在西西里维持其有效的、干扰性的牵制力量；不过，它的确让迦太基在最有利的时候，无法向在意大利的汉尼拔这位伟大的将领派遣援军。至于西班牙，情况又如何呢？

汉尼拔之父与汉尼拔本人，都是因西班牙这一地区而产生了入侵意大利的企图。还是在入侵意大利的18年之前，他们就占领了西班牙，并以极为罕见的远见卓识，扩充并巩固了他们的政治和军事权力。在一场场局部战争中，他们招募并训练出了一支庞大、此时已身经百战的军队。汉尼拔出征之后，就将该国的行政委托给了其弟弟哈斯德鲁巴；后者至死都对汉尼拔忠心耿耿、毫无二心，而汉尼拔根本就不用指望从非洲那个派系林立、争斗不休的宗主国获得此种忠诚。

当他出征之时，迦太基在西班牙的势力范围，从加的斯到埃布罗河都很牢固。在埃布罗河与比利牛斯山脉之间的地区，生活着与罗马人交好的一些部落；不过，倘若没有罗马人撑腰，这些部落是无法成功地抵抗汉尼拔的。汉尼拔镇压了这些部落，留下汉诺[1]率11000士卒武力镇守该国，以防罗马军队前来夺取并袭扰他与大本营之间的交通补给线。

然而，就在同一年间，格尼乌斯·西庇阿从海上率20000兵力也抵达了这一地区；他打败了汉诺，占领了沿海以及埃布罗河以北的内陆地区。这样一来，罗马人就站稳了脚跟，完全封锁了汉尼拔部与哈斯德鲁巴援军之间的道路，并由此可以去进攻西班牙的迦太基政权；而他们自己与意大利之间经由海上的交通补给，则因其海军优势而得以确保安全了。他们在塔拉戈纳建立了一个海军基地，以此来对抗位于卡塔赫纳的哈斯德鲁巴部的海军基地，然后侵入了迦太基的领土。西班牙之战是在两位大西庇阿的指挥之下进行的，尽管看上去似乎并不重要，但双方势力此消彼长，却打了7年的拉锯战；最后，哈斯德鲁巴给了他们沉重一击，罗马军队一败涂地，大西庇阿兄弟俩战死，而迦太基人也差不多打通了通往比利牛斯山脉的道路，差不多能够去支援汉尼拔部了。可是，当时这一尝试却遭到了罗马军队的拦截；而不待他们再一次试图支援，加普亚又被攻陷，腾出了12000名身经百战的罗马士兵，由克劳狄乌斯·尼禄率领，被派往西班牙。尼禄具有非凡的才能，后来在第二次布匿战争中，罗马将领最具决定意义的军事行动，都应归功于他。这支如及时之雨的援军是经由海路到达的，它重新控制了因哈斯德鲁巴部进军而本已岌岌可危的形势；海路虽说极为

---

[1] Hanno：汉诺。迦太基将领中有多人均叫此名，但此处的"汉诺"应指汉尼拔的另一个弟弟。

快捷和容易，但罗马海军却在海上已经完全阻断了迦太基人。

两年之后，更年轻的普布利乌斯·西庇阿——即后来声名显著的"非洲征服者"大西庇阿——接掌了西班牙之战的指挥权，并联合陆海两军攻取了卡塔赫纳；然后，他便干出了一桩惊世之举：他解散了所率的舰队，并将水兵并入了陆军。由于并不满足于仅仅当一支"牵制"[5]力量，不满足于只是封锁比利牛斯山脉的各处关隘来对抗哈斯德鲁巴部，所以西庇阿率军推进到了西班牙南部，并在瓜达基维尔河上进行了一场具有决定意义的恶战；此战之后，哈斯德鲁巴部便弃战远遁，向北突入，越过比利牛斯山脉西端，奋力推进到了意大利——其时，身处意大利的汉尼拔，由于所率军队的伤亡人员没有得到补充，所以处境正日益不妙。

当哈斯德鲁巴一路几乎没有什么损失地从北部突入意大利后，此时这场战争已经持续打了10年。他所率的军队，倘若能够与所向披靡的汉尼拔所指挥的军队安全会师的话，可能会决定性地逆转整个战争，因为罗马当时本身已经被拖得筋疲力尽了；把各殖民地以及各盟国与罗马绑在一起的那种强大纽带，已经绷到了最大限度，有些地方还开始喀喀作响了。不过，汉尼拔与哈斯德鲁巴两兄弟的形势，也已经危险到了极点。他们当中，一部位于梅陶罗河，另一部则位于阿普利亚，二者相距200英里，各自都面临着一支精锐敌军，而两支罗马军队也全都夹在这两兄弟所率部队之间。这种错误的阵势，以及哈斯德鲁巴久久未能前来支援汉尼拔部，都是由于罗马掌握了制海权；而整个战争期间，罗马的制海权都在阻碍着迦太基的这两兄弟在穿越高卢的进军路线上相互支援。就在哈斯德鲁巴正率军经由陆路，进行这种路途遥远而又危险重重的迂回之时，西庇阿却已从西班牙派遣了11000名士兵，经由海路前去支援与哈斯德鲁巴对抗的那支军队了。结果，哈斯德鲁巴派到汉尼拔那儿去的信使，由于不得不越过多个敌对国家，便落入了指挥南部罗马军队的克劳狄乌斯·尼禄手里，使得尼禄获悉了哈斯德鲁巴计划的行军路线。尼禄正确地评估了此时的形势，在没有引起汉尼拔警觉的情况下，率领手下的8000精锐，飞速驰往北方参战。南北两军会师之后，这两位执政官便以压倒性的兵力开始进攻，击溃了哈斯德鲁巴部；这位迦太基将领本人也在战斗中阵亡了。直到敌军将他弟弟的头颅扔进军营，汉尼拔才得知这一噩耗。据说，当时他大叫大喊，说罗马此后就会是世界霸主；而人们也一致公认，梅陶罗河一役是这两国之间的关键一战。

最终导致梅陶罗河一役和罗马获胜的军事形势，可以归结如下：要想打倒罗马，就必须在属于其权力中心的意大利发起攻击，并且打破以其为首的强大同盟。这是目标。而要想实现这一目标，迦太基人需要有一个牢固的作战基地和一条安全的交通补给线。伟大的巴尔卡家族凭借他们的才能，已经在西班牙建立起了牢固的作战基地；但后者，却一直都未能实现。迦太基人有两条可能的进军路线——其一是直接从海上进击，而另一条则是穿过高卢，迂回进击。第一条为罗马的海上力量所阻，第二条则危险重重，并且最终也因罗马军队占领西班牙北部而被截断了。罗马军队通过制海权，是可以这样占领西班牙北部的，而迦太基人却一直都没有危及到罗马的制海权。因此，对于汉尼拔及其大本营来说，罗马就占据了两个中枢位置，即罗马本土和西班牙北部地区，它们之间有一条毫不费力的内部交通补给线——即海路——相连；通过海路，两地的罗马军队都进行了持续的相互支援。

假如地中海是一处平坦的陆上沙漠，罗马人掌控了科西嘉岛和撒丁岛上那些坚固的山脉，在靠近热那亚的意大利海岸线上的塔拉戈纳、利利俾和墨西拿等地筑有要塞，并且将马赛与其他各地的要塞都联合起来；假如他们还拥有一支武装力量，特点是能够随时越过这个沙漠，而敌人则没有这种能力，因而不得不绕上一大圈才能把军队集结起来；那么，我们马上就能看出此时的军事形势，并且无论怎样高度评价这支特殊军队的价值和作用，也不过分。我们或许还可以认识到，无论兵力多么弱小，同样的一支敌军也可能突袭或袭击罗马所占领土，可能让一个村庄变成焦土或者让其数英里的边陲变成不毛之地，甚至还可能时不时地切断一支护航舰队，但这些从军事意义来看，都并非威胁到了敌方的交通补给线。历朝历代，海上交战国中的弱势一方都曾经进行过这种掠夺性的军事行动，但我们却决不能仅凭这种军事行动，便做出与下述公认事实相矛盾的推断；这些事实就是："既不能说罗马无可争议地掌控着海上，也不能说迦太基无可争议地掌控着海上"，因为"罗马舰队有时会造访非洲沿岸，而迦太基的舰队也同样会出现在意大利沿海"。在前面假定的这种情形中，海军所起的作用，正是所设沙漠中这样一支部队的作用；不过，由于海军是在大多数史家都不熟悉的环境中作战，由于海上军事人员从远古以来一直就是很奇特的一类人，没有他们自己的"先知书"，人们既不了解他们本身，也不了解他们所从事的这个行业，所以，海军对于那个时代的历史、并因此而对整个世界历史所产生的巨大而具有决定意义的影响，就被人们忽视了。假如前述论点站得住脚，那么，将制海权从结论的主要因素当中略去就是不全面的，跟宣称只有制海权产生了影响这种说法一样荒谬。

本书中诸如我们已经引用的这些例子，都是广泛地从各个时期中选取出来的，既有本书专门论述的这个时期之前的，也有之后的；它们都阐明了这一主题的内在价值，以及这些历史教训的特征。正如我们在前面已经说过的那样，这些战例常常都被归入了战略的范畴，而不是战术的范畴；由于它们针对的是战役的指挥，而不是战斗的指挥，因此具有更多的持久性价值。要引用这个方面的伟人名言的话，则有约米尼，他曾说："1851年末，有位杰出人士恰来巴黎，蒙其赏光问我道，近来火器之改良，会不会给战争方式带来什么巨大的变化。我回答道，此种改良很可能会对战术细节产生影响，但在大的战略行动和大的战役组合中，必须将那些让历代的伟大将领获得成功的基本原则加以应用，方能取胜；诸如亚历山大大帝和恺撒大帝的战争，以及腓特烈大帝和拿破仑的战争。"此种研究，如今由于汽船具有极大而稳定的机动能力而对海军变得越发重要了。在桨帆船和帆船时代，精心制定的作战方案，可能会因天气恶劣而流产；但如今，这个难题差不多已经不复存在了。指导海军进行大战略组合的那些基本原则，历代皆可通用，亦可从历史事实中推断出来；不过，几乎不用考虑天气状况就能应用这些基本原则，却是近来才做得到的。

约米尼（Antoine-Henri Jomini，1779～1869）。法国将领、军事家和作家，曾在瑞士、法国和俄国军队中服役，被誉为"现代战略之父"。

人们给"战略"这个词所下的定义，通常都将其限制为包含一个或多个作战场所的军事组合；虽说这些战场或是完全独立，或是互为唇齿，但往往都被看作是实际的或直接的战争现场。无论对于陆上战争而言情况如何，近代一位法国作家的观点都是相当正确的；他曾指出，这一定义对于海军战略来说太过狭隘。他说："这与军事战略不同，因为无论是和平时期还是战时，军事战略都是必需的。事实上，在和平时期，可以运用战略，占领一国当中可能难以通过发动战争而获取的某些战略要地——或是通过出钱购买，或是通过缔结条约，来获取最具决定性的胜利。战略教导人们，应当利用好在沿岸某处选定之地安营扎寨的一切机会，并让起初只是暂时的占据状况变成确定无疑的占领状态。"看到了英国在10年之间，通过表面上属于暂据、迄今却仍未放弃这些所占之地的条款和条件，相继占领了塞浦路斯和埃及的那一代人，都是会欣然同意这种说法的；事实上，在不同的海域，凡是本国人民和本国舰船所到之处，所有的海洋大国都在不声不响、孜孜不倦地寻找着一个又一个战略要地——

虽说它们都不如塞浦路斯和埃及那样知名和值得注意——就经常说明了这一点。"无论是和平时期还是战争时期，海军战略实际上都以确立、维持并扩大一国之制海权为最终目标"；因此，研究海军战略，对于一个自由国家的所有国民来说都是很有意义的；而对那些从事外交与军事关系的人来说，则尤为有价值。

下面，我们就来对那些要么属于必不可少的、要么会强有力地影响到一国制海权的一般性条件来进行研究；然后，再对17世纪中叶欧洲的各个海洋国家加以更为详尽的思考，从此处开始进行历史考察，马上就会正确地阐明我们根据总主题所得出的那些结论了。

注：

虽说纳尔逊的声望与其同时代的所有人一样正在日渐没落，但他的赫赫威名，以及英国人坚定不移地相信他才是能够将英国从拿破仑的阴谋中拯救出来的人，自然不应当掩盖这样一个事实：他只是；或者说只可能是各大作战区域中的一分子。在以特拉法尔加海战告终的那场战役中，拿破仑的目标，是将位于布雷斯特、土伦和罗什福尔的法国舰队与一群强大的西班牙舰船在西印度群岛联合起来，从而形成一支无人能敌的海军力量，并且打算让这支舰队返回英吉利海峡，去掩护法国陆军渡海。由于英国在世界各地都有殖民地，所以他自然希望，英国人会因为不知道法国舰队的目的地是哪儿而产生困惑，并将英国海军调离他所针对的目标。纳尔逊负责的是地中海地区，他在那里警戒着土伦这个大军港，以及通往东方与大西洋的各条交通要道。这件事情的重要性并不亚于其他行动，而由于确信拿破仑还会像以前那样企图攻取埃及，所以在纳尔逊看来，这样做就更加重要了。因为有着这种信念，所以纳尔逊首先就走错了一步棋，拖延了他对由维尔纳夫所指挥的土伦舰队的追击；后者又因碰上长久持续的顺风、英军却需顶风航行而获得了更大的优势。不过，虽说这些都是事实，虽说拿破仑战术组合的失败必须归因于英军对于布雷斯特沿岸顽强有力的封锁，以及当土伦舰队遁往西印度群岛、之后又匆匆返回欧洲时，纳尔逊率军进行了积极有力的追击这两个因素，但历史所给予且在本书正文中得到维护的那种殊荣，纳尔逊还是当之无愧的。实际上，纳尔逊并未看穿拿破仑的意图。有人说，这或许是由于纳尔逊缺乏眼力所致；不过，将原因归结于常见的不利条件可能会更加简单：在这种不利条件下，由于不知道对方进攻的危险程度，所以都是先于攻击发起之前进行防守。能够抓住局势的关键，固然很具眼力；而这位纳尔逊，当时却只看到了舰队，而不是自己的战斗位置。因此，他的行动就给我们提供了一个突出的例子，表明不屈不挠地坚持目标且在执行过程中坚持不懈，是如何能够纠正最初所犯的错误，并且挫败对方经过深思熟虑而制定的计划的。他在地中海地区的指挥权，包括了许许多多的职责和操心事；但其中最主要的一项，却是他毫无疑问地认为土伦舰队是那里的控制性因素，也是法兰西帝国所有海军组合中的一个重要因素。因此，他才死死地盯着这支舰队；他如此关注，以至于将其称作是"他的舰队"，而这句话，曾经还让法国的评论家们感情上有点儿受不了呢。他对军事形势所抱的这种简单而准确的见解，使得他既坚定又无畏地下定决心，承担起为追击"他的舰队"而放弃战斗岗位的巨大责任。由于决意这样去进行追击，从中体现出来的那种不可否认的智慧，并不会使承担此项任务的人蒙羞，所以他追赶得不遗余力；虽说由于虚假情报以及不确定敌军动向的原因，不可避免地耽搁了一些时日，但在返回途中，他还是在维尔纳夫进入费罗尔之前一周便到达了加的斯。也正是这种相同的不懈激情，使得他能够及时将自己的舰队从加的斯调往布雷斯特，从而让那里的兵力超过了维尔纳夫，以防后者试图强行进击布雷斯特附近。那里的英军舰船在总数上本来大大劣于法、西联合舰队，但这一次却得到了8艘经验丰富的舰艇及时支援，并被部署到了最佳的战略位置上——后面在研究美国革命战争中与此相似的一些形势时，我们还会指出这一点。英军在比斯开湾汇合成了一支庞大的舰队，楔在了布雷斯特与费罗尔的两支敌军分舰队之间，不但舰船数量超过了其中的任何一支，而且很可能不待另一支前来支援就可以消灭掉其中的一支。这是由于英国当局处处都采取了出色的行动；不过，在导致这一结果的所有因素当中，最主要的还是纳尔逊一门心思地追击"他的舰队"。

这一系列有趣的战略运动在8月14日结束了；此时，由于前往布雷斯特无望，维尔纳夫便向加的斯进发，并于8月20日在加的斯泊锚了。拿破仑一听到这个消息，对这位海军司令大发了一通雷霆，之后马上就放弃了他对抗英国的那些目标，命令海军进行了一系列战略机动，结果引发了乌尔姆之战与奥斯特利茨之战。因此，10月21日进行的特拉法尔加海战，虽说同全面的军事行动之间有着两个月的间隙，却是这些军事机动所导致的结果。尽管时间上同这些军事机动并不相连，但此战仍然是纳尔逊天才的标志，后来又被添进他在不久前所立下的赫赫战功之中了。有人说，虽然拿破仑这位法兰西皇帝当时已经放弃了自己的入侵计划，但特拉法尔加海战还是拯救了英国，这种说法同样也是正确的；而此处对法军的毁灭性打击，则突出、而且标志了那种无声无息地挫败拿破仑入侵计划的战略大捷。

原注：

（1）比如，锡拉丘兹的赫莫克拉提斯主张，采用大胆出击、阻遏进击其城邦的雅典远征军（公元前413年）并且坚守雅典远征军进军路线侧翼的政策；他曾说："由于他们的进军必定缓慢下来，所以我们就有无数的机会去进攻他们了；若是他们整理好船只来作战，准备全体出动、袭击我们的话，那他们就必须奋力划桨，而待他们筋疲力尽之时，我们就可以进攻了。"

（2）作者一定是想防止让自己显得似乎是在提倡进行复杂的、导致无益伴动的战术机动。他认为，虽说一支想获得决定性战果的舰队必须接近敌人，但并非一定要待获得某种优势来进行碰撞才罢休；这种优势，通常都会通过舰船的机动获得，并且属于训练最有素、指挥得最好的那支舰队。事实上，无效的伴动过后，往往就是仓促轻率的短兵相接，或者极为胆怯的战术拖延了。

（3）当风向允许一艘舰船驶向敌舰，而敌舰却无法径直驶向我方的时候，我们就说这艘船处于上风位置，或者"拥有风向优势"，或者说"顺风"。最极端的情形，便是海风从此舰径直吹向彼舰；不过，在这条线左右两边的广大范围之内，都可用"上风"这个术语。倘若将处于下风位置的舰船看作是一个圆的圆心，那么另一艘船可以在这个圆大约八分之三的面积范围内，或多或少地利用风向优势。"下风"即是"上风"的对立面。

（4）土耳其与西方列强之间的纳瓦里诺之战（1827年）就发生在此处附近。

（5）"牵制"部队是指，在一个联合军事单元中，在部队主力投入别的战场作战时，受命阻止或拖延敌军一部进击的队伍。

世界四大海战之一：特拉法尔加海战。1805年10月21日，法国和西班牙联合舰队与英国海军在西班牙特拉法尔加角外海面决战，法西联合舰队遭重创，此后法国海军精锐尽丧，一蹶不振，拿破仑被迫放弃进攻英国本土的计划，而英国海上霸主的地位得以巩固。

第一章
海权诸要素之探讨

　　从政治和社会的观点来看，海洋首先并且最为明显地呈现给人们的就是，它是一条广袤的通途；或者更准确一点来说，是一条宽广的公用通道，人们可以在这条通道上向四面八方通行。但其中存在着一些交通繁忙的线路，这表明还是有着一些控制性的原因，才使得人们选择了这些交通路线而不是其他的路线。这些交通路线被称作"商路"；而决定它们成为商路的原因，则应从世界历史中去寻找。

　　虽说海洋上有着人类所熟知或者不熟知的种种危险，但经由水路旅行或者

17世纪荷兰东印度公司的武装商船

说水上交通，一向都比陆路更容易，花费也更少。荷兰的贸易业之所以获得了伟大的成就，非但是由于其海上航运，也是由于它有着无数风平浪静的水道，使得人们可以经由费用不高而快捷的通道进入荷兰以及德国内地。水路运输相对于陆路运输的这一优势，在陆路数量很少、路况又不佳、战乱频繁、社会不安定的历史时期，则显得更为突出，就像200年前的情况那样。虽说那时的海上交通有遭遇海盗的危险，但还是比陆上交通更加安全和快捷。当时的一位荷兰史学家在评估荷兰与英国开战的可能性时，从中注意到了一个事实，那就是英国的水道并未充分深入到该国内陆；由于陆路状况糟糕，故要将货物从英国的一地运往另一地，就必须经由海路，所以在途中就有可能被敌军夺取。至于纯粹的内陆贸易，如今通常都已不再存在这种危险了。目前，在大多数文明国家，即便沿海贸易遭到破坏或者没有沿海贸易，也只是会让人觉得不方便罢了；但是，水上交通依然是费用较低的一种运输方式。虽说如此，晚至法兰西共和国与法兰西第一帝国的战争期间，那些熟悉这一时期历史的人都知道，而从发展于这一时期的一些消遣性海军文学作品当中也可看出，人们经常提及沿着法国海岸线到处劫掠的私掠船队，尽管此时海上到处都是英国的巡逻舰船，而英国国内也有着良好的内陆道路。

然而，在现代环境下，国内贸易只是沿海国家商业的一部分罢了。外国出产的生活必需品和奢侈品，都得用本国船只或外国船只运送到本国的港口来；然后，这些船只又会载上该国的产品返航，或是农产品，或是手工艺品；而每一个国家，都希望这种海上运输由本国的船只来进行。如此往来航行的船只，必须拥有安全的返航港口，并且在整个航行过程中，必须充分得到本国的保护才行。

在战争时期，就必须由武装运送来实施此种护卫了。因此，从严格意义上来说，之所以需要海军，原因即在于存在和平海运这一事实；并且，海军会随着和平海运的消失而消失，除非是一个国家有着侵略野心，纯粹将它作为军事编制中的一个分支。由于美国目前并无侵略目标，由于其海上贸易已经消失，所以其武装舰船数量减少、民众对海军兴趣渐失，完全是一种合乎逻辑的结果。但无论出于何种原因，只要人们再次发现海上贸易有利可图，就会重新出现一种规模巨大的海运事业，迫使军事舰队重新发展起来。有可能，当穿过中美地峡的运河开通之后，那种侵略的欲望可能会很强大，从而导致出现相同的结果。然而，这一点还是未知之数，因为一个太平而趋利的国家是不会眼光远大的；而要做好充分的军事准备，则需要远大的眼光，尤其是在如今这个时代。

一旦一个国家的非武装舰船或者武装舰船从本国海岸起航，人们很快就会感受到船只赖以进行和平贸易、避难和补给的种种需要了。如今，世界各地都可找到虽说陌生、态度却很友好的港口；当和平是世界主流的时候，有这些港口的庇护就足够了。不过，虽说美国已经得天独厚，享受了长久的和平形势，但情况不会总是这样，而和平也并非总能永远持续下去。在早期，那些希望同新的、未开发的地区进行贸易的海上商务人士，是冒着自己的生命危险，冒着在猜忌或者怀有敌意的国度上岸的危险出海的；并且，要想采集到能够装满船只、有利可赚的货物，往往耗时甚久。因此，他们会本能地在商路的尽头寻找一个或者多个驻地，无论是通过武力取得还是通过好感获取，以便让自己或代办们在该地拥有合理的安全保障，以便让自己的船只能够安全地泊锚，并且能够持续采集该地的适销商品，然后等着本国舰队到来，带领他们回国。由于利润巨大，风险也高，所在这些早期的航海活动中，这样的驻地自然就越来越多，最后变成了各个殖民地；这些殖民地的最终发展和成功，则取决于其所属国家当中的天才人物和政策，而其发展与成功又构成了世界历史、尤其是世界海洋史的一大组成部分。殖民地的出现和发展，并非都像上面所描述的那样简单而自然。许多殖民地在其计划与成立之时，都是统治者的行动而非个人行为，所以更多的是一种形式，纯属政治考量；不过，贸易站点及其日后的扩张和探险者唯求谋利的行为，它们的出发点与本质，都跟经过深思熟虑的组织并特许建立起来的殖民地是一样的。在这两种情况下，母国都是在国外获得了据点，找到了出售本国商品的新途径和一种新的海运领域，使本国人民有了新的就业机会，并使本国获得了支援和财富。

然而，当商路另一端的安全得到了保障之后，所有的贸易需求并非全都就此得到了满足。航程既遥远又危险，而海上经常到处都是敌人。在各国纷纷进行殖民的那些年代，海洋基本上处于一种无法无天的状况，可如今的人几乎都已完全忘记这种情况了；当时的海洋国家之间通过和平解决争端的情况，是极为罕见的。这样一来，就需要在商路沿线设立驻地了，比如好望角、圣海伦那以及毛里求斯，其主要目的原本并非是为了贸易，而是为了防卫和作战；这样一来，也就需要占据诸如直布罗陀、马耳他和圣劳伦斯湾入口的路易斯堡等要塞了——占领这些要塞的意义，主要是战略性的，虽说情况并非一概如此。从特征上来看，殖民地和殖民据点有的时候是商业性的，有的时候又是军事性的；同一个地方从两个方面来看都同等重要，比如纽约，则属于例外情况。

在这三个方面——产品与商品贸易的必要性，实施商品贸易的海运，促进和扩大海运规模并且通过增加安全地点而有助于保护海运的殖民地——当中，我们可以看到大部分历史、政策以及临海国家的关键线索。政策既会随着时代精神的不同而改变，也会随着历任统治者的性格与眼光不同而改变；但沿海国家的历史，却较少由政府的英明与远见所决定，更多的是取决于其地理位置、国土范围、资源配置、人口数量以及民族性格——总而言之，即是由我们所称的自然条件所决定。然而，我们非但必须承认，而将来也会看到，个人在某些特定时期的英明之举或不明智的行为，对于广义上的海权发展产生了一种极大的修正性影响；这种影响，不但包括利用武力统治海洋或其一部分的海上军事力量，还包括了和平贸易，以及使得军事性舰队自然而健全地出现并且是确保军事性舰队安全之基础的海运。

影响到各国制海权的主要条件，可以列举如下：

（一）地理位置。

（二）自然结构，包括与之相关的自然物产与气候。

（三）领土范围。

（四）人口数量。

（五）民族性格。

（六）政府的特征，包括其国家机构的特征。

（一）地理位置

首先不妨指出，倘若一个国家的地理位置，使得它既无需在陆地上捍卫自身，也不会受到诱惑，经由陆路去试图扩张自己的领土范围，那么，由于其目标一致针对的是海洋，所以它跟那些边境之一为陆地的民族相比，就具有了一种优势。作为一个海洋大国，英国胜过法国和荷兰的一大优势一直就是这一点。荷兰的力量，早就因为必须维持一支庞大的陆军、必须进行代价巨大的战争来保护本国的独立而消耗殆尽了；而法国的政策有的时候非常英明，有的时候又极为愚蠢，目标一直都在从海上扩张向陆上扩张偏移。这些军事活动都会消耗国家的财力；而更聪明地坚持利用本国的地理位置，却是会增加国家财力的。

地理位置本身既可以促进海军进行集结，又可以迫使海军解散。在这个方面，不列颠群岛又一次具备了胜过法兰西的一种优势。后者的位置既临地中海，又临大西洋，尽管也有着自己的优势，但总体上却是使得法国海上力量薄弱的一个原因。分处东、西两面的法国舰队，只有穿过直布罗陀海峡之后才能汇合起来；法国舰队经常冒着这样的危险，有时还损失惨重。地处两大洋之间的美国，倘若东西沿海都有着大规模的海上贸易，那么它的地理位置要么会成为其海上力量极为薄弱的一个原因，要么就会让它付出高昂的代价。

由于拥有一个庞大的殖民帝国，所以英国已经失去了这种优势的许多方面，无法将兵力集中到自己的沿海地区；不过，做出这种牺牲是很英明的，因为历史最终证明，它获得的利益要比失去的东西多得多。随着殖民体系的成长，其作战舰队也发展起来，而英国的商船运输和国家财力增长得甚至更快了。尽管如此，但在美国革命战争期间，在法兰西共和国和法兰西帝国战争期间，用一位法国作家措辞强烈的话语来说，就是："虽说海军得到了巨大的发展，但英国身处各个富裕国家当中时，似乎永远都觉得自己穷得要命。"当时，英国的实力已经足以维持本国和各个殖民地的生存了；而西班牙这个同样广袤的殖民帝国，却因其海上力量薄弱，而在许多情况下受到了他国的侮辱和侵害。

一个国家的地理位置，不仅会有利于其兵力集结，还可以带来进一步的战略优势，使之具有核心的阵地和优良的基地，以防可能的敌人发动敌对行动。这种优势，又是英国所拥有的；它一面朝着荷兰和北欧各个列强，另一面则朝着法兰西和大西洋。有的时候，倘若法国与北海、波罗的海各个海上强国联合起来威胁到英国，那么位于唐斯锚地和英吉利海峡的英国舰队，甚至是位于布雷斯特沿海的英国舰队，都可以回到国内严阵以待，从而能够轻而易举地将这些舰队的兵力联合起来，集中打击试图穿过英吉利海峡、去与其盟国汇合的敌人。在其两侧，大自然也将一些更加优良的港口和能更安全靠近的海岸赐予给了英国。在以前，这是通过英吉利海峡的一个重要因素；但近来，蒸汽动力的出现以及这些海港条件的改善，已经弱化了法国曾经所苦的那种劣势。在帆船时代，英国舰队进击布雷斯特时，曾将基地设在托贝港和普利茅斯。这种部署的目的很简单：在刮东风或者天气平稳的时候，负责封锁的舰队可以毫不费力地守住自己的作战位置；而在刮起猛烈的西风时，舰队便可顺风驶向英国的港口，因为英军知道，法国舰队在风向改变之前是没法出击的，而风向一旦改变，又会将英国舰队重新带回到自己的作战位置上去。

地理位置上靠近敌人或攻击目标的这一优势，在哪里也没有在最近才得名的"贸易破坏战"这一战争形式中体现得更加明显；法国人称之为"游击战"。这种作战行动，由于针对的是通常没有自卫能力的普通商船，因此只需配备了小支军队的舰船来实施。这种舰船基本上也没有什么自卫能力，所以需要就近有隐蔽之处或者补给点；这种地方，要么是本国军舰所控制的某些海域，要么就是与本国交好的外邦海港。后者对这种舰船的支援力度最大，因为港口总是在同一个地方，所以贸易破坏舰前往这种港口时，要比敌舰前往此种港口更为轻车熟路。法国与英国相距甚近，因此极大地助长了法国针对英国而进行的"游击战"。由于在北海、英吉利海峡和大西洋沿岸都有港口，

早期蒸汽动力船 副本

所以法国巡洋舰的出发之地，离英国进行贸易的中心地带很近。这些港口之间的距离，虽说不利于进行常规的军事联合部署，但对于这种非常规的、辅助性的作战行动来说，却是一种优势；因为对于前者来说，最重要的特点就是集中兵力，而对于贸易破坏战来说，其原则却是扩散兵力。贸易破坏舰会散布于各处，从而可以发现并捕获更多的商船。那些了不起的法国私掠船的历史，就说明了这种事实；这些私掠船的据点与作战场所，主要都是在英吉利海峡和北海上，不然就是在一些遥远的殖民地区，比如瓜达鲁佩岛与马提尼克岛，它们为私掠船提供了相似的、距离不远的隐蔽点。由于需要加煤，所以如今的巡洋舰比过去的巡洋舰更加依赖于港口了。美国人都极为相信这种针对敌国贸易所进行的战争；但我们必须记住，美国并没有与大型海外贸易中心相距极近的港口。因此，美国的地理位置非常不利于成功地进行此种贸易破坏战，除非它能够在盟国的一些港口中建立自己的据点。

倘若除了赋予一国以进攻的条件，大自然还让该国位于一处既能够毫不费力地前往公海，同时还控制了世界交通要道之一的位置，那么很显然，该国地理位置所具有的战略意义就是很重大的了。英国的位置，在很大程度上又是这样。荷兰、瑞典、俄罗斯、丹麦等国的贸易，以及沿一些大河而上、直达德国内陆地区的贸易，都得经由靠近英国国门的英吉利海峡；因为帆船都是沿着英国海岸航行的。此外，这种北方贸易对制海权还存在着一种独特的影响；因为通常所称的海军军需，主要都是从波罗的海沿岸各国获取的。

如果没有失去直布罗陀，西班牙的位置跟英国的位置本来是极为相似的。由于直接濒临大西洋和地中海，并且朝大西洋一侧是加的斯，朝地中海一侧是卡塔赫纳，所以欧洲通往黎凡特的商路，就必须经过西班牙掌控的地区，而绕道好望角的贸易线路，也离西班牙的国门不远。不过，直布罗陀非但使西班牙失去了对直布罗陀海峡的控制权，还构成了一处障碍，使得它原本容易汇合的两支舰队，如今无法轻易会师了。

在如今，倘若只看地理位置，而不考虑影响到制海权的其他条件的话，那么，由于有着漫长的海岸线和诸多优良的港口，意大利的地理位置似乎就非常不错，可以对通往黎凡特或经由苏伊士地峡的贸易线路施加决定性的影响。在某种程度上来说，的确是这样；而要是意大利如今还拥有原属于它的所有岛屿的话，就更是如此了。不过，由于马耳他由英国控制，而科西嘉则在法国手里，所以意大利在地理位置上的优势，就大打折扣了。从种族亲疏和位置来说，这两个岛都是意大利希望拥有的合理目标，就像直布罗陀与西班牙的关系那样。倘若亚德里亚海是一条巨大的贸易通途，那么意大利的位置也会有影响力得多。地理完整性当中的这些瑕疵，加上不利于充分而安全地形成制海权的一些其他原因，使得意大利是不是能够在一段时间内跻身于一流海洋大国这个问题，就更值得怀疑了。

由于此处的目的并非是进行无休无止的讨论，而只是想通过实例说明，一国的位置可能会如何严重地影响到其海洋事业的发展，所以我们不妨暂时把这部分内容先放一放；后面的历史论述中，还会经常出现更多深入揭示其重要性的实例。不过，下面这两种说法还是恰如其分的。

从贸易和军事角度来看，环境已使得地中海对世界历史所起的作用，比其他任何同等面积的水域对世界历史所起的作用都要大。无数国家，一个接一个地都想控制地中海，并且这种努力如今仍在继续着。因此，对地中海这一海域的优势曾经所依赖、而如今也仍在倚赖的那些条件，以及地中海沿岸各地的相对军事意义进行研究，就会比对其他领域进行相同的研究更为有益。此外，如今的地中海，在许多方面都与加勒比海有着显著的相似之处——假如经由马拿马运河的贸易线路建成了的话，那二者就更为类似了。因此，研究已有大量例证的地中海地区的战略条件，就会成为一种极佳的前奏，从而开启对历史相对较短的加勒比海地区进行相似研究的过程。

第二种说法，关系到美国相对于中美运河的地理位置。如果开凿一条运河，并且能够达成开凿者的希望，那么加勒比海就会从如今的商路终点和一个局部的交通中心，或者充其量是一条断续而不完整的交通线，变成世界的大型交通要道之一。沿着这条线路，会形成规模巨大的商业贸易，会将其他大国的利益、将欧洲各国的利益，前所未有地带到我们的沿海地区。这样一来，我们就不会再像以前那样容易置身于国际纠纷之外了。美国相对于这条商路的位置，与英国相对于英吉利海峡的位置，与地中海沿岸各国相对于经由苏伊士运河的那条商路的位置，都很相似。至于影响和控制这条商路取决于地理位置这个方面，很显然的是，美国的国家权力中心这个永久性的基地（1），跟其他大国的权力中心相比，距其相应的商路要近得多。这些国家目前或日后在岛屿或者大陆上所占的位置，无论多么强大，都将只是各国势力的边远基地罢了；而在支撑军事实力的全部原生因素方面，也没有哪一个国家胜过了美国。不过，美国在尽人皆知的备战方面很不行；而其地理位置虽说靠近各国纷争之地，这一优势却因墨西哥湾沿岸的特点而少了许多价值——因为在墨西哥湾沿岸，没有足够多拥有能维修先进战舰的设备并能防御敌人进攻的港口；而没有这样的港口，任何国家的军舰都是无法伪称自己控制了哪处海洋的。倘若出现各国争夺加勒比海地区霸权的情况，那么，从密西西比河"南方通道"的水深、新奥尔良的近便以及密西西比河流域的水运优势来看，美国的主要精力似乎必须放在这一流域才行，美国永久性的作战基地也应当建在此处才行。然而，防守密西西比河河口却有着重重特殊的困难；仅有的基韦斯特与彭萨科拉这两处可与对手相匹敌的港口却又太浅，并且从获取该国资源来看，它们在位置上也没有什么优势。要想获得地理位置所带来的全部好处，就必须克服这些不利之处。更何况，美国与中美地峡之间的距离虽说相对较短，但仍属遥远，所以在加勒比海上，美国必须拥有适于建立临时的或辅助性作战基地的据点才行；凭借其自然优势、易守难攻以及靠近核心战略争端之地的特点，这些据点就能够让美国的舰队跟敌人的舰队一样地靠近战场了。充分保护好密西西比河的出入口，手中又拥有这样的前沿基地，并且保障好这些基地与大本营之间的交通联系之后——一言以蔽之，就是利用该国所拥有的一切必要手段，做好充分的军事准备之后，美国在这个方面便会因为地理位置而带来优势，而它在这一地区取得霸权地位，也是确定无疑的了。

（二）自然结构

我们刚才已经提到，墨西哥湾沿岸具有独特的特征，它完全适合于归入一个国家的"自然结构"当中，是我们在影响制海权发展的条件中进行讨论的第二个问题。

海岸线是一个国家的边境之一；而由边境通往异域（在此种情形下，异域即是海洋）的途径越便捷，一个民族经由此种途径与世界其他民族进行交流的意向就会越强烈。想象一下，假如一个国家具有漫长的海岸线，却根本没有海港，那么这种国家就不可能有自己的海上贸易，不可能拥有自己的海上运输，也不可能拥有自己的海军。比利时在它还是西班牙和奥地利一个行省的时候，差不多正是这种情况。1648年，在成功地打赢了一场战争之后的和平状态下，荷兰人坚持要求不得将斯凯尔特河向海上贸易开放。这种做法使得安特卫普港关闭了，并将比利时的海上贸易转移到了荷兰。这样一来，西属尼德兰便不再是一个海上强国了。

数量众多的深水海港，是一国的国力与财富之源；而倘若它们同时还是可通航河流的入海口，那就更加如此了——这些可通航的河流，会使得该国的国内贸易都集中于这些河流上；但是，也正因为它们容易到达，所以在战争中，若是防守不当的话，这些河流就会变成其薄弱之处。1667年，荷兰人不费吹灰之力便沿泰晤士河而上，在距伦敦不远的地方焚毁了英国海军的大部；而数年之后，英、法两国的联合舰队试图在荷兰登陆时，却遭到了荷兰舰队的顽强抵抗，还被荷兰沿海的重重困难所阻，因此不得不无功而返。1778年，要不是法国的海军司令犹豫不决的话，纽约港以及它对哈德逊河无可辩驳的控制权本来是会易手，不再由处于劣势的英军所掌控的。有了这种控制权，新英格兰本可以与纽约、新泽西以及宾夕法尼亚诸地，重新恢复那种密切而安全的交通补给关系；而这次重击，又是紧随着前一年伯格因的惨败而来，本来也是很有可能让英国人更早地签署和约的。密西西比河是美国一处强大有力的财富与国力之源；但其河口处防守薄弱，而此河深入美国内陆的支流数量又众多，从而使得它成了南部邦联的一处软肋和祸端。最后，到了

第二次英荷战争。1667年，荷兰人沿泰晤士河而上，在距伦敦不远的地方焚毁了英国海军的大部。

1814年，切萨皮克湾被占、华盛顿遭毁，给了美国人一个惨痛的教训，使之明白了倘若一路上不加防卫，这些最宽阔的水道也能带来危险；虽说这个教训在时间上距今如此之近，我们很容易就能回想起来，但从目前海岸防御的表象来看，人们却似乎更容易将其忘记。我们也不应当认为，如今形势已经发生了变化；因为虽说环境与攻守的具体情况古今都在发生着变化，但大前提还是一样的。

伯格因（John Burgoyne, 1722～1792）。美国独立战争时期的英军将领之一，也是一位剧作家。1777年秋，他在萨拉托加第二战役中惨败，并向北美殖民地军队投降。

在伟大的拿破仑战争之前和该次战争期间，法兰西在布雷斯特以东并没有适于泊驻轻型战列舰的港口。而英国却有着多么巨大的优势啊；它在这一地区的普利茅斯和朴次茅斯有两座大型的军舰修造厂，此外还拥有诸多其他的避风港和补给点。不过，法国这种结构上的弱点，此后已由在瑟堡修筑的工事得以弥补过来了。

除了涉及能否便捷出海的海岸线轮廓，还有其他的自然条件，使得人们或是跨洋过海，或是避开海洋。尽管法兰西在英吉利海峡上的军港数量不足，但该国在英吉利海峡、大西洋和地中海上都有良港，这些良港的位置都很有利于进行海外贸易；而在一些可以促进法国国内交通条件的大河入海口，该国也有着一些优质的海港。不过，当黎塞留结束了内战之后，法国人却并未像英国人和荷兰人那样，急于并且成功地向海上进军。其主要原因，似乎可以从法国的自然条件中找到；正是这些自然条件，使得法国成了一个宜居之地，既拥有令人愉快的气候，国内的物产很丰富，而人民的生活也很富足。另一方面，大自然赐予英国的东西却很少，直到制造业发展起来之前，英国都没有什么东西可供出口。英国人的诸多需求，连同他们那种不安于现状的活动，以及有利于航海事业的其他条件，都使得英国人能够漂洋海外；而在国外，英国人则发现了许多比本国气候更为宜人、物产更为富饶的地方。他们的需求与本领，使得他们成了商人和殖民者，然后又成了制造者和出产者；而海运，就是产品与殖民地之间不可或缺的一环。于是，他们的海上力量便发展起来了。不过，要说英国是被吸引到海上的，那么荷兰便是被逼到海上的；因为倘若没有海洋，英国只会衰落，而荷兰却会灭亡。在荷兰到达其辉煌的巅峰、尚是欧洲政治中的一个主角之时，该国一位称职的权威人士就曾预计，荷兰的国土是无法养活八分之一的荷兰人的。当时该国的制造企业虽说数量众多且举足轻重，但其增长一直要远远滞后于海运业的增长。土地的贫瘠以及沿岸地区光凸少树的情况，先是迫使荷兰人出海捕鱼。然后，他们发现了腌制鱼类的加工方法，有了可供出口和供本国消费的商品，从而为财富的积累奠定了基础。这样一来，在发现绕道好望角的航线之后，当仍处于土耳其当局压迫之下的意大利各共和国开始没落之时，荷兰人便成了商人，接过了意大利在黎凡特地区的大规模贸易。由于荷兰地处波罗的海、法兰西和地中海之间，并且位于德国诸河的入海口，具有更多的优势，所以荷兰诸省很快就吞并了欧洲差不多所有的海运业务。在200多年前，波罗的海地区的小麦与海军军需物资、西班牙与新世界的西属殖民地之间所进行的贸易、法国的葡萄酒及其沿海贸易，都是由荷兰船舶来进行运输的。甚至于英国沿海贸易的一大部分，当时也是由荷兰货船来完成的。但我们并不能因此而妄称，这种繁荣全都只是由于荷兰自然资源匮乏所致的。因为有些东西，根本就没法无中生有。事实是，荷兰人民因贫困而被迫出海，之后由于掌控了海运业务、舰队庞大，故在发现美洲、发现绕道好望角的航线之后，他们便能够抓住突如其来的那种贸易扩张和探险大潮的机会来获利。虽说与此同时还有其他的原因，但他们的繁荣整体上依赖的是制海权，而这种制海权又是他们的贫困所造成的。他们的食品、衣物、制造企业所用的原材料、建造和装配船只所用的木材和麻绳（他们建造的船只，差不多相当于其他欧洲国家所建造船只的总数），都是进口得来的；所以，当1653年至1654年间荷兰同英国爆发了一场长达18个月的恶战，使得该国的海运业务中止之后，据说"曾经一向支撑着国家富裕阶层的税收资源，比如渔业和贸易，差不多都已枯竭。工厂关门，工人失业。须德海[1]成了一片船桅之林；国内到处都是乞丐；街上杂草丛生，而阿姆斯特丹则有1500座房子无人租住。"只是通过缔结了一份屈辱的和约，才让这些房子免于变成了一堆废墟。

这种凄惨的结局，说明了一个全靠外部资源来支撑自己在世界上发挥作用的国家，是多么的脆弱。除了大范围的方面，还有一些不同的情况，使得当时荷兰的情形同如今英国的情形有许多相似之处，但此处对这些情况我们无需加以说明；如今英国有一些真正的先知，虽说在国内似乎不太受人敬重，但他

---

[1] Zuyder Zee：须德海。欧洲北海的一个海湾，在荷兰西北部。它是13世纪时海水冲进内陆，同原有的湖沼汇合而成，英国称之为"南海"（Southern Sea）。亦拼作Zuider Zee。

1653—1654年的第二次英荷战争，双方互有胜负，然而在最后关头，荷军溃败。1654年双方签订《明斯特条约》，荷兰认输并承认航海条例。

们却都提醒说，英国国内的持续繁荣，主要取决于保持英国在海外的势力。没有政治上的特权，人们或许会感到不满；但倘若没有面包，那他们就会紧张得多了。注意到下述这一点，对美国人来说则更具益处：对于被视为一个海上强国的法兰西而言，由该国国土面积、气候宜人与富饶所导致的这一结果，已经在美国重现了。起初，美国人的先辈只拥有沿海一片狭长的土地，虽说没怎么开发出来，但许多地方都很肥沃，港口良多，离一些富产的渔场也很近。这些自然条件，同美国人那种天生的爱海之情结合起来了；因为美国人的血管中仍然奔涌着英国人的血液，使得他们想要将一种健全的制海权所依赖的那些倾向与追求保持下去。在最初的那13个殖民地里，差不多所有人都沿海而居，或是居于大河之一的沿岸。所有的出口与进口货物，常常都指向同一个沿海地区。对海洋的兴趣、了解并认识到海洋在社会福利方面所起的作用，都很容易、很广泛地扩散开来了；而一种比关注公共利益更有势力的动机也很盛行：因为造船材料丰富，其他方面的投资相对较少，所以海运便成了一种有利可图的私人利益。我们大家都明白，如今情况已经发生了多大的变化。现在，权力中心已不再集中于沿海地区了。图书和报纸都在竞相描述内陆地区那种不可思议的发展，以及那些尚未开发的财富。资本在内陆地区找到了最佳的投资渠道，而劳动力则在内陆地区找到了最大的就业机会。边远地区被人们视而不见，而它们在政治上也毫无影响力；事实上，墨西哥湾和太平洋沿岸地区就是这样，而大西洋沿岸相对于处在中心地带的密西西比河流域来说，也是这样。当海运再一次变得有利可图的时候，当那3个沿海的边远地区发现它们不仅在军事上处于弱势，还因为没有国内航运而更加贫困的时候，它们的共同努力或许就会有利于再次为我们的制海权打下基础了。到了那时，那些密切关注法国由于没有制海权而在国家事业上受到了种种牵制的人，可能就会痛惜祖国被一种国家财富貌似过剩的情况所引领，进入一种相同的、被那种强大工具所忽视的状况了。

在不断改变的那些自然条件当中，可能有一种形式的条件值得注意，就像意大利的情形那样——意大利是一个长长的半岛，其间有一条中央山脉，将该国分成了两个狭长的区域，而连接不同港口的道路，则必然沿着这两个区域延伸。只有绝对控制住海上，才能完全保护这些交通要道，因为我们不可能知道，从远处冒出来的敌人会进攻哪个地方；但是，倘若在中心位置驻有一支合适的海军，那么在我方遭受重大损失之前，去攻击同样属于对方基地与交通补给线的敌方舰队，还是大有希望的。狭长的佛罗里达半岛一端是基韦斯特，虽说地势平坦、人烟稀少，但一眼看去，与意大利的自然条件还是很相似的。这种相似性可能只是表面上的，但十有八九，倘若一场海战的主战场就在墨西哥湾，那么，经由陆路前往半岛末端的交通补给线可能就是一个重要问题，就会很容易遭到敌人攻击了。

倘若海洋不仅濒临或包围着一个国家，还将这个国家分成了两个或者多个部分，那么控制海洋就不仅有利，而且是一种极为必要的举措了。这样一种自然条件，要么会导致并加强该国的制海权，要么就会让该国变得软弱无能。这就是如今的意大利王国、连同撒丁和西西里二岛的情形；因此，我们可以看到，在早期以及如今仍然存在的金融劣势中，意大利早已开始了这种轰轰烈烈而明智的努力，来创建一支海军。人们甚至还认为，有了一支明显优于敌人的海军之后，意大利就能以其岛屿为实力基础，效果可能会比以其本土为实力基础更好；因为我们在前面已经指出，意大利半岛上的交通补给线很不安全，会让一支入侵的敌军在被敌意重重的意大利人所包围并受到来自海上的威胁之后，陷入一种严重的不利之境。

虽说爱尔兰海把不列颠群岛分割开来了，但它更像是一个港湾，而这种分割也并不是真正的割裂；不过历史业已表明，它给联合王国带来了危险。在路易十四统治时期，当时的法国海军堪与英、荷两国的联合海军相匹敌；因为存在严重的内乱，所以爱尔兰政府差不多全部为当地人和法国人所掌控了。尽管如此，爱尔兰海仍是英国人的一大危险——即他们交通补给方面的一处薄弱环节，也并不是法国人的一大优势。法国并不敢派遣轻型战列舰进入这片狭窄的水域，而该国旨在登陆的远征军，攻击的也是爱尔兰南部或者西部的海港。在决战之时，伟大的法国舰队被派往英格兰南部沿海，并在那儿击溃了英、荷联军，同时派了25艘护卫舰前往圣乔治海峡，以阻击英军的交通补给线。在爱尔兰的英军虽然身处一个充满敌意的民族当中，处境极其危险，但因博因河之战以及詹姆士二世逃跑而脱离了险境。这种针对敌军交通补给线的作战行动，完全是战略性的；所以对于目前的英国来说，形势就跟1690年时一样危险。

在同一个世纪中，西班牙也给我们提供了一个令人印象深刻的教训，表明这种领土分割倘若未由一种强大的制海权联结起来，便会带来极大的劣势。此时，西班牙凭借昔日辉煌的余势，仍然保有尼德兰（即如今的比利时）、西西里以及其他本属意大利的领地，而且还在新世界里有着数量众多的殖民地。然而，西班牙的海上力量已经衰落到无以复加的地步，所以当时一位见多识广、头脑冷静的荷兰人都可以这样说："西班牙所有的沿海地区，都有一些荷兰船只在航行；自1648年和约签订以来，该国的船只和水手数量都在急剧减少，所以他们开始公开招募我国船只前往印度群岛，而在以前，他们却非常谨慎，从不让外国人去那儿……"他接着说："很显然，作为西班牙之'胃'的西印度群岛（因为西班牙差不多所有的税收都来自于此处），必须由一支海军来将它与西班牙的'头'联结起来才行；那不勒斯与尼德兰虽说就像两只胳膊，但它们无法为西班牙出力，并且除了海运，也无法从西班牙那里获得什么利益——在和平时期，我们的运输船只都可以做到这些；而在战时，则可用船只来进行阻挠。"半个世纪之前，亨利四世的一位大臣萨利曾经归纳了西班牙的特点，说它属于"那种双腿与两只胳膊都强大有力，可内心却软弱无比的国家之一。"自此以后，西班牙海军所遭遇的就不仅是损失惨重，还被完全摧毁了；它不仅受到了羞辱，还完全落魄了。简而言之，结果就是西班牙的海运毁于一旦，而制造业也随之衰落了。西班牙政府不是凭借一种广泛而健全、本可以使之经受起多次重大打击的贸易业和工业，而是依赖于一条小小的资金流，通过不多的宝船从美洲将银子运回；这些船只，很容易并且经常被敌人的巡逻船所截获。损失6条大帆船，就会让西班牙政府一年都无法行动，而出现这种情况，却早已不止一次了。就在尼德兰的战争持续进行之时，荷兰便控制了海上，迫使西班牙不得不经由漫长、代价巨大的陆路运送部队，而无法经由海上来运送。同一原因，也使得西班牙只剩下为数不多的海峡可以运送生活必需品了；但西、荷双方却一致商定，由荷兰船只来运送西班牙所需的补给品——在现代人看来，这种做法是非常怪异的。荷兰船只虽说以这种方式支持了本国的敌人，但作为回报，它们却获得了当时很受阿姆斯特丹交易所欢迎的银币。在美洲，西班牙人得不到本国的支援，躲在砖石结构的建筑里，尽可能地明哲保身；与此同时，地中海地区的西班牙人，则主要是利用荷兰人的毫不在乎而躲过了一劫，因为法国人和英国人那时还没有开始争夺此处的主导权。随着历史的发展，尼德兰、那不勒斯、西西里、米诺卡、哈瓦那、马尼拉和牙买加等地，或早或晚，都一一被从这个没有航运业的国家手中夺走了。总之，虽然西班牙海上力量的软弱可能是其全面衰落的一种征兆，但它也成了让该国陷入无底深渊的一个显著因素，而迄今为止，西班牙也还没有完全跳出这个深渊。

除了阿拉斯加，美国并没有海外领土——即没有什么领土是无法从陆上到达的。它的外形轮廓，使得该国没有什么特别薄弱的特点，而其边境上的所有重要区域，也都能够轻易到达——水路很便宜，铁路又很快捷。最为薄弱的边境就是太平洋沿岸，但此处离那些最危险的敌人都很远。与该国目前所需相比，美国的国内资源可谓无穷无尽；用一位法国官员对作者所说的话来说，就是我们可以在"我们的这个小角落里"靠自己世世代代地永远生活下去。然而，倘若一条经由中美地峡的新商路侵入了这个"小角落"，那么，美国可能就会像那些已经放弃了海洋——各个民族与生俱来即对海洋拥有权力——的人一样，猛然觉醒了。

（三）领土范围

影响到一个海洋大国的发展，并且涉及该民族区别于居住在该国之人的最后一个条件，便是领土范围。对于这一点，用较少的内容就能加以说明。

从制海权的发展来说，领土范围并不是指一个国家的总面积，而是指其海岸线的长度，以及所要考虑之海港的特征。关于这些方面，我们要说，如果地理和自然条件相同，那么海岸线的长度，根据人口多寡的比例来看，就是一国国力强大或者衰弱的根源了。在这个方面，一个国家就像是一座要塞；卫戍部队的兵力，必须与要塞城郭的长度成正比才行。最近有一个人们都很熟悉的例子，这便是美国内战。倘若南方人口数量众多且英勇无畏，还有一支与这个海上强国其他资源相称的海军，那么其漫长的海岸线以及数不胜数的小港，就会是使得南部邦联具有强大实力的基本要素了。合众国人民以及当时的合众国政府都很有理由自豪，因为他们极为有效地封锁了南方的整个沿海地区。这是一件了不起的壮举，一件极其了不起的壮举；不过，倘若南方人口很多、全民皆水兵的话，那么这就会是一种不可能实现的壮举了。此例所表明的，并不是如何才能维持这样一种封锁，就像之前已经说过的那样，而是在面对一帮非但不习惯于海战、而且数量稀少的南方人时，是有可能进行这种封锁的。那些能够回想起这种封锁是如何维持下去的，能够回想起在此次战争的大部分时间里用于封锁的船只质量的人都明白，这个封锁计划虽说在当时的情况下是正确的，但在面对一支真正的海军时，却根本不可能实现。合众国的舰船散布在沿海地区，无人支援，单独或以小支舰队为单位驻守自己的阵地，而面对的却是一张有利于敌人进行秘密集结的、巨大的内河交通网。第一道内河交通线的背后，是长长的港湾和星罗棋布的坚固要塞，敌舰以前一向都是可以撤退到这两个地方，来躲避追击或者受到掩护的。倘若有一支南方海军能够利用这些优势，或者能够利用合众国舰船散布各处、不集中的情况进击，那么合众国的舰船就不可能再像以前那样分散了；而由于合众国的舰船不得不集结起来彼此支援，所以就会留下许多虽小却很有用的通路，南方就可以进行贸易了。不过，就像南方沿海地区因为面积广阔、港湾众多而本可以成为一种实力之源那样，也正是这些特点，使得它成为了让南方不断受到攻击的一大原因。打开密西西比河的伟大经历，只不过是南方各地正在不断进行的作战行动中，一个最为引人注目的例子罢了。每攻破一处海疆，都会有战舰驶入内陆。那些曾经运送财富、支撑脱联各州贸易的河流，如今开始不利于它们，让敌人能够深入各州腹地了。许多地区都开始惊慌沮丧、心神不安、政务瘫痪起来；假如保护得更恰当一点儿的话，这些地区本来是可以让一个国家保持生机，度过这场极为费神的战争的。在北美大陆，制海权还从未比在这场战争中那样，发挥过更加巨大或者更具决定性的作用；这场战争，决定了世界历史进程将由一个大国而非数个相互竞争之国家所改写。不过，虽说人们为那个年代所获得的辉煌成就而感到自豪，也承认那些赫赫战果应当归功于海军所占的优势，但了解事实的美国人决不应当忘记提醒自己的同胞不要过分自信，因为当时的南方诸州非但没有海军，南方人非但不是一个从事航海业的民族，而且南方的人口数量也与它必须防御的漫长海岸线不成正比。

（四）人口数量

探讨过一个国家的自然条件之后，接下来我们就应当来审视一下影响到一国制海权发展的人口特点了；而首先应当加以研究的，便是居于该国之中的总人口，原因就在于前面我们刚刚讨论过的、一国总人口与其领土范围的关系。我们已经说过，领土范围并非仅仅是指一国有多少平方英里，它还包括与制海权相关的、需要加以考虑的海岸线的长度与特点；因此，说到人口数量，它也并非仅仅是指一国的总人口，还应当包括该国的海员人数，或者起码来说，也应当算上那些可以上船工作、能够创造海军用品的人才行。

　　比如说，从前以及直到法国大革命之后历次大战结束的时候，法国人口都大大超过了英国；不过，就总体的制海权、和平的商业贸易以及军事效率而言，法国却大不如英国。在军事效率方面，这一事实则更为显著；因为有的时候，虽说法国在战争爆发之初的军事准备方面具有优势，但该国却无力保持住这种优势。因此，在1778年战争爆发的时候，法国由于海员在册人数众多，所以能够一次性装备50艘轻型战列舰。与此相反，英国却由于自己的海运船只散布于世界各地——其海军实力也因此而得到了保存——所以，在本国装备40艘战船都难以做到；但到了1782年，英国却有了120艘现役和预备役战列舰，而法国的战列舰总数却一直都没有超过71艘。此外，晚至1840年，当英法两国在黎凡特剑拔弩张、战事一触即发的时候，当时一位极为博学的法国军官，在赞扬法国舰队的高效以及法国海军司令的诸多杰出品质，并且表达出遭遇同等规模的敌军时法国能打胜仗的信心之后，接着说："我们除了当时所能集结的、由21艘战列舰所组成的这支小型舰队之外，并无预备舰船；而在6个月内，也不可能再有另外一艘舰船来服役。"出现这种状况，并不仅仅是因为没有舰船和合适的装备，尽管这二者法军都很匮乏。"我们的海军兵源，"这名法国军官接着说，"因为我们所做的工作（即装备了21艘船只）已经消耗殆尽了，所以各地制定的永久性征兵政策，并没有让那些已经在军舰上服役了3年多的海员得以轮换。"

　　这样一种对比，表明了在所谓的"持久力"或者"后备力量"方面的差异，且此种差异比表面看起来的更加巨大；因为一支大型的海上舰队，除了船员，必然还会招募一大批其他人员，来从事能够促进生产和维修海军用品的体力工作，或者完成与海洋、与各种船只多少密切相关的其他工作。这种工作任务，从一开始就具有确定的海上性质。有一件趣闻，表现了属于英国最杰出水兵之一的爱德华·佩鲁爵士对这个问题具有一种古怪的见解。1793年战争爆发之时，照常出现了海员不足的问题。由于渴望出海作战，而除了没有出过海的人，他又补不满全员，于是他便命令手下的军官去找康沃尔郡的矿工；对于他们所要执行任务的环境与种种危险，他自己都非常了解，故推断出这些人会很快适应海上的生活。结果证明了他的睿智与远见，因为这样一来，他就丝毫也没有耽误时间，而他的运气也很好，俘虏了此次战争中单场战斗所缴获的第一艘护卫舰；尤具启发性的是，尽管他的手下才服役数周，敌军服役却已一年多了，但双方的损失都差不多，都很惨重。

　　或许有人会坚持说，这样的后备力量，如今差不多不像以前那样重要了，因为现代舰船和现代武器制造起来耗时颇久，还因为现代各国的目标都是加强武装部队的整体力量，以便一旦开战，便能在敌人发起同样的进攻之前，以迅雷不及掩耳之势，对敌人进行毁灭性的打击。用大家都很熟悉的话来说，就是不会有时间来让国家结构所组织的全面性抵抗发挥作用；这种打击针对的是已经组建起来的作战舰队，倘若作战舰队都投降了，那么国家结构中的其余部分哪怕再坚实，也会无济于事。在某种程度上，这话是对的；不过在当时，情况却一向如此，只是过去的程度比如今稍轻而已。假定有两支事实上代表了两国目前整体力量的舰队遭遇了，要是其中一支被击溃，而另一支仍能正常作战的话，那么战败的一方能够重建海军、继续这场战争的希望，如今就会比以前要小得多了；而战争结果所造成的损失，也会与该国对海军的依赖程度成正比。倘若当时的英国舰队跟法、西联合舰队一样，代表了该国的整体力量，那么，一场特拉法尔加这样的海战，就会给英国带来致命一击，并且程度要比它给法国带来的打击沉重得多。对于英国来说，特拉法尔加海战的后果，本来会像奥斯特利茨之战对奥地利、耶拿战役对俄罗斯的后果一样；一个庞大的帝国，会因军事力量被摧毁或因军队瓦解而不得不向敌人俯首称臣——据说，这就是拿破仑最为钟爱的作战目标。

但是，考虑到过去这些特殊的惨败，是不是就让我们有了理由，来轻视此处所研究的、以适合于服某种兵役的人口数量为基础的那种后备力量呢？前面所提到的军事打击，都是由一些非凡的天才人物所进行的，他们指挥着经过特殊训练、有着集体荣誉感且威名远播的军队，给予那些因为知道自己不如对方、或者因为以前的失败而多少有点儿士气低落的敌人以沉重打击。奥斯特利茨战役之前不久，刚刚发生了乌尔姆之战，此战中有35000名奥地利士兵不发

耶拿战役。1806年拿破仑指挥法军与第四次反法同盟进行的一场著名战役，法军获胜。此役集中体现了拿破仑杰出的军事指挥才能。

一枪便放下了武器；而在此前的许多年间，一直都是奥地利失败、法国取胜。特拉法尔加海战，也是紧随一次节节失利的巡航（或者完全可以称之为一场战役）之后发生的；再往前看，不过仍属于近来发生的战斗，就是西班牙人记忆中的圣文森特角战役、法国人记忆中的尼罗河河口之战，两次都是这两国的联合舰队在作战。除了耶拿之战，这些决定性的失败都并非是单次战斗的惨败，而都是最后一击；在耶拿战役中，由于双方兵力、武器装备和整体备战等方面悬殊都很大，所以不太适合据此来研究某一次获胜可能会带来什么样的结果。

英国是目前世界上最大的海洋国家；凭借铁甲汽船，它继续保持着木制帆船时代的那种优势。法、英是两大列强，拥有规模最大的海军，而对于两国之间究竟谁更强大这个问题，迄今尚无定论；或许我们可以认为，它们在进行海战时，兵力和装备等方面实际上是不分伯仲的。假如爆发战争的话，那我们能不能认为，有这样一种兵力或者准备上的差异，使得仅凭一场战斗或者一次战役，就很可能带来一种具有决定意义的力量悬殊呢？倘若没有的话，那么后备力量就是差异了；首先是有组织的后备力量，然后就是航海人口的储备、机械技术的储备和财力的储备了。人们似乎有点儿忘记了，英国在机械工艺方面的领先地位，使得它储备了大量的技师，这些技师能够轻而易举地熟悉现代铁甲船的种种设备；而随着人们感到了战争给商贸与工业所带来的重负，这些富余的水手与技师就会投身到军舰上去。

无论后备力量发达还是不发达，其重要性这个问题的实质就是，现代战争的条件，会不会很可能导致出现这样一种情形：两个差不多势均力敌的国家，其中的一国在某一次战役中被打得落花流水，从而在此时出现一种具有决定性的结果。海上战争并未给出这一问题的答案。普鲁士对奥地利、德意志对法国的压倒性胜利，似乎都是势力悬殊的强国对弱国的胜利，无论这种弱势是因为自然原因还是政府的无能所导致的。倘若土耳其拥有能够征召的全国性后备力量，那么，像普列文之战中那样的贻误战机，又怎么会影响到战争的命运呢？

假如像世界各国都公认的那样，战争中有一种至高无上的主导因素，那么，国内的人才并非军事性的、民众也像所有崇尚自由的民族一样反对为庞大的军事机构买单的那些国家，就理应确保自己至少具有赢得必要的时间、将国民的精神和力量转向战争所要求的种种新行动中去的能力。倘若现存的陆军或者海军足够强大，即便处于劣势也能坚持抵抗的话，那么，该国就可以依赖其自然资源与自然力量——即人口、财力以及其他种种生产能力，而不论这些自然资源和自然力量价值几何——来发挥作用了。另一方面，倘若该国拥有的这些资源能被敌人很快地摧毁并碾碎的话，那么就算自然之力鬼斧神工，也是不

普列文战役。1877～1878年，俄土战争期间，俄国与罗马尼亚联军凭借兵力优势，在此击败土耳其军队。

会让其免于蒙羞的；并且，假如敌人够聪明的话，还不会让它有在遥远的将来进行复仇的机会。这种情况，在那些规模较小的战场不停地重现。"倘若如此如此能够再坚持一会儿的话，就能挽救这个或完成那个了"；这就像是在生病的时候，人们常说的那样："就算病人只能坚持这么久，病人的体力也可以让其恢复健康的。"

从某种程度上来说，英国如今就是这样的一个国家。荷兰也是这样；它是不会有什么好结果的，而倘若它逃过一劫的话，那也不过是虎口余生罢了。伟大的政治家德·威特曾这样写道："在和平时期，由于害怕关系破裂，他们决不会预先就下定会导致国家财力受损的决心。荷兰人的性格就是这样，除非危险到了眼前，否则他们是不愿意留出资金来进行防御的。我是在同一个这样的民族打交道，他们在应当节省的地方慷慨得很，而在应当花钱的时候往往却又省得抠门、贪得无厌。"

我国也容易遭到这样的指摘，全世界都知道这一点。美国并没有那种可以让它赢得时间来发展后备力量的防御和保护力量。至于能够满足它可能的发展所需的海上从业人口，又在哪儿呢？这样一种与海岸线与总人口成正比的资源，只存在于全国性的商船运输业及其相关产业里，而目前美国这样的相关产业却极少。这种船只上的船员是本国人还是外国人并不重要，只要他们忠于美国就行；而万一爆发战争，美国的海上力量只要足以让他们中的大多数人活着回来就行。倘若允许成千上万的外国人服兵役，那么他们上船之后，给予他们应有的作战空间就并不重要了。

虽说在讨论这一主题时有点儿不着边际，但毫无疑问，有大量人口从事与海洋相关的工作，是制海权的一大要素，这一点古今并无不同；美国在这一要素上无疑是有着缺陷的；只有当美国有了自己的大规模贸易之后，才能为确立其制海权奠定基础。

（五）民族性格

接下来，我们就来讨论一下民族性格与民族习性对于发展制海权的影响。

假如制海权确实是以一种和平而广泛的商业贸易为基础的，那么从事商业活动的习性，便必定是曾经在海洋上取得过伟大成就的所有民族一个显著的特征。历史已经几乎毫无例外地证明了这一点。除了罗马人，我们还找不到与此相反的其他显著例子。

所有的人都图谋利益，并且或多或少都喜欢钱财；不过，谋求利益的方式，却会对居于一国之中的某个民族的商业命运以及历史产生明显的影响。

倘若历史可信的话，西班牙人以及与之同源的葡萄牙人追求财富的方式，就不仅给其民族性格带来了污点，还危及到了其商业贸易的健康成长；同样，这也给商业贸易所赖以生存的一些产业带来了危害，并最终危及到了那些通过错误方法所获得的国家财富。对于利润的渴求，在他们心中变成了一种强烈的贪婪；因此，在给欧洲各国商业贸易和海洋事业发展带来了如此巨大动力的新世界，他们寻求的不是新的产业领域，甚至也不是探索和探险带来的那种健康的兴奋之感，而是金子和银子。他们有着种种了不起的品质：大胆、有进取心、温和、任劳任怨、充满热情，并且天生具有强烈的民族感情。当这些品质加上位置优势和有诸多良港的优势，以及它率先在新世界占领了广大的富庶之地并在很长时间内没有敌手，而且在发现美洲之后的100年间它一直是欧洲首屈一指的国家等事实后，西班牙本来是有望在海洋大国中占据最为重要的位置的。可众所周知，结果却恰好相反。自1571年的勒班陀之战后，尽管参加过多次战争，但在西班牙历史上，却从未在海战中获得过什么具有重大意义的胜利；而其商业贸易的衰退，则充分说明了该国战舰表现出来的那种可悲的、有时甚至是很荒谬的不当行为的原因。毫无疑问，我们并不能将这种结果仅仅归结于一个原因。西班牙政府无疑也用尽了种种办法，来限制和破坏私有企业，使之无法自由而健康地发展；不过，一个伟大的民族是会突破政府的限制，或者塑造政府的品格的，而倘若民众嗜好贸易，则其政府也会被吸引到这种趋势当中来，这一点也是无可置疑的。并且，西班牙诸殖民地的广袤土地，都远

离该国专制政治的中心；而正是这种专制政治，束缚了旧西班牙的发展。结果
就是，成千上万的西班牙人，其中既有工人阶层，也有上流人士，都离开了西
班牙；但他们在国外所从事的工作，却并没有给祖国带回来什么东西；他们带
回的只有银币，或者只需小吨位船舶即可运送的小宗商品。西班牙国内的物产
极少，只有羊毛、水果和铁器；该国完全没有制造企业；工业企业经营状况惨
淡；人口数量也一直在减少。西班牙及其各个殖民地，都严重依赖于荷兰人为
其提供大量的生活必需品，以至于该国仅有的那些工业企业所生产的商品，还
不够用于购买这些生活必需品。"因此，"当时有人这样写道，"那些带着钱
到世界各地购买商品的荷兰商人，必定会把货物卖给欧洲这一个国家，然后再
把所收到的货款带回家。"这样，西班牙人热衷于寻求的这种财富象征，很快
又从他们的手中流走了。前面我们已经指出，从军事角度来看，西班牙因其海
运业的这种衰退，已经变得极为脆弱了。该国的财源，全都一小批一小批地集
中于为数不多的船只上，而这些船只几乎一直都沿着惯常的航线航行，所以很
容易被敌人截获，从而切断该国用于支撑战争的财力资源；但英国和荷兰的财
富，则由于两国在世界各地散布着成千上万条船只，所以虽说在多次旷日持久
的战争中也受到过许多沉重的打击，却并未阻碍到两国财力的增长；而且，这
种增长尽管费劲得很，却一直都很平稳。葡萄牙由于在历史上一个极为关键的
时期与西班牙搅和在一起，所以它的国力也同样日益衰弱了：尽管在海权发展
的初期，它名列各国前茅，但如今却完全落后了。"巴西的矿山是葡萄牙的没
落之源，就像墨西哥和秘鲁的矿山是西班牙的没落之源那样；所有的制造企业
全都陷入了受人鄙视的荒唐处境，而不久之后，非但是衣物，连所有的商品，
甚至是咸鱼和粮食，葡萄牙也都要由英国来供应了。为了淘金，葡萄牙人放弃
了自己的土地；而波尔图的葡萄园，最终也被英国人用源自巴西的黄金买走
了——这些黄金，只是在葡萄牙人手中过了一遍，就流入到英国各地去了。"
我们可以确定，在50年间，"从巴西的矿山中"榨取的财富高达5亿美元，"而
最终，葡萄牙却只剩下2500万美元的金币"——这可是关于真实财富与虚假财
富之间差异的一个突出的例子。

英国人与荷兰人的逐利之心，并不亚于欧洲南方的各个民族。这两个民
族，每一个都曾经被世人称作"小店主民族"[1]，不过这种讥讽要是公正的
话，就说明他们的聪明与公正名不虚传。他们一样大胆，一样有事业心，一样

---

[1]a nation of shopkeepers：小店主民族，小店主之国。这是拿破仑对英国人的蔑称，源于
英国的贸易业发达，指英国人会做生意。

能够吃苦耐劳。事实上，他们更加任劳任怨，因为他们并不是凭借刀枪来掠夺财富，而是通过劳动来逐利的，这也是前述绰号隐含了那种指摘之意的原因；因为这样一来，他们走的就是一条最远的、而非看上去最近的致富之路。但是，这两个民族从根本上来说属于同一种族，还有着与上述特点同样重要的其他品质；这些品质与他们所处的环境结合起来，便极大地有利于其海洋事业的发展了。他们天生就是实业家、商人、生产者和航海家。因此，在本国或者国外，无论是在文明国家的港口，还是处于野蛮残暴的东方君主统治之下，或者是在自己建立的各个殖民地中，他们都见缝插针，努力地利用所有的土地资源，努力地开发并增加着这些资源。这种天生的商人，或者"小店主"——要是您愿意这样称呼他们的话——有着机敏的本能，使得他们孜孜不倦地去寻找可用于交换的新商品；而这种求索，与因世代辛劳而进化出来的那种勤奋性格结合起来，就让他们必然地变成了生产者。在本国，他们与制造者一样伟大；在国外，他们所辖之地的土地日益富庶起来，物产也日益倍增，而要在国内与这些殖民地之间进行必要的商品交换，就得有更多的船舶。因此，他们的运输业便随着这些贸易需求节节增长了，而那些发展海洋事业的能力较弱的民族，即便是一向伟大的法兰西，也需要英国人和荷兰人的产品，也需要英、荷两国的船舶来为他们效力了。这样，他们便通过种种途径，开始取得海洋的控制权。这种自然而然的趋势和发展，实际上曾不时因别国政府的干预而被改变，并且受到了严重的制约；那些国家妒忌英、荷两国的繁荣兴旺，但那些国家的人民只有在得到人为的撑腰时才能干扰这种繁荣和兴旺——所以，这种撑腰就可以看作是政府为影响制海权而采取的行动。

对于贸易的这种爱好，必然还会导致他们生产出某种东西来进行贸易；而对于制海权的发展来说，这就是最重要的一种民族特质。有了这种特质和条件优异的沿海地区之后，来自海上的危险或者不愿意出海的心态，就不太可能会阻碍一个民族通过海上贸易去追逐财富了。在用其他方式追求财富的国度，可能也存在着这种特质；但是，它并非一定就会使某个民族获得制海权。以法国为例。法国是一个美好的国家，有着勤劳的民族，地理位置也很不错。法国海军曾经有过一段极为辉煌、威名远扬的时期；而哪怕是处于最底层的官兵，也从未让整个民族所珍视的法国军队的声誉受过损害。然而，作为一个海洋国家，虽然拥有安全而广泛的海上贸易基础，但法兰西跟历史上其他从事海洋事业的民族相比，却从未维持过一种受人敬重的地位。其主要原因，就民族性格这方面来看，即在于他们追逐财富所用的方式。正如西班牙和葡萄牙两国从地下挖掘金矿来追求财富那样，法兰西民族的性格，决定了他们是通过节约、省俭和聚积来追逐财富的。据说，守财比生财更难。可能是这样吧；不过，喜欢冒险、为了获取更多而甘愿冒险的性格，与那种为了商业贸易而征服世界的冒险精神，是有诸多共同之处的。喜欢节约、喜欢积蓄、进行谨慎而小规模投机的脾性，虽说可能会使财富以类似的小规模进行扩散，不会有风险，但也不会让对外贸易和航运业务得以发展起来。举例来说——举此例子，只是因为它具有积极的一面——一位法国军官在跟作者谈到巴拿马运河时，是这样说的："我在其中入了两股。在法国，我们不会像你们那样由少数人持股，每个人的股份都很多。我们是由许多人持股，每个人都只持一股或者几股。巴拿马运河的股票上市时，我的妻子这样跟我说：'你去买两股吧，一股给你，另一股给我。'"就个人财产的稳定性而论，这种谨慎无疑是很明智的；不过，倘若过分谨慎或者让金融上的胆小变成了一种民族特征，就必然会阻碍到商业贸易和该国运输业的扩张了。而他们在另一种生活关系中，表现出来的那种对于金钱问题的小心谨慎，已经妨碍到了人们的生儿育女，使得法国的人口增长几乎一直都停滞不前了。

欧洲的贵族阶层，从中世纪起就有目空一切地轻视商业贸易的传统；这种态度，依不同国家的民族特性而定，已经对和平贸易的发展产生了根本性的影响。西班牙人的自负，与这种蔑视精神一拍即合，还与那种不愿工作、不愿等待让他们对商业贸易感到厌烦的财富的糟糕态度结合起来了。在法国，连法国人自己都承认是一种民族特性的那种虚荣心，也是朝着这个方向发展的。贵族阶层的人数和显赫地位，以及他们受到的敬重，都给他们所鄙视的贸易这一职业贴上了"低人一等"的标签。富有的商人和工厂主都渴望得到贵族封号，而一旦他们获得贵族头衔，便都不再从事那些生财有道的职业了。因此，虽说人民的勤劳和土地的多产并未让该国的商业贸易完全衰退下去，但人们都是带着一种羞耻感来从事贸易的，使得那些最有商业贸易才能的人一旦有可能，便纷纷离开了这一行业。在柯尔贝尔的影响

柯尔贝尔（Jean-Baptiste Colbert，1619~1683）。法国政治家和国务活动家，曾长期担任财政大臣和海军国务大臣，是路易十四时期最著名的政治人物之一。

下，路易十四颁布了一项法令，"授权所有贵族都可参股商船、货物和商品并获利，只要他们不参与零售，就不会被认为有损贵族声誉"；而采取这一行动的原因则是，"它关系到我国臣民的切身利益和我们自身的满意度，会消除大众关于贵族阶层不适于从事海洋贸易的普遍观念。"但是，一种涉及有意的、公开的优越感的偏见，是不会轻易地被法令消除的，尤其是当虚荣心变成了民族性格中一种明显的特征之后；何况多年之后，孟德斯鸠又告诫人们说，贵族从事贸易，是与君主制度的精神背道而驰的。

在荷兰，也存在着一个贵族阶层；不过，该国名义上却属于共和政体，容许存在宽泛的个人自由和自主性，而国家的权力中心也都位于大城市里。国家强盛伟大的基础，便是金钱——或者说财富。作为一种使公民之间产生差异的原因，财富在国家当中同时也伴随着权力；有了权力之后，便有了社会地位和荣誉。在英国，也出现了同样的结果。贵族阶层自负得很；但在一个代议制政府里，既没法遏制有钱人的力量，也无法让财富的势力显得不重要。大家都知道这一点，大家也都尊重这一点；英国与荷兰一样，那些能够带来财富的职业，共同分享着财富本身所赋予的那种尊荣。因此，在上述两国，民族性格所导致的社会舆情，显著地影响到了整个民族对待贸易的态度。

然而，民族精神的确还以另外一种方式，影响着最为广义的制海权的发展；这一点，就是迄今为止制海权能够让诸多兴旺发达的殖民地建立起来的原因。殖民事业的发展，就像其他方面的发展那样，在最自然的时候的确是最兴旺的。因此，整个民族因感受到种种需求和自然冲动而建立起来的殖民地，就会拥有最为坚实的基础；而要是该国人民还拥有独立自主的精神，那么当这些殖民地受到本国束缚最少的时候，它们随后的发展就会最有保障。过去3个世纪的人，已经深切地感受到了殖民地作为本国产品的销售市场，作为哺育商业和海运业的温床，对于母国的重要性了；但在殖民事业上所做的努力，却并非出于同一种普遍的原因，而不同的殖民制度，也并非全都一样地获得了成功。政治家们的努力，无论是多么的深谋远虑和小心谨慎，都无法替代所必需的那种强烈的自然冲动；倘若在民族性格中开始出现自我发展的萌芽，那么就算本国最缜密的法规，也不如一种更巧妙的忽视，能够让它带来好的结果。在国家对那些成功兴旺的殖民地的管辖中，跟对那些不成功的殖民地进行管辖相比，并没有表现出什么更伟大的智慧来。没准儿，前者所表现出来的智慧，甚至还不如后者呢。假如精心设计的制度和监管、切实改变实现目标的手段和勤勉的呵护，能够有益于殖民地的发展的话，那么英格兰民族精神中的这种系统化能力，就不如法兰西的民族精神；可是，世界上最大的殖民者却是英国，而不是法国。成功的殖民事业，连同它随后对商业贸易和制海权所产生的影响，都主要取决于民族性格；因为各个殖民地都是在自我成长、自然发展的时候，发展得最好。殖民地发展的源泉，是殖民者的性格，而不是母国政府对殖民地的监管。

这一事实，因为所有母国政府对待殖民地的态度通常都是完全自私的，而显得更为清晰。无论殖民地是怎样建立的，一旦人们看到了它的重要性，对于母国来说，该殖民地就成了一头能够挤奶的奶牛；当然，殖民地也需要照管，但母国政府主要是把它当成一种财产，重视它所能带来的回报，才去照管的。制定法律法规，目的是垄断殖民地的对外贸易；殖民地政府中的各个职位，为母国派遣的人员提供了重要的岗位；而且人们都认为，殖民地是一个安置本国难以管束或毫无用处者的合适之所，就像如今人们仍然经常那样看待海洋一样。然而，只要殖民地存在一天，军事管治就是母国政府正当而且必要的统治手段。

英国作为一个伟大的殖民国家，其独一无二且精彩非凡的成功也极其明显，故无需我们再来详述；而该国成功的原因，似乎主要在于其民族性格中的两种特质。英国的殖民者很自然、也很乐意生活在自己新开辟的国土之上，把新国家的利益当成自己的利益；并且，他们尽管保持着对祖国充满深情的回忆，但并没有急于返回祖国的这种不安分想法。其次，英国人会马不停蹄地去开发新国家中最为广义的种种资源。在前一种特质上，英国人与法国人完全不同，因为法国人始终都热切地回想着生活在美丽祖国时的种种乐事；而在后一种特质上，英国人则有别于西班牙人，因为对于一个有着种种可能、会全面发展起来的新国家而言，西班牙人的兴趣范围太过狭窄了。

荷兰人的性格和需求，使得他们自然而然地开始去建立殖民地了；到了1650年，他们已经在东印度群岛、非洲和美洲拥有了诸多的、数不胜数的殖民地了。当时，在建立殖民地这个方面，荷兰要领先于英国许多。不过，尽管在性质上纯属商业逐利的这些殖民地都是合情合理地建立起来的，但似乎一直缺乏一种令它们发展繁荣起来的源泉。"在建立这些殖民地的过程中，他们从未想过帝国扩张的问题，只是想着通过商业贸易来获利。他们只是在为环境压力所迫时，才会想要去进行征服。通常来说，能够在本国君主的保护之下进行贸易，他们就心满意足了。"这种没有政治野心、只想获利的温和的满足感，常常就像法国和西班牙的独裁统治一样，使得诸殖民地只是一种依赖于母国的商业属地，从而切断了其自然发展与繁荣的源泉。

在不再进行这方面的探究之前，我们不妨还问上一问，假如其他条件有利的话，美国人的民族性格，在多大程度上适合于建立起一种伟大的制海权。

不过，我们无需费神，只需看一看不久之前的历史就能证明，要是没有法律上的障碍，要是在开拓进取中有更多划算的领域得到了充实，那么，确立制海权就要不了多久。喜欢从事商业贸易的天性，在逐利过程中的大胆精神，以及对于通往财富之路的敏锐嗅觉，美国人全都具备；所以，将来倘若有什么值得进行殖民的领域，那么毫无疑问，美国人就会带着传承下来的那种民主自治和独立发展的天资，进入这些领域。

（六）政府的特点

在讨论一个国家的政府和制度对于其制海权所产生的影响时，必须避免那种过度哲学化的倾向，不能将注意力只限于那些明显而直接的原因，以及它们清晰的结果上，而不去深入探究表面之下那些深远而终极的影响。

尽管如此，我们还是必须认识到，不同的政府形式、与之相应的政治制度以及统治者的性格，都曾对制海权的发展产生过极其重大的影响。我们已经详细探讨过，一个国家与该国国民的不同特点，构成了一个民族的自然特征，就像一个人在开始其事业时所带有的那些自然特征一样；而政府的行为，反过来又与明智地发挥其自制力相对应：倘若发挥得明智、有力而坚忍不拔，就会让一个人在人生中、一个国家在历史上获得成功；倘若与此相反，自然就会导致失败。

一个完全顺应民众嗜好的政府，似乎在各个方面都很可能极为成功地促进其自身的发展；并且，在制海权这个问题上，史上最为辉煌的成就，都是在一个完全充满了民众的精神、很清楚民众真正普遍爱好的政府的英明领导之下取得的。倘若人民的意愿，或者说自然拥戴政府的精英们的意愿，在创建政府的过程中发挥了重要的参与作用，那么，这样的政府才是最为稳固的。不过，这种自由民主的政府有时候并不多；另一方面，明智而不懈地运用专制权力，有的时候也会很直接地建立起规模庞大的海洋贸易和一支杰出的海军，而自由民族则由于进展比较缓慢，所以是这一点是难以企及的。后一种情况的难处在于，在某位专制君主去世之后，如何才能确保继续坚定不移地将其政策执行下去。

英国无疑是现代所有国家中达到了海权巅峰的一个国家，所以英国政府的作为，值得我们首先来加以注意。这种作为，虽说常常不值得称颂，但在总体方针上却是连贯一致的。它的目标，一直都是控制海洋。英国人最自负地表达这一点的一个例子，可以远溯到詹姆士一世统治时期；当时，英国除了本国的各个岛屿，几乎还没有占领过别的地方，而弗吉尼亚或马萨诸塞等地也还没有开始拓殖。下面就是黎塞留对这种情况的报告：

"身为亨利四世（历史上最具骑士风度的亲王之一）重臣的苏利公爵，

在加来港乘坐一艘主桅悬挂法国国旗的法国船只出发，一抵达英吉利海峡，便碰上了一艘守候在那里多时了的英国通信船；英国通信船上的舰长命令这艘法国船只落旗投降。苏利公爵认为自己有能力免受此种屈辱，便鲁莽地拒绝投降；但他拒绝之后，便挨了三炮，炮弹击穿了他的座舰，击中了船体中心，也击穿了所有优秀法国人的心。武力使他不得不在道义所禁止的东西面前屈服了，而他提出的所有控诉，都只换来了英王这样的回答：'正如职责令他必须尊重您这位大使的官衔一样，他的职责，也让他为了行使他的主人作为海洋领袖的权力，而急于获得此种荣耀。'就算英王詹姆士这话说得更有礼

苏利公爵（ Maximilien de Béthune, 1560～1641）。法国政治家，法国国王亨利四世的重臣。1603年，任驻英王詹姆斯一世宫廷的特命大使，后获封苏利公爵一世（Duke of Sully）。

貌一点儿，其效果无非也是使苏利公爵在假装满意的同时，不得不去深思自己应该谨慎这个问题；而他所受的创伤，却是痛苦而永久的了。亨利大帝这一次不得不采取温和稳健的措施了；不过，由于他决心下次一定要通过武力来维护自己的王权，因此在时间的帮助之下，他应当是有能力威胁到海洋的。"

从现代的观点来看，此种不可饶恕的傲慢行径，与当时的种种民族精神也并不是很不合拍的。主要值得我们注意的是，这是最为明显、也是最早表明了英国不惜一切代价都要维持其海上霸权的标志；而这次屈辱，竟然是发生在英国最为胆小谨慎的一位国王治下，让随后不久即成了最勇猛能干的一位法国君主手下的一位大使蒙受的。这种空洞的国家荣誉，除了向外界表明了一国政府的目标之外，其实是一种无足轻重的权利；但在克伦威尔治下，跟在历任英王治下那样，英国却一直生硬地坚持着这种权利。这是荷兰人在经历了1645年那场损失惨重的战争之后，所放弃的和平条件之一。除了名义上，克伦威尔其实是一个彻头彻尾的暴君，他对与英国荣誉和力量相关的所有事情都很积极，并不会因为别国表现出了空泛的敬意，就停止提升英国威望和势力的脚步。虽

克伦威尔（Oliver Cromwell, 1599–1658），英国著名的资产阶级革命家、政治家、军事家、宗教领袖。1645年6月，指挥新模范军战胜王党的军队。1649年，在人民的压力下，以议会和军队的名义处死国王查理一世，宣布成立共和国。1653年，出任护国公，成为英国事实上的国家元首。

英国国王查理二世

说此时还并不强大，但英国海军却在他的严酷统治之下，迅速地获得了新生和活力。散布于世界各地的英国舰队——在波罗的海和地中海地区对抗巴巴里诸国，[1]以及在西印度群岛——都需要拥有英国的种种权利，或者说都需要弥补它们曾经犯下的失误；在他的统治之下，征服牙买加就是开始了通过武力扩张大英帝国的步伐，而这种扩张，一直持续到了如今我们所处的这个时代。人们也并没有忘记，使得英国商业贸易和海上运输发展壮大起来的那些同样强大有力的和平措施。克伦威尔那部赫赫有名的《航海法案》，规定英国及其各殖民地进口的所有货物，都必须由英国本国的船只来运输，或是由商品出产国的船只来运输。这一法令虽是专门针对号称"欧洲公共承运者"的荷兰人的，却招来了整个商贸世界的不满；不过，在那个充斥着民族冲突和民族仇恨的时代，这样做对英国人的好处却是非常明显的，所以这一法令在英国的君主统治之下持续实行了很久的时间。125年之后，我们还能看到，纳尔逊曾在西印度群岛

---

[1] Barbary States：巴巴里诸国。指16世纪至19世纪间埃及以西信奉伊斯兰教的北非各国，如摩洛哥、阿尔及利亚、突尼斯和利比亚等，故亦称"北非诸国"。

实行此法案来对抗美国商船，表现出了他维护英国航运利益的拳拳之心；而此时的纳尔逊，还没开始从事他那份声名远扬的职业呢。克伦威尔去世之后，查理二世坐上了父亲的王位；这位国王，虽说对英国人民毫无诚信可言，但也还是一心维护着英国的伟大，还是信守着英国政府对于海洋的传统政策。在他阴险地与路易十四暗中勾结，企图就此不受议会和人民约束的时候，他给路易十四写信说："要形成一种完美无缺的联盟，还有两大障碍。第一，是目前法国正不遗余力地想要开辟商业贸易，想要成为一个堂堂的海上强国。对于我们来说，这一目标能否实现，却极为值得怀疑；我们只有通过自己的商业贸易和自己的海军，才拥有了如今的重要地位，所以法国在这个方面

法国国王路易十四

采取的每一项措施，都会让两国之间的相互猜忌长久地无法得以消除。"在这两位国王联手对荷兰共和国发动可恶进攻之前的谈判过程中，对于该由哪国来指挥英、法联合舰队的问题，双方发生了激烈的争执。在这个问题上，查理二世毫不退让。他称："在海上发号施令，英国人已经习惯了；"他还明明白白地告诉法国大使，假如屈从于法国的话，他的臣民是不会服从其命令的。在分割"联合省"[1]的计划中，他为英国保留了在控制斯凯尔特河与默兹河两个河口的一些位置上进行海上劫掠的权利。查理二世治下的海军，将打上了克伦威尔苛政烙印的那种精神和风纪保持了一段时间；但后来，海军也有了那种标志着查理二世罪恶统治的士气普遍衰落之象了。1666年，蒙克犯了一个极大的战

---

[1] United Provinces：联合省。即荷兰共和国。荷兰资产阶级革命时期，北方7省和南方部分城市于1579年1月23日缔结乌特勒支同盟，为共和国的成立奠定了基础。1581年，由北方各省组成的三级会议宣布废黜西班牙国王腓力二世，并正式成立"联合省共和国"。由于荷兰省在"联合省"中的经济和政治地位最重要，因此亦称荷兰共和国。

略错误，派出了所率舰队的四分之一，却发现自己要面对兵力大大超过了英军的荷兰军队。他没去考虑有多大胜算，便毫不迟疑地发动了进攻，并且尽管伤亡惨重，却与荷兰人英勇奋战了3天。这种做法还算不上是战争；但从渴望英国海军树立威望并支配其行动的专一目标来看，这种做法却说明了数个世纪中英国屡败屡战并最终获得胜利的奥秘——这正是英国人民与英国政府的共同看法。查理二世的继任者詹姆士二世，本身就曾是一名水兵，并指挥进行过两次大规模的海战。威廉三世登基后，英、荷两国政府便为一人所掌控，并且为了对抗路易十四这个相同的目标而联合起来，直到1713年签订《乌特勒支和约》；也就是说，两国结盟长达25年。有着清晰目标的英国政府，便日益平稳地推进其海洋霸权，从而促进了该国制海权的发展。尽管它是法国公开的敌人，在海上打击法国，但许多人认为，它至少也是个狡诈的友邦，也削弱了荷兰的海洋实力。两国签订的条约规定，荷兰应当装备联合海军的八分之三，英国装备八分之五，几乎是荷兰的两倍。这一条款，加上让

蒙克（George Monk，1608～1670）。英国内战时期在爱尔兰和苏格兰作战的国会派将领、苏格兰总督，亦为第一次英荷战争和第二次英荷战争时英军的舰队司令。他是促成查理二世王政复辟的关键人物。

荷兰维持102000陆军、而英国只维持40000陆军的另一条款，实际上就是规定了一国负责陆上战争，而另一国负责海上战争。不管是不是有意为之，这种倾向性都是很明显的；而根据和约，虽说荷兰获得了土地补偿，但英国除了在法国、西班牙和西属西印度群岛拥有了商贸特权，还攫取了地中海地区的直布罗陀和马翁港这两处要地，以及北美的纽芬兰、新斯科舍和哈德逊湾。法国和西班牙的海洋实力，此时已经荡然无存；而荷兰的海洋实力，此后也日益衰落下去了。在美洲、西印度群岛和地中海地区这样扎稳脚跟之后，英国政府便开始坚定地走上了一条让英王国变成大不列颠帝国的道路。《乌特勒支和约》签订之后的25年间，各国制定对英、对法政策的大臣们，首要的目标都是与这两个沿海大国和平相处；但在社会极为动荡不安、欧洲大陆政治形势风云变幻、小

英国国王詹姆士二世

英国国王威廉三世

规模战争不断和各种狡猾的条约层出不穷的那个时期，英国的注意力却一直牢牢地放在保持其制海权上。在波罗的海，英国舰队挫败了彼得大帝对瑞典的袭击，从而维持了波罗的海地区海上势力的均衡；从这一地区，英国不仅获取了大规模的贸易利润，其主要的海军军需品也都来自这里，可沙皇却想把这里变成俄国的一个内湖。丹麦努力想要借助外国资金，建立起一个东印度公司；可英国和荷兰非但禁止两国臣民加入，还威胁丹麦，从而阻止了该公司的成立，因为英、荷都认为这个公司不利于两国的海洋利益。在尼德兰——《乌特勒支和约》已规定将这一地区割让给了奥地利——奥地利皇帝批准成立了一个类似于东印度公司、以奥斯坦德为口岸的公司。这一做法，旨在通过斯凯尔特河的天然入海口，恢复低地国家[1]已经输给英、荷两国的贸易业，却遭到了这两个海上强国的反对；两国都贪得无厌，想垄断贸易，在这件事情中又得到了法国相助，所以该公司在步履维艰地坚持了数年之后，也被两国扼杀了。在地中海地区，奥地利皇帝破坏了《乌特勒支和约》；但在当时的欧洲政治格局中，奥地利皇帝却是英国的天然盟友。在英国的支持下，已经攫取了那不勒斯的奥地

---

[1] Low Countries：低地国家。指欧洲大陆西北沿海地区，广义上包括如今的荷兰、比利时、卢森堡，以及法国北部和德国西部，狭义上则仅指荷、比、卢三国。

阿尔韦罗尼（Giulio Alberoni，1664～1752）。意大利教士、政治家和军事家，1715年至1719年间任西班牙首相和主教，在西班牙王位继承战中起到了重要作用。他曾试图废除《乌特勒支和约》，进而掌控奥地利在意大利的财产，但此举遭到英、法、德、荷四国的反对，导致爆发了四国同盟战争。

利皇帝，又要求用西西里交换撒丁岛。西班牙拒绝了这一要求；于是，由阿尔韦罗尼这位精力充沛的大臣统领、刚刚开始复兴的西班牙海军，1718年便在帕萨罗角海岸被英国舰队击溃和消灭了。而在第二年，一支法国陆军在英国的要求下越过比利牛斯山脉，又摧毁了西班牙的造船厂，从而结束了这次战争。如此一来，英国除了将直布罗陀和马翁港掌控在自己手中之外，还认为那不勒斯和西西里掌控在盟友手中，而自己的一大敌人则被打垮了。在西属美洲，英国虽说从西班牙生活必需品中榨取到了有限的贸易特权，却深受一种覆盖面广且差不多属于明目张胆的走私制度之害；而当恼羞成怒的西班牙政府开始大肆进行压制之后，那位建议和谈的大臣与力挺开战的反对派，便都用和谈或开战对英国制海权和声誉的影响，来捍卫自己的观点。虽说英国的政策一向如此，旨在扩大和加强它统治海洋的各种基础，但欧洲其他各国政府似乎都看不到这一危险，都毫不担心英国在海洋上的发展壮大。西班牙这个大国因为过去那种盲目自大的势力而导致的可悲境遇，似乎都被人们忘记了；而最近因路易十四的野心和言过其实的势力所激起的那一场场血腥而代价巨大的战争所带来的教训，也都被人们遗忘了。在欧洲的政治家们看来，欧洲正在平稳而明显地崛起第三种不可抗拒的力量；这种力量注定要被人们自私地加以利用，虽说并不像以前那样残酷，却会强有力地加以利用，并且会比以前的所有力量利用得更加成功。这便是海洋的力量；由于不像短兵相接那样喧器，所以它的影响尽管非常明显地摆在人们面前，人们往往却很少注意到它。不可否认，在我们为这一主题所选择的、差不多整个这一段时间内，英国那种势不可挡的海洋霸权，无疑都是决定最终结果的军事因素中最主要的一个。[2] 然而，在《乌特勒支和约》签订之后，一直都无人预见到这种影响，以至于在长达12年的时间里，法国都在其君主个人经历的驱使之下，站在英国一边对抗西班牙；1726年弗勒里掌权之后，虽说这一政策已经取消，但法国海军仍然无人重视，而该国对英国的唯一打击，便是在1736年扶持英国的天敌、波旁王朝的一位亲王登上了两西西里王国[1]的王位。1739年与西班牙开战的时候，英国海军在兵力上比法、西两国海军加起来还要多；而在随后几乎战火不断的25年间，这种兵力差距变得越来越巨大了。在这些战争中，英国迅速建立起了一个强大的殖民帝国——起初是凭直觉，后来则是因为英国政府看到了机会，看到了英国拥有强大制海权的可能性，从而具有了明确的目的；而英国殖民者的性格和英国舰队的力量，则为这一殖民帝国打下了坚实的基础。在纯粹的欧洲事务中，因为拥有制海权而攫取的财富，使得英国在同一时期发挥了极为显著的作用。始于半个世纪之前的马尔伯勒征战中，并在半个世纪后

弗勒里主教（Cardinal André–Hercule de Fleury, Bishop of Fréjus, 1653–1743）。原名安德烈–赫丘勒·德·弗勒里，法国枢机主教，路易十五时代的首席大臣（1726–1743）。

的拿破仑战争中得到最充分发展的拨款津贴制度，使得英国的盟国一直能够为其出力；倘若没有这些友邦，英国就算不是完全任人宰割，其势力也会大大削弱的。谁也无法否认，一个政府倘若左手握着金钱命脉，巩固欧洲大陆上那些虚弱不堪的盟国，右手又将自己的敌人赶下海去并将它们逐出加拿大、马提尼克、瓜达鲁佩、哈瓦那、马尼拉等主要的殖民地，就会让本国在欧洲政治中扮演最重要的角色；又有谁看不到，因为国土面积狭窄、资源匮乏，所以该国政府的力量都是直接来自于海洋呢？皮特的一次演说，表明了英国政府在战争中所坚持的政策；他是英国在战争过程中涌现出来的一位杰出人物，尽管不待战争结束他便丢了官。在谴责政敌所订的《1763年和约》时，他说："法国就算不是只针对我国，也是我国海上力量和贸易力量的主要威胁。我们在这方面所

---

　　[1]The Two Sicilies：两西西里王国。1282年，西西里王国分裂，从而出现了"两西西里"这一名称，其范围包括意大利南部和西西里岛。在拿破仑入侵以前，南意大利和西西里岛虽均由波旁王朝统治，但两地统治者不同。1734年，西班牙国王查理七世（当时还未继位）夺取了西西里和那不勒斯王位，使得两西西里回到了西班牙手中。1816年，斐迪南一世将西西里和那不勒斯统一成两西西里王国，首都在那不勒斯。

马尔伯勒（John Churchill，1650～1722）。英国历史上最伟大的军事统帅之一，1672至1673年间随英国远征军参加英荷战争，立有战功，获封马尔伯勒公爵（Duke of Marlborough）。

皮特（William Pitt，1708～1778）。英国政治家，第9任首相，"七年战争"中英国的实际领导人，获封查塔姆伯爵一世（1st Earl of Chatham）。其儿子与他同名，为英国历史上最年轻的首相（小皮特任首相时，才24岁）。两人都擅长演说，皆被认为是英国历史上最伟大的首相之一。

取得的成就，尤其是通过损害法国利益而让我国获益这一点，弥足珍贵。可你们却给了法国复兴该国海军的机会。"不过，英国的收获是巨大的；它对印度的统治得到了巩固，而北美密西西比河以东的所有地区，也都为它一手所掌控了。到了此时，英国政府已经明确地规划出了自己的前进道路，并且已经采取了一种传统的力量，一直遵循着这条道路前进。的确，从制海权的角度来看，美国革命战争是它犯下的一个巨大失误；不过，英国政府是被一系列的非人为错误所误导，不知不觉地参与进去的。倘若不考虑政治和宪法这两个方面，而将这个问题看作是纯粹的军事问题或海军问题的话，那么，情况就是这样的：美洲的殖民地数量众多，并且当时正在距英国极为遥远的地方发展成为一个一个的社会。只要它们继续隶属于祖国——当时，诸殖民地对于这一点极为狂热——那么，它们就会成为英国在这一地区确立制海权的牢固基地；不过，它们面积太大、人口太多，加之与英国相距遥远，所以，倘若其他强国愿意为它们撑腰，那就不要指望能够用武力去控制它们。然而，这个"倘若"也包括了一种众所周知的可能性：法国和西班牙所受的屈辱是如此的刻骨铭心，其受辱的时间又如此之近，所以它们一定会寻找报仇雪恨的机会；特别是法国，它一直都在认真而快速地建立自己的海军，这一点世人皆知。倘若这些殖民地是13个岛屿，那么英国凭借制海权，就会迅速解决掉这一问题；可它们并没有这样的自然屏障，只能通过内讧才能把它们分开来，而某种共同的危险即足以消除这种内讧。刻意地介入这场战争、试图用武力控制面积如此广袤、民众如此敌视、距本国如此遥远的一片地区，就是与法、西两国重新开始一场"七年战争"，而此次，美洲人民并非支持英国，而是反抗英国了。"七年战争"曾经给英国带来极为沉重的负担，所以一个明智的政府本该明白，哪怕再重一点点，自己都是承受不起的，因而也会明白，对殖民者必须加以安抚才行。当时的政府并不明智，所以英国就失去了大部分制海权。不过，这是失误而非存心；这是因为骄傲自大，而非由于软弱才失去的。

对于英国后来的历任政府来说，通过表现出国家形势的种种明确迹象，来平稳地执行一条总的政策路线，无疑都是极其容易的。而目标专一，从某种程度上来说是被迫的。坚定不移地维护制海权、傲慢自大地一心要别国感受到这种制海权、明智地筹划制海权在军事中所占的分量，都更多地应当归因于英国政治制度的特点；这种政治制度，使得英国政府在我们所讨论的这一时期内，落入了土地贵族阶层的手中。这样一个阶层，无论它在别的方面有什么样的缺陷，都很容易采取并且坚持一种良好的政治传统，也自然会以祖国的荣誉为傲，而对保持此种荣誉的社会疾苦相对却比较麻木。这个阶层常常会将备战和打持久战所必需的经济负担，轻描淡写地强加于人民身上。作为一个富有阶层，他们并不觉得那些负担很沉重。由于不从事商业贸易，这一阶层本身的财富并不会直接受到威胁；所以在政治上，他们不像那些财产毫无保障、生意受到威胁的人一样胆小谨慎——这就是人所共知的"资本的胆小"。不过在英国，这一阶层对于触及到英国贸易的事情，无论是有利还是不利，也并非一概都是麻木不仁的。国会上下两院都竞相小心地照管着英国贸易的发展并对其加以保护，所以一位海军历史学家曾把控制海军过程中行政权力效率的增加，归因于上下两院对海军情况的经常质询。这个阶层，还自然而然地接受并保持了一种军事荣誉精神；在军事制度尚未提供某种足以取代所谓"集体荣誉感"的时代，这种荣誉精神是极为重要的。不过，虽说充满了阶级感情和阶级成见，使得别人在海军和其他领域都能感受到他们的存在，但他们的实用主义，却让他们允许地位较卑贱的人获得晋升并得到最高的荣誉；因为每个时代，都有出身于最底层的海军司令。在这一点上，英国上流阶层的脾性与法国上流阶层的脾性有着天壤之别。近至1789年法国革命爆发的时候，法国海军名册上仍保留着这样一位军官的名字：这位军官的职责，就是核实那些有意加入海军的人所提供的贵族血统证明。

自1815年以来，尤其是在如今的这个时代，英国政府已经将很多权利移交给了普通民众。英国的制海权是否会因此而受到损害，仍有待观察。英国制海权的广泛基础，仍然存在于该国规模巨大的贸易、大型的机械工业以及全面的殖民体系当中。英国政府是否具有远见，对国家地位和信誉是否具有锐利的敏感性，是否愿意在和平时期出钱来确保国家的繁荣——这些方面都是做好军事准备所必需的——也仍是一个存有争议的问题。平民政府通常都并不赞成军费支出的，无论这些军费支出有多么必要，故有迹象表明，英国已经有了落后的趋势。

人们已经看到，荷兰共和国的繁荣与荷兰人民的生活，甚至比英格兰这个民族还要更得益于海洋。荷兰政府的特点和政策，根本谈不上有利于始终如一地支持该国拥有制海权。荷兰共和国由7个省份所组成，政治上号称"联合省"；在美国人看来，该国实际的权力分配情况，大体上可以说成是一种夸大了的"州权"的例子。每一个沿海省份都有自己的舰队和海军本部，因此互有猜忌。这种混乱不堪的瓦解趋势，因为荷兰省具有极大的优势而部分地得到了遏制；这一个省就占了全国舰队的六分之五，税收则占全国的85%，因此在制定国家政策时，相应的权力也很大。尽管有着强烈的爱国之情，也能够为了自由而做出最后的牺牲，但民众从事商业贸易的精神还是渗入了该国政府——它实际上可以称为一个商业贵族政府——当中，并使得它反对战争，反对把钱花在备战所必需的军费上。正如前面已经说过的那样，只有到了危险迫在眉睫的时候，各地长官才愿意花钱来进行防御。然而，在荷兰共和国政府存续期间，这种节省的做法却一点儿也没用在舰队上；直到1672年约翰·德·威特去世、1674年与英国签订和约时，荷兰海军的数量和装备都足以在英、法两国的联合海军面前趾高气扬。此时荷兰海军的实力无疑挽救了该国，使之没有被英、法两国国王密谋消灭掉。随着德·威特去世，共和政体也一去不返，继之而来的，实际上是奥兰治的威廉的君主政府了。这位亲王彼时年方18岁，其终生的政策便是对抗路易十四、对抗法国势力的扩张。此种对抗，体现在陆地上而不是在海洋上——这种变化趋势，是由英国退出战争所促成的。早在1676年，舰队司令德·鲁伊特就发现，他的兵力根本应付不了法国海军这一方。由于政府的注意力一直都集中于陆上边疆，所以荷兰海军迅速衰落下去了。1688年，当奥兰治亲王威廉需要一支舰队护送他前往英国的时候，阿姆斯特丹的官员们都极力反对，说海军的力量已经不可估量地削弱了，又缺少最有才干的指挥官。当上了英国国王之后，威廉仍然兼任荷兰执政，并且在荷兰继续执行其全面的欧洲政策；此时他发现，英国正好拥有自己所需要的那种制海权，所以便开始利用荷兰的资源来进行陆上战争。这位荷兰亲王同意，在联合舰队中、在军事会议上，荷兰各舰队司令都应当坐在那些资历较低的英军舰长的下首；而荷兰的海洋利益，就像荷兰人的自负那样，轻而易举地为了满足英国的需要而牺牲掉了。威廉死后，下一届政府仍然继续执行着他的政策。这届政府的目标，全都集中在陆地上；而在结束了一系列长达40多年的战争的《乌特勒支和约》中，由于没有任何海洋权利诉求，因此在海洋资源、殖民扩张或商业贸易等方面，荷兰都一无所获。

对于其中的最后一次战争，有位英国历史学家曾经如此说道："荷兰人的节俭，极大地损害了他们的名声和贸易。他们在地中海的作战人员总是军粮短缺，而他们的护航队兵力既弱，装备又差，所以我们每损失1艘船，他们就会损失5艘，使得大家都认为，我们才是更安全的承运人，这当然产生了很好的效果。在这场战争中，我国的贸易是增长而不是削弱了，原因即在于此。"

自那时起，荷兰就不再拥有一种强

德·鲁伊特（Michiel de Ruyter，1607～1676）。荷兰历史上最著名的海军司令之一，以其在英荷战争中的表现而闻名。他率军多次同英、法两国海军交战并获胜，还在1667年突袭麦德威一役中重挫英国，从而结束了第二次英荷战争。后在1676年死于海战。

大的制海权了，因而在确立了制海权的国家中，它很快就丧失了领先地位。公平地来说，是没有什么政策，可以在路易十四那种固执持久的敌意面前，挽救这个虽说意志坚定却很小的国家，使它不致衰落下去的。与法国的友好关系，确保了该国陆地边疆的和平，本来也是可以让它起码坚持得更久一点，来与英国争夺海洋统治权的；而作为盟友，这两个大陆国家的海军本来也是可以遏制前述这种庞大的制海权，使其无法发展扩大起来的。英、荷两国之间在海洋上的和平，只有在一国事实上臣服于另一国的前提下，才有可能实现；这是因为，两国所致力的都是同一个目标。而法、荷之间则不一样；荷兰的衰落，并不一定是因为其国土面积和人口数量不如别国，而是因为两国政府的错误政策。至于评判哪国政府应负更大的责任，则无需我们去关心了。

法国非但位置十分有利于拥有制海权，还从亨利四世和黎塞留这两位伟大的统治者那里，获得了一种引导其政府行政的明确政策。除了在陆地上向东扩张的某些明确计划，它还一直在对抗奥地利的哈布斯堡王朝——当时，哈布斯堡王朝统治着奥地利和西班牙两国——并出于相同的目的，而在海洋上与英国抗衡。为了推动后一个目标，以及出于其他诸多原因，使得法国必须设法让荷兰成为其盟国。它必须鼓励民众从事商业贸易和渔业，因为二者是获得制海权的基础；还必须建立一支能够打仗的海军。黎塞留留下了一份他自己所称的

黎塞留（Armand Jean du Plessis de Richelieu, 1585–1642）。法王路易十三的宰相，及天主教枢机，波旁王朝第一任黎塞留公爵。他在法国政务决策中具有主导性的影响力；执政时期爆发三十年战争，通过一系列的外交努力，为法国获得了相当大利益，为日后法国两百年的欧陆霸主地位奠定了基础。

柯尔贝尔（Jean–Baptiste Colbert, 1619～1683）。法国政治家和国务活动家，曾长期担任财政大臣和海军国务大臣，是路易十四时期最著名的政治人物之一。

"政治遗嘱"，指出了法国在其位置和资源的基础上成就制海权的诸多机会；法国史学家们都认为他是法国海军真正的创始人，并不仅仅是因为他装备了许多舰船，而是因为他的眼界之宽广，以及他为确保制度合理和平稳发展而采取的诸多措施。他去世之后，马萨林继承了他的观点和所有的政策，却没有继承他那种崇高而尚武的精神，所以在马萨林统治法国期间，刚刚建立起来的海军又逐渐没落了。1661年路易十四掌控政府之时，法国只有30艘战舰，其中仅有3艘战舰上拥有60门火炮。接下来，就开始出现了一种极为惊人的文治武功；这种文治武功，只有一个巧妙而系统地加以控制的专制政府，才能得以实现。对贸易、制造业、运输业和殖民地事务进行管理的政府部门，交给了柯尔贝尔这个具有极大实干天赋的人；他曾经与黎塞留共过事，并且充分汲取了黎塞留的观点和政策。他以一种彻底的法国精神，追求着自己的目标。一切都必须有条有理，一切政令均出自这位首相的内阁。"要将生产者和商人组织起来，变成一支强大的军队，使之受到积极而睿智的指导，从而通过有秩序的、一致的努力，确保法国在实业上的胜利，并且要通过强制所有工人接受有识之士所公认的加工流程，来获得品质最佳的产品……要像制造业和国内贸易那样，将水手和远洋贸易组织成大型实体企业，并且让一支建立在牢固基础之上、规模之大前所未有的海军，成为支撑法国贸易实力的后盾，"——我们得知，这些就是柯尔贝尔的目标，它们都与制海权链条上三大环节中的两环相关。至于第三环，即位于最远端的殖民地，柯尔贝尔显然也打算采取相同的施政方针和组织方式；因为法国政府首先就从当时的所有者手中，将加拿大、纽芬兰、新斯科舍和法属西印度群岛重新赎了回来。因此，我们从中便可看出，这种纯粹、绝对而不加约束的权力，将指引一国发展之路的支配权集于一身，其目的就是通过这样做，使得国家除了在其他方面发展起来之外，还能确立起一种伟大的制海权。

　　详细了解柯尔贝尔的施政行为，并不是我们的目的。我们注意到下述两点就足够了：一是法国政府在确立该国制海权的过程中发挥了主导作用；二是这位伟人所关注的，并非仅仅是为确立制海权打下某个方面的基础，而是在其睿智而颇具远见卓识的行政任期之内，为确立该国制海权打下所有的基础。农业生产能增加世间的产品，各类制造业能够让人类的工业产品倍增；国内设立的贸易线路和制定的法律法规，使得产品销往国外更加容易；海运业和海关方面的法律法规，往往会让法国不费吹灰之力便可揽得海外运输业务，从而促进了法国的造船业，使得国内与诸殖民地之间的商品可以畅通地往来；通过殖民制度以及殖民地的发展，一个遥远的市场可以持续成长起来，并为国内贸易所垄断；与外国签订的各个条约都有利于法国贸易业的发展，而对外国船只的商品课税，往往则会削弱竞争国的贸易——所有这些手段，还包括无数的具体措施，都被用于加强法国的：（1）生产能力；（2）运输业；（3）殖民地和市场；一言以蔽之，就是加强法国的制海权。倘若这一切都是由一个人物实施的，并且大致上是一种合乎逻辑的过程，那么我们对这一成就的研究，就要比这一切由一个较复杂的政府中有着利益冲突的各方缓慢地完成的情形更简单，也更轻松。柯尔贝尔在任的那数年中，法国人以自己那种有条有理的、集中的方式，实施着整套制海权理论；而同一理论的阐述，在英国和荷兰历史上，却经历了数代才得以完成。不过，法国的这种发展却是被动的，并且取决于监管此种发展的绝对权力能够持续多久；由于柯尔贝尔并非国王，所以一旦在国王那里失宠，他就失去了掌控权。不过，注意到他的辛劳在政府行为特有的一个领域——即海军领域——里所取得的成绩，是很有意思的。前面已经说过，1661年他走马上任时，法国只有30艘军舰，其中又只有3艘军舰上的火炮超过了60门。1666年，法国有了70艘军舰，其中50艘是战列舰，20艘是火攻船；1671年，该国的军舰数量已从70艘激增到了196艘。到了1683年，除了许多较小的舰船之外，法国已有107艘所载火炮从24门到120门的军舰，其中还有12艘携带的火炮数量超过了76门。海军的造船厂都井然有序、制度分明，使得其生产效率远远高于英国人。在柯尔贝尔的政策影响继续在他的儿子手中得以发挥的那个时期被俘的一位英军上校，曾经如此写道：

"我被那边俘虏之后，首先便在布雷斯特的医院里躺了4个月疗伤。在那里，他们配置和装备军舰的速度让我感到极为震惊；当时，我还以为没有别的国家能够快过英国呢，因为我国的舰船数量10倍于法国，所以水兵数量也10倍于法国。但我在那里却看到，20艘军舰，每艘约有60门火炮，20天之后便装备好了；这些舰船先是被拖进港来，解散了船员；然后巴黎一声令下，这些船只便开始倾侧检修、龙骨朝上、装上船帆、配备食品和人员，然后便在规定的时间重新出海了———一切都进行得极为轻松，简直令人无法想象。同样，我还看到过一艘军舰，它配有的100门火炮，在四五个小时内就全部卸下来了；在英国，我还从未见过哪儿能在24个小时内卸下这么多的火炮呢。可在这里，法国人却干得如此轻而易举，危险情况出现得也比我国要少得多。"

有位法国的海军历史学家，还引述了一些简直是不可思议的做法，比如在4点钟给桨帆船装上龙骨，而9点钟这艘船就全副武装，离港而去了。用那位英国军官更具严肃性的话语来说，我们可以承认，这些传说表明了法国人有着极为卓越的制度与秩序，以及丰富的设备和设施。

不过，这种了不起的发展全都是政府的行为强制促成的，所以一旦政府失道，它就像约拿的葫芦藤[1]一样，渐渐消亡了。它并没有充足的时间来深深扎根于法兰西民族的生活中。柯尔贝尔的做法，与黎塞留的政策是一脉相承的，所以柯尔贝尔政府一度似乎会继续保持这种施政方针，会让法国既在海洋上变得强大起来，在陆地上也逐渐掌握主导权。由于此处无需列举的种种原因，路易十四开始变得极其憎恨荷兰；因为查理二世也憎恨荷兰，所以两国国王便决定，要联手消灭这个"联合省"。此次战争爆发于1672年；尽管它与英国人民的自然感情更加背道而驰，但对英国而言，此战却不像它对法国而言那样，不是一个政治上的错误，尤其是从制海权方面来看。在此次战争中，法国是在协助消灭一个可能的、当然也是不可或缺的盟国；而英国则是在协助摧毁本国在海洋上最大的、此时事实上在贸易上也胜过英国的竞争对手。路易十四登基时正债务缠身、金融紊乱的法国，原本是到了1672年才在柯尔贝尔的改革措施及其所带来的成就之下，看清了自己的道路。可这场持续了6年的战争，却让柯尔贝尔的努力大多付之东流了。农业生产、制造业、商业和殖民地，全都深受其害；柯尔贝

---

[1] Jonah's gourd：约拿的葫芦藤。源于《圣经》故事。约拿是《旧约》中的一个先知，因认为神不公正而坐在城外生气。神让一根葫芦藤生长起来，为约拿遮阴，约拿很高兴；但第二天，神又让虫子啃食葫芦藤根部，使得葫芦藤迅速枯萎了。约拿很难过，神便借此开导他。后人多用"约拿的葫芦藤"比喻"来得快去得也快的东西"，或者"朝生暮死"等意思。

尔所确立的制度、法规，全都荒废了，而他在金融领域所确立下来的秩序，也被颠覆了。这样一来，路易十四的统治——此时，他独揽法国政府大权——就损害了法国海上力量的根基，并且疏远了法国在海上的最佳盟友。虽说法国的领土扩张了，军事力量也增强了，但在此过程中，进行商业贸易的种种源泉业已枯竭，一种和平的海洋运输已经不复存在了；并且，尽管在此后数年间，法国海军仍称得上是势力显赫和富有效率，但它很快就衰落下去，而到了最后，法国海军的主导优势实际上完全丧失殆尽了。对于海洋的这种相同的错误政策，就成了法国占据了长达54年的主导地位之后那个时期的标志。除了建造军舰，路易十四一直都对法国的海洋利益无动于衷；他要么是看不到，要么就是不愿意看到这一点：倘若支撑海军的商船运输业和工业被毁，军舰就会毫无用处、命运难料了。他所制定的政策，目的本在于通过军事实力和领土扩张，让法国获得欧洲霸权，可结果却迫使英国和荷兰结成了同盟；这种结果，正如前面已经说过的那样，不但直接从海上击败了法国，自此以后还间接削弱了荷兰的势力。由于柯尔贝尔建立的海军就此消失了，故在路易十四执政的最后10年间，尽管战火不断，法国在海上却并没有什么大规模的舰队。因此，君主专制政体形式的单一性，就清楚地表明了一国政府对于制海权的发展与衰落会产生多么巨大的影响。

这样，路易十四的后半生，也就见证了法国的制海权因其基础、商贸以及商贸所带来的财富被削弱而导致的衰落。他死后的那一届政府同样专制、有着自己既定的目标，并在英国的要求之下，完全不再坚持维持一支强大的海军了。个中原因，便在于新任国王年纪尚幼；而摄政王因为极其痛恨西班牙国王，为了不利于西班牙国王并且保住自己的权力，便同英国结成了联盟。在那不勒斯和西西里，他协助英国扶植了奥地利的势力，以此来打击西班牙，还联手摧毁了西班牙的海军和造船厂，可奥地利本来却是法国的宿敌。在这儿，我们又看到了这样一个例子：一个统治者置法国的海洋利益于不顾，既毁掉了一个天生的盟友，又直接帮助了英国这个海洋霸主[1]发展壮大起来，就像路易十四间接和无意地帮助了英国那样。这一政策实施的时间并不长，随着1726年那位摄政王的辞世而结束了；但从那时起，直到1760年，法国政府却仍然无视自己的海洋利益。实际上，据说由于财政法规做了一些很明智的修正，主要是自由贸易方面的（这应当归功于洛那位出生于苏格兰的大臣），所以法国同东、西印度群岛的商业贸易有了大幅增长，而瓜达鲁佩和马提尼克诸岛也开始富裕、兴旺起来了；不过，一旦开战，法国的贸易业和各个殖民地便都只能任由英国宰

---

[1] Mistress of the seas：海洋霸主。英国昔日因海洋力量强大而获得的绰号。

割，因为法国海军已经完全没落不堪了。1756年，形势有所好转之后，法国仍然只有45艘战列舰，英国却有近130艘；而要装备这45艘舰船的时候，法国却发现既无材料、帆索，又无补给，甚至连火炮也不足。反正是什么都没有。

"政府的行政无方，"一位法国史学家说，"会让官员们麻木不仁，并为不法行为与纪律涣散大开方便之门。以前从未有过如此之多不公正的擢升现象；因此，以前也从未有过如此普遍的不满情绪。金钱和阴谋取代了其他的一切，并且带来了与金钱和诡计伴生的种种权力。那些能够影响到各个海港的资金和自给自足的贵族和暴发户，认为他们无需荣誉。国家税收和海军造船厂的浪费，就像无底洞一样。荣誉感和谦虚变成了笑柄。而政府却仿佛觉得这些弊端不够厉害似的，还不遗余力地想要将过去那些幸免于破坏殆尽的英雄主义传统消灭干净。至于继任的这位伟大国王的强大斗志，宫廷曾经下令，'须事事小心'才行。倘若将浪费的材料留下来用于武装舰船，那就是给敌人增加了获胜的机会。由于这种不恰当的政策，我们就必然处于一种守势，而敌人则占有优势；这种情形，正是我国人民的传统精神所不愿见到的。我们按照命令行事，在敌人面前畏首畏尾，从长远来看，是有悖于我们的民族性格的；而对制度的不当运用，则导致了毫无纪律和在战斗中变节的行为，可在前一个世纪中，我们根本就不曾看到过这种行为。"

在欧洲大陆上扩张领土的错误政策，耗尽了法国的各种资源，并且还带来了双重害处；因为它让各个殖民地和商业贸易处于一种毫无防备的状态，使得最大的一种财富来源很容易被敌人切断，而实际上也的确发生过这种事情。在海上航行的小型舰队，被占有巨大兵力优势的敌军一支支地摧毁了；商船被掳掠一空，而加拿大、马提尼克、瓜达鲁佩和印度等殖民地，也统统落入了英国之手。要不是所占篇幅太大，我们本来可以摘选出一些有趣的材料，来说明法国这个放弃了海洋的国度所遭受的可悲苦难，以及在法国做出了所有牺牲和努力的过程中，英国的财力却日益强大起来的情况。有位当代的史学家，曾经如此表达了他对法国在这一时期所采取的政策的看法：

"由于法国像以前一样全身心地投入了普法战争，将大部分精力和财力都不再放在海军上了，所以我们才可以对其海上力量进行如此沉重的打击，使得它可能永远都无法恢复元气。参与普法战争，同样也使得法国无暇防守各个殖民地，所以我们便趁机征服了其中一些最重要的法属殖民地。战争也让法国无法保护本国的贸易，使得法国的贸易完全被摧毁了；而英国的贸易，却在一种最彻底的和平状态下，前所未有地兴旺起来了。所以，发动此次普法战争，使得法国在与英国发生具体而直接的对抗时，便只能承受落败的结局了。"

在"七年战争"中，法国损失了37艘战列舰和56艘护卫舰——这支兵力，数量上相当于美国在帆船时代任何一个时期内整个海军的3倍。有位法国历史学家在谈及此次战争时，曾经说道："自中世纪以来，英国第一次在几乎没有盟国支持、而法国却有着强大外援的情况下，独自打败了法国。英国完全是通过政府所具有的优势，才战胜了法国的。"的确是这样；不过，英国是通过该国政府利用制海权这种巨型武器的优势，才战胜了法国的——这就是坚定不移地执行针对一个目标的政策所带来的回报。

法国所受的深切耻辱，在1760年至1763年间达到了极致，于是它便在1763年同英国媾和了；在我们这个商业贸易衰退、海军没落的时代，这种耻辱对于美国来说，是很有教育意义的。我们并未遭受过法国那样的耻辱；所以，就让我们寄望，美国可以从法国后来的这个例子中获益吧。在这几年间（1760年到1763年），法国人民揭竿而起，就像后来的1793年起义一样，并且宣称他们会建立一支海军。"政府巧妙地引导着民意，将下述呼声传遍了法国南北：'必须重建海军。'各个城市、公司纷纷制作舰船礼品，而个人也纷纷展开了募捐。不久前还默默无闻的一些港口，开始大张旗鼓地干起来；到处都在建造或者修理舰船。"这种做法一直持续着；军械库里补充了武器，各种材料都各归其位，放置得井井有条，而炮兵也得到了重组，经常操练并保持了10000名经过训练的炮手。

当时，海军官兵们的心情和行为马上就感受到了民意的沸腾；事实上，他们心中的一些高尚情操不仅在等待释放，而且也在起着作用。法国海军官兵们那种心理上的和职业上的活动，没有什么时候要比当时更强烈；因为当时的法国海军，已经因为政府的碌碌无为而日益衰弱下去了。因此，法国一位杰出的当代军官曾这样写道：

"路易十五统治时期，海军的可悲状况使得官兵们无法在勇敢进取、战争获胜中体现出职业的辉煌，迫使他们只能靠自己的努力来争取。他们从学习中汲取了知识，并在数年之后对这些知识进行了检验，比如践行孟德斯鸠的那句名言：'逆境者，吾人得生；成功者，吾人得养。'……而到了1769年，海军便变得光彩夺目了，无数优秀官兵的足迹遍及世界各地，他们的著作与调查研究涵盖了人类知识的方方面面。1752年成立的海军学院，又重新整顿起来了。"

海军学院的首任院长是一位退役舰长，名叫比戈·德·莫罗古斯，他写了一部关于海军战术的专著，内容详尽；这是自保罗·何斯德以来，首部关于海军战术、并且旨在代替何斯德专著的原创著作。莫罗古斯一定是在法国还没有舰队、并且在敌人的打击之下根本无法在海洋上抬头的那个时期，研究并系统地阐述其战术思想的。在同一时期，英国并未出现类似的著作；1762年，一名英国中尉也

比戈·德·莫罗古斯（Bigot de Morogues,
1706-1781）。法国海军学院首任院长，其关
于海军战术的思想对法国海军具有重要影响。

只是翻译了何斯德著作的一部分，而略去了其中的大部分内容。直到差不多20年后，克拉克这位苏格兰的低调绅士，才将他对海军战术所进行的独创性研究发表出来；在他的著作中，他为英国的舰队司令们指出了法国是如何挫败他们那种轻率而联合不善的攻击的。[3]"海军学院的研究，以及海军学院为官兵们注入的那种强大的精神动力，正如我们过后打算说明的那样，对法国海军在美洲战争之初那种相对发达的状况而言，并不是没有产生影响。"

我们已经指出，美国独立战争背离了英国传统的、正确的政策，让该国在一处遥远的大陆上参战，而强大的敌人则伺机在海上攻击它。与距当时不久的普法战争中的法国，以及后来在西班牙战争中的拿破仑一样，英国因为过分自信而让一个盟友变成了敌人，从而使得其实力的真正基础遭受到了严峻的考验。另一方面，法国政府却没有陷入到那种它经常陷入的麻烦中去。由于法国将注意力不再放在欧洲大陆上，在那儿它可以采取中立，并且确定无疑地与西班牙结了盟，让西班牙站在自己这一边，所以凭借一支精良的海军，以及一群虽说经验相对较少却很杰出的海军官兵，法国开始到海上与他国一较雌雄了。在大西洋另一侧的西印度群岛和美洲大陆上，法国得到了一个友好民族的支持，也获得了法属港口或盟国港口的支援。这一政策的明智，以及此种政府行为对法国制海权所产生的良好影响，都是很明显的；不过，此次战争的详情，并不属于本书主题这一部分的内容。对于美国人来说，陆上才是此次战争最主要的利益所在；但在海军官兵看来，最主要的利益却是在海上，因为此次战争本质上就是一场海上战争。法国20年来明智而系统的努力，终于结出了预期的硕果；虽说海上战争以损失惨重而告结束，但法、西两国舰队通力合作，无疑压制住了英国的势力，并且从英国手中夺得了许多殖民地。在海军各种各样的任务与战斗中，法国的荣誉整体上得到了维护；但从一般主题这方面来看，我们很难不得出这样的结论：跟英国海军相比，法国水兵缺少经验，而贵族军官对出身不同的其他官兵也表现出了一种狭隘的猜忌之心；并且首要的是，前面已经提及的那种长达75年的可悲传统，以及政府教导他们首先是保住船只以节省材料的可悲政策，都阻碍着法国的海军将领们，使他们非但无法获得荣耀，还无法发挥出他们数次胜券在握的大好优势。蒙克说过，一个国家想要统治海洋，就必须不停出击，这就为英国的海军政策奠定了基调；而倘若法国政府的命令也始终如一地表现出一种同样的精神的话，那么1778年战争可能就会更早结束，结果也会比实际情况更好。对一种我们国家在神的庇佑之下应当感激的奉献行为加以批评，说这种行为的出现就是一种灾难，似乎有点儿失敬；不过，法国史学家们却充分地反省了此话所表达的那种思想。一位曾经在此次战争中出海服役的法国军官，在一部作品中用冷静而公正的语气，如此说道：

德斯坦（Charles Hector, Comte D'Estaing, 1729~1794）。法国军事家和海军上将，在美国独立战争期间曾率第一支法国舰队支援美国。

　　"看到德斯坦在桑迪岬之战中的手下，德·格拉斯在圣克里斯托弗所率的军队，甚至是随德·泰尔奈抵达罗德岛的官兵，回来之后并没有受到审判，那些年轻的官兵们又会怎么想呢？"

　　而很久之后的另一位法国军官，在谈到美国独立战争时，也用下面的话语也证明了上述观点的正确性：

　　"必须消除摄政时期与路易十五统治时期种种不恰当的成见；不过，这两个时期所充斥的这些悲剧距今都

德·格拉斯（François-Joseph Paul, marquis De Grasse Tilly, Comte De Grasse, 1722~1788）。法国海军将领。在美国独立战争中，他指挥法国海军参与了切萨皮克湾海战，并直接导致英军在约克镇投降。但他在次年的桑迪海峡战役中，被罗德尼击败并被俘。他也因在这次战役中的表现而广受批判。回国后他希望受到军事法庭审判，但最终被判无罪。

太近，我国的大臣们都没法忘记。由于一种不幸的犹豫态度，我国业已充分激起英国之警惕的舰队数量，才降低到了正常的比例。政府为了固守一种虚假的节约，宣称由于维护舰队需要庞大的军费支出，所以必须命令海军将领们保持'最大限度的慎重'，好像折中措施在战争中向来都没有导致过惨败似的。因此，下达给我们各分舰队指挥官的命令，就是尽可能久地在海上航行，而不要参与任何可能导致难以补替之舰船损失的作战行动；于是，本来可以为我国海军将领的军事才能和舰长们的勇气带来莫大荣誉的多次大捷，都变成了无关紧要的小胜。一种制度，倘若规定一位将领不应当运用手中的力量，即让将领怀着被动挨打而非主动出击的预定目标去迎敌，倘若为了节省物质资源而消耗道德力量，就必定会导致不幸的结果……这种可叹的政策，当然就是路易十六统治时期、（第一）共和国时期以及（第一）帝国时期海军纪律涣散、官兵变节情况惊人的原因之一。"

1783年和约签订10年后，爆发了法国革命；不过，这次伟大的剧变尽管动摇了各国的基础，松散了社会各阶层之间的联系，并且将君主制度下那些训练有素而食古不化的将领差不多全都赶出了海军，却并未将法国海军从一种错误的制度下解放出来。推翻一种政府形式，要比彻底消除一种根深蒂固的传统更容易。对于这一点，又有一名职位极高、文学成就也很大的法国将领，谈到了维尔纳夫的不作为——在尼罗河河口之战中，维尔纳夫指挥着法国的后卫舰队，但在其纵列舰队前锋受到重创时，他却按兵不动，没有前去支援：

"终有一天（即特拉法尔加海战），会轮到维尔纳夫抱怨说他被自己的舰队抛弃了，就像他之前的德·格拉斯和杜歇拉一样。我们已经慢慢开始怀疑，这种致命的巧合可能会存在着某种隐秘的原因。在这么多可敬之人当中，经常有海军将领和官兵遭受这样的耻辱，是很不正常的。倘若如今我们还遗憾地将他们当中某个人的名字，与我国的各种灾难联系起来的话，那么我们就可以确定，这并不全是他们的错。我们必须将责任归咎于他们所进行的那种作战行动的性质，以及法国政府规定他们只能进行防御作战的制度——皮特曾在英国国会宣称，这种制度，就是灭亡的前兆。到了我们不愿承认的时候，那种制度早已渗入我们的习惯当中；可以这么说，它已经让我们的双臂变得衰弱，并且让我们丧失了自立精神。我国的小型舰队离港去完成某项特定任务时，常常首先就抱有避开敌人的想法；要是遭遇了敌人，那就是运气不好。我们的舰队就是这样卷入战斗的；它们都是被动地接受战斗，而不是主动地迫使敌人进行战斗……其实，双方舰队的运气本来可能差不多，倘若途中遭遇纳尔逊的布律埃斯能够勇敢出击的话，结局并非一定就会对我们如此不利了。维拉雷和马丁曾

德·泰尔奈（Charles-Henri-Louis D'Arsac, Chevalier De Ternay, 1723～1780）。法国海军将领。他在"七年战争"和美国独立战争中最为活跃，曾于1762年率远征军攻取了纽芬兰，又于1780年被任命为皇家海军司令，率军开赴美洲。

维尔纳夫（Silvestre De Villeneuve, 1763～1806）。法国贵族、海军将领。1798年拿破仑埃及远征军的舰队在尼罗河河口之战中，被英国的纳尔逊舰队歼灭，但维尔纳夫侥幸逃脱，后在特拉法尔加海战中投降英国。

布律埃斯（Fran·ois-Paul Brueys D'Aigalliers, Comte De Brueys, 1753～1798）。法国海军副司令，1798年在尼罗河河口之战中的阿布基尔被纳尔逊打败并阵亡。

维拉雷（Louis-Thomas Villaret De Joyeuse, 1747～1812）。法国海军将领，曾任法属马提尼克和圣卢西亚岛总督。

经参与了的那场缩手缩脚、胆小谨慎的战争，只是由于一些英国将领的谨慎小心，以及原有战术上的种种传统，才持续了很久。正是因为这些传统，尼罗河河口之战中法军才失败了；所以，采取关键行动的时刻已经到来。"

数年之后，便爆发了特拉法尔加海战，法国政府再一次对海军采取了一种新的政策。上面这位作者又说：

"法国皇帝虽然有着鹰隼般犀利的眼光，制定了法国舰队和陆军的作战计划，但这些意想不到的失利，却让他倍感厌烦了。于是，他的目光不再盯着这个运气并不眷顾他的战场，决定在别的地方而不是在海上与英国继续纠缠下去；他开始重组法国海军，却不让海军在这场变得愈加激烈的战争中发挥作用……尽管如此，我国各个海军造船厂的生产却并未松懈下来，而是再次增加了。年年都建造新的战列舰，或者年年都有新的战列舰加入舰队。法国控制下的威尼斯和热那亚，又看到了过去种种辉煌的再次崛起，而自易北河河岸直到亚得里亚海顶端，欧洲大陆上的所有港口也都在热切地支持法国皇帝这种颇具创造性的想法。斯凯尔特河、布雷斯特、都灵……到处都集结着众多的小型舰队。可最终，皇帝却不愿给予这支热情满怀、自信非凡的海军一个与敌人一较高下的机会……不断的失败已让他极感沮丧，所以他坚持只让我们的军舰起到这样的作用：迫使敌人进行封锁，因为封锁要付出巨大的代价，最终必然会耗尽敌人的财力。"

法兰西帝国倒台的时候，法国仍有103艘战列舰和55艘护卫舰。

现在，让我们把目光从过去具体的历史教训，转到政府对一国人民的海洋事业所产生的影响这个一般性问题上来；看得出来，此种影响可以从两个相互独立却又紧密相关的方面产生作用。

首先是在和平时期：政府通过它所制定的政策，可以促进一个民族的工业发展，可以促进该民族通过海洋来寻求冒险和收获的癖好；或者，在它们并非自然存在的情况下，政府也可以尽量开发这样的产业，并且培养人民的航海爱好。而从另一方面来说，政府也可能通过错误的行为，遏制和束缚人民在没有政府管理的情况下自发获得的进步。在这些方面，政府要么会成就、要么会毁掉该国赖以进行和平贸易的制海权；以此种制海权为基础，是可以建立起一支十分强大的海军的，这一点我们怎么坚持也不过分。

其次是在战争时期：政府的影响体现在用最合理的方式维持一支海军，海军的规模应与该国海洋运输业的发展及其相关利益的重要性相适应。比海军规模更为重要的，就是海军制度的问题；它们应当有利于形成一种健康的精神与活力，并且考虑到本民族的性格与爱好，通过储备适当的人员和舰船，通过各种措施来发挥出前面已经指出的那种全面的备用力量的作用，来为战时的迅速发展做好准备。毫无疑问，在上述第二种军事准备中，还得包括在偏远的、须有军舰保护商船的地方，拥有一些合适的军港。保护这些军港，要么必须依赖于直接的武装力量，就像保护直布罗陀和马耳他那样；要么必须依赖于军港周边的友好民族，比如曾经属于英国的美洲各殖民地那样，并且可想而知，如今的英属澳洲各殖民地也是这样。此种友好的环境与支持，加上合理的军事准备，就是最佳的防御之法；倘若再加上一种明显的海上优势，就足以确保一个像英国这样分散而广袤的帝国无虞了，因为虽说出其不意的攻击的确可能给某个地区带来灭顶之灾，但制海权方面实实在在的优势，自然会阻止这种败局蔓延，从而不致造成不可收拾的局面。历史已经充分证明了这一点。英国的海军基地遍布世界各地；英国舰队也曾一度保护过这些基地，使它们之间的交通补给畅通无阻，并且倚赖这些基地，把它们当成避难所。

因此，附属于母国的殖民地，便为一个国家提供了支撑其制海权的最安全的途径。在和平时期，政府的作用应当是千方百计地促进这些殖民地与母国之间保持一种温暖人心的附属关系，在利益上保持团结，使得一地的福祉即是整个帝国的福祉，一处之纠纷即是整个帝国之纠纷；而在战时，或者更准确一点说，在备战时，则应采取恰当的组织与防御措施，根据各地所获得的利益，公平地分配每个地方应当承担的义务。

美国没有这样的殖民地，日后也不太可能拥有。对于纯粹的海军军港，100年前一位英国海军史学家在谈到当时的直布罗陀和马翁港时，很可能就已经准确地表达出了美国人民的感受。"军事政府，"他说，"一般极少认可一个贸易民族的勤勉，而这种政府的内部，也对英国人民的才干充满厌恶之情；因此，我并不怀疑，那些明智人士以及属于各个党派的人一直都倾向于放弃这些军港，就像抛弃丹吉尔军港一样。"美国并没有海外机构，既无殖民地，又无军港，故战争时期的美国军舰就会像陆地上的鸟儿一样，无法远离本国海岸。因此，为军舰提供泊锚之处，使之能够在这些地方添煤、维修，对于一个打算发展制海权的政府来说，就是它的首要职责之一了。

我们这种探究的实际目标，是从历史教训中得出适用于我国和行政事业的结论；所以，现在我们不妨来问一问，美国的现状在多大程度上会使它陷入严重的危险当中，在多大程度上会为了重新确立美国的制海权而要求政府采取行动。很难说自美国内战以来至今，美国政府的行动都有效地把精力集中在所谓制海权因素链中的第一环这个唯一的目标上。国内的发展、大规模生产以及相应的自给自足之目的，连同自给自足所带来的自豪感，这些一直都是美国政府的目标；从某种程度上来说，这些也是美国政府行动的结果。在这个方面，政府如实地反映了该国统治阶层的喜好；尽管我们很难说，即便是在一个民主自由的国度里，这些统治阶层也具有真正的代表性。但无论情形怎样，可以确定的是，除了没有殖民地之外，商船运输这个中间环节以及它所带来的利益，如今的美国也同样没有。总之，在制海权这一链条上，美国只拥有其中的一环。

在过去的100年间，海洋战争的环境已经发生了巨大的变化，使得人们可能会怀疑，一边是海洋战争这种灾难性的后果、另一边则是如此了不起的繁荣——就像我们在英法战争中所看到的那样——这种情形如今是不是还有可能发生。英国凭借其稳妥而神气的海洋霸主地位，让各中立国唯命是从的情形，今后这些中立国再也不会容忍了；而国旗涵盖了该国财产的原则，也已永久地确立下来了。因此，交战国的物资，除了战时禁运品和运往被封锁港口的那些物资，如今都可以安全地由中立国船只进行运输了；至于封锁港口，我们也可以确定，今后不会再有什么纸上封锁[1]了。所以，撇开为了不让本国海港被敌人攻陷或者被迫向敌人纳贡而进行防御这个问题不谈——因为对于这个问题，各国在理论上完全一致，可实际运用起来却截然不同——美国在制海权方面又有什么样的需求呢？即便是现在，美国的贸易也是由别国来进行的；那么，美国人民又怎么会渴望那种在获得之后需要付出巨大代价才能守住的制海权呢？这个问题属于经济问题，由此来看，它超出了本书论述的范围；不过，一些可能导致交战国蒙受损失和伤亡的情况，却与这个问题有着直接的联系。因此，假定美国的对外贸易往来都是由外国船只进行的，除了驶往被封锁港口的情形之外，敌方都无法对付这些船只，那么，什么才是一种有效的封锁呢？目前对于"有效封锁"的定义，是指对试图进出港口的船只构成明显的威胁。显然，这一定义非常灵活。许多人都还记得，美国内战中，在对查尔斯顿沿海的合众国舰队进行了一次夜袭之后，第二天早上，南部邦联便派一艘汽船，载着一些外国领事出海了；这些外国领事没有看到封锁船只，都很高兴，便发表了一份大意是没有封锁船只的声明。南方当局又以这份声明为依据，宣称已经依规打破了北方的封锁，而北方则必须重新发表一份通告，才能依照规则再次实行封锁。是不是非得看见执行封锁任务的舰队，才能说是对突破封锁的船只构成了真正的威胁呢？在新泽西和长岛之间离岸20英里之处进行巡逻的6艘快艇，对于试图通过主要入口进出纽约的船只来说，就会构成一种真正巨大的威胁；而

---

[1] paper blockade：纸上封锁。军事封锁的一种，亦称"拟制封锁"、"宽松封锁"等，指虽然宣告某地已成为本国封锁的禁地，但并不真正派遣海军前去实行的封锁，实际上属于一种外交宣示。17～19世纪的封锁多属此类，但此种封锁对交战国和中立国均会造成困扰，1805年的特拉法尔加海战便是其中著名例子之一。

在相似的地点进行巡逻，也可以有效地封锁波士顿、特拉华河和切萨皮克湾。执行封锁任务的舰队主力，非但有着俘获商船的准备，也做好了抵御军事突破封锁的准备，并不需要别人看得见，也不需要待在岸上人所熟知的某个地方。特拉法尔加海战爆发的前两天，纳尔逊舰队的主力位于距加的斯港50英里的地方，并有一个小分队严密监视着该港。法、西联合舰队在早上7点开始出港，而即便是在那时的条件下，纳尔逊也在9点就得知了这一消息。英国舰队虽说相距如此遥远，但对敌人来说，却是一种真正巨大的威胁。从已有越洋电报的如今看来，在近海与远海、从此港到彼港执行封锁任务的舰队，可以沿着整个美国海岸线用电报相互联络，从而轻松地支援彼此，这一点是有可能做到的；并且，倘若有着某种有利的军事联合机制，一支小分队遭受猛烈进攻时，就可以警告其他分队，并且向其他分队方向撤退。假设对一个港口的这种远海封锁有一天被突破，那些执行封锁的舰船被彻底赶跑了，那么，第二天就可以把重新进行封锁的通告，用电报发往世界各地。要想避免这样的封锁，就必须有一支海上部队，始终威胁到敌方执行封锁任务的舰队，使之根本无法待在自己的战位上。这样，除了那些装有战时禁运物品的，中立船只便可来去自如，维持该国与外界之间的通商贸易了。

有人或许会说，美国的沿海地区广袤得很，是不可能有效地封锁整个海岸线的。那些还记得在内战中是如何维持对南部沿海进行封锁的军官，最容易承认这一观点。不过，从美国海军目前的情况来看，倘若再加上美国政府提出的增补力量，[4]封锁波士顿、纽约、特拉华河、切萨皮克湾和密西西比河——换句话说，就是封锁那些大型的贸易进出口中心——并不会让一个海洋大国要费比过去更大的劲儿。英国曾经同时封锁过布雷斯特、比斯开湾沿岸、土伦和加的斯，当时这些海港中都驻扎有一些兵力强大的小型舰队。那时，中立国的商船确实

英国海军中将纳尔逊在特拉法尔加战中，指挥英国海军打败敌军，但自己也重伤而亡。

能够进入美国的其他港口，而无法进入上述地区；但是，进口贸易所倚赖的港口被迫发生此种改变，会给该国的贸易运输业带来多大的混乱，会使得补给时不时发生多么严重的中断，又会导致铁路和水路交通的方式、船坞使用方式、驳船运输的方式以及仓储方式变得多么的不足啊！该国难道不会因此而蒙受金钱上的损失，不会因此而承受苦难么？而当费尽力气和巨大代价，部分地改善了这些弊端之后，敌人可能又会像对付原来那些港口一样，去封锁新的港口了。美国人民当然不会挨饿，但他们可能会极为难受。至于属于战时禁运品的那些补给物资，我们难道没有理由担心，一旦出现紧急情况，美国如今已无法独自承受了吗？

这是一个突出的问题，政府在这个问题上的作用，应当是为美国建立起一支海军；就算这支海军无法前往那些遥远的国家，起码也应当能够保持通往本国的交通要道畅通无阻才行。我国不再关注海洋已达25年之久；这样一种政策的结果，以及与之相对的政策的结果，从法、英两国的例子中就可以看得出来。我们不用在美国的情形与这两国中任何一国的情形之间进行狭隘的类比，而是可以肯定地说，通过外部战争尽量让商业贸易环境不受影响，这一点对于整个国家的福祉来说是至关重要的。为了做到这一点，我们不但必须将敌人拒之于我国诸港之外，还得使敌人远离我们的沿海地区才行。(5)

这样的一支海军，是否不用恢复商船运输业就能建立起来呢？值得怀疑。历史已经证明，一位专制君主也能建立起这样一种纯粹的军事制海权，比如路易十四；但尽管看上去如此公平，经验却已表明，他的海军就像是无根之木，很快就凋落了。不过，在一个代议制政府里，任何军费支出都必须有力地代表着某种利益，并且确定有必要支出才行。而在制海权中，这样的一种利益并不存在，没有政府参与的话，海上行动也不可能存在。此种商船运输业如何才能建立起来，无论是通过补贴还是通过自由贸易，也无论是通过持续刺激其发展还是让其自由发展，都属于经济问题，而非军事问题。即便是拥有了一种大规模的国家航运业，美国能否因此而建立起一支强大的海军，这一点也仍是值得怀疑的；美国与其他列强格格不入，从某种意义上来看就是一种保护主义，也是一种陷阱。促使美国建立海军的动因——倘若存在这种动因的话——如今很可能正在中美地峡有如胎动般地蓬勃兴起。让我们翘首期待这个"胎儿"不要降生得太迟吧。

对于影响到各国制海权发展——无论有利还是不利——的主要因素的一般性讨论，我们就到此为止。进行讨论的目的，首先是考虑这些因素的自然属性是有利于制海权的发展，还是不利于制海权的发展，然后再用具体事例或者过去的经验教训，对此加以说明。这样的讨论，虽说无疑涉及更为广泛的范围，但主要还是属于不同于"战术"的"战略"范畴。讨论中所涉及的问题与原则，都是不可改变的、或者说永恒不变的自然法则，其因果关系世世代代都是始终如一的。可以说，这些问题与原则都属于自然规律，并且我们如今也已熟知，自然规律都是极其稳固的；而战术呢，因为它以人类所造之武器为工具，所以与人类一样，会一代又一代地变化和进步的。战术的上层建筑，时常必须加以改变，或者彻底推倒重构才行；但迄今为止，战略原有的那些基础却仍然存在，并且坚若磐石。后文中，我们会具体地根据最广义的制海权对这段历史以及对两洲人民福祉所产生的影响，来研究欧美两洲的一般性历史。如有机会，我们还会时不时地通过具体的例证，回忆并强化我们已经得出的一般性结论。因此，这种研究的总体思路就是战略性的，依据的是前面已经引述过、业已得到公认的那种最广义的海军战略之定义："海军战略之目标，旨在和平时期与战争时期建立、支撑并扩大一国之制海权。"至于具体的战事，虽然可以坦承因为具体情况不同，所以根据这些战事总结出来的许多理论业已过时，但我们仍会尽量指出，哪些战事因为应用或者忽视了真正的普遍原则而产生了决定性的结果；并且，在其他条件相同的情况下，我们还会介绍一些特定的战事——因为它们都与一些极为杰出的将领紧密相关，所以我们相信，这些战事可以说明，在某一特定年代或者某一特定的军事职责当中，能够获得多么正确的战术思想。在古、今武器装备表面上很相似的一些战事中，我们也值得去推断其中所提供的、那些有充分根据的教训，而不必过分强调这些战事在武器装备上的相似之处。最后，我们必须记住，尽管世间事物千变万化，人的本性却一如往昔；虽说在具体事例上表现的程度不一，但仁者见仁、智者见智这一点，我们却会时时见到。

原注：

（1）通过永久性的作战基地，"可以了解一个国家的所有资源来自何处，水陆交通干线在何处交汇，以及该国的军械库与武装要塞位于何处。"

（2）从约米尼的《法国革命战争史》一书的第一章，我们可以看到一位伟大的军事权威极其重视英国制海权的一个很有意思的证据。他为欧洲政策制定了一项基本原则，即不允许任何无法经由陆路到达的国家不加限制地扩张海军——这种办法，其实只适用于英国。

（3）对于克拉克的说法，不管人们认为它在建立一个海军战术体系方面具有什么样的新颖性，也无论它受到了人们何种严厉的抨击，他对于过去的批判无疑都是正确的。正如作者所认为的那样，作为一个既未接受过海员训练、又未接受过军事训练的人，他在这个方面都是值得称颂的。

（4）写下上述文字之后，海军部长在其1889年的报告中，已经提议建立一支能够完成这种封锁任务、但此处却已表明相当危险的舰队。

（5）在战争时期，"防御"一词有两种意思；为严谨起见，我们在心中必须将它们区分开来才行。纯粹的防御是指加强自身的力量，以待敌人攻击。这种防御可称之为"被动防御"。而另一方面，有一种防御观念却认为，主动进攻敌人可以最好的保护好自身的安全，并且达到进行防御准备的真正目标。对于沿海防御而言，沿岸固定的防御工事、鱼雷，以及所有无法移动、只是为了阻止敌军进入沿海地区而建立起来的普通工事，都是前一种方式的例证。第二种方式则包括了并非守株待兔、而是出海迎击敌方舰队的所有手段，不论出击距离只有数英里远，还是直达敌国沿海。这样一种防御，虽说看上去可能是一种真正的进攻战，但实际上却不是；只有当攻击目标从敌方舰队变成了敌方国土，才会变成攻击战。英国曾将自己的舰队部署在法国沿海诸港外，如果法国舰队出海的话，就进行攻击，以此来保卫英国的海岸线和殖民地。合众国在内战中也曾将舰队部署在南方诸港沿海，并非是因为合众国担心自身的安全，而是为了通过隔绝南部邦联与外界的联系，并最终进攻这些南方港口，从而打垮南部邦联。两国所采用的，都是相同的方式；但英国的目的是为了防御，而美国的目的则是为了进攻。

混淆这两种概念，会使我们对于陆军和海军在沿海防卫方面的恰当作用产生许多不必要的争论。被动防御属于陆军；凡是在水上运动的装备与方式，则都属于海军，它们都有执行进攻性防御的特点。倘若水兵经常驻守要塞，那他们就变成了陆军的一分子，这跟陆军部队登上舰船补充海军兵力之后，无疑就变成了海军的一部分是一样的。

第二章
1660年之欧洲形势

1665—1667年间的第二次英荷战争；
洛斯托夫特海战与"四日海战"

我们进行此种历史研究的起始时期，人们一直宽泛地称之为17世纪中叶。现在，我们把1660年作为开始研究的准确时间。在那一年的五月，查理二世在人民普遍的欢欣鼓舞中，重新登上了英国王位。第二年三月，当马萨林主教去世之后，路易十四也将自己的大臣召集拢来，对他们说："我召你们来，是为了告诉你们，至今我都很满意，能够将我的事情托付给已故的大主教掌管；但从今以后，我会亲自来总理国家事务。我规定，除非有我的命令，否则任何法

法国国王路易十四在凡尔赛宫接见热那亚公爵的奢华场景

令都不能批准，并且我还命令各位国务大臣和财务大臣，没有我的命令，就不能签署任何文件。"如此夺得权力的这个专制政府，名义上和实际上都持续存在了半个多世纪。

前述的这一年间，在经历了一个有点儿旷日持久的混乱时期、国家生活开始朝着一个新的阶段前进之后，尽管彼此有着诸多差异，但英、法这两个国家开始在现代欧洲和现代美洲的海洋历史上，并且事实上是在整个世界的海洋史上，位列前茅了。然而海洋的历史，不过是国家兴衰的一个因素罢了，各国都把这种兴衰称之为本国的历史；倘若忽视了与历史紧密相关的其他因素，对于海洋历史的重要性，我们就会形成一种扭曲的观念，不是言过其实，便是轻蔑待之。正是由于我们觉得，那些与海洋无关的人，尤其是如今的美国人，就算并非全然无视，也是极大地低估了此种重要性，所以我们才来进行此种研究。

我们所选的1660年这个时间点，紧跟着另一时间点；后者标志着根据一场全面战争——即史称的"三十年战争"——的结果而达成的条约生效，欧洲形势极大地稳定下来了。这另一个时间点，便是签署《威斯特伐利亚条约》或《明斯特和约》的1648年。在这份条约中，西班牙正式承认荷兰联合省王国独立——实际上，这种独立早就存在了；1659年，法、西两国继而签署了《比利牛斯条约》，虽说这使得欧洲拥有了一种全面的外部和平形势，但注定很快就会爆发出一系列几乎席卷全球、持续时间与路易十四在世时间一样久的战争——它们将会给欧洲版图带来深刻的变化；在这些战争中，一些新的国家将会崛起，而其他一些国家则会衰落，并且所有国家都会经历种种巨变，这些变化不是领土范围

三十年战争（Thirty Years' War, 1618–1648年）。由神圣罗马帝国的内战演变而成的全欧参与的一次大规模国际战争。这场战争是欧洲各国争夺利益、树立霸权的矛盾以及宗教纠纷激化的产物。战争以波希米亚人民反抗奥地利哈布斯堡王朝统治为肇始，以哈布斯堡王朝战败并签订《威斯特伐利亚和约》而告结束。

上的，就是政治权力上的。对于这些结果的出现，制海权都直接或间接地发挥了巨大的作用。

英国国王查理五世

我们首先必须来看一看，在研究开始的那个时间，欧洲各国的一般形势。在长达一个世纪左右、并以《威斯特伐利亚条约》为标志而结束的一系列战争中，史称"哈布斯堡王朝"的英国皇室一直都是他国所畏惧的一个无敌大国。在英王查理五世漫长的统治时期——他在一个世纪前就退位了——这个王朝的首脑将奥地利和西班牙两顶王冠集于自己一身，而随着这两顶王冠而来的，除了其他财产之外，还有如今我们所知的荷兰与比利时两国国土，以及在意大利国内一种压倒性的影响力。查理五世退位之后，奥地利和西班牙的两位伟大君主便都脱离了哈布斯堡王朝；不过，尽管由不同的君主所统治，它们却仍属于同一家族，并且往往有着一种标志着当时那个世纪以及下一个世纪中王朝之间关系的统一目标和一致行动。在这种紧密的家族关系之上，还有共同的宗教信仰这一纽带。在《威斯特伐利亚条约》签订前的那一个世纪里，皇室权力和宗教势力的扩张，就是政治行动最有力的两大动因。这一时期，大规模的宗教战争频发，使得国家反目、诸侯成仇，而在一国内部，则常常导致派系争雄。宗教迫害曾经导致了信奉新教的荷兰共和国发生反抗西班牙的起义，在经历了80年的持续战争之后，最终才以西班牙承认荷兰独立而告结束。不时演变为内战的宗教纷争，在同一时期的大部分时间里也分散了法国的注意力，不但深刻地影响到了该国的内政，还深刻地影响到了该国的对外政策。这就是圣巴塞洛缪的时代，是亨利四世因宗教而被谋杀的时代，是围攻拉罗谢尔[1]的时代，也是信奉罗马天主教的西班牙与同样信奉天主教的法国人之间不断密谋勾结的时代。由于宗教动因在一个本来并不属于它的领域内起作用，并且它也在此领域内因为没有正当的地位而逐渐衰弱下去，所以各国的政治需要与政治利益开始具有更加正当的重要性了；不是说各国在此期间完全没有看到

---

[1] La Rochelle：拉罗谢尔。法国西南部海港，1627～1628年间法王路易十三率军与胡格诺派教徒在此发生战争，标志着法国天主教与新教之间的矛盾达到了顶峰，结果是法王路易十三和天主教徒大获全胜。

圣巴托罗缪惨案。法国国王查理九世的母亲凯瑟琳·德·美第奇为了铲除反对新教者，下令屠杀胡格诺派教徒，遇难人数在短短一周的时间内竟累计至五万

这种重要性，而是因为宗教仇恨或是遮蔽了政治家们的双眼，或是束缚了政治家们的行动。由于新教少数派的人数与性格方面的原因，法国成为了最大的宗教狂热受害国之一；所以，我们在法国首先且最为明显地看到这种反应，就是自然而然的了。法国位于西班牙和日耳曼各国之间，而奥地利又傲立其中，无可匹敌，所以内部的团结以及遏制哈布斯堡王朝的势力，就是法国在政治上得以生存的必备条件。幸亏，老天相继为法国培养了两位伟大的统治者，即亨利四世和黎塞留——这两位统治者心中的宗教信仰，并未达到偏执的程度；而当他们被迫在政治领域认可宗教信仰的时候，他们也做得像是宗教的主人，而非宗教的奴隶。在他们治下，法国的政治家们得到了指引；这种指引，被黎塞留系统地阐述为一种传统，并且按照下述总的路线发展着：（1）安抚或者镇压宗教纷争，并将权力集中到国王手中，保持王国内部的统一；（2）抵制哈布斯堡王朝的势力，这实际上伴随着、也必然会导致法国与信奉新教的各日耳曼国家以及荷兰结成联盟；（3）向东扩张法国国土，主要是会损及西班牙的利益，当时的西班牙不仅拥有如今的比利时，还占领着长久以来就并入了法国的许多其他省份；（4）在王国财力的基础之上，创建并发展一种强大的制海权，旨在专门抵制法国的宿敌英国；为达成这一目标，同样也必须不忘与荷兰结盟。这些，就是该国一流的政治家为指导国家发展而制定的政策的大致内容；法国人民完全有理由宣称自己是欧洲文明最彻底的典型，并声称自己走在政治进步与个人发展之路的前列。马萨林所坚持的这种传统，被路易十四从他那儿继承下来了；我们

将会看到，路易十四是多么忠实地践行着这种传统，而他的做法又给法国带来了什么样的后果。与此同时，我们还应注意到，在指引法国走向伟大的这4个必要因素当中，制海权就是其中之一；从采用的手段上来看，第二点和第三点其实属于同一个因素，因此我们可以说，制海权是法国维持其外在伟大性的两大手段之一。海洋上的英国和大陆上的奥地利，都表明了法国日后努力的方向。

至于1660年法国的形势，以及法国是否准备好沿着黎塞留所标明的道路前进，我们可以这样说：该国内部已经实现和平，贵族阶层的势力已经彻底瓦解，宗教纷争已经平息；规定信仰自由的《南特敕令》[1]仍然有效，而新教徒其他的不满也已通过武力手段得以压制。国家的所有权力，全都集中到了国王手中。不过，尽管整个王国一片太平，其他方面的形势却并不那么令人满意。当时该国几乎没有海军；国内和对外商业贸易并不兴旺；国家财政混乱不堪；陆军规模也很小。

不到一个世纪之前，其他各国在面对它时还都惶恐不安的西班牙，如今早已没落下去，并不令人敬畏了；该国中央政府的软弱无能，已经蔓延到了政府的各个部门。然而，从国土面积来看，西班牙却依然强大得很。在继续占有西属尼德兰的同时，该国还占领了那不勒斯、西西里和撒丁岛；直布罗陀此时还没有落入英国手中；西班牙在美洲的广袤殖民地——除了牙买加，因为数年前此处就已经被英国攻占了——也仍然原封未动。该国和平时期与战时的海上力量情况，前面都已经提及。多年以前，黎塞留曾与西班牙订立条约并与之暂时结盟，借此将西班牙的40艘舰船置于自己的掌控之下；不过，这些船只的状况都极差，因为大部分都没什么武器装备，指挥水平又低劣，所以法国不得不又将它们退回了西班牙。当时，西班牙海军正在全面没落下去，而其软弱并

法国国王亨利四世

---

[1] Edict of Nantes：《南特敕令》。1598年法王亨利四世颁布的一道敕令，赋予胡格诺派教徒一定的政治权利，以保护法国新教。敕令承认了法国国内胡格诺教徒的信仰自由，并在法律上享有和公民同等的权利。它也是世界上第一份有关宗教信仰自由的敕令。亦译《南特法令》、《南特诏令》等。

尤勒·马萨林（Jules Cardinal Mazarin；原名Giulio Raimondo Mazzarino，1602–1661），又译马扎然，法国外交家、政治家，法国国王路易十四时期的首相（1643–1661）及枢机主教。

范·特龙普（Cornelis Martinus Von Tromp，1629～1691）。荷兰军事家。第一次英荷战争期间，他因抗击英军表现出色，被晋升为海军少将。1665年第二次英荷战争爆发后，他任海军中将，不久又任荷兰海军总司令。1676年，他任丹麦荷兰联合舰队总司令，同瑞典人作战取得成功。1691年任荷兰共和国军队总司令，同年病死。

未逃过马萨林大主教的火眼金睛。1639年，西班牙舰队与荷兰舰队之间爆发的一场遭遇战，就极为明显地表现出了这支昔日自负得很的海军所陷入的那种落魄境地。

"此时，该国的海军，"引述的历史记载中称，"遭遇到了多次沉重打击中的一次；在此次战争中，一连串这样的打击，使得该国从全球海洋霸主的高位，一下子在海洋国家中跌至了令人鄙视的地位。西班牙国王正在装备一支强有力的舰队，准备打到瑞典沿海去；而为了装备这支舰队，他下令从敦刻尔克调派支援部队和给养。于是，一支舰队奉命从敦刻尔克起航，却遭到了范·特龙普的袭击，一些人被俘，剩下的人只得再次退回敦刻尔克港内。不久之后，范·特龙普俘获了3条英国的（中立）船只，船上载有1070名从加的斯前往敦刻尔克的西班牙士兵；他俘虏了这支部队，但释放了那3艘船只。特龙普留下17艘舰船封锁敦刻尔克，自己则率其余的12艘军舰，动身前去迎击到来的敌方舰队。很快，他就看到敌方舰队进入了多佛海峡，舰船数量达67艘，兵力则有2000名。待德·威特率另外4艘船与他会合之后，特龙普便指挥自己这支小型分舰队，坚定地向敌人发起了进攻。战斗持续到了下午4点，之后西班牙的舰队司令便率军躲进了唐斯锚地。特龙普决定，倘若敌军出来，他还会继续战斗；但在西班牙这一方，奥肯多和他那支强大的舰队，其中许多军舰携带的火炮数量都在60门至100门之间，却甘愿被荷军封锁；而英国的舰队司令又通告特龙普说，如果再开战，英军便会奉命加入西班牙一方。特龙普便派人回国寻求指示，所以英国的这一做法仅仅是引出了荷兰数量庞大的海军力量。特龙普的舰队很快得到了支援，舰船数量达到了96艘，外加12艘火攻船，于是他便下令进攻。他留下一支小分队监视英国人——假如英国人支援西班牙的话，那就进攻英军——之后便开始在大雾中强行作战；西班牙人在大雾的掩护之下，割断缆绳逃跑了。由于逃跑时离岸太近，许多舰船都搁了浅，而其余绝大部分试图撤退的船只要么被击沉，要么被俘虏，要么被驱赶到了法国沿海。历史上还从未有过如此完美的大捷呢。"

一支海军在承受了这样的一次战斗之后，其所有的力量与自负必定都会烟消云散；不过，这支海军还只是西班牙全面衰落的一个方面，而这种全面衰落，使得西班牙在欧洲政治舞台上的作用，自此以后便日益削弱下去了。

"就在西班牙宫廷和语言都显赫非凡的时候，"基佐曾说，"西班牙政府却感觉到了自己所处的劣势，并且试图通过按兵不动来掩盖这种劣势。腓力四世和手下的大臣们，都对那种虽然努力但最终却被别国征服的事情感到厌倦了，所以只想确保天下太平，只想将那些要求他们耗费精力、可他们却认为自

基佐（François Pierre Guillaume Guizot，1787～1874）。法国政治家和该国第22任首相（1847～1848年在任）。

己耗不起精力的问题抛到一边。由于已经四分五裂、衰弱无力，哈布斯堡王朝的野心甚至比其业已拥有的权力更少，所以除了在完全被迫的情况下，查理五世之后历任继承者的政策，便都变成了一种盲目自大、不思进取的政策。"

那个时代的西班牙就是这样的。时称"低地国家"或者"信奉罗马天主教的尼德兰"（即如今的比利时）这一部分西班牙领土，不久就会让法国与其天然盟友荷兰共和国因为此处而产生出无尽的纷争来。荷兰共和国的政治名称本为"联合省"，此时已经到达了其影响力与势力的巅峰——正如前面已经说明的那样，这种势力完全是以海洋为基础，是完全建立在利用荷兰人民那种伟大的海洋与商业天赋所创造的环境这一基础之上的。近代的一位法国史学家，是如此描述路易十四退位之时，这个民族所处的商业贸易和殖民环境的——在现

代，除了英国，还没有哪个国家像荷兰那样，表明海洋上的收获是如何能够让一个本质衰弱、缺乏资源的国家，上升到财力与实力的顶峰的：

"荷兰已经成为了现代的腓尼基。联合省是斯凯尔特河上的霸主，它封锁了安特卫普通往海洋的诸条水路，还继承了这个富庶之市的商业实力；15世纪时，一位威尼斯的大使曾认为，该市堪与威尼斯相媲美。除此之外，他们的主要城市还接收了'低地国家'中从西班牙道德暴政下逃离出来的大量工人。服装、亚麻制品等制造业吸纳了60万人就业，为这个以前只满足于奶酪与鱼类贸易的民族开辟了新的获利来源。渔业一项，本就已经让他们富裕起来了。鲱鱼产业养活了荷兰差不多1/5的人口，该国每年能够生产30万吨咸鱼，并且带来800多万法郎的收入。

"这个共和国的海军实力与商业实力得到了飞速的发展。单是荷兰的商船队，就有10000艘船只、168000名水手，养活了26万居民。它已经获取了欧洲的大部分海外贸易，而自和约签订以后，它不但垄断了美洲和西班牙之间所有往来的商品运输，还为法国诸港口提供相同的运输业务，并且保持了高达3600万法郎的进口贸易。由于联合省可以从波罗的海前往勃兰登堡、丹麦、瑞典、莫斯科大公国、波兰等北方诸国，所以这些地方就成了联合省一个广袤无边的商品交换市场。联合省将商品售卖给这些国家，然后再购买北方诸国的产品，比如小麦、木材、铜、大麻和皮草，从而滋养着这个市场。荷兰商船在所有海域运送的商品总价值，每年都超过了10亿法郎。用当代的话来说，荷兰人已经让自己成为了'全球海洋的搬运工'。"

正是通过自己的殖民地，荷兰共和国才能如此发展其海上贸易。它垄断了东方的所有商品。它将亚洲的农产品和香料运往欧洲，年均价值达到了1600万法郎。成立于1602年的东印度公司非常强大，已经通过夺取葡萄牙的领地与利益，在亚洲建立起了一个商业帝国。1650年时，荷兰已经称霸好望角，使得该国的船只有了一个停靠之所；而且，它还像君主一样统治着锡兰，还有马拉巴尔和科罗曼德尔海岸。它将巴达维亚定为行政中心，然后将贸易扩张到了中国和日本。与此同时，崛起速度更快、但存续时间较短的西印度公司，则装备好了800艘战舰与商船。利用这些舰船，该国消灭了葡萄牙在几内亚以及巴西沿海的残余势力。

就这样，荷兰共和国便成了一个汇集各国商品的大货栈。

此时荷兰的诸多殖民地散布在东方的各个海域，有印度、马六甲、爪哇、摩鹿加群岛，以及澳大利亚北方众多群岛中的许多地区。该国在非洲西海岸也有殖民地，并且到那时为止，新阿姆斯特丹这个殖民地也还掌控在荷兰手中。

荷兰东印度公司

在南美洲，荷属西印度公司本已拥有从巴西的巴伊亚一直向北、长约300里格[1]的沿海地区；不过，近来很多地方都摆脱了该公司的掌控。

荷兰共和国认为，自己所获得的尊重与实力，都应归功于该国的财力和舰队。像一个势不两立的宿敌一样始终拍击着该国沿岸的大海，已经被荷兰人民制服，变成了一个用处颇大的仆人；而陆地则会见证该国的没落。荷兰人民与另一个比海洋更加残暴的敌人，一直进行着持久而激烈的斗争，这个敌人就是西班牙王国；斗争的结果虽说很成功，让西班牙王国虚假地承诺止戈息争，却敲响了荷兰共和国的丧钟。只要西班牙的实力未遭到削弱，或者西班牙的实力至少足以维持其早已造成的恐怖气氛，那么荷兰王国应当强大、应当独立这一点，便是符合英、法两国利益的，因为这两个国家都曾深受西班牙的威胁和阴谋诡计之苦。而当西班牙垮台之后——该国一而再、再而三地遭受到的屈辱，表明它的弱点是实实在在而非表面上的——两国便不再担忧，而是有了其他的心思。英国觊觎着荷兰的贸易和海洋霸权；法国则想攫取西属尼德兰。在这两个方面，荷兰共和国都完全有理由去反抗英、法两国。

在这两个敌国的联合攻击之下，荷兰共和国固有的弱点很快就暴露无遗了。该国陆军兵力极少，陆地上很容易遭到攻击，而政府又不擅协调，没有发

---

[1] league：里格。长度单位，1里格相当于大约3英里或3海里。在美国英语中亦可指"平方里格"，1平方里格相当于约4400英亩。

挥民族团结的力量，尤其是备战很不充分；所以，荷兰共和国和荷兰这个民族的衰落，就必定会比其崛起更加突出，没落的速度也要更快。然而，到当时的1660年为止，人们却并未注意到即将到来的衰落所表现出的种种迹象。荷兰共和国仍然在欧洲列强中首屈一指。虽说在1654年的英荷战争中，这支在海洋上一直长久打压着西班牙自尊的海军，也不可思议地表现得毫无准备，但另一方面，1657年荷兰共和国却又成功地阻止了法国针对其商业贸易而进行的侵犯；而且一年之后，"通过介入位于丹麦与瑞典之间的波罗的海，该国又阻止了瑞典，使之无法在北方确立一种会给诸联合省带来灾难性后果的优势。该国迫使瑞典敞开了波罗的海入口，并且仍然主宰着此处，因为没有别国的海军能够与之争夺此处的控制权。荷兰舰队所具有的优势，荷兰军队的勇猛以及荷兰外交手段的娴熟与坚定，都使得荷兰共和国政府赢得了各国公认的威望。但由于在最后一次英荷战争中实力被削弱并蒙受了耻辱，该国便不再站在强国之列里了。就在此时，查理二世重新登上了王位。"

荷兰共和国政府的总体特点，前面已经提到过；所以，此处我们只需回想一下就行了。这是一个关系松散的联邦制政府，由一个或许可以并不准确地称之为"商业贵族"的阶层所统治；这个阶层在政治上很谨慎，使得政府在战争时期要冒极大的风险。部门之间的相互猜忌和从事商业贸易的精神这两个因素，给属于军事领域的海军带来了灾难性的影响。在和平时期，海军并未妥善地保持着

17世纪强大的荷兰海军

良好的状态；同一支舰队里，也必然存在着种种竞争行为。所以，与其说这支舰队是一支统一的海军，还不如说它是一种海上联合体；并且，荷兰海军官兵当中也没有一种真正的尚武精神。虽说还没有哪一个民族比荷兰人民更为英勇，而关于荷兰人海战的历史记载，也为我们提供了他们孤注一掷、破釜沉舟以及持久坚韧的实例——在别的地方，还没有人超过了他们的这种精神，或许甚至永远也无法与之相媲美——不过，其中也有变节和行为不端的例子，这说明他们缺乏尚武精神，显然也是由于他们缺少职业荣誉感和专业训练所致。当时，各国海军几乎都没有这样的专业训练；但在君主制国家里，军人阶层的社会地位感在很大程度上弥补了专业训练的缺失。我们还须注意，由于前述种种原因而变得相当软弱的荷兰共和国政府，又因整个民族分裂成了两个相互极为仇视的派别而更加软弱了。第一派是商贾（即各市镇长官），此时正掌大权，他们拥护前面所说的那种联邦制共和政体；另一派则想要一种由奥兰治王室统治之下的君主政体。共和派希望与法国结盟，如果可能的话，还希望拥有一支强大的海军；奥兰治派则更想与英国结盟，因为奥兰治亲王与英国王室关系密切，他们还想拥有一支强大的陆军。由于处在这样的政权形势之下，人口数量又不如别国多，所以财力雄厚、海外活动频繁的荷兰共和国在1660年时，就像是一个靠兴奋剂支撑着的人那样。这种人为的力量，是不可能无限期地支撑下去的；不过令人惊奇的是，这个人口数量远远逊于英、法两国的小国，既经受住了这两个国家单独的进攻，还在两国的联合进击之下坚持了两年，并且不但没有被两国消灭，还没有失去自己在欧洲所处的地位。虽说该国把这一令人称奇的结果部分地归功于一两个人物的本领，但主要还是应当归功于它所拥有的制海权。

英国的形势，就其是否适合加入这一即将发生的纷争来看，与荷兰和法国都不相同。尽管属于君主政体，国王手中也有很多实实在在的权力，但英国国王并不能完全随意地左右整个王国的政策。他必须考虑手下臣民的脾性与意愿，而路易十四却没有这么做。路易十四为法国获取了什么，他也为自己获取了什么；法国的荣耀，也就是他的荣耀。英王查理二世的目标，首先却是自己的利益，然后才是英国的利益；不过，因为还记得过去的教训，所以他首先就下定了决心，既不能重蹈父亲的覆辙，自己也不能再次被流放。因此，当危险迫近之时，他还是在英国人民的感受面前让了步。查理二世本人很不喜欢荷兰；他憎恨这是一个共和国；他憎恨该国当时的政府，因为这个政府在内部事务上总与他的亲戚即奥兰治王室作对；而且，因为在他流亡期间，荷兰共和国曾将他逐出国境，以此作为该国与克伦威尔达成和约的条件之一，所以他更憎恨这个共和国了。他倒向了法国这一边的原因，是被可以成为一个绝对统治者的这种政治同感所吸引，可能还是被自己所奉罗马天主教的偏见所吸引，并且更主要的，是被路易十四给他的大笔资金所吸引——这些资金，使他部分地摆脱了英国议会的控制。由于自己的这些脾性，所以查理二世不得不顾及到臣民们某些坚定的意愿。英国人与荷兰人属于同一种族，而所处形势也相类似，但在争夺海洋和贸易控制权上，却是公开的对手；由于荷兰人此时在争夺中领先，所以英国人就更加急不可耐、痛苦万分了。荷属东印度公司的做法，也是引起英国人不满的一个特殊原因："东印度公司要求垄断东方的贸易，并且迫使一些与该公司进行贸易的、偏远地区的统治者答应，这些国家都不接纳异族，从而使得这些民族非但被排除在荷属诸殖民地之外，也被排除在印度群岛的所有殖民地之外了。"认识到自己的实力增强了之后，英国人还想控制荷兰的政治行为；而在英国的共和时代，英国人甚至还试图迫使两国政府合并起来呢。因此从一开始，民众的争斗与敌意就有利于达成英王的心愿；而后来，由于法国在欧洲大陆已经多年不再称霸，就更是这样了。然而，一旦路易十四那种穷兵黩武的政策变得路人皆知，不论是贵族还是平民，英国人民便都觉得这是一种巨大的威胁，跟一个世纪之前西班牙所带来的威胁一样了。将西属尼德兰（比利时）让给法国，可能会让整个欧洲都臣服于法国脚下，尤其是可能会给荷、英两国的制海权带来沉重的打击；因为我们不可能指望，路易十四会允许荷兰继续像当时那样不开放斯凯尔特河与安特卫普港——这种封锁，是荷兰人抓住西班牙的痛处，迫使后者签署了一份条约，并按照该条约规定实施的。让安特卫普这座大城市重新打开商业贸易的大门，对阿姆斯特丹和伦敦来说，同样都是一种打击。随着民众那种传承下来的、反对法国的态度日益复兴起来，两国之间的种族纽带又开始发挥作用了：人们想起了以前两国联手对抗西班牙暴政的经历；而宗教信仰方面的相似性，此时也仍然是一种强大的动力，从而使得两国能够团结起来。与此同时，柯尔贝尔付出了巨大而系统的努力，想要逐步增强法国的商业贸易和海军的实力，这一做法却激起了英、荷两个海洋大国的猜忌；尽管两国本身也是对手，但它们还是本能地联合起来，转而开始对付一个侵害两国势力范围的第三国了。子民们在这些动力驱使之下对他施加的压力，查理二世是无法抗拒的；由于此时英、荷两国之间的战火也早已平息，所以查理二世死后，两国又成为关系密切的盟国了。

尽管英国的商业贸易规模相对较小，但1660年英国的海军却已胜过了荷兰海军，尤其是在海军的编制和作战效率方面。克伦威尔时期的英国政府，是一个法令严酷、宗教狂热的政府，以军事实力为基础，给英国的舰队和陆军都打上了深深的烙印。摄政时期几位最高将领的名字——其中蒙克的威望最高——

也出现在查理二世统治时期的第一次英荷战争史中。在一个放纵荒淫、专事宫廷争宠的政府治下，这种士气与风纪上的优势，因受到腐蚀而日渐消失殆尽了；而荷兰呢，虽说在1665年的海战中被英国这一个国家基本上击溃了，却仍然成功地抵挡住了1672年英、法两国海军的联合进攻。至于这三支舰队的装备情况，我们得知，相对于火炮与补给的重量来说，法国舰船的排水量都比英国舰船大；所以在满载的情况下，法国舰船的炮台位置也更高。法国舰队的船体轮廓设计得也更好。这些优势，自然是当时法国海军正深思熟虑、有条不紊地从一种没落状态恢复过来的结果，而对于目前正处于相似形势之下的我国海军来说，也是一种很值得我们期待的教训。由于沿海地区的特点，荷兰舰船的底部更为平坦，吃水也更浅，因而在被敌军追击时能够躲进浅水区；不过，它们的抢风航行能力也因此而比较弱，船体通常也比其余两国的舰船要小。

上面我们尽量简要地概括了决定并控制当时西班牙、法国、英国和荷兰这4个主要沿海国家政策走向的形势、实力强弱和目标。从这段历史的角度来看，上述三个方面最为突出，也最经常被人们注意到；不过，因为其他国家对历史进程也产生了巨大的影响，而我们的目的也并非仅仅是海军历史，而是理解海军与贸易实力对普通历史进程所产生的共同影响，所以还得简短地来说明一下欧洲其余国家的情况。此时，在史册中或者在内阁政策方面，美国还谈不上发挥出了什么重要的作用。

当时的德国分裂成了多个小型政权，还有一个庞大的奥地利帝国。那些较小国家的政策多变，因此，法国的目标就是尽可能多地将这些国家联合起来，置于自己的羽翼之下，以共同进行其一贯抵抗奥地利的行动。奥地利呢，因为法国在其一侧对其如此不利，而在另一侧，土耳其帝国又不断袭击它，使得此时虽已开始没落却仍然强大有力的奥地利觉得如剑悬顶。长久以来，法国的政策一直都倾向于与土耳其帝国搞好关系，这是因为法国不仅想让土耳其遏制奥地利，还希望垄断与黎凡特之间的贸易。柯尔贝尔因急于确立法国的制海权，所以支持这种同盟关系。我们都不会忘记，希腊和埃及当时还是土耳其帝国的一部分。

如今我们所知的普鲁士，当时还没有出现。这个未来王国的基础，是勃兰登堡选帝侯[1]这个强有力的小国打下的；其时，虽说勃兰登堡尚无能力独立，它却小心谨慎地没有让自己变成一个正式的附属国。波兰王国当时也还存在，

----

[1] Elector of Brandenburg：勃兰登堡选帝侯。选帝侯是德意志历史上的一种特殊现象，指那些拥有选举罗马国王和神圣罗马帝国皇帝权利的诸侯。这一制度由1356年的卢森堡王朝建立，当时确定了7个选帝侯，勃兰登堡即为其中之一。1806年，拿破仑解散了神圣罗马帝国，这种削弱王权的选侯权便失去了意义。

由于该国政府软弱无能、动荡不安，所以它是欧洲政治中一个极为令人不安和重要的因素，使得其他各国都焦虑不已，严防出现什么有利于对手的、不可预见的形势逆转。法国长久以来的政策，便是让波兰不致垮台并保持强大。俄国此时尚默默无闻；虽说已经出现，却仍未进入欧洲国家之列，也未进入各国现存利益之列。它与波罗的海沿岸其他列强之间是天生的对头，相互争夺在这一海域的优势地位；而在这一点上，其他国家，尤其是所有的海洋国家，都有着特殊的兴趣，因为它们的各种海军补给品主要都来自于波罗的海地区。此时的瑞典和丹麦一直保持敌对状态，因而在当时的各种纷争中，两国支持的都是对立的各方。在过去的许多年间，以及在路易十四早期发动的战争当中，瑞典多半都是法国的盟国；由此即可看出该国的成见来。

由于欧洲的整体形势如上所述，所以开动各国战争机器的发条，就掌握在路易十四的手中。法国的近邻都软弱无能，法国又拥有丰富的资源，只待开发，路易十四大权在握使得法国有着统一的方针政策，路易十四本人又有着实干才能，并且勤奋不懈，在其统治法国的前半期，又有许多能力非凡的大臣协助——这一切结合起来，便使得欧洲各国政府或多或少都唯他的马首是瞻，即便不能说是全听他指挥，起码也是对他亦步亦趋。让法国走向伟大和辉煌，就是他的目标；而他有两条道路可供选择，来推进这一进程——要么是经由陆地，要么便是经由海洋。这并不是因为选择其中之一，便必须完全排除另一条，而是因为法国当时尽管极为强大，却仍然不具备在两条道路上同时推进的实力。

路易十四选择了从陆地上进行扩张。他已经迎娶了当时西班牙国王腓力四世的大姐；尽管缔结婚约时她已经宣布放弃了父亲的所有遗产，但要找个借口无视这一约定却并不困难。他们找出了一些合乎法律的理由，撤销了这一约定对尼德兰和弗朗什孔泰某些地区的约束力，并进而与西班牙王室进行谈判，完全废除了这一约定。对路易十四来说，这个问题更为重要，因为当时西班牙的男性王储极为懦弱，该国的哈布斯堡血统显然会在这位王储手中断送掉。路易十四很想扶植一位法国亲王登上西班牙的王位——要么是他自己，从而将两个王权政府合并归一；要么是他的家人之一，从而使得波旁王室在比利牛斯山两侧都掌权——但这是一种虚假的浮光，使得路易十四在余下的统治时期误入了歧途，并最终导致了法国制海权的覆灭，以及法国人民的贫困与苦难。路易十四没有明白，自己必须去应对欧洲各国。直接觊觎西班牙的王位，那也必须等到无人继承大统的时候；可他却急不可耐，准备马上向法国东面的西班牙领土进逼了。

为了更加有效地实现这一目标，他通过种种巧妙的外交阴谋，离间了西班牙每一个可能的盟国——研究这些外交阴谋，可以很好地说明政治领域的战略；不过，他犯下了两个严重的错误，从而极大地损害了法国的制海权。直到20年前，葡萄牙才并入西班牙王国治下，但此时尚未放弃自己的主权声索要求。路易十四认为，倘若这个王国重新回到西班牙手中，那么西班牙就会变得极其强大，他就没那么容易实现自己的目的了。于是，他用尽了种种手段进行阻挠，还促成了查理二世与葡萄牙公主的婚事，使得葡萄牙因此而将印度的孟买以及位于直布罗陀海峡的、久负盛名的良港丹吉尔割让给了英国。从中我们即可看出，这位法国国王因为急于扩张领土，从而怂恿英国进入地中海地区，并且促成了英、葡之间的联盟。后面这个结果更为奇怪，因为路易十四既已预见到了西班牙王室的衰败，就更应当希望将伊比利亚半岛上的这两个王国统一起来才是。事实上，葡萄牙变成了英国的附属国与前哨基地，使得英国晚至拿破仑时代，都可以轻而易举地登陆伊比利亚半岛了。的确，倘若不倚赖西班牙，葡萄牙也会因为实力太弱而受到英国这个海洋大国的控制，从而使得英国不费吹灰之力便可侵入该国。可路易十四却一直支持该国反抗西班牙，最终使得葡萄牙独立了。他还对荷兰人进行了干涉，迫使他们把从葡萄牙人手中夺取的巴西归还给了葡萄牙。

另一方面，路易十四从查理二世手中获得了位于英吉利海峡上、由克伦威尔攻取并一直加以利用的敦刻尔克。查理二世割让此处是为了钱，但从制海权的角度来看，这种做法却是不可宽恕的。敦刻尔克是英国进入法国的桥头堡。而对于法国来说，这儿却是私掠者们的天堂，是祸害英国在英吉利海峡和北海地区的商业贸易的灾星。由于法国的海上实力日渐衰落，英国便通过一个又一个条约，迫使法国拆除了敦刻尔克的防御工事——顺便说一句，敦刻尔克正是赫赫有名的让·巴尔以及法国其他主要私掠者的母港。

与此同时，柯尔贝尔这位路易十四手下最伟大、最睿智的大臣，正在孜孜不倦地建立起一套行政制度；通过增加国家财力并夯实国家财力的基础，比起国王那些华而不实的做法来说，这一制度应该更有可能让法国变得伟大而繁荣起来。这一时期，与柯尔贝尔对法国国内发展的那些具体政策并无关系，他只是慎重地关注了偶尔提及到的农业生产和工业生产；但在海上，法国却很快开始实施一种巧妙地侵袭

让·巴尔（Jean Bart，1650~1702）。著名的私掠船船长，被称为"爱国海盗"。后加入法国海军，在路易十四时期的许多战争中都立有战功，以机智勇敢而著称，官至海军少将。

荷、英两国海运与贸易的政策，并随即招来了这两个国家的不满。法国成立了许多大型的贸易公司，使得法国的商业贸易扩张到了波罗的海、黎凡特以及东、西印度群岛；海关法规进行了修订，目的是刺激法国的制造业，并允许货物存储在大型港口的保税仓库里——法国希望通过这些措施，让本国取代荷兰而成为"欧洲大货栈"，因为法国的地理位置极适合于让它成为这样的角色；而对外国船只征收吨位税、对国内建造的船只进行直接补贴，以及制定细致而严厉的殖民法令，让法国船只垄断与各殖民地之间的贸易往来，这些措施结合起来，都刺激了法国商业贸易的发展和壮大。英国马上就进行了报复；荷兰人受到的威胁更为严重，因为他们的海外贸易规模较大，国内资源也较少，可他们却只是抗议了一阵子；不过，3年之后他们也采取了报复行动。柯尔贝尔坚信，法国成为一个真正的生产国之后，就会具有极大的优势，即便是成为一个潜在的生产国也是如此，所以他毫不担心，继续平稳地沿着业已制定的贪婪道路走下去；一旦建立起规模庞大的商船运输业，就会为军事航运奠定广泛的基础——事实上，该国采取的措施此时正迫使军事航运以更快的速度发展着。法国迅速繁荣起来了。12年之后，法国的各行各业便都欣欣向荣，各行各业也都丰产富饶了；而在柯尔贝尔刚刚接管财政和海洋事务之初，各行各业却还是乱成一团呢。

"在他的治下，"一位法国历史学家如是说道，"法国和平地发展起来，就像过去通过战争壮大起来一样……他老练地挑起的关税和补贴冲突，既有助于将荷兰曾经用牺牲他国利益的办法而僭取的贸易和海洋实力上的过度增长，降低到合理的限度内；也有助于遏制英国，因为英国当时正急于从荷兰手中夺取海上霸权，目的是用一种更加严重地威胁到整个欧洲的方式来利用这一霸权。在欧洲和美洲保持和平状态，似乎符合法国的利益；但一种神秘的召唤，即过去与未来合二为一的召唤，却要求法国在别的沿海地区采取军事行动。"

这种召唤，从位列世界伟人之一的莱布尼茨口中表达了出来；他向路易十四指出，将法国的兵力转而针对埃及，会让法国在称霸地中海地区、掌控东方贸易两个方面击败荷兰，并且效果会比最成功的陆上大捷都好；而在保持好国内迫切需要之和平局势的同时，这也会为法国建立起制海权，从而确保法国在欧洲的优势。这次请愿，要求路易十四不再在欧洲大陆上追求荣耀，转而在拥有制海权这个方面去寻求法国更为持久的辉煌；多亏了柯尔贝尔的才干，此时建立制海权的各种要素，都已握在了路易十四的手中。100年过后，拿破仑这位比路易十四更加伟大的人，又试图激发自己和法国按照莱布尼茨所指出的那条道路走下去；可他却不像路易十四，并没有一支可以担当上述重任的海军。当本书所述之历史到达莱布尼茨提出这一建议的重大时刻时，我们会更加完整地说明这一建议的内容；此时，路易十四治下的法国和法国海军都处于效率的巅峰，他正站在一个分岔口上，之后便选择了一条让法国不会成为海洋大国的道路。导致柯尔贝尔去世并且摧毁了法国繁荣之势的这一决定，影响到了后来一代又一代的法国人；因为英国庞大的海军通过一场又一场战争横扫了各个海域，通过种种倾尽全力的争夺，保证了这个岛国财力的持续增长，同时榨干了法国贸易业的外部资源，并使法国人民遭受了相应的不幸。开始于路易十四时期的这种错误方针，还使得在下一任国王统治的时期，法国在印度群岛的殖民贸易事业开始变得前途黯淡起来。

莱布尼茨（G. W. Leibnitz，1646～1716）。德国数学家、哲学家和逻辑学家。1672年他被派到巴黎进行游说，以动摇路易十四对入侵荷兰及其他邻国的兴趣，并使之将精力转向埃及，但并未成功。他还与牛顿一起，被世人认为是微积分的奠基者。

在此期间，虽说英国和荷兰这两个海洋国家都认为法国靠不住，但它们之间的积怨却也越来越深、越来越多；这种积怨在查理二世的大力推动下，最终导致了战争。两国积怨的真正原因，在于商业贸易上的猜忌；而这种矛盾，又直接源于两国贸易公司之间的摩擦。两国的敌对行动，开始于非洲西海岸；1664年，一支英国舰队在当地攻下了荷兰的数个军事驻地之后，开始驶向新阿姆斯特丹（即如今的纽约），并且攻占了该地。这些战事，都发生在1665年2月两国正式宣战之前。这次战争，在英国国内无疑是尽人皆知的；而英国民众的反应，则从蒙克的话可以看出来——据闻，蒙克曾经这样说道："这个原因也好，那个原因也好，又有什么关系呢？我们想要的，就是荷兰现在所拥有的、更多的贸易。"我们也没有什么理由来怀疑，尽管诸贸易公司有着种种要求，但荷兰共和国政府应当是巴不得免去这场战争的；当时该国政府的首脑是个能力出众的人，很清醒地认识到了他们夹在英、法两国之间的那种微妙形势。然而，他们却根据1662年签订的一份防御条约，要求法国支援。路易十四虽说批准进行支援，却是极不情愿的；而实际上，当时仍然羽翼未丰的法国海军也没有起到什么作用。

英、荷两个海洋国家之间的这场战争，完全是在海上进行的，并且具备所有此种海战的共同特征。两国间进行了3次大规模的海战——第一次是1665年6月13日发生在诺福克海岸的洛斯托夫特海战；第二次是史称多佛海峡的

"四日海战"，而法国史学家则常常称之为加来海峡的"四日海战"，从1666年6月11日一直持续到了14日；第三次则是同年8月4日在北福兰海域发生的海战。在其中的第一次和第三次海战中，英军都大获全胜；而在第二次海战中，优势却在荷兰这一方。我们只会详细地描述这一场战斗，因为只有此次海战才有全面、连贯的记述，才能够清楚、准确地说明其战术。跟那些有点儿老式的战术运动的详细情况相比，这几次海战具有一些值得关注的地方，更能普遍地适用于如今的形势。

在洛斯托夫特海域进行的第一场战斗中，原非水兵而是骑兵将领的荷兰海军司令奥普丹，似乎有着明确的作战命令；可他却没有被授予一个作战总指挥所应有的那种自由裁量权。如此牵制战场或海上指挥官的做法，是内阁政府中最为常见的恶行之一，通常都会带来灾难性的后果。图维尔是路易十四手下最杰出的一位舰队司令，就是因为政府掣肘，才不得不违背自己的判断，拿整个法国海军去冒险；而100年之后，一支大型的法国舰队也因为英国舰队司令基斯服从其直接上司的紧急命令而逃过了一劫——当时，基斯的直接上级因病而留在港内，没有出海。

在洛斯托夫特海战中，荷兰的先头部队被击退了；不久之后，在奥普丹亲率的中锋舰队中，有位资历较浅的将领牺牲了，全舰水兵便都惊慌失措，从军官们手中夺取了该舰的指挥权，并率该舰退出了战斗。接着，又有12艘或13艘舰船随之撤离了，在荷军的战线上留下了一个大大的缺口。这一事件表明，正如之前已经指出的那样，荷兰舰队的纪律和官兵的士气都不高；尽管荷兰这个民族有着良好的战斗素质，并且尽管荷兰舰队中的优秀水兵人数很可能多过英国海军官兵，

1665年6月13日英国与荷兰之间发生的洛斯托夫特海战

四日海战

但这些都于事无补。荷兰人天生的毅力和英雄气概，并不能完整地带来职业自豪感和军事荣誉感，而这种职业自豪感和军事荣誉感，则正是那些健全的军事制度所要鼓励实现的目标。在这个问题上，如今美国的民心几乎全都是茫然一片；而在手中有枪的个人勇气与全面的军事效率之间，却并没有什么中间阶段。

奥普丹看到战斗不利于自己之后，似乎也开始感到绝望了。他试图抓住英军的总司令；此日的英军总司令，正是英王的弟弟约克公爵。奥普丹非但没能抓住约克公爵，而且在接下来孤注一掷的殊死战斗中，他的座舰又被炸坏了。旋即，3艘荷兰军舰——据另一份记录称，是4艘荷兰军舰——彼此相撞，然后就被一艘火攻船给烧毁了；不久后，又有3或4艘落了单的军舰遭遇了与此相同的命运。此时，荷兰舰队已经乱成一团，只得在范·特龙普的掩护下撤退——这个范·特龙普，正是荷兰共和国时期曾率领舰队通过英吉利海峡，并在桅顶悬挂金雀花的那位有名的原海军将领的儿子。

在此役中我们可以看到，火攻船发挥了极为显著的作用，比在1653年那场战争中发挥的作用更为明显，尽管在这两个时期，火攻船都只是整个舰队的附属武器。从表面来看，火攻船的作用与现代战争中鱼雷巡洋舰的作用有着明显的相似之处。它们在攻击时都具有令人觉得可怖的特点，在建造时船体尺寸都相对较小，并且进攻时都极大地考验着攻击者的神经，这些就是两者主要的相似之处；而它们的重大差异，一是现代的鱼雷巡洋舰操纵起来相对更有把握——这一点，在一定程度上来说，足以媲美铁甲舰船具有胜过原来的战列舰的那种相同的优势；二是鱼雷的瞬间杀伤力，因为鱼雷发射之后，要么击不中，要么便是一击而中，而火攻船则需要时间才能实现目标——但在这两种情形下，开火的目标都是彻底摧毁敌舰，而不是仅仅使之受损或者用其他的方式将其削弱。充分认识到火攻船的特点，认识到它们在什么样的环境下威力最大，并且认识到导致它们销声匿迹的原因，可能会有助于各国进行决策，以便判断纯粹的鱼雷巡洋舰是不是一种注定会在舰队中存续下去的武器。

一位曾经研究过法国海军历史记载的法国军官称，火攻船是在1636年作为武器编入舰队而首次出现的。

"无论是为火攻而特意建造的，还是用别的船只改造成符合其特定用途的，它们都会安装一种特殊的设备。命令则会按照火攻船舰长的级别，下达给并非贵族的那些军官。一艘火攻船上，有5名下级军官和25名水兵。由于其帆桁上总是安放着多爪锚，敌人很容易辨认出来，所以在18世纪早期，人们认为火攻船的用处越来越少了。火攻船最终消失的原因，在于它们既拖累了整个舰队的速度，也是因为它们使得舰队的战术机动变得很复杂。由于军舰建造得越来越大，所以它们与火攻船的协同作战也变得日益困难了。另一方面，人们也已放弃了用火攻船与军舰联合起来形成数个战斗群、每个群都配备全部攻防武器的那种观念。迎风展开战斗队形，将火攻船置于离敌舰最远那一侧达半里格的第二防线，这样的阵形使得火攻船越发不适合于发挥它们的作用了。1704年马拉加海战之后立即起草的官方作战计划，表明是保罗·何斯德规定将火攻船部署于此处的。最终，由于炮弹能让敌舰更有可能、也更快速地燃烧起来，并在我们所论述的这一时期被运用到了军舰上，从而给了火攻船最后一击；尽管直到过后很久，各国才开始在军舰上普遍使用炮弹。"

17世纪欧洲的火攻船

　　熟悉我们这个时代与舰队战术和武器装备相关的那些理论和论述的人，从这一段关于早已过时的火攻船的简短介绍中，便可以看出一些并不过时的观点来。火攻船从舰队中消失，是因为"它拖累了舰队的速度"。在恶劣的天气条件下，船体小就必定意味着航行速度也相对较小。如今我们知道，海上风平浪静的时候，鱼雷艇的速度会从20节下降到15节，甚至更低，而速度在17节至19节的巡洋舰要么可以摆脱其他船只的追击，要么就可以远距离用机关枪和大炮的火力压制住它们。这些舰船都是海轮，"人们以为这种舰船在所有天气情况下都能在海上来去自如；不过据说，在大海波涛汹涌的时候登上一艘110英尺长的鱼雷艇，那可不是闹着玩的。热浪、嘈杂、发动机的快速转动，都会令人喘不过气来。做饭烧菜似乎根本就不可能，并且据说，就算饭菜做得再可口，也没有几个人能够吃好。在这样的条件之下，船只又在快速航行，所以要想得到必要的休息，是难如登天的。"因此，人们就必须建造出体积更大的舰船才行；不过，除非将鱼雷巡洋舰的船体加大到某种程度，使之完全能够配备其他武器装备，而不仅仅只是鱼雷，否则的话，在恶劣天气中速度降低这个因素就会依然存在。与火攻船一样，小型鱼雷巡洋舰也会拖累所属舰队的速度，也会让舰队的战术机动变得复杂起来。[1]我们知道，采用炮弹或燃烧弹发射的技术，加速了火攻船的绝迹；所以对于深海作战来说，将鱼雷艇变成一种更大型的舰船会终结单纯的鱼雷巡洋舰，这也不是不可能的。晚至美国内战时期，火攻船一直都被继续用于攻击停泊着的舰队；而鱼雷艇在距其不远的范围内，也总是能发挥出威力。

　　前述摘录中提及了200年前海军实践的第三个阶段，它涉及现代论述中很常见的一种观念，即群组编队。人们曾经在一段时间里，接受了"将火攻船与军舰联合起来形成数个战斗群、每个群都配备全部攻防武器的观念"；因为我们得知，后来这种观念被人们舍弃了。但在如今的英国，人们却大多支持将舰队中的舰船编组成2、3或4个舰群，并专门让这些舰群一起作战的做法；在法国则不然，很多人都强烈地反对这样做。此种情况，由于双方提倡得都很巧妙，所以是不可能通过一个人的意见就能解决得了的，也只有当时间和经验已经可靠地检验过了之后，这个问题才能尘埃落定。不过我们可以说，在一支井然有序的舰队里，有两种层次的指挥权，它们本身都是正常而且必要的，既不能废止，也不能无视；这就是整支舰队的指挥权，以及每艘舰船本身的指挥权。当一支舰队过于庞大，一个人指挥不了的时候，这支舰队就得再进行拆分，而在激烈的战斗中，这支舰队实际上就变成了两支协同作战以达到同一目标的舰队了；正因为如此，纳尔逊在特拉法尔加海战中才下了一道庄严的命令，说："在我的作战意图传达给他之后，副司令"（注意"之后"这个词的实质，它有效地保护了总司令和副司令各自的职权）"对其所率部队具有完全的指挥权，可以对敌发动攻击，可以继续追击，直至俘虏或摧毁敌军。"

如今铁甲舰船的大小和造价，使得舰队的数量不太可能多到需要再进行拆分的程度了；不过，无论舰队是多是少，都不会影响到对群组编队问题的决策。只要看一看这种理论中的基本原则，不去考虑前面提到的、从战术角度来看特定编队并不灵活的方面，那么这个问题就成了：在海军司令的正常指挥权和各个舰长的正常指挥权之间，应不应该增加第三种人工机制，使之一方面能够部分地代行最高指挥权，另一方面又能部分地约束各舰指挥官的自由裁量权呢？而进行支援时尤其应当倚赖特殊舰船的这种狭隘原则，又带来了另一个难题，那就是：在无法再看见信号的时候，一名舰长对于自己所率舰船的职责，以及对于整支舰队所负的职责，会因他执行对特殊舰船所负的某些职责而变得复杂起来；这些特殊舰船，必须能够及时让他想起、并且让他觉得必须极其重视才行。群组编队阵法在过去有幸得到了实验，但还未经过实践检验就销声匿迹了；这种阵法是否会以其复兴之后的形式继续存在下去，时间会给出答案的。在放弃这个话题之前，我们可以这么说，作为一种航行次序，松散的群组编队相当于陆军在行军时的便步行军，还是具有某些优势的；因为这样既可以保持某种次序，又无需严格、准确地坚守自己的位置——夜以继日地保持好自己的位置，对舰长和驾驶人员来说，都必定是一种极大的压力。然而，只有一支舰队达到了高超的战术精度之后，才能允许它保持此种航行秩序。

再回到火攻船和鱼雷艇的问题上来。人们常说，后者的作用从双方舰队的混战中可以看出来，因为这种混战，往往会在两支舰队当中猛然地撕开数个缺口。而在战火纷飞、乱成一团的这个时刻，鱼雷艇的机会便来了。这种说法听起来自然貌似很有道理，并且鱼雷艇自然也有着火攻船所不具备的机动能力。然而，两支舰队的混战，并非最有利于火攻船的条件。在此，我将引述另一位法国将领的话，他在前不久的一份杂志上论述了英、荷两国之间的那些海战。他说：

"1652年战争期间的多次混战当中，火攻船都没有直接参战，或者参战次数几近于零；而分舰队机动中刚刚实现的整齐划一，却似乎并未妨碍火攻船的直接作战，反而是对其有利的。在加来海峡的洛斯托夫特海战以及北福兰海战中，火攻船都发挥了极其重要的作用。多亏了那些战列舰保持着良好的秩序，这些火攻船事实上才能得到火炮更好的掩护，才能比以前得到更加有效的指挥，从而实现其明确而坚定的目的。"

在1652年的这场混战当中，火攻船却"可以说是单独作战，随机地寻找敌舰来进行攻击，冒着犯下错误的危险，毫无掩护地暴露在敌舰炮火之下，被敌舰击沉或者烧毁几成定局。如今，在1665年，一切却都迥然不同了。火攻船的目标，已经明确地指出来了；火攻船知道自己的目标是哪艘敌舰，可以轻而易举地尾随目标，进入它在敌方阵线相对固定的战位。另一方面，火攻船这一方的舰船，都不会看不到它。它们会尽量地伴随在其左右，用自己的火炮掩护它，直到它到达自己的目标位置，并且一旦认识到火攻无果，就会在它遭到攻击和着火之前，让它撤出战斗。显然，在这些条件之下，火攻船的行动虽说一向都没有什么把握（不可能有别的指望），却获得了更多成功的机会。"这些颇具启发性的话语，或许还需恰当地补充一点，那就是当敌舰乱成一团而己方秩序井然的时候，也是开始绝地反击的最佳时机。接下来，作者继续探索火攻船销声匿迹的原因：

"在此我们看到，火攻船的重要性达到了顶峰。这种重要性是会下降的，而在下述情况下，火攻船本身就不会再出海参战，从而退出历史舞台了：待海军的火炮更加完善，使得火炮射程更远、射击更精确、速度更快了之后[2]；当外形更加完美、更易操纵、具有更多更平稳动力的那些帆船因为速度更快、机动性更好，因而应当差不多有十足把握避开敌方火攻船的时候；最后，当舰船由一种战术的基本原则所引领，既灵巧又谨慎，而这种战术在100年后的整个美国独立战争期间都大行其道，当这些舰队为了不危及到其战斗序列那种完美的整齐划一而避免扎成一堆，并让大炮独自来决定战斗结局的时候。"

在这段论述中，作者考虑到了一个主要的特点；这个主要特点，在协助火攻船实施作战行动的同时，也让1665年的这场战争在海军战术史上具有了独特的重要性。在这场战争中，我们首次看到了迎风展开的战线，这种阵法无疑就是舰队所采用的作战序列。很显然，当舰队的舰船数量达到80艘至100艘之后——当时的舰队规模常常如此——这样的战线，从舰船队列和间隔这两个要点来看，编队都是极不完善的；不过，无论在实施过程中有着什么样的缺陷，其总体目标都是很明确的。开发出这种战阵的功劳，人们通常都认为应当归于詹姆士二世之后的约克公爵；不过，这种进步应当归因于何人，对如今的海军将领来说，跟拥有侧舷排炮的大型帆船问世之后过了很久，人们才开始系统地采用最能发挥出整个舰队威力、以便相互支援的战斗序列这一问题相比，根本就不重要了。由于掌握了这个问题的基本要素，又有最终实现的结果，所以对于我们而言，这一结果似乎就相当简单，差不多是不言而喻的了。那么，为什么当时那些能人花了那么久的时间，才得出了这一结果呢？个中原因——其中也含有如今的海军将领可以汲取的教训——与使得此时的作战序列如此没有把握的原因，无疑是相同的；也就是说，在荷兰人最终遭遇英国人、两者在海洋上棋逢对手之前，战争的必要性都并没有迫使人们下定决心。导致出现作战队形的那种理念脉络，既清晰，又合乎逻辑。尽管水兵都相当熟悉这一点，但此处我们还是要用上面那位作者的话加以说明，因为这位作者的阐述，具有一种纯属法国式的简洁性与准确性：

"随着军舰作战力量的提升，随着军舰进行航海与作战的能力日趋完善起来，人们利用军舰来作战的技术也有了同样的进步……由于海军的战术机动变得越来越巧妙，所以海军的重要性也日益增加了。为了实施这些战术机动，海军就必须拥有一个基地，使得它可以从此处出发，之后再返回此处。一支军事舰队，必须时刻准备着遭遇敌人；因此，从逻辑上来看，进行海军战术机动的这种舰队的出发之地，就必定是战斗编队。如今，自从桨帆船消失之后，几乎所有的火炮都是安放在战舰的两侧。因此，必须并且一向都是将船体一侧转向敌人。另一方面，敌舰必须时时能够看到，决不能被友舰所遮挡才行。只有一种编队，能够让同一支舰队的所有舰船都充分地满足这些条件。此种编队，就是纵列排阵（即排成纵队）。因此，这种纵队就不得不成了唯一的战斗序列，并因此而成为了所有舰队战术的基础。要想让这种战斗序列、让这种窄长的纵列炮阵不至于在某个薄弱之处受损或断裂，那么我们同时必须确保，舰队中所有船只的兵力就算不是完全相等，至少其两侧的兵力要同样强大才行。因此，合乎逻辑的结论就是，一旦纵列排阵最终变成了战斗序列，那么就已表明了'纵列当中'那些船只——它们注定要编入其中——与派作其他用场的轻型舰船之间的差异。"

倘若在这些原因之外，再加上那些使得把迎风展开的队形当成战斗队列的理由，那我们就算充分弄懂这个问题了。不过，此种推理过程在250年前和现在一样清晰，当时的人怎么花了那么久才弄明白呢？毫无疑问，原因部分在于，以前的种种传统——在那个时代，就是用桨帆船作战的传统——禁锢并搅混了人们的思维；而主要原因，则是人们太过懒惰，以至于无法找出当时形势的基本事实，并且无法以这些事实为基础，往上形成正确的作战理论。法国海军司令拉布鲁斯在1840年写下的话语，是一个不可多得的、敏锐地认识到形势发生了根本变化并且预计到了结果的例子，故极具启发意义。"由于有了蒸汽动力，"他写道，"舰船便能以很快的速度向各个方向移动；因此，人们可能、事实上也必然会像以前那样，用碰撞来取代抛射武器，并且打消掉进行巧妙机动的念头。撞角既有利于提高速度，同时又不会毁掉一艘船的航海功用。一旦某个大国采用了这种可怕的武器，其他国家便只能接受这种做法，忍受技不如人之痛了；这样一来，海战便会变成撞角对撞角的战斗。"尽管容忍毫无限制地使用法国海军所发明的撞角，把撞角当作当时最厉害的武器，但我们不妨把上面这段简短的论述，当成是对未来的战斗序列进行研究时应当加以解决的方式的一个例子。一位法国作家在评论拉布鲁斯的文章时称：

　　"从1638年建造'皇冠'号之日起，到1665年这短短的27年，并不足以让我们的先辈从适用于桨帆船的战术横阵过渡到战术纵阵。我们自己都花了29年，从第一艘汽轮进入我国海军服役的1830年始，到通过建造'索尔费里诺'号和'马真塔'号而确定应用撞角战术的1859年，才在相反的方向实现了一次彻底的变革；因此，真理确实是不会轻易地被人们理解的……这种转变之所以并不是突然之间发生的，原因不但在于新的舰船需要时间才能建造和装备起来，而且说来可悲，最主要的原因还是这种新的驱动力所能带来的必然结果并未引起大多数的人注意。"

　　现在，我们再来看一看1666年6月那场名不虚传的"四日海战"；我们对于此战之所以需要特别注意，原因不仅在于双方投入作战的舰船数量众多，也不仅仅在于参战官兵具有非凡的耐力，使得一场白热化的海战持续进行了这么多天，还在于参战双方的海军总司令——蒙克和德·鲁伊特——都是两国在17世纪分别培养出来的最杰出的水兵，或者更准确一点来说，都是最杰出的海上指挥官。在英国海军史册上，蒙克的地位可能稍逊于布雷克；但世人却公认，德·鲁伊特不但是当时荷兰海军中最重要的人物，也是那个时代所有海军将领中的佼佼者。下面将要说明的内容，主要选自近一期《海洋和殖民杂志》中所发表的一封信件；这是一位曾在德·鲁伊特座舰上当志愿兵的荷兰绅士写给一位法国朋友的信，最近才被发现。此信赏心悦目，叙述清晰、可信——在记载很久以前那些战斗的史料中，通常是看不到如此上乘的材料的；而我们在《基申伯

蒙克（George Monk，1608～1670）。英国内战时期在爱尔兰和苏格兰作战的国会派将领、苏格兰总督，亦为第一次英荷战争和第二次英荷战争时英军的舰队司令。他是促成查理二世王政复辟的关键人物。

德·鲁伊特（Michiel de Ruyter，1607～1676）。荷兰历史上最著名的海军司令之一，以其在英荷战争中的表现而闻名。他率军多次同英、法两国海军交战并获胜，还在1667年突袭麦德威一役中重挫英国，从而结束了第二次英荷战争。后在1676年死于海战。

爵回忆录》中看到的内容，也证实了前者所述的主要细节，从而大大增加了此信的可信度——基申伯爵当时也是该舰队中的一名志愿兵，在他所属的那艘军舰被一艘火攻船摧毁之后，他被派到了德·鲁伊特的船上。遗憾的是，这两份材料中都使用了一些共同的说法，从而有损于这种额外的快感；将它们进行比较之后，结果表明我们不能认为这两份材料是彼此独立的。然而，二者还是存在着一些内在的不同点，使得这两种记述有可能是由不同的目击者记录下来的；可能是他们对各自的说法进行了比较和订正之后，才邮寄给朋友或者写在日记上的。

两支舰队的舰船数量分别是：英国大约有80艘，荷兰大约有100艘；不过，英国的许多舰船船体都比较大，在很大程度上弥补了兵力不平等所带来的劣势。战斗马上就要打响的时候，伦敦的英国政府却犯下了一个重大的战略错误。英王得知，一支小型的法国舰队正从大西洋上赶来，准备加入荷兰一方作战。他马上将舰队一分为二，由鲁珀特王子率20艘舰船向西迎击法军，余下的军舰则由蒙克统率，向东进击荷兰海军。

英国舰队当时有可能受到两面夹击，这种局面会对指挥官产生一种最为微妙的诱惑。像英王查理二世所做的那样，将自己的兵力一分为二来应对两方之敌，这种冲动往往是很强烈的；不过，除非自己拥有压倒性的优势兵力，否则这种做法就是错误的，会让两支兵力分别被敌人打败，正如我们将要看到的那样，在此战中确实出现了这样的结果。最初两天的战斗，给蒙克所率的那支兵力较强的舰队带来了灾难性的后果，所以他不得不撤向鲁珀特王子所率舰队；很有可能，是后者适时回师，才使得英军舰队免遭重大损失，或者说，至少让敌人没有将英国舰队堵在自己的港口里。140年后，在特拉法尔加海战爆发之前的比斯开湾海战这场激动人心的战略豪赌中，英国海军司令康华里又犯了与此一模一样的错误，将所率舰队分成了兵力对等的两支舰队，使它们之间相距遥远，无法彼此支援；当时，拿破仑把康华里的做法归结为一种显而易见的愚蠢。所以，这种教训世世代代都是相同的。

荷兰人本已借着顺向的东风，驶向了英国海岸，但后来风向却转为西南，天色阴暗下来，风力也增强了；于是，德·鲁伊特为了不让舰队被风吹得太远，就在敦刻尔克和唐斯锚地之间泊了锚。接着，荷兰舰队便头朝西南泊在海面上，右翼为先锋；而按照正常顺序指挥着后卫舰队的特龙普一部，则位于左翼。由于某种原因，这支左翼舰队大部分都处于上风向，鲁伊特所率的中央舰队则处于下风向，而右翼或者说前锋舰队又处在中央舰队的下风向。这就是荷兰舰队在1666年6月11日白天的阵势；尽管没有明确说出来，但从史料记载的大意来看，当时荷兰舰队的秩序可能保持得并不好。

　　这天上午，同样处于泊锚状态的蒙克，看出了荷兰舰队处于下风向；尽管兵力数量远不如敌军，但他还是决定立即发起攻击，希望通过保持风向优势，自己能够尽力一搏，取得迄今为止的最佳战绩。因此，他沿着荷兰舰队阵线，右舷抢风摆阵，将右翼和中央舰队置于大炮射程之外，直至他横过来与左翼的特龙普舰队并排。当时，蒙克能够完全掌控的战舰有35艘；不过，其后翼却已散开，掉了队——纵列过长时，是经常会出现这种情况的。接下来，他便率领这35艘战舰，迎风满舵，朝特龙普舰队冲去——此时，特龙普的舰队已经砍断缆绳，沿同一方向张帆起航了；这样一来，交战的这两支舰队便都是朝着法国海岸，而海风则是侧着刮，使得英国人无法使用下层甲板上的火炮。荷兰人的后翼也脱离了中央舰队，虽说也随之进行了机动，但因处于下风位置如此遥远的地方，一时半会儿根本就无法投入战斗。就是在这段时间里，一艘大型的荷兰军舰因为脱离了自己所属的舰队而被敌军点着了火，烧了起来；这艘战舰，无疑就是基申伯爵服役的那条船。

　　随着向敦刻尔克靠近，英国舰队散了开来，很可能全都散开了；因为在向北和向西返回的途中，英军原本的前锋舰队遇上了鲁伊特亲自指挥的荷兰中央舰队，并遭到了后者的痛击。这种噩运，本来是更有可能由后翼来承受的；它还表明，同时机动让整个舰队的摆阵顺序调转过来了；因此，参战舰船自然被落在了下风位置，从而使得鲁伊特能够追上它们。两艘英军旗舰在此失去了作战能力，遭到了重创；另一艘叫"敏捷"号的军舰，则在其年仅27岁的舰长牺牲之后，降下旗帜投降了。"值得高度赞赏的，"一位当代史学家曾如此说道，"是海军中将伯克利的殊死决心；尽管他脱离了舰队纵列，为敌舰所包围，无数手下都已牺牲，他的舰船动弹不得，敌人也从两侧纷纷登船，可他却继续孤身奋战，亲手杀死了数名敌人，并且拒绝投降；直到最后，他的咽喉被一颗子弹击中，他才退回船长室——后来，人们发现他死在船长室里，躺在一张桌子上，全身上下都被自己的鲜血染红了。"尽管这样做极具英雄气概，但结局更为幸运的，却是同样被拦截的另一位英军舰长；这位舰长的作战经历，虽说没有什么特别的启发意义，却值得我们引述，来生动地描述当时的场景——这些场景，在那个时代的激烈战斗中很快就被人们忘记了——也能给枯燥无味的战斗叙述过程，增添一丝丝情调。

　　"由于很快就完全失去了作战能力，所以敌军的一艘火攻船用锚钩住了它的右舷后部；然而，在该船副将那几乎令人难以置信的努力下，它竟然摆脱了——这位副将在火海中解开了敌舰的多爪锚，然后又毫发无损地回到了自己的船上。荷兰人一心想要置这艘运气不好的军舰于死地，便再次掷锚，钩住了它的左舷，并且比上一次钩得要牢固得多；船帆马上就着火了，船上的官兵都惊恐万分，其中差不多有50人跳下了海。舰长约翰·哈曼勋爵看到了这种混乱情况，便拔出剑来，跑到留在船上的人中间，威胁说谁敢带头弃船，谁敢不尽力灭火，便立即处死。这样一来，船员们便纷纷回到自己的岗位上，控制住了火势；但是，由于船上的缆索已经烧了好久，所以一根上桅横桁掉了下来，把约翰勋爵的一条腿砸断了。在危险变得越来越严重的过程中，敌军的第三艘火攻船又准备钩住这艘船，不过还没等它钩住，就被炮火击沉了。此时，荷兰的海军中将埃弗顿率军逼近，提出让该船投降；可约翰勋爵回答道：'不，不，还没有到那一步，'然后就舷炮齐射，结果了这位荷兰指挥官，于是别的敌舰便纷纷转向逃走了。"

因此，我们一直关注的这种记述称，英国损失了两艘旗舰，其中有一艘是被火攻船烧毁的，这一说法就是合情合理的了。"英军的主舰继续左舷抢风航行，并且，"这位作者又说，"随着夜幕降临，我们看到，它自豪地带领着纵列舰队驶过了北荷兰和西兰两支小型舰队（实际上是后卫舰队，而原本应是前锋），这两支小型舰队由于都处在下风位置，所以从当天中午直到此时，一直都未能赶上敌人。"作为一种大战术，蒙克冒险进攻的意义是很明显的，并且与纳尔逊在尼罗河河口之战中采取的战术极为相似。他敏锐地捕捉到了荷兰战阵的弱点，然后如此这般地对一支兵力大大优于己方的敌军发起攻击，使得敌军中只有一部分能够参与作战；尽管英军的实际损失比敌方更为严重，但他们却获得了辉煌的声誉，从而必定在荷兰人心中留下了沉重的沮丧和怨恨之情。这位目击者继续描述道："战事持续到了晚上10点钟，此时双方混战在一起，敌我难分，既有可能受到敌方的攻击，也有可能受到己方的攻击。有人会说，我方白天的胜利和英军的不幸，源于英国舰队过于分散，阵线拉得过长；倘若不是这样的话，我们绝不可能像此战中已经做到的那样，抄近路赶上它们。蒙克的失误，在于没有让所率舰船更好地抱成一团，"也就是说，让它们靠得更拢。这种说法是很公正的，但对蒙克的批评却是不公正的；如此之长的一列帆船，纵列中间出现缺口是在所难免的，而这也是蒙克主动出击时抓住的机会之一。

英军左舷抢风，迎着西风或西北风在岸边泊锚，第二天又返回继续战斗。此时，荷兰舰队已经排成正常序列左舷抢风、右翼领头，并且占了上风；而敌军则由于抢风航行能力较强、纪律也较严明，所以很快便夺得了风向上的优势。此日，英军投入了44艘舰船作战，荷兰则投入了大约80艘；正如前面已经说过的那样，许多英国舰船的船体都比较大。两支舰队相互对舷驶过，英军向风；但位于后翼的特龙普看到荷兰舰队的战阵摆得不成样子，其中的舰船排成了两、三列，互有重叠，从而挡住了彼此的火力，便指挥后翼舰队散开来，夺得了敌军前锋的上风；他之所以能够这样做，是因为舰队纵列拉得很长，还因为与荷兰舰阵平行的英军舰队是顺风航行。"就在此时，荷兰前锋舰队的两位海军将领拉开了彼此之间的距离，将自己的后卫暴露在英军面前。鲁伊特大吃一惊，试图阻止他们，却徒劳无用，所以觉得必须进行与之相同的机动，才能让他所率的舰队靠拢；不过，他在机动时保持了一定的秩序，让一些船只围在自己四周，之后，前锋舰队中便有一艘厌恶其顶头上司做法的军舰，加入了鲁伊特所率舰队。这样一来，特龙普便陷入了极大的危险之中，被英国人将他与他所率的舰队隔开来了（当然，首先是被他自己的行动，然后才是被前锋舰队的做法隔离开来的）；要不是鲁伊特看到形势紧急，迎风驶来支援，他就会被英军消灭了，"这样一来，前锋和中央舰队为了支援后翼而抢风回撤，加入了战斗。这让英军没法继续进攻特龙普了，否则就会被鲁伊特抢占上风；他们因为兵力大大不如对方，所以不能放弃上风。特龙普和先头部队中那几位下级将领的行为，虽说都表现出了不同程度的战斗精神，但都显示出荷兰的所有将领整体上缺乏服从命令的精神和军人的职业素质；而当时的英军，却并未出现此种迹象。

鲁伊特极其敏锐地感受到了其副将们的行为所暴露出来的问题，当"特龙普在这次局部行动之后，随即登上了他的旗舰。水兵们都向特龙普欢呼；可鲁伊特却说：'现在可不是庆功的时候，而应当是悲痛的时候。'事实上，我们这一方的形势很不利，每支分舰队都是自行作战，毫无阵法可言，所有舰船都像羊群一样挤成一团，密得英军用40艘军舰就可以将他们完全包围起来。英军的秩序虽然极为井然，但不知何故，却没有充分利用这一优势。"至于其中的原因，无疑与经常阻碍帆船利用某种优势的原因是相同的——因为桅桁和索具受损而动弹不得，再说英军兵力太少，也不适于冒着风险果断行动。

这样一来，尽管不断受到英军的猛击，鲁伊特还是让其舰队重整了队形、排成了阵势；敌我两支舰队便再一次相向对舷而行，荷军处于下风位置，纵列末端便是鲁伊特的座舰。在经过英国舰队后翼的时候，他的座舰损失了主桅和主帆。一场局部交战过后，英军向西北方向的英国海岸避去，荷军则尾随追击；风向虽说仍是西南风，但风力却变小了。英军此时简直就是在撤退，而荷兰海军则追击了一整夜；鲁伊特的座舰因为受损严重而远远地落到了舰队后面，看都看不到了。

第三天，蒙克继续向西撤退。据英国史料记载，他焚毁了3艘失去了作战能力的舰船，提前遣走了那些受损极为严重的军舰，自己则率领那些虽说状况不同、却仍能作战的舰船断后；又据英国史料称，前者为28艘，后者为16艘。

装备了90门火炮、属于英国舰队中船体最大、装备最精良军舰之一的"皇家王子"号，在戈勒普滩搁了浅，被特龙普俘虏了；但蒙克的撤退组织得相当稳当、相当有序，所以在其他方面并没有出现什么麻烦。这表明，荷兰军队的实力已经受损严重。傍晚时分，鲁珀特王子的舰队出现了；除了那些在战斗中受损的，英军舰队的所有舰船终于集结起来了。

接下来的第二天，海上又刮起了强劲的西南风，使得荷兰人占领了上风位置。英军此次并没有试图与敌军相向对舷航行，而是凭借其军舰的速度和灵巧，倒着驶向敌军。这样一来，参战船只全都是左舷抢风的那一纵列，英军则处于逆风位置。荷军火攻船的指挥非常糟糕，丝毫没有损伤英舰，而英军却烧毁了两艘敌舰。两支舰队就这样继续交火，轮流用舷炮猛攻对方，鏖战了两个小时，最后，英军舰队的大部分军舰都穿过了荷军的阵线。（3）此后，双方队形便都如一盘散沙了。"此时，"那位目击者说，"整个战场的景象令人称奇，因为无论是英军一方还是我方，所有军舰都是单独作战。但幸运的是，我方围在海军司令四周的那最大一部分舰船仍然是顺风，而同样追随其司令的英军最大一部分舰队则仍然处于逆风位置。这就是我方获胜而英军惨败的原因。我方海军司令率领着自己手下以及其他分舰队的35或40艘军舰，因为这些分舰队当时都七零八落，毫无队形可言。其余的荷兰舰船，则都不在他身边。前锋舰队的指挥官是范·内斯，他领着14艘舰船追击3或4艘英国军舰去了，这几艘英国军舰在满帆状态下，夺得了荷兰前锋舰队的上风位置。范·特龙普所率后翼分队则落入了下风，所以不得不一直跟在范·内斯后面（处于鲁伊特与英军主力的下风向），以便绕过英军的中央主力，重新与海军司令汇合。"德·鲁伊特与英军主力舰队进行了激烈的交锋，并且始终都是顺风攻击。特龙普率舰张起船帆，反超了范·内斯，然后再率领前锋舰队折回来；但由于之前一直都在折向英军主力的上风面，此时他已处于英军主力的下风向，所以无法再与处于上风向的鲁伊特汇合了。鲁伊特见此情景，便向周围的舰船发出信号，荷兰主力舰队便趁着当时风大，转成了顺风。"这样，一眨眼的工夫，我们就陷入了英军的包围之中；由于受到两面夹击，英军惊慌失措，眼睁睁地看着他们的整个阵形被战斗、被当时刮得正猛的大风打得七零八落。这是战斗最为激烈的时刻。我们看到，英军主帅的座舰落了单，脱离了他所率的舰队，只有一艘火攻船跟着。接着，他抢占了上风位置，穿过了北荷兰舰队，再次回到了向他集结过来的那15或20艘舰船的前头。"

这场伟大的海战就此结束了；从此战的某些方面来看，它也是有史以来在海上进行的最非凡的一场战斗。由于各种记载相互冲突，所以我们只能大致估计一下此战的结果。有一份相当公正的记载，称："此战中，荷兰共和国折损了3名海军中将、2000名水兵和4艘战舰。英军的损失是，5000名水兵丧生、3000人被俘；此外，他们还损失了17艘军舰，其中有9艘是被胜利的荷兰一方俘虏了。"毫无疑问，英军的损失最为惨重；而出现这种惨败，无疑完全是由于最初的失误，不该将大量舰船派往另一个方向，以致削弱了整支舰队的力量。在有的时候，虽说是祸，也不得不派遣大型分队；但在此战中，却并不是非得如此。就算法国海军会前来支援，英国海军的正确做法，也应当是趁其盟军未到，而集中整支舰队的力量，给荷军以重击。这个教训，对于如今来说，跟过去一样适用。第二个教训，同样也适用于现在；这就是，必须建立起各种健全的军事制度，来向官兵灌输正确的军人情感、职业自豪感和纪律。英国人最初犯下的错误如此巨大，遭受的损失如此惨重，倘若不是蒙克的下属们斗志昂扬、技巧娴熟地执行他所制定的计划，倘若不是荷兰军队中鲁伊特的手下没有同样地支持他的话，那么，对于英军来说，后果无疑会严重得多。在英军进行机动的过程中，我们没有听说过有两位下属在关键时刻掉头逃跑的事情，也没听说过还有下属按捺不住、鲁莽地跑到敌方舰队另一侧这样的事情。他们的训练有素、他们的精密战术，在那时就已引起世人的注意了。法国的基申伯爵在目睹了这次"四日海战"之后，如此写道：

"英军在海战中的阵法之美，简直无与伦比。从来没有哪个纵队，有英国舰船所组成的纵列那样笔直；所以，他们能将所有的火炮都对准那些靠近的敌舰……他们就像是一列完全按照规则行动的铁骑，唯一的目标便是击退那些来犯之敌；而荷兰舰队在进军时，却像是一队争先恐后地离开队伍、并且各自单打独斗的散兵游勇。"

荷兰政府反对军费支出，没有尚武风气，并且长久以来因西班牙海军的衰落而轻易获得了多次胜利，所以任由该国的舰队堕落成为了一支仅仅是由武装商人所组成的乌合之众。在克伦威尔执政时期，该国海军形势达到了最严峻的地步。汲取了此次海战的教训之后，荷兰共和国虽说在一位明君的治下实施了许多改善之举，但还是没有取得全面的效果。

"在1666年，就像在1653年一样，"一位法国海军历史学家说，"战争的好运似乎一直都偏向于英国这一方。在两国所进行的3次大型海战中，英国获得了两次决定性的胜利；而第三次虽说是荷兰战胜，但结果也只是增加了英国海军的荣耀。这应归功于蒙克和鲁珀特的胆大心细、部分将领和舰长的才能以及他们手下海员和官兵的本领。荷兰共和国政府明智而坚定的努力，以及鲁伊特在经验和才能上都不可否认地拥有胜过所有敌手的优势，都无法弥补荷兰海军中部分将领的软弱或无能，也无法弥补他们的手下明显技不如人的劣势。"

正如之前所述，英国此时仍然留有克伦威尔铁腕治军、制度严明的痕迹；

不过，这种影响正在日益弱化下去。第二次英荷战争爆发前，蒙克去世了，由皇室出身的鲁珀特很不恰当地代替了他的职位。宫廷的奢侈浪费，跟荷兰人的节俭一样，使得海军装备被削减了，而宫廷的腐败也像商人的漠不关心一样，使得海军丧失了纪律。6年之后，当两国舰队再度仇人相见的时候，这种影响就变得很明显了。

　　当时，各国海军都有一个众所周知的特点，需要顺带说一说，因为人们一向或者说通常都看不到这种特点的意义和价值。各支舰队和各艘军舰，通常都是交由陆军官兵、交由不熟悉海洋的军人来指挥，他们对如何操纵船只一无所知，所以驾驶舰船的职责，又是由另一类军官来负责。仔细分析这些事实便可看出，这种做法使得作战指令与舰船机动指令之间明显地割裂开来了。这才是问题的实质；无论舰船以何种动力驱动，其基本原理都是一样的。此种制度既不方便又无效率，这在当时和如今都是显而易见的，所以这些事实的逻辑性便逐渐将这两种职能集中到了一类官兵身上，结果便成了人们通常都理解的现代"海军将领"。（4）可惜的是，在这种融合的过程中，人们却让一些重要性较低的职能占据了优势；于是，海军将领便开始对自己能够灵巧驾驭舰船的能力更感自豪，而不是以自己能够提升舰船的军事效率为傲了。这种对兵法不感兴趣的恶果，在上升到操纵舰队的高度——因为军事技巧在这方面的内容最多，而过去也最

麦考利（Thomas Babington Macaulay，1800～1859）。英国政治家、历史学家，曾担任英国战争大臣一职，著有《论英国历史》等论著，获封麦考利男爵一世。

需要对这方面进行研究——之后，便变得极为明显了；不过，在单艘舰船的操纵上也是看得到此种恶果的。所以，尤其是在英国海军中，就出现了海员比军人更加自豪的现象。英国的海军将领考虑得更多的，是那种让他们更像是商船船长的方面，而不是那些让他们更像一个军人的方面。在法国海军中，这种恶果没有那么普遍，很可能是因为法国政府，尤其是专门担任军官职务的贵族阶层，更具尚武精神所致。那些交往的全都是军人、所有朋友都把军职视为绅士唯一之终生职业的人，对于船帆、索具的考虑，是不可能超过他们对于枪炮或者舰队的关注的。而英国的军官阶层，出身却并不一样。情况比麦考利在他的

一句名言中所说的更加复杂："查理二世治下之海军中，既有水兵也有绅士；但水兵并非绅士，绅士亦非水兵。"问题并非是海军中有还是没有这样的绅士，而是在当时的环境下，绅士是整个社会中杰出的军事中坚这一事实；英荷战争之后，普通水兵便带着那种不同于淳朴勇猛的军人风气和精神，逐渐开始将绅士挤出了军队。甚至是"威廉三世时的海军司令赫伯特和拉塞尔这样的名门子弟，"霍克勋爵的传记作者说，"实际上也都出身于普通水兵，而他们也只有采取吃苦耐劳的水兵那种粗暴的方式，才能坚持下去。"让法国人作为水兵低人一等的这种相同的民族性格，却让英国水兵变成了优秀的军人；不是在英勇方面，而是在本领方面。直到今天，仍然存在着这种相同的趋势；在拉丁国家的海军中，人们对于舰船机动能力的指挥并不如对其作战能力那么关注。法国人性格中勤奋好学和有条有理的一面，往往也使得法国的将领在并非不务正业的时候，去用合乎逻辑的方式思考和阐述战术上的一些问题，以便让自己做好准备，让自己并非仅仅像一个普通水兵，而是像一个真正的军人那样来指挥舰队。美国革命战争的结果表明，尽管有一段被政府忽视的可叹历史，但起初便是军人的那些人，虽然机遇方面跟普通水兵在敌人面前一样低人一等，在战术技能方面却要高他们一筹，并且实际上在指挥舰队时也比他们更优秀。前面我们已经指出了那种错误的理论，它使得法国舰队不是去粉碎敌军，而是去实现某种间接目标；但这并不会影响到军人在战术技能方面比普通水兵优秀的事实，只不过他们的战术技能，是被用于去实现错误的战略目标罢了。荷兰所募海军官兵的主要来源，并不是必然存在的；因为，尽管一位英国海军历史学者在1666年称，荷兰舰队中的绝大部分舰长都是富裕的市镇官员之子，让他们服役是出于共和执政时期的种种政治原因，所以他们都毫无经验可言，但当时法国最卓越的海军司令杜肯在1676年评价荷兰舰长们的严谨与能力时，却对他们大加赞扬，而很瞧不起法国的舰长。从多种迹象来看，原因可能是：这些舰长通常都是商船上的海员，并没有什么原始的尚武精神；但国家和民众的狂热使得他们对玩忽职守者的惩处极为严厉，似乎迫使这些并不缺乏最大之个人勇气的将领，使之具有了军人的忠诚与服从命令所必需的素质。他们在1672年的记录，已与1666年的情况大为不同了。

在最终结束讨论"四日海战"之前，我们不妨再来引述一下另一位史学家所下的结论：

"这场血腥的'四日海战'或者'加来海峡之战'就是这样，它是现代最令人难以忘怀的一场海战；事实上，它之所以值得纪念，并不是因为此战的结局，而是因为此战不同阶段的形势，是因为双方参战人员交火时的猛烈，是因为战争领袖们的胆识与本领，也是因为它给海战赋予了新的特征。跟其他任何一场海战相比，此战都更加清晰地标志着我们从以前的作战方式发展到17世纪末期的战术作战这一过程。我们第一次可以像在一张平面图上进行描绘那样，看清交战双方实施的主要运动。荷兰海军与英国海军似乎都获得了一本战术教材和一整套旗语；或者说，起码也各有一套全面而准确的书面指令，来取代这一套旗语。我们认为，每位海军将领如今都可以完全指挥其手下的小型分舰队；即便是海军总司令，在战斗中也可以任意指挥舰队中不同的下属部门了。将此战与1652年发生的那一场场战斗相比，一个浅显的事实就会明明白白地呈现在您的面前：在此期间，海军战术已经发生了一场革命。

这些，就是让1665年海战不同于1652年战争的一些变化。在1665年这个时代，海军将领仍然认为顺风是所率舰队的一大优势；但从战术角度来看，顺风不再是舰队的第一要务，我们也可以说，它不再是舰队唯一的大事了。如今，一位海军将领首先是希望尽可能长久地让舰队保持良好而紧凑的阵形，以便在战斗中能够协同不同分舰队的机动。看看鲁伊特，在'四日海战'的最后，他克服了巨大的困难才抢占了英军舰队的上风位置，可为了让己方舰队被敌军分隔开来的那两个部分汇合到一处，他便毫不犹豫地牺牲了这一优势。在后来的北福兰海战中，荷兰各支分舰队间存在巨大的缺口，而后翼也一直在拉大它与中央舰队的距离，因此鲁伊特才会痛惜犯下了此种失误，将这种失误归结为自己战败的主要原因。他在自己的正式报告中正是这样痛惜的，甚至还指控特龙普（他是鲁伊特的仇人）叛国或临阵脱逃——这种指控并不公正，但它仍然表明，从那以后，把散开的船只重新集结成一支阵形完整、整齐划一的舰队，在战斗中就具有极其重要的意义了。"

这一评论指出了海军的总体目标和趋向，从这个方面来说还是很中肯的；不过，从中得出的结论，却并不全面。

尽管在"四日海战"中受到重创，但两个月后，英国海军却又出现在海上，让荷兰人惊愕不已；于是，8月4日，两军在北福兰海域又进行了一场激烈的海战，最终使得荷兰海军惨败，并退回了该国沿海地区。英军尾随追击，并且攻进了荷兰的一处港口，摧毁了一支庞大的商船队和一个比较重要的城镇。到了1666年末，双方都不想再战，因为战争极大地损害了两国的贸易、削弱了两国海军的实力，会让法国的海上实力趁机日益强大起来。两国开始议和；可查理二世因为对荷兰共和国不怀好意，确信路易十四日益想要攫取西属尼德兰的野心会打破现存的荷、法同盟，还倚仗着荷兰在海上遭受了重重失败，因而目空一切地提出了苛刻的要求。为了支撑并维护这种做法，他本来应当保持好英国舰队因为获胜而大大得以提升了的威望才是；可他却没有这样做，因为国内政策和宫廷奢侈浪费所导致的贫困，使得查理二世任由海军衰落下去了；大量舰船退了役；并且，他还欣然采纳了一种与其肯綮相应的意见——这种意见，由于在海军历史上的各个时期都有人提倡，所以在此我们应当加以注意和声讨才行。这种观点，蒙克曾经强烈反对过，那就是：

"由于荷兰人主要倚赖于贸易，由于荷兰海军的军需补给全都倚赖于贸易，并且由于经验业已表明，破坏其贸易最能激怒荷兰人，故国王陛下应当致力于此事；如此一来，既可有效地让荷兰人威风扫地，同时跟迄今为止每年夏季都必须装备如此强大之舰队的做法相比，也会降低英国实力的消耗……出于这些原因，英王做出了一项致命的决定，让大多数军舰退役，而只留下少量护卫舰进行巡逻。"

由于英国有着此种节俭战争的理论，所以前一年间曾力促测试了泰晤士河水深的荷兰省大议长德·威特，便派德·鲁伊特率领一支由60或70艘战列舰组成的舰队驶入了该河；1667年6月14日，这支舰队深入到了格雷夫森德，击毁了查塔姆和梅德威河中的船只，并且占领了希尔内斯港。从伦敦都可看到熊熊燃起的火光，而荷兰舰队直至月底都一直占领着泰晤士河河口。在这次紧跟着大瘟疫和伦敦大火而来、雪上加霜式的打击之下，查理二世同意并于1667年7月31日与荷兰签订了和约，史称《布雷达和约》。此次战争影响最为深远的结果，便是荷兰将纽约和新泽西割让给了英国，从而使得英国在北美洲南北两方的各个殖民地都连成了一片。

在沿着当时历史的总进程继续往下论述之前，我们不妨再来思考一下导致英国在1667年遭受如此惨败的那种理论；也就是说，维持海上战争主要是为了掠夺敌人商业贸易的理论。这种只是保持少量快速巡洋舰，认为民族的贪婪之心可

伦敦大火。1666年9月2日至5日伦敦发生的一场火灾，是英国历史上最严重的一次火灾，烧毁了许多建筑，其中包括著名的圣保罗大教堂。但此次大火，也结束了伦敦自1665以来的鼠疫疫情（即前文所称的"大瘟疫"）。

以支撑并配备私掠船，而无需直接损耗国家财力的办法，有着节俭经常能够表现出来的种种虚假的吸引力。不可否认，这种方法也给敌国的财力和繁荣带来了巨大的损害；并且从某种程度上来说，尽管敌国的商船在战争期间可以不光彩地悬挂他国旗帜来进行自保，但法国人所称的这种"游击战"——用我们自己的话来说，就是这种破坏贸易的行为——就算本身很成功，也必定会让别国政府感到极其难堪，并且会让该国民众感到担忧的。然而，这样的战争是不能单独进行的，用军事术语来说，就是必须得到支援才行；由于本身很脆弱、很短暂，所以是不可能远离大本营去作战的。这种大本营要么必须是本国海港，要么就必须是本国势力所及的某处牢固的前沿基地，无论是在岸上还是在海上，无论是一个遥远的属国，还是一支强大的舰队。倘若没有这样的支援，巡洋舰只能匆匆离开母港一点点远的距离，并且其打击力度虽说令人伤脑筋，但不可能是致命的。将荷兰商船封锁在港内，并让阿姆斯特丹的大街小巷长满杂草的，并不是1667年的这种政策，而是1652年克伦威尔那支强大的战列舰舰队。由于牢记着当时的遭遇，所以荷兰维持了大量的舰队，熬过了两次旷日持久的战争；尽管商业贸易损失巨大，但他们还是打起精神，承受住了英、法两国的联合攻击。40年后，路易十四因为无计可施，也不得不转向查理二世所采取过的那种政策，通过节俭来进行应对。那时，正是让·巴尔、福尔班、迪盖-特鲁安、杜·卡斯以及其他著名法国私掠者横行的时代。法国海军中的常规舰队，在伟大的"西班牙王位继承战"（1702～1712年）中，差不多都从海上撤了回来。那位法国海军史学家曾称：

"由于无力更新海军的武器装备，路易十四便增加了交通比较繁忙的海域，尤其是英吉利海峡和日耳曼海（我们会注意到，这两处海域都离法国本土不远）上巡洋舰的数量。在这些地方，巡洋舰往往能够拦截或者阻挠运送兵力的舰船，以及无数运送各种补给装备的护卫舰。在属于世界贸易和政治中心地带的这些海域，巡洋舰总是有事可做。尽管由于没有大型友舰伴随护卫，它们遇到过种种困难，但它们给（法国和西班牙）两国人民的事业都带来了好处。这些巡洋舰在面对英、荷这两个列强时，须有好的运气、胆大以及本领才行。我国的水兵并不缺少这三个条件；可在当时，他们的上司和舰长都是些什么人哪！"

而另一方面，英国的史学家尽管承认英国人民和英国贸易受到了这些巡洋舰的重创，还时不时苦涩地反思当时的行政情况，却一再提起国家整体上日益繁荣兴旺的情况，尤其是该国商业贸易日益繁荣起来的事实。相反，在上一次发生于1689至1697年间的战争中，当法国派出大量舰队与英国争夺海洋霸权的时候，结果是多么的截然不同啊！这位英国史学家在谈到那个时代的时候，如此说道：

"至于我国的商业贸易，可以确定的是，我们的损失非但要比法国大得多——因为我国的商船数量也多得多，所以这一点可想而知——而且也要比我们在以前任何一次战争中遭受的损失大得多……这在很大程度上源于法国人的警惕性，他们是用海盗的方式来进行战争的。毫无疑问，总的来说，我国的贸易业受创极其严重，因为我国的许多商家都破产了。"

对于这一时期，麦考利是这样说的："在1693年的数月间，英国与地中海地区的贸易几乎完全中断了。一艘从伦敦或阿姆斯特丹出发的商船，要是不加保护，是不可能逃过法国私掠者的登船洗劫，安全抵达海格力斯之柱[1]的；而用军舰进行护卫，也没法轻易做到。"为什么呢？因为英国海军的舰船都正忙于监视法国海军，而分散它们对付巡洋舰和私掠船的力量，正是贸易破坏战所必需的支援。一位法国历史学家在谈到同一时期（1696年）的英国时，说："金融形势糟糕透顶；资金紧缺，海损保险只有30%，《航海法案》几近废止，而英国商船也堕落到了必须悬挂瑞典和丹麦国旗才能航行的地步。"半个世纪过后，由于长期忽视了海军，法国政府便再一次被迫用巡洋舰来进行战争。结局呢？首先，那位法国历史学家称："自1756年6月至1760年6月，法国私掠者从英国手中俘虏了超过2500艘商船。在1761年，尽管法国可以说没有一条战舰在海上，尽管英国俘虏了我国240艘私掠船，但其他私掠船还是俘获了812艘商船。不过，"他接着说，"英国商船运输业的巨大增长，解释了他们能俘获如此之多战利品的原因。"换句话说，虽说被俘船只数不胜数，并且这种形势必定导致巨大的个人损失，引发民众广泛的不满情绪，但英国所遭受的这些损失，并未真正阻碍到该国以及整个社会的日益繁荣。那位英国史学家在谈到同一时期的时候，说："当法国贸易几乎完蛋的时候，英国的商船队却遍布了整个世界。该国的贸易，年年都在增长；战争所耗费的资金，因为该国的工业生产而赚了回来。英国商人总共拥有8000艘商船。"此外，在说明通过对外征服而将巨额金币掳入了这个王国的情况，随后总结战争所带来的结果时，他又称："英国的贸易逐年增长；而在进行一场旷日持久、血腥非凡而代价高昂的战争的同时，还能出现这样一种全国繁荣的景象，世界上其他任何一个民族都未曾有过。"另一方面，那位法国海军历史学家在谈到这些战争的早期阶段时，也称："英国的舰队所向无敌，在各个海域都通行无阻。我国的私掠船和单打

---

[1] Pillars of Hercules：海格力斯之柱，指直布罗陀。海格力斯是古希腊神话中宙斯与阿尔克墨涅所生之子，他力大无比，因完成天后赫拉所要求的12项任务而获得永生。这些任务中，有一项便是到西方牵回巨人革律翁的牛群；这是海格力斯往西出行最远的一次，其终点即是所称的"海格力斯之柱"。直布罗陀海峡两侧对峙的两座峭壁，被古人认为正是海格力斯此次西行的终点，故后人就用此名指代直布罗陀。

独斗的巡洋舰，由于没有舰队护航来压制层出不穷的敌军，所以并没有蹦跶多久。有20000名法国水手被俘，投入了英国的监狱。"但是，尽管在美国革命战争中，法国重新采取了柯尔贝尔的政策以及路易十四早期的政策，在海上保持了数量庞大的作战舰队，可后来的结果，却再一次跟图维尔所处的那个时代没什么两样。然而，《年鉴》[1]或是忘记了、或是并不知道1693年的情况，而只记得后来历次战争中的辉煌，却称："英国商船第一次不得不悬挂他国旗帜来自保了。"最后，在结束这一部分讨论的时候，我们可以这样说：法国拥有了马提尼克岛这样一个强大而遥远的属国，能够以此为基地来用巡洋舰作战了；而在"七年战争"中，以及后来的法兰西第一帝国期间，这儿和瓜达鲁佩则是无数私掠者的避难所。"英国海军部的记载中，提高了'七年战争'最初那几年中英国在西印度群岛的损失，称有1400艘商船被俘或被毁。"于是，英国舰队开始进击并攻陷了这两个岛；这给法国贸易所造成的损失，比法国巡洋舰给英国贸易所造成的损失更加巨大，还粉碎了法国整个巡航作战的体系；但在1778年战争中，因为有数量庞大的舰队防守着这两个岛，所以它们一直都没有受到威胁。

前面我们一直都在研究一种纯粹的巡航作战的效果，以及进行战争的主要资源；这种战争并不倚赖于强大的舰队，只是倚赖于此种战争理论上所针对的、敌国在某一具体方面的力量——即敌国的贸易和整体财力。证据似乎表明，即便是对于其自身的特定目标而言，此种战争模式也是结果不定、令人担忧的，不过并不是致命的；可以说，这种战争模式只是导致了不必要的苦难。然而，这一政策对于整个战争总体目标的影响——政策是达到这些总体目标的手段之一，亦是这一总体目标的附属品——是什么呢？再者，这种政策对实行此种政策的民众又会产生什么样的影响呢？由于历史证据会时时详尽地呈现于我们面前，所以此处只需概括性地说一说即可。在查理二世统治时期，这种政策对英国的影响我们已经看到了——沿海地区遭敌侵犯，商船几乎就在首都的眼皮子底下被烧毁。在西班牙王位继承战中，由于英国的军事目标是控制西班牙，而法国则是采取巡航作战的办法来破坏其贸易，所以无人可敌的英、荷舰队防守着伊比利亚半岛沿岸地区，封锁了土伦港，不但迫使法国援军翻越比利牛斯山脉，还通过打通海上的交通干线，抵消了法国在地理上距战场很近的这一优势。两国舰队攻陷了直布罗陀、巴塞罗那和米诺卡岛，并且与奥地利陆军合作，一点一点地攻陷了土伦。在"七年战争"中，英国舰队攻陷——或者说是协助攻陷——了法国和西班牙所有最重要的殖民地，并且经常袭扰法国的沿

---

[1] The Annual Register：《年鉴》。一份历史悠久的年度出版物，创刊于1758年，起初主要是记录和分析每一年世界发生的一些重大事件、发展情况和趋势，如今内容更加翔实，前半部分主要是记录和分析世界各国、各地区的情况，后半部分多为综合性的文章，涉及国际机构和组织、经济、环境、科学等各个方面。

海地区。美国革命战争没给我们提供什么教训，因为双方舰队差不多是势均力敌的。让美国人印象最为深刻的下一个例子，便是1812年战争。大家都知道，我国的私掠船遍布于各个海域，并且由于我国海军规模很小，因此这场战争基本上、并且事实上也只是一场巡航战争。除了在五大湖区，我国在其他时候还有没有过两艘军舰协同作战的情况，都是值得怀疑的。此次，一个相距遥远、一直被人轻视的敌人出其不意地出击，给英国贸易造成了重创，或许英国已经完全承认了；而另一方面，美国的巡逻舰得到了法国舰队的强大支援，因为法国的舰队规模或大或小，都遍布于从安特卫普到威尼斯等法兰西帝国所掌控的诸多港口，牵制着英国舰队，使它们不得不留在那些地方进行封锁；但是，待法兰西帝国一垮台，英国舰队能够腾出手来之后，我国的沿海地区便处处受侵了——切萨皮克湾被英军入侵并控制，两岸都受到了蹂躏；英军还沿波托马克河而上，并在华盛顿烧杀掳掠。尽管有一些小型舰队在进行着全面的防御，但北部边境一直都处在一种惶惶不安的形势之下；这些小型舰队虽说绝对力量很弱，但相对来说还是比较强大的。而在南方，英军沿密西西比河长驱直入，新奥尔良也是好不容易才得以保住的。和谈开始后，英国人对于美国使节的态度，也并不是那种觉得自己祖国受到了无法容忍之魔鬼所威胁的人的态度。而在近来的美国内战中，像"阿拉巴马"号与"萨姆特"号这样的巡洋舰及其僚舰，却又恢复了破坏贸易的传统做法。从这是一种实现总体目标的方式，并且是建立在有一支其他方面都很强大的海军的基础之上来看，此种做法是很恰当的；但我们不要指望，这些舰船在面对一个海洋大国的时候，会再次立下赫赫战功。首先，这些巡航得到了美国一种强大决心的支持，它决意不但要封锁南方各个主要的贸易中心，还要封锁沿海的每一处港口，从而只留下少量舰船需

1812年战争。又称美国第二次独立战争，是美国与英国之间发生于1812–1815年的战争。这是美国独立后第一次对外战争。1815年双方停战，边界恢复原状。

要进行追击；其次，就算有10艘那样的巡洋舰来对付1艘南方舰船，它们也不可能阻挡住邦联舰队在南方海域突破封锁，因为邦联舰队可以从海上深入到南部的每一个地方；第三，战争给个人和国家的各行各业所带来的直接或间接的、无可否认的损害（至于在作者看来，航运行业有多么重要，这一点就无需赘述了），一点儿也没有影响或者妨碍到战事。这些损害，倘若不加上其他的损害，更多的只是令人恼火，而非削弱了其实力。另一方面，就算不承认规模庞大的南方邦联舰队的作用，这样做难道就会强有力地改变或者加速出现那种无论如何都是必然的下场吗？作为一个海洋大国，当时的南方取代了法国在我们前面所研究的那些战争中原有的地位，而北方联邦的形势则与那时的英国相似；并且，与在法国一样，南部邦联中受苦的并不是哪一个阶层，而是政府和整个国家。并不是俘虏一些舰船或者护航队——无论是多是少——就能打垮一个国家的财力；只有掌握了海上霸权，迫使敌人无法在海上立足或是让敌人在海上有如丧家之犬，或者通过控制大部分公共海域，封锁敌人沿海地区进行贸易往来的交通要道，才能打垮它。这种霸权，只能在拥有强大的海军之后才能实现，但因为中立国的国旗如今具有强大的豁免权，所以海军（在广阔的大海上）已经不再像过去那样有力量了。两个海洋国家之间发生战争的时候，其中拥有强大制海权、希望摧毁敌国贸易的那个国家，是不太可能试图将"有效封锁"这个词按照当时最适合其利益的方式来阐述的；它也是不太可能声称自己舰船的速度和部署可以从很远的地方、用比以前更少的舰船来实施有效封锁的。这样一个问题，并非取决于交战双方势力较弱的那一国，而是取决于中立国；它会引发交战国与中立国权利的争端；倘若交战国拥有一支无可匹敌的海军，那么它可能就会像英国一样，让别的国家承认它的观点，并且在它掌控海权的时候，一直拒绝承认中立国所运物资受到保护的那条原则。

原注：

（1）写下上述内容以后，英国在1888年秋季的机动过程，已经证实了这种说法的正确性；事实上，并非任何一种这样的实验，都必须去证实一种不言自喻的事实。

（2）近来速射火炮和机关枪的发展，以及枪炮口径、射程和穿透力方面的发展，再现了进步周期中相同的这个阶段。

（3）这一结果，很可能仅仅是由于英国舰船具有较强的抗风能力。或许，说荷兰舰船漂到了下风位置并因而漂离了英军战线，可能更准确一点。

（4）人们经常误解了这种变化真正的重要性，因而得出了许多关于未来的错误结论。这种情况并不是新旧交替，而是一个军事组织中的某个军事要素，坚持它对于其他所有职能都拥有必要而且必然的掌控权力。

第三章[1]
英国革命

1688-1697年间的奥格斯堡同盟[2]战争；
比奇角海战与拉和岬海战

《奈梅亨和约》[3]签订之后的10年间，是一段没有发生过大规模战争的时期。然而，这并不是一个政治上非常安定的时期。路易十四无论是在和平时期还是在战争时期，都决意向东扩张法国领土，所以不久就接二连三地攫取了和约并未给予他的许多小片领土。他根据古时的领地关系，一会儿声索这里，一会儿又声索那里；他依据和约中隐含了别的让与内容，便声称和约中也隐含着将此处和彼处让与法国的内容；他有时通过购买，其他情况下则动用赤裸裸的武力，并且摆出自己的军事实力，来为得到他所声称的那些权利而采取的一切所谓的和平方式撑腰，并在1679年至1682年间一直进行着此种扩张进程。而让欧洲各国，尤其是德意志帝国极其震惊的挑衅，则是1681年9月30日法国攻占了当时尚属德意志帝国的城市斯特拉斯堡；并且就在同一天，迈图阿公爵也将意大利的卡萨莱卖给了他，表明他除了向北和向东扩张，还野心勃勃地想向意大利那边扩张。这两个地方在战略上都极其重要，一旦发生战争，就会对德国和意大利分别构成威胁。

---

[1] 本章为原文中第四章。第三章"1672-1674年间的英、法联合对荷战争"（War of England and France in Alliance against the United Provinces, 1672-1674）由于涉及的是具体的战争经过，故略去未译。后续各章序号也照此类推。

[2] League of Augsburg：奥格斯堡同盟。反对法王路易十四的欧洲诸国于1686年7月在德国奥格斯堡成立的一个同盟，1689年后改称"大同盟"。参与国有奥地利、荷兰、葡萄牙、西班牙和巴伐利亚等。

[3] Peace of Nimeguen：《奈梅亨和约》。1678年8月法、荷两国在如今荷兰与德国交界处的奈梅亨所签署的一份和约，标志着法、荷战争结束。

　　这种做法在欧洲搅起了轩然大波，因为路易十四冷静地凭借着自己的实力，正在四面树新敌、八方疏旧友。直接受到侵犯并因其双桥大公国受到了侵害的瑞典国王，就像意大利诸邦那样，开始反抗路易十四；可教皇本人却站在这个敌国国王一边，因为这位国王已经表明有心皈依新教，并且正在准备废除《南特敕令》。不过，欧洲各国的这种不满情绪尽管强烈而普遍，但必须有人来加以组织和指导才行；而能够让这种不满得以成形并最终有效地表达出来的气魄，则再一次在于荷兰，在于奥兰治的威廉身上。然而，这种事情是需要时间才能完善起来的。"此时尚无人武装起来；但从斯德哥尔摩到马德里，人人都在谈论、撰写文章、进行激烈的辩论……在真正的战争爆发之前，这种口诛笔伐就已进行了多年；不屈不挠的政论家们一直在向欧洲各国的民众进行呼吁；所有这些形式之下，都弥漫着对于这个'新的世界帝国'的恐惧，"这个"世界帝国"正在试图取代哈布斯堡王朝曾经的位置。人们都知道，路易十四试图想让自己或他的儿子成为德国皇帝。但各种各样节外生枝的事情、私利以及没有资金等情况结合起来阻碍了他，使得他没有采取行动。尽管威廉有心，但荷兰共和国还是不愿意再次牵头进行联合，而法国皇帝因为东面偏远地区受到匈牙利人和土耳其人起义的威胁，故还不敢冒险在西部发动战争。

　　与此同时，法国海军在柯尔贝尔的悉心经营之下，实力与效率都在日益增强，并且通过进攻巴巴里地区的海盗及其港口，逐渐习惯了战争。而在这些年间，英国和荷兰舰队的数量都日益减少，效率也都日益下降了。前文已经

宣布《南特敕令》（Edict of Nantes）。这是法国国王亨利四世在1598年4月13日签署颁布的一条敕令。这条敕令承认了法国国内胡格诺教徒的信仰自由，并在法律上享有和公民同等的权利。而这条敕令也是天主教在欧洲取得支配地位以后，欧洲第一份有关宗教宽容、部分承认宗教自由的敕令。

说过，在1688年，当威廉需要荷兰舰队护送他远征英国的时候，大臣们都反对说，海军的状况已经远不如1672年了，"海军实力已经大大下降，并且没有了那些最能干的指挥官。"在英国，海军非但纪律日渐涣散，随后英国政府又制定了一项节省材料的政策，从而逐渐减少了舰船数量，损害了舰队的状况；而在1678年与法国发生了一场小小的冲突，进行了一场意料之中的战争之后，英王又将监管海军的任务交给了另一拨人；关于这一群人，有位英国海军历史学家曾称："这个新的部门存在了5年，倘若它再存在5年的话，就十有八九会通过折腾整个皇家海军，从而纠正该部门所导致的无数巨大弊端，使得将来再也不会有犯错的空间。然而，正是这种合理的感觉，却让英王在1684年将舰队的管理权收回了自己手中，重新启用了原来的大部分军官；可不等这种恢复工作有什么起色，陛下便归了天，"——此时正值1685年。改朝换代，不仅对英国海军具有非常重大的意义，而且从它对路易十四的图谋以及他正野心勃勃地准备进行的这场全面战争之命运的最终影响来看，也是极其重要的。詹姆士二世对海军尤为感兴趣，因为他原本就是一名水兵，并且曾在洛斯托夫特和索思沃尔德湾海战中担任过总司令一职。他很清楚英国海军此时的低迷处境，于是他立即开始采取措施来重建海军；这些涉及海军兵力数量和作战效率的措施，既经过了深思熟虑，又很全面。在位的那3年间，他实际上做了很多工作来准备海军这种武器，可结果呢，海军却被首先用于对付他和他最好的朋友。

詹姆士二世登基，对路易十四非常有利，却引发了欧洲各国的群起反对。斯图亚特皇室本是法国国王的亲密盟友，又支持路易十四那种专制统治，因此利用了当时仍然势力强大的英王，来遏制英国国内反对法国的政治和宗教敌对势力。詹姆士二世除了具有这种相同的政治同感之外，还对罗马天主教极为狂热，使得他对英国人民的情绪尤为反感；而最终的结果，便是他被赶下了王位，国会则呼吁由他的女儿玛丽——其丈夫即是奥兰治亲王威廉——来继承王位。

就在詹姆士登基的那一年，欧洲各国开始联合起来，形成了一种在外交上反对法国的强大势力。这一运动有两个方面，一是在宗教上，二是在政治上。那些信奉新教的国家，因为法国国内的新教徒所受迫害日盛而义愤填膺，又因为英王詹姆士的政策表明该国越来越偏向了罗马天主教，所以他们的这种义愤也就变得越来越强烈了。信奉新教的北方诸国、荷兰、瑞典和勃兰登堡团结起来，结成了同盟；这些国家，都指望着获得神圣罗马帝国皇帝的支持，指望着西班牙和其他一些信奉罗马天主教的国家的支持，而后者这样做的动机，即在于政治上的顾虑和愤怒。神圣罗马帝国皇帝最近刚刚成功地对付了土耳其，故他可以腾出手来对付法国了。1686年7月9日，神圣罗马帝国皇帝与西班牙、瑞典两国的国王，连同许多德意志诸侯，在奥格斯堡签署了一份秘密条约。该条约的目标，起初只是为了防御法国，但很容易转变成为一种进攻性的同盟条约。这份条约史称《奥格斯堡同盟条约》，而两年之后因此而发生的那场全面战争，便被称作"奥格斯堡同盟战争"。

第二年，即1687年，神圣罗马帝国在对付土耳其人和匈牙利人的过程中，取得了更大的胜利。很显然，法国在这一地区分心，是不可能指望获得更多好处的。与此同时，英国国内的不满情绪以及奥兰治亲王的野心也变得日益明显起来；这位奥兰治亲王登上英国王位之后，期待的可不是什么普通的个人财富、威望或者权力，而是希望在不懈地遏制路易十四势力的过程中，实现其最大的政治抱负与信念。不过，为了远征英国，他就需要荷兰共和国为他提供舰船、资金和人员；而各联合省对此却犹豫不决，因为大家都明白，这样做的结果将是与宣称詹姆士二世是其盟友的法国国王开战。可路易十四的行为，最终却决定了荷兰共和国的抉择；因为他选择在这个时候，撤销了他在《奈梅亨和约》中对荷兰贸易所做的种种让步。这样一来，荷兰共和国因为在物质利益上受到了严重损害，

威廉·奥兰治，即威廉一世（William I，1533－1584），也称沉默的威廉。是奥兰治亲王、荷兰执政、荷兰奥兰治王朝开国国王、荷兰国父，全名威廉·奥兰治。1568荷兰开始反抗西班牙统治，争取独立，在威廉·奥兰治的带领下，独立运动取得胜利。在人民的拥戴下于1584年加冕，但在加冕前两天遇刺身亡。在荷兰，人们称其为"祖国之父"。荷兰国歌《威廉颂》所咏唱的就是威廉·奥兰治。

从而扭转了左右不定的局面。有位法国历史学家曾经说："违反奈梅亨所签诸协议的这种做法，给了荷兰的商业贸易以重重一击，使之在欧洲的贸易额减少了四分之一强，从而消除了在物质利益中依然存有宗教狂热的这一障碍，将整个荷兰都交到了威廉的手中，而荷兰人也没有理由再对法国怀有好感了。"此时，正值1687年的11月份。第二年夏天，英国王位继承人降生，从而导致该国出现了一个问题。英国人的忠诚，使得他们可以容忍威廉这位父亲的统治，但他们却无法容忍将来继续由一个信奉罗马天主教的王室来统治英国。

经过多年的磕绊之后，形势终于发展到了紧要关头。路易十四和奥兰治的威廉既是宿敌，当时也是欧洲政坛中的两大主要人物，二人都有着同样刚强的个性以及各自所代表的奋斗目标；而此

时，二人正站在爆发一场后果将会波及数代人的大战边缘。威廉本性专横暴虐，他站在荷兰的海岸边，充满期待地眺望着自由的英格兰；眼前窄窄的一片水域，既是英国这个岛上王国的屏障，将他与自由的英格兰隔了开来，还可能是一道让他无法实现自己远大目标的、不可逾越的鸿沟；因为只要愿意，当时的法国国王便可控制住英吉利海峡。在法国大权独揽、像以前一样盯着东方的路易十四，看到整个欧洲大陆都团结起来反对他了；而在他的一侧，英国又极为敌视，渴望着正式跟他宣战，只是直到那时还没有一个领头人罢了。此时，是否应当让开道路，让威廉这个领头人加入正在等待着的英国，从而让荷兰与英国这两个海洋大国并入一人治下，此种决定权仍然掌握在他的手中。假如他在陆上进攻荷兰，并将手下那支无人能敌的海军派往英吉利海峡，或许就可以将威廉堵在荷兰；但由于英国海军深受英王宠爱，所以他越是这样做的话，可能英国海军官兵就越会对其领袖怀有非比寻常的忠心。因为坚持着自己的成见，或许也是因为无法摆脱这种成见，所以路易十四转向了欧洲大陆，并于1688年9月24日向德意志宣战，然后让部队开往了莱茵河地区。威廉欣喜若狂，明白阻碍实现自己野心的最后一道障碍终于清除了。由于风向不利，他耽搁了数周，最后才在10月30日率领舰队从荷兰起航。他的远征队包括500多艘运输船和15000名士兵，由15艘军舰护送；这支远征队兼具政治与宗教两方面的特点，因为部队中的大多数军官都是法国清教徒，都是自上一次战争以来被逐出法国的人，而威廉手下的总司令，则是曾任法国元帅的胡格诺派教徒绍姆贝格。他们第一次出发时，曾为疾风暴雨所阻；但11月10日再次起航后，强劲而利于航行的海风将舰船一路吹过了诸道峡湾和英吉利海峡，而威廉便于15日在托贝港上了岸。是年年底前，詹姆士二世逃出了自己的王国。第二年的4月21日，威廉和玛丽宣布登基，成为了大不列颠的君主，而英、荷两国也联合起来，开始同法国作战；因为路易十四一听说威廉入侵英国，便对荷兰共和国宣了战。在威廉准备远征军、后来出发又一再耽搁的这段时间里，身处海牙的法国大使和法国的海军大臣，都曾恳请法国国王利用本国强大的海军实力，阻止威廉成行——当时该国海军的实力极其强大，所以在此次战争最初的那几年中，法国舰队在兵力上甚至超过了英、荷两国舰队合起来之后的兵力；可路易十四却没有听从这一建议。英、法两国国王似乎都同样丧失了判断力；因为詹姆士二世忧惧交加，一直拒绝接受法国舰队的支援，只依靠英国海军官兵对他个人的忠心，但他规定在军舰上做弥撒，而这种做法却时不时地引起官兵们的骚乱和哗变，并且几乎每次都是以船员们将牧师扔出船外而告终。

法国就这样孤家寡人般地开始了奥格斯堡同盟战争。"该国政策最害怕的事情，以及该国长久以来一直避免的局面，终于要出现了。英、荷两国不但结成了同盟，还合并到了一个君主的统治之下；并且，英国是带着长久以来一直被斯图亚特王朝政策所束缚的渴望与激情与荷兰结盟的。"至于海战方面，此次战争中的历次战斗，与德·鲁伊特所进行的海战相比，战术上的意义都要小得多。战略上最值得我们注意的，就是路易十四的失败——他在海上本来占有决定性的优势，是完全可以支持身处爱尔兰、此时仍对他忠心耿耿的那位詹姆士二世的；还有自此以后，原本强大的法国舰队便逐渐从海洋上销声匿迹了——由于路易十四所选的那种欧洲大陆政策耗资巨大，所以他无法再将海军维持下去。第三点，也是很次要的一点，便是随着法国大型舰队的消失，法国所采用的贸易破坏战与私掠战的罕见性质与巨大规模。这种做法，以及这种做法所产生的巨大影响，首先看上去就与我们已经说过的那种原则相矛盾：要是没有舰队支援，通常就不适合进行这种战争；不过，仔细研究一下当时的形势（稍后我们会进行此种探究）就会看出，此种矛盾更多的是表面上的，而非真实存在的。

由于有了上一次战争的教训，所以法国国王在给自己招来的这场全面战争中，主要精力本该针对两个海洋大国——即针对奥兰治的威廉和英荷同盟才是。威廉所处形势最薄弱的地方，便是爱尔兰；而在英国本土，非但那位被流放的前任国王有着众多党羽，而且，甚至是那些邀请威廉来到英国的人，也采用了各种戒心重重的限制措施，约束着他的王权。只要爱尔兰未被征服，威廉的权力就不会稳固。詹姆士二世是在1689年1月逃离英国的，1690年3月，他在法国军队和一支法国舰队的护送之下，抵达了爱尔兰；除了信奉新教的北方地区，他所到之处，爱尔兰民众全都夹道相迎。他将都柏林定为首都，并在该国一直待到了第二年的7月。在这15个月里，法国在海上都很有优势，不止一次将部队运送到了爱尔兰；英国人曾经试图加以阻止，却在班特里湾海战中战败了。不过，尽管詹姆士二世根基甚深，支持他也极其重要；尽管在詹姆士二世的实力进一步加强之前，在当时刚刚经历了那次有名的围城战的伦敦德里[1]被攻陷之前，不让威廉有立足之地也同样重要；并且，尽管在1689年和1690年，法国海军比英、荷联军要强大；但是，英国的海军司令鲁克却能够毫无困难地将补给物资和援军送往伦敦德里，后来还派绍姆贝格元帅率一小支陆军，在卡里克弗格斯附近登陆了。鲁克封锁了爱尔兰与有着众多斯图亚特王朝党羽的苏格兰之间的交通联络，之后便率领自己的那支小型舰队，绕过爱尔兰东部海岸，试图去烧毁停泊在都柏林港里的船只，只是因为风向不对才作了罢；最

---

[1] Londonderry：伦敦德里。爱尔兰西北角的一个城市，伦敦德里郡的首府。1689年冬季，詹姆士二世与法、爱联军将爱尔兰残余的英军围困于此，史称"围困伦敦德里"。由于在此次围城中，伦敦德里的城墙从未被炮弹击穿过，故此处获得了"处女城（Maiden City）"的绰号。

后，他到达了当时为詹姆士二世所据的科克港，在港口里攻占了一个小岛，然后又在10月份安全地回到了唐斯锚地。这些导致了伦敦德里之围以及保持英格兰与爱尔兰之间交通联络的作战行动，持续了一整个夏天；可法国海军并没有试图去加以阻止。毫无疑问，倘若法国舰队在1689年夏天能够有效地协同作战，本来是可以通过隔绝爱尔兰与英格兰之间的联系并相应打击威廉的实力，从而将爱尔兰国内反对詹姆士二世的所有势力统统瓦解掉的。

第二年，法国在战略和政治上又犯了同样的错误。詹姆士二世这种倚赖于一个不够强大的民族和外国援助来进行的事业，本来就是不进则退的；不过，只要法国真心合作，尤其是利用法国的舰队，那么此时的詹姆士二世还是有机会成功的。同样，一支像法国那样纯军事性质的海军，在战争初期本来就是最强大的；而两个海洋强国的海军联合起来，却会凭借两国巨大的贸易资源和财力而变得日益强大起来。虽说1690年在兵力对比上，法国仍然是具有优势的，但此种优势的程度，却不如前一年那样强大了。而重中之重的问题，便是将这种兵力优势放在哪儿。当时，法国有两条行动路线，涉及两种不同的海军战略观点。一条是对英国的大型舰队作战，倘若打败这支联合舰队，使之受到重创，可能就会让威廉在英国垮台；另一条则是派法国舰队前去协助爱尔兰的战事。法国国王经过考虑后，选取了前者，这无疑也是一条正确的道路；不过，他却无缘无故地忽略了切断爱尔兰与英格兰两岛之间交通联系的这一重要任务。早在3月份，他就派遣了一支庞大的舰队，运送6000名士兵和给养，毫无困难地在爱尔兰南部诸港登陆了；可在完成这一任务之后，舰队却返回了布雷斯特，并且在5月和6月间一直都闲着，而此时图维尔伯爵所率的大型舰队却正在集结。这两个月里，英国正在其西海岸集结一支陆军部队；到了6月21日，威廉便令部队在切斯特登上了288艘舰船，只由6艘战舰护航。24日，他在卡里克弗格斯登陆，并令那6艘战舰加入英国的大型舰队，但它们没能做到这一点；与此同时，图维尔的大舰队也出海起航，占领了向东去的水路。在爱尔兰国内正争论着敌人与该岛之间交通运输问题的这段时间里，交战双方所表现出来的那种粗心大意，都是极其罕见的；尤为奇怪的是法国，因为该国非但兵力较强，还必定从一些心怀不满的英国人那里获得了相当准确的情报。法国似乎派出了一支由25艘护卫舰组成的小型舰队，在一些战列舰的支援下，前往圣乔治海峡去作战；可其中没有一艘到达了作战位置，并且直到詹姆士二世在博因河之战中彻底溃败了之后，才有10艘护卫舰抵达了金塞尔。所以，英军的交通补给压根儿就没有受到威胁。

图维尔所率舰队编制完整，共有78艘舰船，其中的70艘是战列舰，还有22艘火攻船；这支舰队是在6月22日，即威廉登船的第二天走起航出海的。到了30

日，法军出现在利扎尔海域，使得这位英军司令大惊失色，因为当时他的舰队正停泊在怀特岛海域，完全没有作战准备，以至于舰队西边连一艘警戒船都没有。于是他便拔锚起航，一直沿着海岸向东南而去；在接下来的10天中，则时不时地有其他的英国舰船和荷兰舰船加入到了这支舰队当中。之后，这两支舰队便继续向东航行，彼此经常还能看得到。

英国国内的政治形势已经到了紧要关头。詹姆士二世党人的游行示威活动越来越明目张胆，爱尔兰爆发的革命也已成功了一年多；此时威廉又身处爱尔兰，伦敦只留下了女王一人，孤身独撑大局。形势如此危急，因此议会决定，必须与法国舰队决一死战，并将这一命令下达给了英国的海军司令赫伯特。于是，赫伯特便服从命令率军出海，并在7月10日占据了上风向之后，趁着此时正刮的东北风摆开阵形，向法军冲了过去；而法国舰队此时则严阵以待，其前主帆向后、右舷抢风，朝北、朝西航行。

接下来的战斗，就是世人所知的"比奇角海战"。交战双方的舰船数量，法国是70艘，英、荷联军据他们自己的说法是56艘，据法国的说法是60艘。在联军阵列中，荷兰舰队是前锋；英军由赫伯特亲自指挥，坐镇中央；后卫一部分是英国舰船、一部分是荷兰战船。此次战斗的三个阶段如下：

1. 英、荷联军由于顺风，因此阵形一字摆开，压向敌军。跟往常一样，这种机动实施得很糟糕，并且也像一般情况下那样，前锋先于中军和后卫部队而受到了敌人的火力攻击，承受了主要的伤亡。

2. 赫伯特上将尽管是总司令，却没有率领中军进行有力的攻击，一直都在隔岸观火。于是，联军前锋与后卫开始靠近，协同作战。保罗·何斯德对于此次机动的描述是，赫伯特司令是想主攻法国舰队的后翼。为了实现这一目标，

比奇角海战

他才让自己的中军靠近法军后翼，并保持在炮弹射程之外很远的上风向（以免受到炮击），从而阻止法国舰队抢风并夹击其后翼。如果他的目的是那样，那么，虽然他的作战计划总的来说构思很巧妙，但细节上却是有败笔的，因为中军的这种机动，使得它与前锋之间留下了一个巨大的缺口。他本来

是更应当发动进攻的，就像鲁伊特在特塞尔海战中那样，去进攻法军后翼中尽可能多的舰船，并且应当避开其前锋，而指定己方前锋负责压制法国舰队的前锋。当然，我们可以承认，由于兵力较少而无法像敌军那样展开长长的阵形且闭合阵线的一位海军司令，是不应该让敌军舰队的首尾重叠起来的；但尽管如此，为了实现目标，他也不应当像赫伯特那样让中军留下一个巨大的缺口，而应当增大所拒舰船之间的每一处间隙。这样一来，联合舰队的前锋和中军这两处便有遭受两面夹击的危险了；而事实上，这两处也都受到了敌人的攻击。

3. 法军前锋的指挥官看到荷兰舰队向其阵线靠拢，并且比他自己还没有战斗力，便催促己方的6艘前导舰船先行，然后再抢风转向，从而将荷兰舰队置于两面夹击的境地。

与此同时，图维尔发现自己在中军位置毫无敌手，便在击退了敌方中军的先头分队之后，率领手下的前导舰船向前推进，因为赫伯特的部署使得图维尔所率的这些舰船无敌可击；于是，这些新加入的舰船便加强了对处于前锋位置的荷兰舰队的攻击。

这使得阵线前部发生了一场混战，荷军由于兵力不如敌人，所以损失惨重。对于联军来说，幸好此时风停了；而当图维尔与其他法国舰船放出小艇，拖曳着准备再次作战的时候，由于联军狡猾得很，都是张着所有船帆泊锚的，所以还没等图维尔明白是怎么回事，往西南方向而去的落潮便将他手下的舰队带离了战场。最后，他在离敌军1里格之外的地方才泊下了锚。

到了晚上9点，潮汐转了向，联军便拔锚向东驶去。其中的许多舰船都遭到了重创；据英国人的记载，联军当时就已经做出决定，宁可毁掉那些失去了作战能力的船只，也不能再冒着全面交战的危险而将它们留下来。

图维尔进行了追击；可他并没有组织全线追击，而是保持着战斗队形，使得整支舰队的速度都慢了下来。此种情形，正是那种允许进行混战、事实上也只能进行混战的情形之一。一个敌人被打败了，逃跑了，就应当劲头十足地去追击；至于秩序，只要能够不让追击的船只彼此之间无法支援，就只能考虑那么多了——这种情况，决不会像一场旗鼓相当的战斗的初期或者中期那样，需要考虑舰船的相对方位与距离。没有组织起这样一种全面的追击，表明图维尔的军人性格在这方面并不完美；而这种欠缺，正好在其军事生涯的关键时刻表现了出来，这也是人之常情。他以前从未碰到过像此次海战那样的机会；此次海战，也是他出任总司令后的第一场大规模全面作战，而当时待在旗舰上的何斯德，却称此战是有史以来最为完美的一次海军大捷。在当时来看，确实如此——是最完美的一次，而非最具决定意义的一次，虽说或许它本来是可以成为最具决定意义的一次大捷的。据何斯德称，法军连一艘小艇都没有损失，更不用说损失什么舰船了——倘若果真如此，那么，法军的追击不力就更值得指责了；联军在逃跑的时候，让16艘舰船随浪搁岸，并在尾随追击至唐斯锚地的敌人视线之内，烧毁了这些船只。英国实际上认为联军只损失了8艘舰船——对于这种估算，很可能英国用的是一种方式，法国用的又是另一种方式，并且理由都一样充分。最后，赫伯特率领舰队避入了泰晤士河，并且撤除了河上的航标，使得敌方无法继续追击了。[1]

　　倘若我们把以让·巴尔为首的那些著名的私掠者排除在外，那么图维尔就是此战中唯一的一位历史伟人了。在英国人当中，我们说不出那些英勇而大胆的舰队指挥官当中，有哪一个取得了什么非凡的功绩。而此时的图维尔已在海军中服役了近30年；他既是一位海员，也是一名军人。他英勇过人，年轻时就有过诸多壮举，并且无论法国舰队在何处作战——在英荷战争中，在地中海地区，以及在对巴巴里海盗的作战中——都可以看到他的身影。晋升为海军上将之后，他在此次战争的头几年中，都是亲自率领规模最大的所有舰队出征，并且结合自己对于海员这一职业的实践知识，将以理论和经验为基础的战术科学知识带到了指挥当中；而要想在海洋上最出色地应用各种战术原则，就必须具有海员这一职业的实践知识。不过，虽说有着如此种种的高尚品质，但他似乎还是像许多勇士那样，在承担伟大责任的能力这方面有所欠缺。[2]比奇角海战之后，他在追击英荷联军过程中所表现出来的那种谨慎，虽说从表面上来看并不相同，但跟两年之后的拉和岬海战中，由于随身携带着国王的谕令，所以他不得不将舰队带入了一种几乎确定无疑的毁灭处境的那种性格，实际上是一脉相承的。他虽说很勇猛，无所不能，但还不够坚强，无法担当大任。确切地说，图维尔是即将到来的这个时代中那种谨慎而娴熟的战术家的先驱，不过他的身上仍然带有属于十七世纪海军指挥官特点的那种鲁莽拼搏之精神。比奇角海战之后，他无疑是认为自己干得很不

图维尔伯爵（Anne Hilarion de Tourville，1642–1701）。法国海军上将，路易十四的海军赢得世界主宰时期的杰出指挥官。

错，可以满意了；不过，要是他感受到了下面这一点，就不会那样想了：用纳尔逊的话来说，就是"假如在11艘敌舰中我们攻取了10艘，却在本来也能够攻取的情况下让第11艘逃跑了，那我是绝不可能说自己这一天干得很漂亮的。"

比奇角海战虽说战果辉煌，却仍然只能说是一种局部胜利；此战的第二天，詹姆士二世的目标便在爱尔兰海岸折翼了。威廉批准运送到那儿的陆军非但丝毫没有受到阻拦，而在兵力和作战素质上也优于詹姆士二世所率的军队，因为威廉本身就是一个比这位前国王要优秀的领导者。路易十四劝告詹姆士二世，说他应当避免进行决战，并且在必要的时候可以撤至香农[1]，那儿的民众都是全心全意地忠于詹姆士二世的。然而，这样做会带来很多的问题，占领了一年多之后再这样放弃首都，也会在道义上产生出许多负面效应；本来阻止威廉登陆爱尔兰才是上上之策。于是，詹姆士二世开始防守都柏林，并且整饬了博因河这道防线；7月11日，两军在此遭遇，结果却是詹姆士二世被彻底打败了。詹姆士二世本人逃往了金塞尔；在这儿，他找到了原本受命控制圣乔治海峡的那支舰队中的10艘护卫舰。他登上了船，再一次前往法国避难，请求路易十四趁着比奇角海战的胜利势头，派另一支法国军队随他登陆英国本土。路易十四一气之下，却拒绝了他的要求，并且下令立即撤回此时仍然留守在爱尔兰的法国军队。

就算确实存在的话，英国国内或者至少是在英吉利海峡沿岸地区爆发起义支持詹姆士二世的这种可能性，也是在詹姆士二世的想象中被严重地夸大了。英、荷联合舰队安全撤入泰晤士河之后，图维尔曾下令在英格兰南部发动了几次游行示威活动；可这些游行都徒劳无功，根本就没有诱使民众表现出对斯图亚特王朝还有什么留恋之心。

在爱尔兰，情况则不同。博因河之战过后，爱尔兰军队和法军撤到了香农，并在那儿继续负隅顽抗；而待最初的怒气平息下来之后，路易十四也还是继续向这儿派遣了援军，运送了给养。但是，欧洲大陆上的战事日益吃紧，使得他无法提供充足的支援，所以爱尔兰的战事在一年多一点儿之后，便以奥赫里姆惨败和利默里克投降[2]而告结束了。博因河之战，虽说因为有着独特的宗教色彩而获得了不实之名，但我们可以将其视为让威廉在英国的王位牢固地确立起来的日子。不过，更准确一点儿说，威廉获胜以及欧洲各国在奥格斯堡同盟战争中战胜路易十四，原因都在于1690年法国海军在战争中所犯的错误和失

---

[1] Shannon：香农河。今爱尔兰共和国中西部的一条河流，也是爱尔兰最长的河流。

[2] Limerick：利默里克。爱尔兰著名港市，位于香农河畔。1691年支持詹姆士二世的爱尔兰军队和法军在此向威廉投降。前面的Aghrim（奥赫里姆）是香农河畔的一个村庄。

败；尽管在那段时间的战斗中，法国获得了在海上对抗英国以来最为显著的单次胜利。至于那些更加突出的军事行动，其中耐人寻味的是，图维尔在威廉离开切斯特的第二天起航，并在博因河之战的前一天赢得了比奇角海战；不过，他真正的失职，仍在于让威廉毫无阻碍地运送充足的英军。让威廉进入爱尔兰，虽说可能对法国的政策有利，但也不应当让他有这样一支部队为自己撑腰才是。爱尔兰战争的结果，便是让威廉安然坐稳了英国的王位，并且确立了英、荷之间的同盟关系；而这两个海上民族统一起来，由同一位君主统治，便成了他们凭借自己的贸易才能、航海才能以及通过海洋获取的财富，在欧洲大陆上联合起来成功地发动战争的保证了。

1691这一年，因为唯一一桩伟大的海洋事件而著称。这就是后来法国人所知的图维尔的"深海"或"离岸"巡航；直至今日，法国海军仍然将其作为一次杰出的战略和战术展示而铭记着。我们业已谈到，此种持久的实力，就是那些制海权并非仅仅是一种军事机制、而是以民族性格与追求为基础的民族之特征；如今，此种特征开始对英、荷联军产生影响了。尽管在比奇角海战中战败且损失惨重，但联合舰队在1691年又出海了，当时它有100艘战列舰，由海军上将拉塞尔指挥。图维尔只能集结起72艘，这个数量与前一年是一样的。"他在6月25日率领这支舰队离开了布雷斯特。由于敌人还未在英吉利海峡沿海现身，所以他便占领了海峡入口处的航行区，向各个方向都派出了警戒船。英、荷联合舰队为了保护一队即将从黎凡特而来的商船通过，因而驻扎在离西西里群岛不远的地方；得知这一消息之后，图维尔便毫不犹豫地转向了英国海岸，而另一支从牙买加而来的商船队也将抵达那里。他用假的航向骗过了英国的巡逻舰，赶上了这支商船队，夺取了其中的数艘船只，并且不待拉塞尔赶来与他作战，便将这支船队驱赶得七零八落了。当图维尔最终与联合舰队遭遇之后，他又娴熟地指挥着舰队进行机动，总是占领着有利的上风位置，使得被诱入大洋中的敌军在海上浪费了50天，愣是没有找到交战的机会。而在此期间，散布在整个英吉利海峡上的法国私掠船，则不断袭扰敌人的商船，并且保护着派往爱尔兰的护航队。徒劳无功且筋疲力尽的拉塞尔，便率军前往爱尔兰沿海去了。而图维尔在保护法国护航队返回之后，再一次驻扎回了布雷斯特锚地。"

虽说图维尔所率舰队的实际战利品微不足道，但它通过拖住英、荷联合舰队而对法国进行的贸易破坏战所做的贡献，却是显而易见的；不过这一年中，英国贸易业所遭受的损失，并不像第二年那样严重。英、荷联军主要遭受的，似乎都是荷兰在北海地区的贸易损失。

此时正如火如荼的陆上战争与海上战争虽说是同时进行的，但迄今为止，二者还是相互独立的。因为与论述的主题无关，所以我们没有必要提及陆上战争中的历次作战行动。1692年，发生了一场给法国舰队带来巨大灾难的海战，史称"拉和岬海战"。假如从战术角度来看，此战本身并不重要，人们对于此战的结果也是言过其实了；不过，由于铺天盖地的报道业已让它成为了世界著名的海战之一，所以我们也无法全然忽视这场海战。

　　由于被来自英国的那些报告所误导，尤其是被詹姆士二世的话语所误导，路易十四决定派詹姆士二世亲率法军入侵英格兰南部沿海地区；詹姆士二世曾经天真的认为，许多英国海军官兵对他本人的忠心，既超过了他们的爱国之心，也超过了他们对于自己职责的忠诚。作为第一步，图维尔将率领50艘至60艘战列舰——其中有13艘将由土伦调来——打头阵，去与英国舰队交战；法军以为，英国舰队中临阵脱逃者众多，并且士气会因此而低落，所以会让法军轻而易举地打个大胜仗的。但出师后的第一个不利，便是土伦那支舰队由于风向不对而耽搁了，没能与图维尔所率舰队会合；所以，图维尔只带了44艘军舰便出征了。而当他遭遇敌军后，法国国王却又断然下令：不管敌军多寡，无论发生什么情况，他都必须战斗。

　　5月29日，图维尔看到英、荷联合舰队在北面和东面现身了；联军有99艘战舰。风向为西南，交战与否的选择权掌握在他的手里；但他首先是将所有的将领都召集到自己的船上，问他们该不该交战。将领们都说不行，然后他就把国王的谕令给他们看。[3] 没有人敢再提出异议了；不过，他们并不知道，当时一些轻型舰船正携带着与此相反的命令在搜寻他们这支舰队。其他将领纷纷回到

1692年的拉和岬海战。英荷舰队击败刚称霸的法国海军，从此法国海军不断衰落，英国海军成为欧洲第一。

各自的舰船上，整支舰队便散了开来，一齐向联军驶去。联军等待着他们，右舷抢风，航向为东南偏南；荷兰舰队为前锋，英国舰船为中军和后翼。接近敌军之后，法国人同样右舷抢风，并占据着上风位置。因为兵力大大不如敌军，图维尔根本就无法阻止敌军阵线延伸到自己的后翼去；而由于阵线拉得太长，图维尔后翼的兵力也势必薄弱得很。不过，他避免了赫伯特在比奇角海战中所犯的错误，不让前锋各舰船之间相距太远，以便遏制敌军前锋，并且让中军与后翼紧密结合在一起作战。我们没有必要再来详述这场兵力不对等的战斗的不同阶段了；而结局则令人称奇：到了晚上，因海上起了大雾且风平浪静而停火之后，法国舰船中竟然没有一艘降旗投降，也没有一艘被敌军击沉。可能没有哪一支海军，具有比法国海军更高的军事精神和作战效率了；图维尔的航海技能与战术才能为战斗胜利做出了主要的贡献，而我们也必须承认，英、荷联军在这个方面并不值得称颂。两支舰队都在日落时分都息战泊锚了；但此时仍有一部分英国舰船留在法国舰队的南边和西边。后来，这些舰船为了重新与联军主力会合，便断缆起航，想随波漂流并通过法军阵线；在这一过程中，它们又遭到了法国舰队的猛烈攻击。

在充分证明了法国舰队的荣耀，并且表明再战无益之后，图维尔便开始考虑撤退，并在正轻轻刮着东北风的午夜开始实行了，而且第二天又继续撤退了一整天。英、荷联军进行了追击，而法军的行动却因旗舰"皇家太阳"号遭到了重创而受阻严重；这艘旗舰是法国海军中最精锐的一艘战船，所以海军上将图维尔下不了决心去毁掉它。法军主力的撤退方向是朝着海峡群岛[1]，图维尔手下当时有35艘舰船跟着；其中有20艘随着潮汐洋流穿过了位于奥尔德尼岛与法国大陆之间的"奥尔德尼湍流"这处有名的危险水道，从而安全地抵达了圣马洛。不待余下的那15艘舰船跟上，洋流便转了向；尽管有锚拽着，这些舰船还是被洋流带着往东并向敌人的下风向漂去。其中有3艘避进了瑟堡，当时的瑟堡既无防波堤，又无港口，而剩下的那12艘则避往了拉和岬角；这些舰船，或是被己方的船员，或是被英、荷联军烧毁了。这样一来，法国海军就损失了15艘最为精良的战舰，其中每艘战舰上至少都携带了60门火炮；但是，这种损失不过是比联军在比奇角海战中的损失稍重一点儿罢了。法国民众由于习惯了路易十四的种种荣耀与成功，所以此种损失给他们的印象，完全与此战的结果不相称，使得他们完全不记得图维尔及其手下所做出的杰出牺牲了。拉和岬海战

---

[1] the Channel Islands：海峡群岛。位于法国科唐坦半岛西北、圣马洛湾入口处的英吉利海峡中，由泽西岛、根西岛、奥尔德尼岛和萨克岛等组成，属于英王领地。在法语中被称作"诺曼底群岛"。

也是法国舰队所进行的最后一场全面作战行动，因为法国舰队在接下来的数年中迅速淡出了人们的记忆，以至于此次惨败似乎就是对法国海军的致命一击。然而，实际上在第二年，图维尔还曾经率领70艘战舰出海，当时拉和岬海战中遭受的损失已经恢复过来了。法国海军的没落，并非是任何一次战败所导致的，而是因法国上下都已经疲惫不堪，以及该国在欧洲大陆上所进行的战争付出了巨大的代价所致；这场战争，主要都是英、荷两国人民在承受，而威廉在爱尔兰战事中所取得的胜利，又确保了这两个海上民族的团结。虽然我们无需断言，说倘若1690年法国海军的作战行动是以其他方式进行指挥的话，可能就会是另一种结果；但我们完全可以说，这些作战行动中的指挥失误，就是出现此种实际结局的直接原因，也是导致法国海军没落下去的首要原因。

在奥格斯堡同盟战争剩下的那5年间，欧洲各国全都武装起来反对法国了；这个时期的特点是，没有发生大规模海战，也没有发生什么重大的海洋事件。为了理解英、荷联军制海权的影响，对于这种影响给所有对抗法国的地区带来并保持的那种无声而稳定的压力，我们必须加以总结和简要说明才行。制海权的影响，通常的确就是这样的；并且，正是因为其作用是如此的悄无声息，所以才更容易为人们所忽视，我们才必须仔细将其指出来。

反对路易十四的领头人是威廉三世，他感兴趣的是陆军而非海军，这一点与路易十四的政策方向结合起来，便使得双方之间的战争主要都发生在大陆上，而不是发生在海洋上；而法国舰队逐渐没落，使得英、荷两国的联合海军在海上没有了敌手，所起的作用也与此相同。此外，英国海军虽说兵力两倍于荷兰海军，但其作战效率此时正处于低谷之中；查理二世在位时所造成的那种令人沮丧的影响，是不可能在其兄弟的3年统治期里得以彻底消除的，并且，英格兰的政治形势还产生了一个更加严重、导致麻烦的问题。前面已经说过，詹姆士二世认为海军官兵和海员都对他本人都很有感情；而不管有没有理由，英国现任的这位君主心里也有着此种想法，从而导致他对许多将领的忠诚度与可靠性产生了疑忌，并且常常给海军的行政管理带来困惑。我们得知，"商务人士所发的牢骚极为有理，表明让无法胜任的人去指挥英国的海上力量是非常荒唐的；可这种危害却没法改正，因为那些在海军中服役很久、较有经验的人，都被认为有不忠思想，所以纠正措施似乎比弊病本身更加糟糕。"内阁和城市里猜忌之风盛行，官兵当中派系和骑墙者林立；在战斗中运气不好或者无能胜任的人，都明白在战斗中不幸地遭遇失败之后，自己可能还会遭到更加严重的叛国指控。

拉和岬海战后，英、荷两国联合海军直接的军事行动，是通过三种主要的方式来实施的。首先是攻击法国的各个港口，尤其是那些位于英吉利海峡沿岸和布雷斯特附近的海港。这些行动，一般只会造成局部损失和舰船损毁，尤其是让派出私掠船的那些法国海港遭受局部损失，而罕有其他效果；尽管在某些情况下投入的部队数量众多，但威廉也只会进行此种威胁所导致的佯动，迫使路易十四从战场回师进行海岸防御。可以说，在拉和岬海战和后来的历次战争中，针对法国海岸而实施的所有作战计划，普遍都没有什么效果；即便是作为一种佯动，也并未在多大程度上削弱法国陆军的实力。假如法国诸港防守得不是那么好，或者假如法国的河流直通该国腹地，就像我国的切萨皮克湾、特拉华湾以及南方诸峡湾一样，那么就会是一种不同的结局了。

其次，英、荷联合海军具有极大而直接的军事意义，尽管自1694年路易十四决定进攻西班牙以来，两国联合海军并未真正作过战。西班牙本身实力非常薄弱，但由于它身处法国后方，所以还是让法国觉得很麻烦；因此路易十四最终决定，通过将战火烧至其东北沿海的加泰罗尼亚，来迫使西班牙签署和约。法国陆军的作战运动，由图维尔所率的舰队进行支援；于是，加泰罗尼亚这个困难重重的行省迅速被法军蚕食，直至英、荷联合海军率大批优势兵力赶来，才使得图维尔撤回了土伦。这样，巴塞罗那就幸免于陷入法军之手了；自那时起，直到英、法这两个海洋国家决定议和为止，英、荷联合舰队一直都游弋于西班牙沿海地区，以阻止法军继续进击。1697年，当威廉有意言和而西班牙却拒绝议和之后，路易十四便再次入侵了西班牙；这一次，联合舰队没有赶来，于是巴塞罗那就被法军攻陷了。与此同时，一支法国海军远征军成功地对南美洲的卡塔赫纳发起了攻击；在这双重打击下——两种打击所依赖的都是制海权——西班牙便投降了。

联合海军的第三种军事功能，便是保护两国的海上贸易；而在这一点上，倘若历史记载可信的话，那么它们在很大程度上并未做到。跟这一时期相比，历史上还没有哪个时代，有哪个国家针对贸易发动过规模更大、结果也更重要的战争；而这些军事行动范围最广、最具毁灭性的时候，也正是伟大的法国舰队在拉和岬海战之后数年间日益销声匿迹的时候，因此，这种情况显然与"此种战争必须以强大的舰队或以附近强大的海港为基础"的论断相矛盾。对此，我们应当加以详细讨论，因为私掠船给商业贸易所带来的灾难，是导致海洋国家希望和平的一个重要因素；正如财政补贴是它们拖延战争并迫使法国接受条件的主要方式一样——这些国家的商业贸易，使得它们既能够维持各自的陆军，还能对大陆军团进行财政补贴。所以，贸易上的攻防这个问题，直到如今也依然存在。

　　首先我们必须注意到，法国舰队的没落是一个渐进的过程，而法国舰队出现在英吉利海峡、在比奇角海战中获胜以及在拉和岬海战中的英勇行为所产生的心理效果，都在联合海军官兵们的心里长久地留下了深刻的印象。此种印象，使得两国的船只在舰队中都抱成一团，不再在追击敌军巡洋舰的过程中有如一盘散沙并各自为战，不再让敌军的巡洋舰有了喘息之机，从而不让敌军几乎获得进行一场有力海战的勇气。此外，我们已经说过，英国海军的作战效率低下，而其指挥管理或许更加糟糕；而英格兰的叛国者又让法国人具有了获得更准确情报的优势。所以，在拉和岬海战之后的第二年，法国人才获得了准确的情报，得知有一支大型的商船队准备前往士麦那[1]；由于英、荷联军打算将图维尔封锁在布雷斯特，法国人便在5月份派图维尔赶在联军准备好封锁之前出了海。联军之所以耽搁了封锁，完全是由于管理不善；而更糟糕的是，英国政府直到本国舰队跟着商船队起航之后，才得知图维尔出发的消息。图维尔在直布罗陀海峡附近突然出现，吓了护航队一大跳，然后便击毁和俘虏了这支护航队总计400艘舰船中的100艘，并将其余舰船打得七零八落。这并不是一次单纯的巡航战，因为图维尔所率的舰队有71艘战舰；不过，这也表明了英国政府的无能。的确，正是在拉和岬海战之后不久，巡逻舰的劫掠才开始变得极具破坏性；而导致这一结果的原因有两个：首先，联合舰队在斯皮特海德集结了两个多月，准备集结军队登上欧洲大陆，这才使得法国的巡洋舰在海上畅通无阻；其次，法国由于当年夏天无法再派遣舰队出海，便允许水兵去私人舰船上服役，从而极大地增加了私掠船的数量。这两个原因结合起来，便使得这种贸易破坏活动既安全，波及范围又很广，从而在英国国内引发了巨大的抗议之声。"必须承认，"那位英国海军编年史作家说，"在法国人称霸海上的去年，我国贸易所遭受的损失，要比法国的大型舰队被封锁在港内的今年低得多。"不过，此种情况的原因，却在于法国贸易规模小、海员人数却相对较多，这些海员主要都是在舰队里服役，所以当舰队不出海的时候，就能将他们转到巡洋舰上去。由于战争的压力变得越来越大，路易十四不断地削减现役军舰的数量，所以贸易破坏船的数量就增加了。"皇家海军的舰船和官兵，在一定条件下被租借给一些私营公司或者其他一些希望进行武装私掠的公司；就算是那些内阁大臣们，也都不会对自己在这一行业里所占的份额嗤之以鼻。"事实上，他们是为了取悦国王，才去这样做的。这种条件通常会规定，私掠所得的一部分收益应归于国王，以此作为使用舰船的回报。此种工作，对于任何兵役制度来

---

[1] Smyrna：士麦那。土耳其西部的港口城市，现称伊兹密尔。

说，都会导致士气低落的问题，但其后果却并不一定马上会显现出来；这些条件传递出了当时进行私掠的风气与干劲，而这种风气与干劲是不可能一直存在的。事实上，公共财政由于无法维持海军的支出，便与私人资本结合起来，这样它就只要承担放在别处并无所用的物质上的损失，并且寄望通过掠夺敌人而获取回报就行了。此战中的贸易破坏活动，也并非仅仅是单艘巡洋舰的事情；法国的贸易破坏活动，往往是由三四艘，甚至是由多至6艘舰船组成一支小型舰队，在某一个人的指挥之下协同进行的；并且公正地来说，在让·巴尔、福尔班和杜瓦−特鲁安之流的水兵领导下，这些小型舰队是更乐意去与敌作战，而不愿去劫掠财物的。其中最大的一支，并且是唯一一支远离法国沿海的私人远征队，在1697年对拉丁美洲北部的卡塔赫纳发动了袭击。远征队有7艘战列舰和6艘护卫舰，还有一些小型舰船以及2800名士兵。此战的首要目标，便是向卡塔赫纳市征收捐税；但此战对西班牙政策的影响也是很显著的，于是两国便议和了。这种性质的一致行动，虽说极大地有助于为舰队支援提供场所，但并不能统统这样干；并且，尽管联军继续将大量舰队汇集一处，但由于战争还在进行，行政效率也已改善，所以贸易破坏活动还是保持在允许的范围之内。与此同时，我们还可以提一提此战中英国人的一份报告——这份报告称，他们俘虏了59艘战舰，而法国人却只承认被俘了18艘——以此作为那些没有支援力量的巡洋舰即便是在如此有利的条件下也损失惨重的证据。一位法国的海军历史学家曾经十分肯定地将这种分歧，归因于英国人没有区分那些可以称作真正的战舰的船只与那些租借给私人公司的船只。在所引述的名单中，并没有实际上属于私掠船的舰船被俘记录。"因此，这场战争中贸易破坏活动的标志，便是以巡洋舰组成小型舰队、待敌人认为最好将其舰队集结于别处时在离基地不远的海域协同行动这些独特的特点；尽管如此，也尽管英国海军的管理糟糕得很，但随着伟大的法国舰队销声匿迹，这些巡洋舰的行动便日益捉襟见肘起来。"所以，1689年至1697年间这场战争的结果，与下述一般性结论并不矛盾："一种巡航贸易破坏战要想给敌人以毁灭性的打击，就必须得到作战舰队的支援，得到战舰小分队的支援；这样就会迫使敌人将兵力集中起来，从而使得巡洋舰可以顺利地去攻击敌人的贸易船队。倘若没有这样的支援，结果就只是让那些巡洋舰白白地去送死。"到此次战争结束的时候，这种趋势正日益变得明显起来；而在下一次战争中，当法国海军已经陷入到一种更加羸弱的状态时，这种趋势也就更加显而易见了。

尽管损失颇大，但英、荷两个海洋国家却都蒸蒸日上地发展起来了。此次战争，以法国发动进攻开始，又以压制住法国、使得法国处处被动防御而告结束，还迫使路易十四违背他自己那种最根深蒂固的成见，违背他那些最合理的政治抱负，不得不承认威廉这个他视为篡位者且与他势不两立的仇敌是英国国王。从表面上和整体上来看，这场战争似乎差不多完全是一场陆上战争，从西属尼德兰始，沿莱茵河而下，直至意大利的萨伏伊和西班牙的加泰罗尼亚。英吉利海峡中的数次作战与渐渐消弭的爱尔兰战事，看起来不过都是一些小小的插曲罢了；而在贸易和商业领域内所进行的隐形战争，却全然被人们忽视了，或者只是在商人们抗议自己遭受了损失的时候，才被人们注意到。然而，贸易和海运业非但承受了损失，还基本上提供了支撑陆军与法国作战的军费开支；而财富从这两个海洋国家转而流向其联合舰队的小金库，则可能是由法国发动战争凭借的那种制海权的误导所决定的，并且自然也因此种误导而加快了速度。因此，一支拥有优势兵力、真正精良的海军，是有可能、并且通常都可以对一个准备没有那么充分的敌人发动势不可挡的打击的；但由于法国错失了机会，所以联合舰队那种本来就更强大、基础也更牢固的制海权，还是有时间来维护其实力的。

1697年于里斯维克签署的那份和约，对法国来说是极为不利的；该国失去了自19年前签署《奈梅亨和约》以来获得的全部领土，只有一个重要的例外，那就是没有失去斯特拉斯堡。路易十四在和平时期通过阴谋诡计或者通过武力所获取的一切，都不得不放弃了。该国还向德国和西班牙支付了巨额赔偿。由于赔偿西班牙是在尼德兰进行的，所以此种赔偿直接有利于荷兰共和国，并且事实上也给整个欧洲和西班牙带来了直接的好处。这份条约为英、荷两个海洋国家带来了商业利益，从而有利于两国的制海权，还相应地削弱了法国的制海权。

法国已经做出了巨大的努力；像当时这样，像它已经不止一次地孤身对抗整个欧洲那样，都算得上是一种伟大的壮举。不过我们可以说，由于荷兰共和国已经给了我们教训，说一个国家无论是多么的积极进取，倘若其人口数量和领土面积根本不大的话，就决不能只倚赖于外部资源，所以衡量一下法国我们就明白，一个国家无论人口数量如何庞大、内部资源如何丰富，也都绝不可能无限制地倚赖自身而存在下去。

据说，有位朋友曾经发现柯尔贝尔出神地望着窗外，便问他在沉思些什么，柯尔贝尔回答道："看着眼前这些肥田沃土，我想起了在别处所看到的那些土地；法国是多么富饶的一个国度啊！"此种信念，支撑着他在自己的仕途生涯中度过了诸多的挫折，努力解决了因国王的奢侈浪费和穷兵黩武而导致的种种财政难题；而该国历史自他那个时代以来的总体进程，也已证明他的这种信念是正确的。法国的自然资源丰富，工业生产发达，人口增长也很兴旺。但无论是国家还是个人，倘若割断了与他国或他人之间的自然交往，便都是不可能兴旺发达起来的；无论其体制或者体格天生具有什么样的活力，国家或个人都需要有一个健全的环境，都需要有自由，以便将远近各处凡是有益于其成长、有益于其实力、有益于其公共福利的一切，全都吸引到身边来。非但是内部机体必须运行良好，去腐存新的过程和运动、循环的过程必须顺畅进行，而且身心两方面也都必须从外部资源中获得健康而多样的滋养才行。尽管有着丰富的自然资源，法国却日渐没落下去，原因即在于它本身各个部位之间缺乏那种充满活力的相互交流，而法兰西与别的民族也缺少一贯的交往——这种交流和交往，即是我们所知的商业贸易，亦即国内贸易和国外贸易。说战争是导致出现这些缺陷的原因，至少是指出了部分事实；不过，此种说法并没有彻底地说明这个问题。世人公认会带来诸多苦难的战争，一旦将一个国家与别的国家割裂开来并迫使它不得不完全依赖自身，首先就是有害的。的确，可能也有此种猛烈打击产生了鼓舞人心之效果的时期，不过，这属于例外情况，其存在时间不会长久，而且这种情况与我们所得的普遍结论也并不相左。在路易十四后来进行的历次战争中，法国正是处于这样的一种孤立状态，也正是这种孤立，差不多毁灭了整个法国；而柯尔贝尔一生的伟大目标，就是将法国从此种毫无希望的可能性中挽救出来。

仅凭战争，是不可能挽救法国的；只有当战争能够推迟，直至法国国内与国外的诸多循环过程已经稳定下来，并且发挥强大作用的时候，才能做到这一点。柯尔贝尔上任的时候，这种情况并不存在；它们既需开创，也需牢固地扎下根来，才能承受住战争的考验。他没有时间来完成这一伟业，而路易十四也并不支持这位大臣的计划，并不赞同将本国顺从而忠心的臣民那种崭露头角的精力，转到有利于这一伟业的道路上去。所以，等到巨大的压力降临到国家权力头上之后，法国并未像英国处在相似困境中所做的那样，没有从各个地区、通过多种途径汲取力量，也没有通过本国商人和海员的力量而让整个外部世界为本国做出贡献，而是被迫完全倚赖于自己，在海上被英、荷两国海军、在大陆上则被其他敌人重重包围，从而割断了该国与世界的联系。从这种逐渐被饿死的过程中逃脱出来的唯一之法，便是有效地控制海洋；便是开创一种可以确保国家财富与人民的勤劳得到自由发挥的强大制海权。对于这一点，法国也拥有巨大的自然优势，因为它拥有三大沿海地区，即英吉利海峡沿海、大西洋沿海和地中海沿岸；而在政治上，它也有过很好的机会，能够与荷兰结成友好同盟，从而将荷兰的海上力量与本国的海上力量结合起来，与英国为敌，或者起码也会让英国不敢轻举妄动。由于对自己的实力自负得很，并且知道自己绝对掌控着法国，所以路易十四抛弃了这种本来可以有力地加强其权力的势力，并且通过反复的挑衅，开始激起英国对自己的敌意。在我们刚刚讨论过的那个时期，法国出色、全面而成功地维护了他反对整个欧洲的那种态度，从而使得他的自信有了充分的理由；虽说该国并未向前发展，但该国也没有什么重大的倒退。不过，此种权力展示是消耗性的；它侵蚀掉了该国的活力，因为它汲取的全然是本国的资源，而不是外部世界的资源，何况该国本来是可以通过海洋与外部世界保持联系的。在接下来发生的这场战争中，我们虽然看到了同样的力量，但这种力量却没有了同样的生命力；因而法国到处都被打得节节败退，已经到了亡国的边缘。这两次教训都是相同的；国家跟个人一样，无论有多么强大，一旦将其与曾经导致并且支撑其内部权力的外部活动和资源割裂开来，便会衰落下去。正如我们业已表明的那样，一个国家是不可能永远倚赖自身存在下去的，而它可以与其他民族进行交流并复兴自己实力最容易的一条途径，便是海洋。

原注：

（1）莱迪亚德称，移除浮标的命令并未执行（《海军历史》，第二卷，第636页）。

（2）当时法国的海军大臣塞格莱称他为"谨慎，但缺乏信心"。

（3）在本文中，作者是遵循传统的、世人所公认的方式，来描述图维尔的命令及其行为动机的。法国史学家M·德·克里斯诺伊在一篇论述这一事件之前和事件当时秘史的论文中，否定了这些传统表述中的许多说法，很有意思。根据他的观点，对于英国海军官兵的爱国之心，路易十四根本就没有抱任何幻想；而他给图维尔所下的命令，虽说在某些情形下具有强制性，但并没有在战斗打响当天法国舰队所处的那种形势下强令他去作战。不过，这道命令的语气，却隐含着路易十四对这位海军将领在以前巡航作战中的行动感到不满，很可能是对他在比奇角海战后的追击过程中的做法不满，以及因此而对他在刚刚开始的这场战役中的精神有所疑虑。因此，是羞愧感迫使图维尔孤注一掷地对英、荷联合舰队发动了进攻；并且，根据M·德·克里斯诺伊的说法，在这位海军上将座舱里召开的作战会议，以及他戏剧性地出示国王命令的情节，事实上根本就不存在。

第四章
1702–1713年间的
西班牙王位继承战争

马拉加海战

在17世纪最后的30年里，人们从种种武装冲突与外交纷争当中已经清楚地预见到，即将发生一桩会引发诸多新的重大问题的事件。这就是，当时仍然据有西班牙王位的这一支哈布斯堡皇室没有后嗣，皇家直系血统断裂了；要是体弱多病、意志也很不坚定的现任国王一死，那么就需要决断下述问题：新主是应当从波旁王室中选取呢，还是应当从德国的哈布斯堡皇族中选取；并且，无论是哪种情况，新登基的君主是应当完全继承王室的遗产，即整个西班牙帝国呢，还是应当将这笔巨大遗产中的一部分用来平衡欧洲各国的势力。不过，人们已经不再狭隘地将这种力量平衡，理解为各国在欧洲大陆上所占领土的多少了；人们也密切关注着此种新的局面对于商业贸易、海洋运输以及对大西洋与地中海的控制权会产生什么样的影响。此时，两个海洋大国以及它们利益的性质，已经变得日益明显起来了。

为了理解此时应当解决的那些战略问题——这些问题完全可以称作是战略问题——我们必须回想一下当时西班牙帝国所统治的那些国家。在欧洲有尼德兰（即如今的比利时）；那不勒斯和意大利南部；米兰和其他北部行省；在地中海地区有西西里、撒西王国和巴利阿里群岛。科西嘉那时尚属于热那亚。在西半球，除了古巴和波多黎各，西班牙当时还据有如今分属拉美诸国的整个中美大陆，人们很快也会认识到这一地区巨大的贸易潜力；而在亚洲列岛，西班牙也有着大片的领地，还没怎么成为目前争论的内容。这个帝国，由于其中央王国的衰落而变得极其脆弱，迄今已使得其他国家对这个帝国广袤的领土范围毫不在意了；这些国家，都是因为具有更多直接利益而被西班牙占领的。倘若有可能出现一个更加强大的政府，可能与欧洲列强之一结盟而得到支持，那么这种漠视态度就不可能继续存在下去了。

详细分析当时的外交政策，与我们所论述的主题无关；当时，这些外交政策都是通过将民众与领土从一个君主手中转到另一个君主，试图和平地达到一种政治上的平衡。不过，我们可以简单地说明一下每个国家所定政策的要点。西班牙内阁和西班牙人民都反对将这个帝国进行分割的任何解决办法。英国和荷兰反对法国在西属尼德兰有任何的领土扩张，反对法国垄断与拉丁美洲之间的贸易；两国都担心，倘若让波旁王室的人登上西班牙王位，就会出现这两种结果。路易十四想要把那不勒斯和西西里给自己的一个儿子，假如分割西班牙帝国的话；这样，法国在地中海地区就拥有了一个强大的战略要地，但这是一个任由海洋强国宰割的战略要地——正是这一事实，才使得威廉三世勉强同意了法国的这个要求。奥国皇帝尤其反对将地中海地区的这些地方拱手送出，反对让这些地方不再受哈布斯堡王族统治，并且拒绝参与签署分割西班牙帝国的任何条约。还不待他们做好安排，西班牙的现任国王就一命呜呼了；不过，在临死前，大臣们说服他签署了一份遗嘱，将帝国所辖各国全都遗赠给了路易十四的孙子，即当时的安茹公爵，亦即后来史称的西班牙菲利普五世。通过这步棋，那些大臣们希望得到法国的保护，因为法国离西班牙最近，且属于欧洲最强大的国家之一，从而可以保持西班牙帝国的完整性；倘若除去称霸海洋、离任何国家都很近便且各个港口也向西班牙敞开的那些大国，法国就是离西班牙帝国最近的一国了。

路易十四接受了这种遗赠，并因此而感到自己在道义上有责任抵制瓜分西班牙帝国的任何企图。这两个王国团结在一个家族的统治之下，将会给法国带来极其重要的优势，能够使法国自此以后摆脱掉身后那个宿敌的威胁；这个宿敌，已经极大地阻碍到了法国向东扩张领土的进程。事实上，从那时起，这两个王国之间便因为皇族血统而结成了同盟，中间几乎没怎么间断过，只是因为西班牙的软弱，才没给欧洲其他国家带来威胁。其他国家马上看清了当时的形势；此时，除非法国国王做出某种让步，否则就只有开战了。即将爆发的这场战争，取决于英、荷两个大国的财力，所以两国的政治家便提出，意大利诸国应当交给奥地利皇帝之子，比利时应由英、荷两国自己占领，而在印度群岛地区，西班牙新任国王授予给法国的商业贸易特权，也不应当超过其他国家。我们不得不说，这是10多年战乱之后整体上最佳的一个妥协方案，应当归功于这些政治家们的智慧；并且，从中我们可以看出，他们开始越来越重视在海洋上的势力扩张了。然而，路易十四不肯让步；相反，他在西班牙统治者的默许之下，还占领了尼德兰的一些城镇——这些城镇，本来都是荷兰根据与西班牙达成的条约而派兵驻守着的。不久之后，在1701年的2月份，英国国会召开会议，废除了承诺将地中海地区某些领地让与法国的所有条约。荷兰开始武装起来，奥地利皇帝则派兵进入了意大利北部，紧接着便在此处发起了一场对路易十四极为不利的战役。

1701年9月，英、荷两个海洋大国与奥地利皇帝签署了一份密约，为即将爆发的这场大战确定了主要方针，但不包括在西班牙半岛本土上进行的战争。根据这份密约，联军开始攻取西属尼德兰，以便在法国和荷兰共和国之间设置一道屏障；还开始攻取米兰，以保障奥地利的其他省份；并且开始攻取那不勒斯和西西里，目的既是保障奥地利的其他省份，也是为了保护英王陛下之臣民以及荷兰共和国人民的航海和贸易安全。这些海洋大国，为了上述的航海和贸易安全，应当有权在西属印度群岛攻城略地；而各国在此夺取的一切，都应当属于它们，并且一直留在它们手中。战争开始了，三个盟国只有相互支援才能应对，也只有采取下述措施才能应对——首先，让法国和西班牙这两个王国永远都无法团结起来，无法由一位国王所统治；第二，让法国永远都无法在西属印度群岛地区称霸，也永远无法派遣船只去那儿直接或者间接地从事商业贸易；第三，保护英王陛下之臣民与荷兰共和国人民在已故西班牙国王治下所享受的那些商贸特权。

我们会注意到，这些条件中并未提出抵制那位波旁皇族的国王登基的什么想法，因为那位国王是受西班牙政府邀请前来担任该国国王的，并且首先得到了英国和荷兰两国的认可；但另一方面，奥地利皇帝并未收回以他本人为中心的、对哈布斯堡皇族王位继承权的声索。英、荷两个海洋大国在联盟中的话语权最大，从密约中保护两国贸易利益的条款即可看出这一点；不过，由于它们打算利用德意志的军队来进行陆上战争，所以德意志的要求也必须加以考虑才行。正如一位法国历史学家所指出的那样：

"这实际上是一份新的瓜分条约……一直不遗余力的威廉三世小心行事，避免让英国和荷兰为了将西班牙王国原封不动地交给奥地利皇帝而变得国穷财尽；他的最后一个条件，便是将新任国王菲利普五世的权力限制在西班牙本土，以及确保英国和荷兰能够利用原为西班牙王国所统治地区的贸易，连同那些重要的军事据点和海洋基地，来对抗法国。"

不过，虽说战争一触即发，但准备参战的这些国家却又犹豫起来。英国不动，荷兰也就不会动，而尽管英国有着强烈的反法情绪，但该国的制造商和商人，却仍然忘不了上一次战争中他们所遭受的惨痛损失。就在此时，正当战争之势左右不定的时候，詹姆士二世归天了。路易十四心有戚戚，便在詹姆士二世最亲密至交的要求下，正式承认詹姆士二世之子为英国国王；英国民众则把这种做法看成是一种威吓和侮辱，都极为愤慨，从而抛弃了所有的谨慎考虑。上议院宣布，"在西班牙王国的篡位者恢复理智之前，是不可能安全的；"下议院则表决通过了议案，除了拨款给德国和丹麦并向两国雇用援军之外，还派出了50000陆军和35000海军。不久，威廉三世便于1702年3月去世了；但安妮女王继承了他的政策，使之成为了英、荷两国人民共同的政策。

路易十四试图通过在其他日耳曼国家中组织起一个中立同盟，来消弭这种即将到来的暴风骤雨；但奥地利皇帝巧妙地利用了德国人民的情感，通过承认勃兰登堡选帝侯为普鲁士国王而将他争取到了自己这一边，从而建立了一个北德新教王室，而其他信奉新教的邦国便自然而然地在这个王室周围团结起来，最后变成了奥地利

英国女王安妮（Queen Ann，1665~1714,1702~1714年在位）。在位期间对法国发动了西班牙王位继承战争。1704年占领法国的盟国西班牙的直布罗陀，控制了地中海到大西洋的贸易。

帝国最有力的竞争对手。这样做的直接结果，便是法国和西班牙两国在开战之后，除了巴伐利亚，就没有任何盟国了——从那以后，法、西两国的共同目标即被称为"二皇目标"。5月，荷兰宣布对法、西两国国王开战；英国也对法、西两国开战了，安妮女王甚至不承认菲利普五世的宣战，因为他曾承认詹姆士三世为英国国王；奥地利皇帝则更为坦率，直言对法国国王和安茹公爵宣战。这样，伟大的西班牙王位继承战便开始了。

在论述一场规模如此之大、持续时间长达10多年的战争时，要想从一般性的叙述中疏理出与我们论述主题相关的内容，同时又不忽略掉这部分内容与整个战争的关系，是非常不容易做到的。然而，这样一种忽略，对于我们最终目标而言，关系却极为重大；我们的最终目标，并非仅仅是记录下海军历史上的诸多事件，甚至也不是对普通历史上海军领域里某些脱离了其因果环境的问题进行战术或者战略上的讨论，而是理解制海权对战争一般结果所产生的影响，以及它给各国繁荣带来的影响。不过，再一次指出下述这一点，还是有助于我们去清楚地对其加以理解的：威廉三世的目的，并非是阻止菲利普五世登上西

卡洛斯三世（Carlos III，英语文献中常写作查理三世 Charles III；1716–1788）。波旁王朝的西班牙国王（1759–1788年在位），即位前封号为帕尔马公爵（称卡洛斯一世，1731–1735）。他也是那不勒斯国王（称卡洛斯七世，1735–1759）和西西里国王（称卡洛四世，1735–1759）。

班牙王位——对那几个海洋大国来说，这个问题相对而言并不重要——而是为了其商业贸易和殖民帝国的利益，尽量夺取西属美洲殖民地中的某些地区，并且在此同时，将某些起码不致让英、荷两国失去它们在哈布斯堡王朝时代所得到的那些商贸特权的条件，强加给这个新的王国。这样一种政策，使得这几个海洋大国的主要精力不会放在西班牙半岛上，而是会放在美洲；英、荷联合舰队本来也可以不进入直布罗陀海峡。西西里和那不勒斯不会归英国，而是会给奥地利。可随后的一些原因，却使得这一总体计划发生了根本性的变化。1703年，联盟以卡洛斯三世的名义，扶持德意志皇帝的一个儿子为王储，西班牙半岛便变成了一场难以预料的血腥战争的战场，使得英、荷联合舰队不得不一直在该国沿海游弋；结果，就制海权而言，盟国在西属美洲并未取得什么重大成果，只是让英国在此战中得到了直布罗陀和马翁港，并且此后即成了地中海地区的霸主。与此同时，英国正式宣布卡洛斯三世为西班牙国王，并与葡萄牙通过谈判达成了一项条约，史称《梅休因条约》；这份条约，使得英国实际上垄断了葡萄牙的贸易，并且通过里斯本将葡萄牙从巴西得来的黄金输送给了伦敦——英国从中获利颇丰，既极大地有助于它继续在欧洲大陆作战，同时又让它能够维持住自己的海军。与此同时，由于英国海军的作战效率大幅提高了，所以法国巡逻舰给英国带来的损失虽说仍然巨大，但不再是无法承受的了。

战争爆发之后，根据原有政策，英国派遣乔治·鲁克勋爵率领一支由50艘战舰和运输船所组成的舰队，运送14000兵力前去攻打加的斯；此处是欧洲与西属拉丁美洲之间最大的贸易中心，西方的金币与商品都汇聚于此，然后再从此处散布到欧洲各国。威廉三世本来还想攻取卡塔赫纳，该地位于地球的另一边，是西属拉丁美洲最主要的贸易中心之一；为了实现这一目标，他在自己去世之前6个月，即1701年9月，就已派本鲍这个属于过去传统上的海军将领，率领一支小型舰队前往该地。本鲍遇上了一支被派去给该地运送给养和增援的法国舰队，便在卡塔赫纳以北与之交上了火；可是，虽说兵力超过敌人，但他手下的数名舰长通敌，没有参加战斗，使得他的目标落了空。他坚持战斗着，直到自己的座舰孤立无援，而他本人也受了重伤之后，法国人便避而不战了，而卡塔赫纳也没有攻下来。临死之前，本鲍收到了那支法国舰队的司令写给他的一封信，大意是："昨天上午，在下只有一个希望，那就是在阁下的座舱里享受晚餐。至于您手下那些胆小如鼠的舰长，请以上帝之名，通通都绞死吧，因为他们活该！"本鲍绞死了其中的两名舰长。鲁克远征攻打加的斯也没有成功，这种结果本来差不多是可想而知的；因为给他的命令似乎是要他去安抚西班牙人，使西班牙人不再甘愿追随那位波旁皇室的国王。这种模棱两可的命令缚住了他的手脚；但在此处失利之后，他得到情报，说满载着金银财宝和商品的一支西班牙船队，已经在法国军舰的护送之下，驶入了维哥湾。他马上率军赶往维哥湾，发现敌人正停泊在一处海港内，海港入口处只有四分之三英里宽，两边都筑有防御工事，还有一道重型挡栅；不过，鲁克勋爵下令用烈火焚烧挡栅，硬生生从中打开了一条通道，然后攻下了这个港口，而所有的商船，连同许多的金币，不是被鲁克缴获，便是沉到了水下。这一事件史称"维哥湾西班牙商船事件"，虽说是一种杰出而有意思的赫赫战绩，但在军事上并无值得我们关注的特色，只是打击了法、西两国的金融和名誉罢了。

维哥湾西班牙商船事件

　　然而，维哥湾海战在政治上却带来了重要的影响，促使上述海洋大国的总体计划发生了改变。葡萄牙国王因对法国人的担忧深有同感，便承认了菲利普五世的西班牙国王身份；但是，他的内心却是反对菲利普五世的，因为他担心法国的影响和势力会就此蔓延到他这个小而孤立的王国附近来。鲁克所接受的任务中，有一项便是离间葡萄牙国王与法、西同盟之间的关系；而维哥湾海战离葡萄牙边境如此之近，使得葡萄牙国王印象深刻地感受到了英、荷联合海军的强大实力。事实上，葡萄牙距海洋比距西班牙更近，所以必定会受到制海权的影响。盟国对他进行了利诱——奥地利皇帝提出割让西班牙的一处领土，而英、荷两个海洋大国则提出拨款给葡萄牙；可在奥地利的使节到达里斯本、并且公平合理地让盟国承诺在欧洲大陆进行战争的同时确保半岛安全之前，葡萄牙国王并不愿意表明自己的态度。奥地利皇帝把自己的权利转给了二儿子查理；而查理在越南发表了通告，得到英、荷两国的认可之后，便率联合舰队前往里斯本，并于1704年3月抵达了那里。这就使得英、荷两个海洋大国的政策，必须做出重大改变才行了。由于承诺支持卡洛斯国王，所以两国舰队此后都不得不游弋于半岛沿海地区，以保护该地区的商业贸易；而在西印度群岛所进行的战争，由于规模小而变成了一个次要问题，也没有分出什么胜负来。从这时起，葡萄牙就成了英国的一个忠实盟友，而英国的制海权也在此次战争中获得了无可匹敌的优势。葡萄牙的港口，成了英国舰队的避难所和获取补给和支援之地，而后来，英国也是以葡萄牙为基地，展开了与拿破仑之间的半岛战争。总而言之，葡萄牙在这100年间，从英国得到的利益比从其他任何一个海洋大国得到的都要多，而它对英国的畏惧，也比对其他任何一个海洋大国都要厉害。

　　尽管英、荷两个海洋大国的制海权对此次战争一般性结果的影响非常巨大，尤其是给后来英国又保持了100年之久的那种无可争辩的海上帝国地位带来了巨大的影响，但此次战争的特点，却是没有发生过一场具有军事价值的海战。双方的大型舰队确实曾经遭遇过一回，可结果却并不具有决定意义；之后，法国便放弃了与盟国在海上争雄，而是一心一意地进行贸易破坏战了。西班牙王位继承战的这种特征，差不多是整个18世纪的特点，只是不包括美国革命战争。此次战争和接下来半个世纪中的诸多事件，都向细心的读者强调了制海权所带来的那种无声无息、持久稳定而又令人筋疲力尽的压力，能够切断敌方的资源而维持好己方的各种资源，能在海军不用到场或者只是处于幕后的情况下为战争提供支援，并且会极为偶尔地进行大多数人都没有注意到的公开打击等方面的特点。英国那种势不可挡的制海权，就是欧洲这一时期历史上的一个决定性因素；这种制海权既让该国能够在国外发动战争，同时又能让本国民众繁荣兴旺起来，并且建立起了如今我们所见的这个庞大帝国；也正是因为它庞大，行动起来所向无敌，所以才不为世人所注意。在少数几次可称之为搏斗的情况下，因为英军的优势过于明显，以至于其中发生的事件都很少被称作是战斗；所以，自1700年至1778年间，可能除了拜恩在米诺卡岛、霍克在基伯龙湾这两次作战行动，根本就没有出现过敌我兵力平等、具有决定性意义和军事价值的会战。

因为有着这一特点，所以从我们论述的主题这个角度来看，西班牙王位继承战就必须排除在论述主题大纲之外，既无需叙述，也应避免表明它具有什么普遍意义，尤其是舰队的那些作战行动。各国海军自然与在佛兰德斯[1]、在德国和意大利发生的战事无关；它们只需如此这般地保护好盟国的商业贸易往来，使得陆上战争所倚赖的财政支援不会受到什么严重的制约，就算是起到了自己的作用。但在西班牙半岛上，情况则有所不同。卡洛斯三世在里斯本登陆之后不久，乔治·鲁克勋爵便率军驶往巴塞罗那，并且以为他的舰队一抵达，巴塞罗那就会移交给他；可该省省长却忠于西班牙国王，压制住了哈布斯堡王朝党人。于是，鲁克便驶往土伦，那里停泊着一支法国舰队。在途中，他看到了从布雷斯特而来的另一支法国舰队，

便进行了追赶，可没有赶上；这样，敌方的两支舰队便在土伦港会师了。在这里，我们应当注意，英国海军此时尚未像后来那样，试图在冬季封锁法国的港口。在这一时期，舰队跟陆军一样，也会进入冬季船坞进行休整。另一名英国海军上将，即克劳兹利·沙吾尔勋爵，春季的时候就已被派去封锁布雷斯特；可由于到得太晚，他发现到手的鸭子飞了，于是马上继续率军驶往地中海。鲁克因为没有考虑到己方足够强大，可以抵御那两支法国舰队的联合进攻，便向直布罗陀海峡撤退；因为此时英国在地中海地区尚无港口、基地，也没有盟军可用；最近的一处避敌之地也在里斯

乔治·鲁克勋爵(George Rooke, 1650–1709–)。英国海军将领，海军元帅。曾于1702年率英国海军在维哥湾海战中消灭西班牙珍宝舰队，后于1704年攻占直布罗陀。

[1] Flanders：佛兰德斯。中世纪西欧的一个国家，今为欧洲西北部的一个地区，在北海沿岸，包括法国西北部部分地区、现比利时的东佛兰德省、西佛兰德省以及荷兰的西南部分地区，是过去英、法长期争夺的目标。

本。鲁克与沙吾尔两部在拉各斯海岸会合后，就在此处召开了一次军事会议；在会议上，级别较高的鲁克称，他接受的命令是，倘若没有得到西班牙和葡萄牙两国国王首肯，就不得鲁莽行事。这实际上是缚住了两支海军的手脚；不过，由于气恼无所作为所带来的耻辱，也不好意思什么都没做就回师国内，所以鲁克最终还是基于下述3个理由，决定攻打直布罗陀：一是因为他听说此处防守力量不足，二是因为此处对于当时正在进行的战争来说是一个极其重要的港口，三是因为攻陷此处会给女王陛下的军队增光。英军便对该港发动进攻，狂轰滥炸一通之后便用小艇进行突袭，从而攻克了此地。英军对直布罗陀的占领自1704年8月4日始，而这一行动也使得鲁克之名流芳千古了；英国拥有了这个通往地中海地区的门户，完全应当归功于鲁克的判断力和无畏的责任感才是。

西班牙的那位波旁国王，马上开始重新攻取此处，并要求驻土伦的法国舰队在他进攻时提供支援。图维尔已于1701年辞世，此时的法国舰队由图卢兹伯爵指挥——他是路易十四的亲生儿子，当时才26岁。鲁克也向东驶去，于是8月24日双方舰队在维勒斯马拉加海域遭遇了。此时正刮东北风，英、荷联军处于上风位置，两支舰队都是左舷抢风，朝东、朝南航行。双方兵力数量不太确定；法军有着52艘战舰，而其敌人很可能只有60来艘战舰。联军并未靠在一起，而是每艘舰船各自为战；所以，鲁克这一方显然并未想要编成什么战术组合。事实上，马拉加海战并没有什么军事价值，只是我们发现，英军在此战中充分发挥了那种完全不科学的进攻方法；这种进攻方法曾饱受克拉克诟病，也

马拉加海战

是整个十八世纪最常用的一种进攻方法。注意到此战之结果与根据同一原则进行的其他战斗之结果相同，对于我们来说是很有教益的。前锋脱离了中军，留下了一处大大的缺口；而试图插入这一缺口、以便将敌方的前锋孤立起来，则是法军所进行的唯一一次战术机动。在马拉加海战中，我们并未看到有什么谨慎而娴熟的战术痕迹，而克拉克则很正确地认为，人们在此后才开始认识到这种战术的价值。由蒙克、鲁伊特和图维尔这些将领曾经实施过的那些出色的战术组合，堕落到一个仅仅倚赖航海技术去作战的时代——马拉加海战清晰地标志了这一过程，也使得此战仅仅具有这方面的一点儿历史意义。我们从中可以看到麦考利所吟唱过、属于英国海军多年来的理想模式的那种原始作战模式：

> "然后，双方领袖
>
> 发出进攻信号；
>
> 敌我步兵
>
> 大步向前，手执盾与矛；
>
> 两方骑兵
>
> 猛蹬马刺，鲜血迸流；
>
> 两军狭路逢
>
> 天地尽怒吼。"

人类的活动，并非总是向前进步的；我们如今的海军期刊文献中，也有着此种类似的理想之痕迹。虽说战斗极其惨烈，从上午10点持续进行到了下午5点，但完全没有决定性的意义。第二天，风向变了，使得法军占据了上风位置，可他们却没有利用这个机会展开攻击；倘若他们理直气壮地宣称前一天是因为自己没有这种优势的话，那么在这一点上，他们自己就应当承担很大的责任。鲁克本来无力再战；其所率舰队中差不多半数舰船——据说是25艘——的弹药都已经打光了。甚至还在战斗过程中，联合舰队中就有好几艘舰船被拖出了阵列，因为它们连进行一次舷炮齐射的火药和炮弹都没有了。无疑，这是因为它们曾经用了15000发炮弹攻打过直布罗陀，又没有哪个港口可以为它们进行补给所致——但占领了直布罗陀之后，这种缺陷就不再存在了。鲁克在攻克了直布罗陀之后，还抱有一个目标；这个目标，与促使合众国在内战初期占领皇家港[1]的目标是相同的，而这也是曾经使得帕尔马公爵[2]敦促国王在派出西班牙无敌舰队之前，先攻克荷兰沿海的弗拉辛的原因——倘若西班牙国王听从了这一建议，

---

[1] Port Royal：皇家港。南美牙买加的一个港市，亦译罗亚尔港。

[2] Duke of Parma：帕尔马公爵。帕尔马公国是以意大利城市帕尔马为中心的一个邦国，存在于1545年至1802年，以及1814年至1860年。西班牙国王菲利普五世的长子曾经统治过此公国。

那么西班牙就根本没有必要沉闷枯燥而又损失惨重地去远征英国北部[1]了。一个想要严重打击我国沿海地区的国家，无疑也会出于相同的原因，而去攻取那些远离大的中心城市、因而防守力量薄弱的地点，比如贾迪纳湾或者皇家港；由于我国海军作战效率低下，所以别国的舰队有可能攻下并守住这些地方。

鲁克全身而退，回到了里斯本，途中还在直布罗陀卸下了舰队余下的给养和弹药。图卢兹伯爵没有乘胜追击——假如能说他取胜了的话——而是返回了土伦，只派了10艘战舰前去支援攻打直布罗陀。法军对此处发动的攻击，一次次都是徒劳无果；担任围攻任务的那支小型舰队最终被击溃，而陆上进攻则变转成了封锁。"由于此次失败，"一位法国海军将领曾说，"法国民众便都开始反对海军，真是可悲得很。海军曾经创造过的种种奇迹，海军曾经起到过的巨大作用，都被人们遗忘了。人们认为海军不再重要了。与整个民族关系更加直接的陆军，则获得了人们原本给予海军的那种青睐和支持。当时普遍的错误思想，是认为法国的兴衰取决于莱茵河上的数个战略要地；它们只是助长了不利于海军作用的这些观念，而这些观念又导致了英国的强大和我国的弱势。"

在1704年这一年间，还发生了布伦海姆之战，其间法国和巴伐利亚的军队

布伦海姆之战。西班牙王位继承战争中，于1704年8月13日发生在巴伐利亚布伦海姆村的一次决定性会战，英国的马尔伯勒公爵和奥地利的欧根亲王联兵5.2万击破了法国-巴伐利亚联军6万，歼敌3万。这一胜利决定了法国的败局。

---

[1]这里是指1588年英、西之间的海战。此战中，西班牙"无敌舰队"先是在英国西南部海域惨败，然后又不得不绕道英国西北海岸返回西班牙，导致舰队几乎全军覆灭，也使得西班牙自此丧失了制海权。

被马尔伯勒和欧根亲王所率的英德联军彻底击溃了。此战的结果，便是巴伐利亚放弃了与法国的同盟关系，而德国则成了大战的第二战场；自此以后，这场大战主要就是在尼德兰、意大利和西班牙半岛进行了。

第二年，即1705年，联军兵分两路，向菲利普五世发动了进攻——一路是从里斯本向马德里进击，另一路则是经由巴塞罗那进击。前一种进击虽说以海洋为基础，但主要还是经由陆路，而最后则无果而终；那一地区的西班牙民众清清楚楚地表明，他们不会欢迎那位由外国势力扶植起来的国王。但在加泰罗尼亚，情形则大不一样。卡洛斯三世

欧根亲王（Prince Eugene of Savoy, 1663–1736）。神圣罗马帝国元帅、军事委员会主席，是出色的战略家，也是懂得激励人心的领袖，被认为是当时最伟大的军人之一。

亲随联合舰队前往该地。由于兵力弱于敌人，所以法国海军都缩在港内，按兵不动。法国陆军也未现身。盟国陆军便在3000名水兵的协助下开始攻打该市，舰队则在军需补给方面进行支援；对盟国陆军而言，联合舰队既是其给养基地，也是其交通补给线。10月9日，巴塞罗那投降了，加泰罗尼亚全境都对卡洛斯夹道相迎，盟军也继续向阿拉贡和巴伦西亚推进；巴伦西亚省的首府，则宣布支持卡洛斯三世。

第二年，即1706年，法国开始在西班牙境内进攻加泰罗尼亚省的边境地区，同时还防守着通往葡萄牙的诸座山口。由于没有了联合舰队，也没有联合舰队所运送和维持的那些援军，所以此处的抵抗软弱无力，巴塞罗那便再次被围了，只不过这一次它是被法军所围；有一支由30艘战船所组成的法国舰队，以及从附近的土伦港运送给养的无数船只对法军进行支援。此次围困自4月5日开始，进行得很顺利；奥地利王子查理本人正在城中，攻陷此处之后，他也会成为法军的战利品；不过，5月10日联合舰队赶来了，法国舰船纷纷撤退，在一片混乱之中，围困便解除了。波旁皇室的那位继承人不敢撤进阿拉贡省，便经由鲁西隆地区进入了法国，任由对手占领了该地。与此同时，另一支由海上贸易所赚取的援助金而得以维持的陆军，则从葡萄牙开始向前推进——葡萄牙正是英、荷两个海洋大国同时控制并加以利用的又一个基地。这一次，从西面进攻比较成功；联军攻陷了埃斯特雷马杜拉省和莱昂省的多座城市，而联军将

菲利普五世（Felipe V de Borbón，1683–1746)，又称腓力五世，西班牙波旁王朝创始人。1700年西班牙卡洛斯二世去世，把全部领地传给腓力。但法王路易十四宣布立他为西班牙国王，由此导致西班牙王位继承战争。

领们一听到巴塞罗那之围已解，随即便经由萨拉曼卡，开始向马德里步步进逼。菲利普五世在逃往法国之后，又经比利牛斯山西部返回了西班牙；可联军打过来之后，他便不得不再次出逃，任由联军占领西班牙首都了。1706年6月26日，葡萄牙人和联军一齐开进了马德里。而联合舰队在攻陷巴塞罗那之后，又占领了阿里坎特和卡塔赫纳两地。

如此一来，成功是无望的了；不过，西班牙人民的意愿一直被人误解了，而西班牙人由该国自然特征所激励的目标和自豪感的力量，也仍然不为世人所理解。整个民族对于葡萄牙人的憎恨，以及在宗教上对于异教徒的反感，都被激发出来了；而在他们看来，那位英国将领本身就是一名信奉胡格诺教的流亡者。马德里及其周围乡村的民众都愤懑难抑，而南方地区则派人向那位波旁国王保证自己的忠心。所以，盟军不可能在这个充满敌意的城市里驻留下来，尤其是马德里周围的乡村根本找不到给养，并且到处都是游击队。于是，他们便向东撤退，向位于阿拉贡省的那位奥地利王子靠拢。联军接下来打了一场又一场的败仗，直到1707年的4月25日，联军又在阿尔曼萨大败，损失惨重，折损了15000兵力。西班牙全境，除了加泰罗尼亚，便重新回到了菲利普五世的势力之下，而该省也有部分地区被征服了。第二年，即1708年，法军在这一地区虽说推进了一点儿，但还是没能进攻巴塞罗那；然而，巴伦西亚和阿里坎特两地却被攻陷了。

1707年，并未发生什么重要的海战。在夏季，位于地中海的联合舰队调离了西班牙沿海，前去支援由奥地利人和皮埃蒙特人对土伦港发起的进攻。后者是沿着地中海海岸线，从意大利调过来的，由一支舰队在海上支援其侧翼，并且提供补给。然而，此次围攻失败了，并且此战也没带来什么效果。在返回途中，海军上将克劳兹利·沙吾尔勋爵连同数艘军舰在西西里群岛失踪，成了历史上的海难事故之一。

1708年，联合舰队攻陷了撒丁岛，此处由于土地肥沃且离巴塞罗那非常近便，所以变成了奥地利王子一处丰富的宝库，只要得到联军的协助，他便可以控制海洋了。同年，米诺卡岛连同马翁港这个重要港口也被联军占领了，并且自此以后，由英国掌控了50年。由于占领了直布罗陀，从而可以封堵加的斯和卡塔赫纳，又拥有了马翁港，可以对付土伦港，所以此时的大不列颠，在地中海地区的根基与法国或西班牙一样稳固了；并且，因为与葡萄牙结成了盟国，所以英国还控制着里斯本与直布罗陀这两个军事基地，监视着海洋上和内陆海域的贸易线路。到了1708年底，法国在海陆两方面所遭受的惨败，这个王国所承受的极大苦难，以及几乎无望再把这场正在毁灭法国、英国却泰然处之的战争继续进行下去，迫使路易十四不得不做出极为丢脸的让步来争取和平了。他同意交出整个西班牙王国，只将那不勒斯留给那位波旁国王。联军拒绝了这一条件；他们要求安茹公爵放弃整个西班牙帝国，不再称王，此外还向法国提出了许多造成严重后果的条件。路易十四是不会答应这些条件的，所以战争便继续进行下去。

在余下的那几年里，虽说盟国海军艰难的作战行动并不像以前那样显著了，但其影响的真实性却仍然存在；到了此时，这种作战已是主要由英国独自进行，荷兰很少协助了。大部分时间都被限制在加泰罗尼亚的那位奥地利王子，通过英国舰队与撒丁岛和德属意大利各省之间保持着联系；不过，法国海军完全消失了，而路易十四也明显无意在海上部署小型舰队，使得英国的地中海舰队虽说规模稍减，但结果反而是增强了对贸易的保护力度。在1710年和1711年，英国还派遣了远征军，前去攻打北美的法国殖民地。远征军攻下了新斯科舍，但攻打魁北克却失败了。

在1709年至1710年间的这个冬季，路易十四从西班牙撤回了所有的法国军队，不再支持其孙儿的王业了。不过，正当法国的形势处于此种最低谷，似乎不得不做出让步，使得法国变成一个二流国家之时，英、荷、奥之间的同盟关系，却因在同盟中代表着英国的马尔伯勒失宠而受到了威胁。他失宠于英国女王之后，反对战争的那一派，或者更准确一点来说，就是反对继续进行战争的那一派上台掌权了。这一变故发生在1710年夏季，而英国当时正处在谈判的有利地位，同时承受着沉重的负担，故这两个方面都加强了整个国家渴望和平的那种趋势；很显然，这种形势不可能再给英国带来与之相应的什么优势。荷兰这个实力较弱的盟国，已经逐渐停止履行其对于联合海军应尽的义务了；尽管一些目光远大的英国人可能会满意地看到，一个与英国竞争的海洋大国将不复存在，但当时的人更关注的，却是英国的军费支出马上就因此而增加了。在欧洲大陆上进行的战争和西班牙战争中，联合省的费用主要也是由英国所提供的援助来支出的；而由于欧洲大陆上的战事无法再为英国带来进一步的利益，所以人们认为，西班牙人对波旁皇室的同情之心，是不可能在没有付出巨大代价的情况下，单纯为了支持卡洛斯三世而被压倒的。英、法两国间很快就开始了秘密谈判，而德意志皇帝的辞世又为谈判增加了一种动力；德意志皇帝正是身为西班牙国王的那位奥地利王子的哥哥。由于德皇没有其他的男性子嗣，所以卡洛斯马上就成了奥地利皇帝，并且随后不久即被推举为德意志皇帝。英国既不愿看到两顶王冠加于一位波旁皇室成员头上，同样也不愿看到两顶王冠加于一位哈布斯堡皇室成员的头上。

英国在1711年和约中所提的要求，表明该国已经成为了一个最纯粹的海洋大国；非但事实如此，而该国也已清醒地意识到了这一点。英国要求，法国和西班牙决不能由同一位国王来统治；应当允许荷兰和德国这两个盟国在一些市镇修筑工事，形成一道屏障，以此作为抵御法国进犯的防线；法国从英国盟邦掠夺得来的战利品应当归还；应当将直布罗陀和马翁港正式割让给英国——这两个地方在战略上和海洋上的重要性，前面我们已经指出来了；它还要求毁掉敦刻尔克港，因为这儿是劫掠英国贸易的私掠者的老巢；应当割让纽芬兰、哈德逊湾以及新斯科舍等法属殖民地给英国，这是法国当时最后的几个殖民地；最后，英国要求与法国和西班牙分别签订贸易条约，还要求法国转让在拉丁美洲进行贩奴贸易的垄断权——此种垄断史称"贩奴权"，是1701年由西班牙授予给法国的。

尽管敌对行动不断，但谈判还是继续进行着；1712年6月，英法两国签订了一份为期4个月的停战协定，英国便将本国军队从欧洲大陆上的盟军中撤了出来，而英军的伟大领袖马尔伯勒早在前一年就不再担任盟军统帅了。1712年，战局对法国实际上是有利的；不过，在几乎每一场战事中，英军都退避三舍，使得战争结束只是一个时间很短的问题了。荷兰提出的种种抗议，都得到了这样的回答：自1707年以来，荷兰一直就没有装备超过其应承担份额三分之一的舰船，就算从整场战争来看，它所装备的军舰也没有超过其应承担份额的一半。在1712年的一份奏章中，英国众议院发牢骚说：

"在此次战争的整个过程中，海军都是以一种极不利于陛下之王国的方式在作战，因为每一年我们都必须装备规模庞大的舰队，方能在地中海地区保持优势，方能对抗敌人可能在敦刻尔克或者法国西部诸港部署的任何军队；陛下迅速装备了我国所承配额的舰船，参与了海战中的方方面面，但荷兰却并非如此，该国每年所装备之舰船数量，与陛下所装备之数量相较，都严重不足……因此，陛下不得不用我国的舰船，以及额外的兵力来进行补充，而陛下之舰船，也不得不以庞大的规模、并且在一年当中不合时宜的时候持续游弋于遥远之海域，从而给海军带来了极大的损失。此种情况，亦使得贸易护航任务节节吃紧了；因为缺少巡洋舰，故我国沿海毫无防御；我们也无法骚扰敌方与西印度群岛之间那种获利巨大的贸易，敌人因此而获得了不菲之财源，倘若没有这种财源，他们是承受不了战争开支的。"

事实上，在1701年至1716年间，与西属拉丁美洲之间的贸易，为法国带来了4000万美元的收入。对于这些牢骚，荷兰驻英公使只是回应说，荷兰当时的形势是无法履行其约定义务的。1712年盟军数次战败，加上英国已经定下和谈目标，因此荷兰人也想进行和谈了；此时，尽管对其盟国有诸多不满，但英国人对法国仍然保持着以前的那种厌憎之情，所以还是支持了荷兰所有的合理要求。1713年4月11日，法国作为一方，与英、荷、普鲁士、葡萄牙以及萨伏伊的这一方，签订了一份几近全面、属于历史里程碑之一的和约，史称《乌特勒支和约》。奥地利皇帝仍在坚持，但英国不再拨款，使得他手下的军队寸步难行，并且随着各个海洋大国撤军，大陆战事很可能就只能由奥地利自己来支撑了；而法国呢，由于拳脚不再受缚，所以1713年在德国境内继续打了一场漂亮的胜仗。1714年3月7日，法、奥两国终于签订了和约。加泰罗尼亚和巴利阿里群岛等地仍有一些战火余烬，两地都在坚持反抗菲利普五世；不过，一待法军转而挥师两地，这次起义马上就被镇压下去了。巴塞罗那在1714年9月被彻底攻克；而到了第二年夏季，其余岛屿也都纷纷投降了。

由这场旷日持久的战争所导致、并在和约中所体现的变化，倘若不去考虑

《乌特勒支和约》的签署

那些较不重要或不具长远重要性的细节，就可以归纳如下：

1. 波旁王室在西班牙王位上稳住了根基，而西班牙帝国则保住了西印度群岛和美洲的殖民地；英国开始支持那位奥地利王子，并因此而使得其大部分海军都被派往了地中海地区，因此之后威廉三世在此进攻西班牙领土的目标就无果而终了。

2. 西班牙帝国丧失了在尼德兰的领地，格尔德兰归了新的普鲁士王国，比利时则给了奥地利皇帝；于是，西属尼德兰便变成了奥属尼德兰。

3. 西班牙也不再拥有地中海上的一些重要岛屿：撒丁岛割让给了奥地利，米诺卡岛及其良港割让给了英国，而西西里岛则给了萨伏伊大公。

4. 西班牙还失去了意大利境内的领地：米兰和那不勒斯都割让给了奥地利皇帝。这些，就是王位继承战给西班牙带来的主要后果。

法国是支持菲利普五世成功地继承了王位的那一方，但从此次战争中脱身的时候，该国非但已经千疮百孔，还丧失了大量的领地。虽说法国成功地将一位属于同一皇室的国王成功地扶上了一个邻国的王位，但法国海军的实力已被消耗殆尽，人口数量大幅减少，财政状况也已严重受损。在欧洲大陆割让的领土，都位于法国北部与东部边境；而法国也不再利用敦刻尔克港了，尽管此处曾经是令英国商人闻风丧胆的那种私掠巡航战的中心。在美洲，割让新斯科舍和纽芬兰还只是第一步，半个世纪之后，法国便失去了整个加拿大；不过，目前法国还保留着布雷顿角岛以及岛上的路易斯堡港——此港是通往圣劳伦斯湾和圣劳伦斯河的门户。

英国通过此次战争以及所签条约而获得的好处，差不多等同于法国和西班牙两国所承受损失的总和，并且全部都是让英国朝着扩张和巩固其制海权的方向发展。地中海地区的直布罗陀和马翁港，以及前面已经提到的北美诸殖民地，给英国的制海权提供了新的基地，使之能够扩张并且保护该国的贸易。程度仅次于英国海上实力扩张的，便是法国和荷兰因为陆上战争的巨大消耗而使得海军日渐衰落，从而给两国制海权带来的那种损害了；下文中我们还会给出两国海军衰落下去的更多迹象。荷兰疏于装备其应当派遣的舰船数量，以及该国所派舰船的糟糕状况，虽说给英国强加了额外的负担，但也可以说是一件好事，因为这迫使英国海军不得不做出更大的努力，不得不获取更大的发展。海上兵力的这种失衡，因敦刻尔克港防御工事被毁而进一步加剧了；因为虽说敦刻尔克本身并非一流港口，也非深水港，但其人为的军事实力极为强大，而其位置也尤其适合于阻挠英国的贸易往来。此处离南福兰和唐斯锚地仅有40英里，而整个英吉利海峡才20英里宽。敦刻尔克是路易十四早期所占地区之一，而在此处发展起来的过程中，路易十四也像对待自己的孩子一样，对它倍加关注；所以，从拆除此处的防御工事并将港口填塞起来这一点上，就可以看出当时他所受屈辱的深切程度。不过，英国很明智，其制海权并非仅仅倚赖于军事要地，甚至也并非仅仅倚赖于战舰，所以，如今它通过此次战争与所签和约在商业贸易上所获得的优势就极其巨大了。西属拉丁美洲的贩奴特许权本身就很合算，而在此基础上与美洲国家进行大规模的走私活动之后，这种特许权就变得更是利润可观了，因为这些国家会因为自己没有获得实际的特许权而支付部分酬金给英国；法国在南美洲割让给葡萄牙的领地，基本上也是有利于英国的，因为英国通过1703年所签条约，已经掌控了葡萄牙的贸易。在北美地区割让给英国的那些殖民地，并非仅仅是作为军事要地、也并非主要是作为军事基地才显得重要，而是在商业贸易上，这些殖民地个个都重要得很；此外，英国还与法国和西班牙分别签署了贸易条约，其中的条款对英国都很有利。当时的一位大臣在国会里为《乌特勒支和约》进行辩护时，称："此和约所带来的好处，体现在我国财力的增长上；体现在我国造币厂里铸造的大量金条银条上；体现在自和约签订以来，渔业与商业领域雇用的我国船只数量有了巨大增长；体现在进口关税和我国制造业、对外贸易业的显著增长上，"总而言之，就是体现在英国各行各业都有了进行贸易的动力上。

　　这样，英国在发展状况良好的情况下摆脱了此次战争，并且安然坐稳了它已经长久维持下来的海洋霸主地位；而其宿敌法国，却在贸易上和战争中都毫无希望地落到了英国的后面。战争结束之后，荷兰在海洋上一无所获——既没有得到殖民地，也没有获得军事基地。虽说与法国所签商贸协定的条款跟英国一样，但法国并未割让领地给它，使它无法像其盟友英国那样，在西属拉丁美洲获得一处立足之地。实际上，在签订和约的数年之前，当盟国还在支持卡洛斯的时候，英国公使就已在荷兰人不知情的情况下，与卡洛斯签订了一份条约，事实上让英国垄断了西班牙在美洲所进行的商业贸易；英国只允许西班牙人参与贸易，这实际上跟西班牙人不参与贸易没什么两样。可一不小心，这份条约被人知道了，使得荷兰人极为震惊；不过，当时的同盟离不开英国，荷兰也承担不起被其他盟国冷落的风险。荷兰在陆地上的收获，只是军事占领了奥属尼德兰的一些要塞，即史称的"壁垒城镇"；这些地方，没有给荷兰的国家收入、人口数量或者资源带来任何增益，也没有增强荷兰的国家实力，而军事机构却正是建立在国家实力这一基础之上的。荷兰放弃了那条曾经通往国家富强和成为各国领袖的道路，或许也是必然的。它在欧洲大陆上那种岌岌可危的地位，使得它忽视了海军的发展，从而导致了在战争和私掠活动频发的那个年代，荷兰的海洋运输业和商业贸易遭受了重大损失；并且，尽管该国在整个战争中都依然趾高气扬，但其武器装备的缺乏与落后，已经明显地呈现出其衰落之兆了。因此，虽说荷兰共和国实现了其开战的大部分目标，并且从法国手中挽救了西属尼德兰，但这种成功，却是得不偿失的。自此以后，该国有很长一段时间淡出了欧洲的战争和外交舞台；虽然或许部分是因为该国看到自己所获甚少，但更多的却是因为该国实在是软弱无能。经过这场艰苦卓绝的战争之后，该国出现了一种保守之势，令人痛心地表现出了一个领土狭窄、人口不多的国家所固有的那种弱点。荷兰共和国明显的衰落之势，即是始于《乌特勒支和约》；而其真正的衰落，其实早就开始了。荷兰不再是欧洲列强中的一员，荷兰海军不再是欧洲外交中的一个军事因素，而荷兰的商业贸易也随着整个国家的全面衰落而衰败下去了。

其余方面，我们只需简单地注意一下此战给奥地利和德国带来的一般性结果就行了。法国放弃了莱茵河这道屏障，以及此河东岸上的各处要塞。前面已经说过，奥地利得到了比利时、撒丁岛和那不勒斯，以及西班牙在意大利北部的一些领地；虽说在其他方面很不满意，但令奥地利尤感不满的是，它没能得到西西里岛，所以后来一直都在谈判，直至它将该岛收入囊中才作罢。跟奥地利暂时获取这些遥远而陌生的地方相比，对德国和整个欧洲都更加重要的一种情况，便是普鲁士的崛起；作为一个信奉新教的军事王国，普鲁士在此次战争中崛起来了，并且注定会在反抗奥地利的过程中发挥重要的作用。

这些，就是西班牙王位继承战争的主要结果，而此次战争则"是欧洲自十字军东征以来最为浩大的一次战争"。这是一场军事意义主要是在陆地上的战争——在此次战争中，马尔伯勒和欧根亲王这两位有史以来最伟大的将领并肩作战，他们所进行的布伦海姆、拉米伊[1]、马尔普拉奎特[2]、都灵[3]等战役之名，即便是最为草率的历史读者，也都耳熟能详；而大量杰出人士也在此战中的其他一些战场上崭露头角，比如在佛兰德斯、在德国、在意大利、在西班牙。在海上，只发生过一场大规模的海战，并且此战也很难称得上是一场真正的海战。然而，此刻倘若只来看一看这场战争中那些直接而明显的结果，那么

---

[1] Ramillies：拉米伊。尼德兰的一处村镇，今属比利时。1706年5月，马尔伯勒与欧根亲王率英、荷、奥盟军在此大败法军。

[2] Malplaquet：马尔普拉奎特。尼德兰的一处村镇，今属比利时。1709年9月，马尔伯勒与欧根亲王所率的英、荷、奥盟军在此经过顽强作战，打败了法军。此战以双方大量使用火炮而著名。亦译马尔普拉凯。

[3] Turin：都灵。意大利城市。1706年，欧根亲王率军在此以少胜多，打败了包围都灵的法军，结束了法国在北意大利的长期统治。

第一次十字军东征前，教皇乌尔班二世发表演说。

谁是赢家呢？是法国吗？该国的唯一收获，便是将一位波旁王室的国王扶上了西班牙王位。是西班牙吗？该国的唯一收获，便是用一位波旁王室的国王，取代了一位哈布斯堡王族的国王，从而与法国结成了更加亲密的同盟关系。是拥有了"壁垒城镇"，却使得海军败落、民穷财尽了的荷兰吗？最后，是用各个海洋大国的拨款来打仗、并且获得了尼德兰与那不勒斯这些海洋之邦的奥地利吗？是那些所进行的战争日益集中于陆上，而其目光也日益只盯着陆上利益的国家呢，还是英国？事实上，在欧洲大陆作战的经费都是由英国支出的，英国甚至还派出了军队，可该国在此期间也加强了自己的海军，巩固、扩张和保护了自己的贸易，占领了海上的军事要地——总而言之，就是在竞争对手、友邦和仇敌的废墟之上，创立并巩固了自己的制海权。我们关注英国海军的发展情况，并非是要贬损别国所获得的利益；但这些国家的收获，不过是使英国所获利益之巨大，显得更加明显罢了。尽管法国的海军和海洋运输严重受损且一蹶不振了，但在自己的后方拥有了一个友邦而非仇敌，对法国来说，也是一种收获。在长达一个世纪的政治沉寂之后，再跟像法国这样活跃的国家进行密切往来，对于西班牙来说也是一种收获，并且，西班牙也保存下了大部分曾经受到威胁的领地。对于荷兰来说，收获就是最终摆脱了法国的进犯，并让比利时掌控在一个强国而非弱国的手中。而对于奥地利而言，该国非但主要通过牺牲别国的利益而遏制了其宿敌的发展，还获得了像西西里和那不勒斯这样的省份——它们在一个英明的政府治下，可能会为确立一种强大制海权而打下基础，所以这无疑是奥地利的一大收获。不过，这些收获中没有哪一种，甚至是这些收获加起来，也没法在规模上、更不用说在巩固性上与英国所获的利益相媲美；英国那种无可匹敌的制海权，在奥格斯堡同盟战争期间开始崭露头角，并在西班牙王位继承战争中得以完善并标志性地确立起来了。凭借这种制海权，该国用一支所向无敌的海军，掌控了公海之上的大规模贸易，而别的国家都已民穷财尽，不可能再拥有这样一支海军；并且，如今在全球各个有争议的地区，英国海军都有了牢固而强大的军事基地。尽管它的印度帝国此时还未成形，但其海军的巨大优势，使得英国既能够控制其他国家与那些富饶而遥远的地区所进行的贸易往来，还能在不同国家贸易站点之间产生的所有纠纷中，维护本国的意志。让该国在战争期间能够繁荣发展起来并让其盟国保持作战效率的贸易，虽说受到了敌方巡洋舰的阻挠和骚扰（由于要应对的问题繁多，英国无法全力去对付这些巡洋舰），但战争一结束，就必定会焕发出新的活力。世界各国都因承受此次战争所带来的共同苦难而疲惫不堪了，各国人民都渴望着重归繁荣，重新太太平平地进行贸易；没有哪一个国家像英国这样，在财力、资金和运输等方面都做好了准备，无论是通过合法途径还是非法手段，都能够推进并获取促进了商品交易的各行各业所带来的好处。在西班牙王位继承战争中，通过自身的高明管理以及消耗别国的财力，英国稳步地建立起了自己的海军和贸易；并且事实上，当时法国派出了史上最鲁莽、最不安分的一些巡逻舰越洋过海，在各个海域都危险重重的这种情况下，海军良好的作战效率就意味着航运更安全，也意味着商船上会因此而雇用更多的人。英国的商船因为比荷兰商船受到了更好的护卫，因此被人们称作是安全得多的承运者，而英国商船所承揽的运输业务自然也日益增加了；人们一旦养成了更喜欢雇用英国船只的习惯，这种习惯很可能就会保持下去。

"总的来看，"一位研究英国海军的历史学家称，"我认为英国这个民族的威望，或者说整个民族的精神状态，都在这个时期达到了巅峰。我国军队在海洋上所取得的成就，保护我国贸易的这种需求，以及所采取的每一步都因增强了我国制海权而广受欢迎，使得继续实行这些措施后，我国的实力年复一年地增强了。所以，1706年末皇家海军才呈现出了一种强大有力的不同面貌；此种不同，不仅体现在舰船数量上，而且体现在舰船质量上，这两个方面都大大超过了英国革命时期或者更早的皇家海军。因此，在上一次战争中，我国贸易才会不降反升，才会通过与葡萄牙之间的周密通商，取得如此突出的收获。"

所以，尽管我们经常都认为制海权只与海军相关，但英国的制海权并非仅仅体现在其庞大的海军上；法国在1688年也拥有这样一支海军，可这支海军却像火中之叶一样迅速枯萎了。英国的制海权也并非仅仅体现在商贸繁荣这一个方面；我们业已论述到的那个时间的数年之后，虽说法国的商业贸易也相应地发展繁荣起来了，可战争的狂风一到，就把法国赶出了各个海域，就像克伦威尔治下的海军曾经横扫荷兰的贸易业一样。正是在两国精心培育的盟友关系中，英国才获得了远远优于其他国家的制海权；而这种收获，无疑与西班牙王位继承战争有关，且是始于这次战争。此战之前，英国只是海洋大国之一；而此战之后，它却成了唯一的海洋大国，别无其他海洋大国了。这种制海权也由该国一手掌握，既无友邦共享，亦无仇敌遏制。该国一枝独秀，富有且独霸海洋，而其四通八达的航运业将众多的财富之源聚于手中，所以如今在海洋上已无出现竞争对手之虞。这样一来，该国所获的制海权和财力非但巨大，而且牢固，全都处于自己的掌控之下；其他国家所获得的利益，既在程度上大大不如英国，而性质上也较脆弱，因为它们或多或少，都有赖于其他民族的友好。

那么我们不妨问一问，这是不是意味着，海权只是一个国家的伟大或者富裕所带来的结果呢？当然不是。正确地利用并掌控海洋，只是使财富得以积聚起来的商品交换链条上的一环罢了；不过，这是其中的中心环节，目的是让别的国家为掌控了海权的国家的利益而甘愿做出牺牲，并且历史似已肯定，这个环节的首先任务，无疑便是将财富聚集于该国。英国对海洋的此种掌控和利用，似乎是因为多种条件同时存在而自发形成的；此外，在西班牙王位继承战争之前的那些年里，一系列财政措施也推动了英国走向繁荣富强的步伐——麦考利曾称这些措施是"深厚而坚实之基础，在此之上，必将出现世间有史以来结构最为巨大的一种商业繁荣。"然而，人们或许会质疑，英国人民喜欢贸易并由贸易所培养的那种天赋，有没有使得采取这些措施变得更加容易；他们采取这些措施，是否至少并不是完全起源于该国的海权，反而增强了该国的海权呢？无论怎样，我们都已看到，在英吉利海峡的另一边，还有一个在这场竞赛中起步比英国更早的国家——该国的位置与资源，都使得它尤其适合于通过战争或者贸易来称霸海洋。在这个方面，之所以说法国的位置非常独特，是因为在所有的海洋大国当中，只有该国可以自由选择；其他各国在本国疆域之外进行活动时，都或多或少，要么主要被限制在陆地上，要么主要被限制于海洋上；而法国呢，除了有一条漫长的大陆边疆，还有一个沿海地区，毗邻三大海域。1672年，该国明确无疑地决定经由陆地进行扩张。当时，柯尔贝尔掌管该国财政已有12年，已将法国财政从一种极端糟糕的混乱状态中恢复过来，使得法国国王的财政收入，变成了英王财政收入的两倍多。在那个时候，是法国向欧洲各国提供资助；但柯尔贝尔为法国所制定的计划和他对法国的期望，是建立在让法国变成一个海洋强国这一基础之上的。法荷战争阻碍了这些计划的实施，迈向繁荣富强的前进步伐停下了，而最后法国也被击退，回到了只能倚赖于自己且断绝了与外界联系的境地。无疑，是诸多原因结合起来，才导致了此种标志着路易十四统治终结的可悲后果；这些原因有：战争频发，这一时期后半段的秕政，以及整个这一时期的奢侈浪费等。但是，法国从未被别国入侵过，除了极少数例外情况，战火也只是在该国边疆或者边境之外燃烧，而其国内工业，可能也很少因直接的战争而受损。在这些方面，法国几乎可以与英国相匹敌，而且条件比其他敌国也更加优越。那么，是什么让两国的结局大相径庭呢？为何法国会痛苦悲惨、民穷财尽，而英国却会喜气洋洋、繁荣一片呢？为何英国能够发号施令，而法国却只能接受和约的条款呢？个中原因，显然在于两国财力和威望的差距。法兰西孤立无援，独自面对着诸多敌人；而这些敌人，却是由英国的资助所培育，并在英国的资助之下发展起来的。英国的财务大臣在1706年写给马尔伯勒的一封信中，曾说：

"尽管英、荷两国的土地与贸易都承受着过重的负担，但荷兰与我国的信贷却都运行良好；法国由于财政枯竭的情况要严重得多，所以他们向国外寄钱时，每1便士都不得不支付20%和25%的手续费，除非他们寄的是金币。"

1712年，法国的财政支出是2亿4000万法郎，但税收总额却只有1亿1300万法郎，而且，这笔税收减去损耗和必要的支出之后，上交国库的就只剩下3700万法郎了；法国政府也曾试图通过预支未来数年的岁入，以及一系列名称冗长而难懂的临时交易，来平衡其财政赤字。

"1715年夏（即和约签订两年之后），法国的形势似乎已经糟糕到了无法再糟糕的地步了——没有了公共信贷和私人信贷；国家没有了清晰的收入来源；从未来数年所预支的那一部分财政收入也没有保障。生产活动和消费都因流通性匮乏而无法恢复；在社会败落的废墟之上，高利贷横行。物价飞涨和商品贬值轮番上阵，最终压榨着人民群众。因为供应品不足，民众甚至是军队当中都爆发了骚乱。生产企业都萧条得很，或者关门歇业了；被迫乞讨的人在各大城市里都遍地可见。农田荒废了，土地则由于没有农具、没有肥料、没有耕牛而闲置起来；房屋也纷纷倒塌，变成了废墟。实行君主制度的法国，似乎正准备同该国年老体衰的国王一起断气。"

这就是法国的形势。那时，法国的人口数量是1900万，而英伦诸岛人口加起来才800万，而法国的土地，也比英国要富饶和丰产得多；并且，在这一伟大时期以前，法国还拥有丰富的煤、铁资源。"相反，在英国，1710年国会的一笔笔巨额拨款，极大地打击了法国；因为就在法国信贷低迷，或者说在某种程度上完全没有信贷的时候，我国的信贷却是鼎盛之极。"就在这同一次战争中，"我国的商人表现出了一种强有力的精神，使得他们能够精力充沛地继续实施自己的各种计划——这些计划，让整个王国内部的资金保持着流通——并给所有企业提供了强大的激励，从而使得人们在回忆起那些形势更加糟糕的年代时，心中充满了欣慰之情。"

"通过与葡萄牙所达成的那份条约，我国获得了巨大的利益……葡萄牙人开始安逸地享受他们在巴西的那些金矿所带来的财富，而我国进行的大规模贸易，则使得他们的富有，在很大程度上也变成了我们的富有，并且此后一直都是这样；不然的话，我还真不知道我国进行战争的费用是从哪里来的呢……英国国内现金的流通量大幅增加了，这在很大程度上应当归功于我国与葡萄牙之间的贸易往来；而这一点，我已经阐述得非常明确，应当完全归功于我国的制海权（正是这种制海权，不但将葡萄牙拉出了两王同盟，而且还让它不得不倚赖于海洋大国的保护了）。我国经由加的斯与西属西印度群岛进行的贸易，在战争初期自然受到了很大的阻碍；不过，后来这种贸易大部分都恢复过来了，并且还通过葡萄牙，与当时正处于大公治下的数个省份进行直接联系，进行着一种虽说属于违禁但规模却相当巨大的贸易活动。同时，我们在与西印度群岛的西班牙人进行的贸易（也属于违禁活动）中，获利也极为丰厚……我国的各个殖民地，虽说埋怨母国疏于关注，但都日益富庶起来，人口渐增，还把贸易扩张到了比以前更远的那些地方……此次战争中，我们英格兰这个民族的目标，已经在很大程度上得到了明确的说明——我指的是摧毁法国的制海权，因为马拉加海战之后，我们就再也没有听说过他们的大型舰队了；尽管这样做使得他们的私掠船数量大增，但我国商人的损失，在法国私掠船横行海上的时候，还是比法国大型舰队称霸海洋的时候要轻微得多……这当然是一件令人拍手称快的事情……我们刚开始起步的时候，看到的是法国国王在1688年集结起了一支强大无比的海军，而我们自己却是在艰难困苦中挣扎着；1697年，当我国终于从那场令人心烦的战争中脱身之后，却又发现自己负债累累，短暂的那一段和平时期根本无法让我们甩掉这些债务；可到了1706年，我们并没有看到法国海军驰骋于英国沿海，相反，却是我国每年都派遣一支强大的舰队前去袭扰法国的沿海地区，非但在大西洋上压倒了法国海军，还在地中海地区压制住了他们，迫使法国海军完全退出了地中海，从而让这一海域只有我国的国旗在飘扬……这样一来，不但确保了我国与黎凡特之间的贸易往来，巩固了我国在意大利各诸侯国的利益，还打得巴巴里诸国胆战心惊，令苏丹敬畏得不敢再听法国的任何建议。这些，就是我国海上实力增强的效果，也是我国利用此种制海权所取得的成果……这种舰队是必须保持的；它们曾经保护过我国的国威和盟友，还将这些方面同我国的利益结合起来；并且，最重要的是，它们有效地确立了我国海上力量的威名，以至于我们即便是如今（即1740年），也仍然能够感受到这种威望所带来的幸福影响。"

无需再说什么了。正是在法国历史学家向我们夸耀说法国巡洋舰养肥了该国贸易的那些年里，英国如此成就了自己的海洋霸业。英国的史学家们承认，这些年里英国也遭受了重大的损失。1707年，也就是说，自战争爆发以来的5年后，根据上议院一个委员会的报告，统计"表明自战争开始以来，英国已经损失了30艘军舰和1146艘商船，其中的300艘重新修好了；而我国也俘房或者摧毁了敌方的80艘战舰，以及1346艘商船；此外，还俘房了175艘私掠船。"前面我们已经说明，敌方损失的军舰数量更多，很可能是因为这些军舰被租赁给了私人企业所致。不过，无论其相对数量是多少，除了上述说明，我们不再需要任何理由来表明，一种不以大型舰队为基础的单纯的巡航战，是不可能瓦解掉一种伟大的制海权的。让·巴尔死于1702年；但他后继有人，留下了福尔班、杜·卡塞以及其他人，尤其是迪盖-特鲁安，这些私掠者[1]都可与有史以来的任何贸易破坏者相匹敌。

既然提到了迪盖-特鲁安这个名字，那么我们在最终结束对西班牙王位继承战争的论述之前，不妨还来说一说他进行的一次最伟大的私掠远征行动。在

私掠者迪盖-特鲁安

此次远征中，他远离祖国，到达了其他私掠者绝少到达的遥远之地；因此，这次远征奇妙地说明了当时的人进行此种私掠活动的精神，以及法国政府衰落下去的种种转变过程。1710年，一支小型的法国舰队袭击了里约热内卢，但被击退了，损失了一批据说本应被处死的囚犯。迪盖-特鲁安想获得许可，去为法国报这一箭之仇。法国国王同意了，借给他船只并为这些船只配备了船员。法国国王作为一方，而雇用迪盖-特鲁安的那家公司则为另一方，拟定了一份例行合同，规定一方承担远征费用，另一方承担装备和给养的费

[1] 私掠者，是欧洲中世纪经一国政府颁发特许执照——私掠许可证，获许在战争期间袭击别国航运的个人或船舰。这使得一名海盗由此成为一国政府的代理人及现役的"合法海盗"。海盗们得到政府颁发的"私掠执照"后，就成了该政府的同伙，它给予持有者攻击政府敌人的权利。显然这种办法对政府有利，政府可以调动武装船只及水手，却不需要花费额外的财政资源，也不用出动海军。

私掠者迪盖-特鲁安的船只

用。从这份合同中，我们还看到了一条古怪的、商业化的条款，规定参与远征的部队在巡航过程中每自然死亡、战死或者逃跑一人，该公司就应当向法国国王支付30法郎的罚金。国王从远征队的净利润中提取五分之一，但应承担舰船沉没或者在作战中被毁的损失。根据这份长长的合同中详细列举的这些条款，迪盖-特鲁安得到了一支由60艘战舰、7艘护卫舰以及2000多兵力所组成的武装部队，然后就在1711年率领这支舰队向里约热内卢进发了；经过一系列作战行动之后，他攻取了该地，然后让当地人以大约不到40万美元的价格——大约相当于如今的100万美元——外加500箱食糖，将此地赎回去了。那家私掠公司在此次远征中的净利率大概达到了92%；而因为有两艘战舰在返回途中失踪，所以法国国王所获利润很可能并不多。

　　虽说西欧诸国都卷入了西班牙王位继承战争，但与此同时，一场可能对此战之结果产生深远影响的冲突，也正在东欧进行着。瑞典和俄国正在交战，匈牙利人已经揭竿而起，反抗奥地利，最后把土耳其也拉了进来，但土耳其并未坚持到1710年末。倘若帮助了匈牙利人的话，土耳其可能就会发生一种有利于法国的强大逆转，这种情况在历史上本来就曾发生过。英国历史学家都认为，土耳其是因为害怕英国的舰队才没有那样做；但不论怎样，该国都没有轻举妄动，而匈牙利也不得不臣服于奥地利了。瑞典与俄国之间的战争，导致了后者称霸波罗的海；而作为法国老盟友的瑞典则衰落下去，变成了一个二流国家，还使得俄国最终登上了欧洲的历史舞台。

第五章
法国摄政时期

阿尔韦罗尼在西班牙；沃波尔和弗勒里的政策；
波兰王位继承战；英国在西属美洲的违禁贸易；
英国对西班牙宣战，1715-1739

　　《乌特勒支和约》签订后不久，曾在西班牙王位继承战争中担当主角的那两个国家的君主都相继去世了。安妮女王死于1714年8月1日；路易十四则是1715年9月1日辞世的。

法国国王路易十四之死

继承英国大统的是德国的乔治一世；尽管这是英国人民的选择，但他们却并不喜欢乔治一世，把他当成是一种"必要之恶"而容忍着，因为这个国王信奉新教而不是信奉罗马天主教。除了效忠的臣民们显得很冷淡和嫌恶之外，他还发现了一大批心怀不满的人，这些人都希望由詹姆士二世的儿子来继承王位。所以，乔治一世的王位坐得很不牢靠，尽管更多的是在表面上而非真正的不牢靠，但实际上还是很不牢靠的。相反，法国在王位继承问题上毫无异议；但继承人是一位年方5岁的孩子，因此有很多人觊觎继承权——因为继承法国王位后，获得的将是一种比英国的王权更加绝对的权力。最后，第二继承人，即奥尔良大公菲利普获得了继承权，并开始大权独揽；但是，他也不得不既提防法国国内的对手动摇其统治的各种企图，又得提防西班牙那位属于波旁王室的国王——即菲利普五世——一直未消的仇怨：这种仇恨，似乎是因为在上一次战争中，奥尔良公爵曾要过一次阴谋，想阻碍菲利普登上西班牙的王位。因此，英、法两国政府中都弥漫着一种不安和担忧的气氛，从而影响到了两国制定的政策。至于法国和西班牙的关系，因两国的现任君主彼此都很仇视，故一度阻挠了路易十四曾希望通过家族纽带来维持住的那种友好一致关系，从而给两国的真正利益带来了损害。

在当时最有能力、最有名望的杜布瓦主教这位政治家的建议下，摄政王奥尔良大公开始向英王示好，提议与英国结成同盟。他先是在商业贸易上做出了让英国人全面接受的让步，禁止法国船只在南太平洋进行贸易，违者处以死刑，还降低了进口英国煤炭的关税。英国起初在接受这些主动示好行为的时候很警惕；但摄政王毫不气馁，又进一步提出并将詹姆士三世这位觊觎王位者赶到了阿尔卑斯山脉之外。他还在马尔迪克开始填造要塞；这个地方是新开挖出来的，法国政府试图用此地来弥补该国失去敦刻尔克港的损失。我们会注意

杜布瓦主教（Guillaume Dubois, 1656~1723）。法国的枢机主教和政治家，是摄政时期的首席大臣和英法同盟的缔造者。

阿尔韦罗尼主教（Cardinal Alberoni,
1664–1752）。意大利教士。在西班牙王位继承
战争中显露声名。1715–1719年任西班牙首相、
主教。曾试图废除《乌特勒支和约》，但遭到英、
法、德、荷四国的反对，从而爆发四国同盟战争，
1719年被解职。

到，这些让步措施总的来说其实只有一点，那就是牺牲法国的海权或者贸易利益，诱使英国与之签订一个条约，从而让两国共同做出保证，执行在乌特勒支所签与两国利益相关的那些条约；尤其是执行下述这一条款：假如路易十五死后无嗣的话，应当由奥尔良大公家族来继承法国王位。而英国应由信奉新教的人来继任王位这一点，同样也会得到保证。被战争拖得筋疲力尽的荷兰不愿缔结新的协定，但法国承诺豁免荷兰商品的某些进口税费，最终还是让荷兰改变了立场，加入了这一条约。1717年1月所签署的这一条约，史称《三国同盟条约》；而在此后的数年间，这一条约都将法、英两国绑到了一起。

在法国向英国做出如此种种示好行为时，西班牙正在另一位能干的神职人员引领下，寻求同样的一种同盟关系；与此同时，该国还希望通过收复已经丧失的意大利各诸侯国，来增强自己的实力。新任大臣阿尔韦罗尼主教向菲利普五世承诺，假如给他5年的太平时间，他就让菲利普五世能够重新征服西西里和那不勒斯两地。他勤勤恳恳地工作着，努力提高国家的岁入，改造了海军，重新组建了陆军，同时还促进工业生产、贸易和运输业，并且在这些方面都获得了举世瞩目的进步；但西班牙要收复失地，要在收复失地的基础上确立该国在地中海地区的霸权——失去直布罗陀，极大地损害了该国的此种霸权——这种更为正当的雄心壮志，却因菲利普五世想要推翻奥尔良大公在法国的摄政政权这一不合时宜的目标，而受到了阻碍。阿尔韦罗尼主教不得不疏远法国；法国的海权与西班牙的海权一样，关键都在于让西西里掌控在友邦的手里，而且，西班牙并非需要获得法国这个天然盟友的支持，而是必须得到英、荷这两个海洋大国的支持。因此，阿尔韦罗尼主教也曾试图通过在贸易上做出让步来达到这一目的；他承诺让英国马上得到《乌特勒支和约》中所确定的各种特权，而对于这些特权，西班牙本来一直都在想方设法地拖延。作为回报，他要求英国在意大利实施有利于西班牙的行动。乔治一世本质上是德国人，所以他冷淡地接受了这些对德意志皇帝在意大利的诸领地不利的示好举措；阿尔韦罗尼主教很生气，便收回了这些承诺。三国同盟通过保证现有的法国王位继承办法，进一步羞辱了梦想着坚持自己的继承权利的菲利普五世。所有这些谈判的结果，便是使得英、法两国合起来对付西班牙——其实对于这两个波旁王国来说，此种做法都是一种很不理智的政策。

由这些不同的目标与意见所导致的局面，其实质就是奥地利皇帝和西班牙国王都想得到西西里，可在乌特勒支和会上，西西里却分给了萨伏伊大公；法、英两国都希望西欧保持和平，因为战争会给两国国内那些心怀不满的人带来兴风作乱的机会。然而，乔治一世的位置比奥尔良大公的位置要稳固得多，所以后者的政策往往会屈从于前者的政策，并且这一趋势还因西班牙国王不断表现出来的敌意而得到了强化。作为德国人，乔治一世很乐意见到德意志皇帝成功；而英国的政治家们，自然也更愿意看到西西里掌控在该国这个新的、令人放心的盟友手中，而不是掌控在西班牙手中。法国呢，虽说与其真实的政策背道而驰，但迫于摄政王地位不稳，所以也持有相同的观点；于是有人提议修改《乌特勒支和约》，让萨伏伊大公将西西里转让给奥地利，再把撒丁岛归给萨伏伊大公。然而，西班牙也得考虑，因为西班牙在阿尔韦罗尼主教的治理之下，已经拥有了一定的军事实力，令那些在上一次战争中得知西班牙软弱无能的人都惊讶不已。虽说该国还没做好开战准备，因为这位主教所要求的5年时间才过去了一半，但是，我们更不能说该国已经放弃了自己的种种野心。一个微不足道的小事件，就使得西班牙勃然大怒了。有位西班牙的高级官吏，在从罗马经由陆路前往西班牙时，途经了奥地利皇帝统治之下的意大利诸邦；奥地利皇帝却下令，将这名官吏作为反叛分子抓了起来，因为他仍然认为自己才是西班牙国王。受到了这种侮辱之后，阿尔韦罗尼根本就劝阻不了菲利普五世。于是，西班牙派遣一支由12艘战舰和8600名士兵所组成的远征军，前去攻打撒丁岛，并在数月之后攻陷了该岛；当时，撒丁岛还未正式转交给萨伏伊大公。此战发生于1717年。

西班牙人无疑也曾经去进攻过西西里；不过，此时法、英两国进行了更加积极主动的干预，以阻止这场看上去很危险的全面战争。英国派了一支舰队前往地中海，并在巴黎、维也纳和马德里三地展开了谈判。这些会议的成果，便是英、法之间达成了一项协定，按照上面所说的办法，将撒丁岛与西西里两地的归属进行交换，而将意大利北部的帕尔马和托斯卡纳划归西班牙以作补偿，还规定奥地利皇帝永远放弃他对西班牙王位那种荒唐而恼人的要求。倘有必要，可以武力执行这一协定。奥地利皇帝起初拒不同意，但阿尔韦罗尼的准备工作日益有力起来，最终还是让他决定接受这些如此有利的条件；而在荷兰加入这一条约之后，同盟便变成了史称的"四国同盟"。西班牙非常顽固；正是阿尔韦罗尼主教在发展壮大西班牙实力的过程中取得了重大成就，以及乔治一世非常热切，更不用说急不可耐了，才使得同盟提出用割让直布罗陀的条件来换取西班牙的同意。假如摄政王奥尔良大公明白这一点，那就可以部分地说明他之所以力促谈判的原因了。

阿尔韦罗尼主教试图通过在整个欧洲做出外交上的努力，来为该国的军事实力撑腰。俄国和瑞典曾经为了斯图亚特王室的利益，一起制订过一项入侵英国的计划；荷兰的代表曾经延迟签署"四国同盟"条约；法国国内开始密谋反对摄政王；土耳其人被煽动起来，反抗奥地利皇帝；英国各地民众的不满情绪都被激发起来了；他还试图拉拢因为被夺走了西西里而怒不可遏的萨伏伊大公。1718年7月1日，一支由30000兵力组成的西班牙陆军，在22艘军舰的护卫下，出现在巴勒莫[1]。萨伏伊大公的军队疏散了全城居民以及差不多整个西西里岛上的居民，抵抗则集中在墨西拿要塞进行。那不勒斯陷入了一片担忧之中，直至英国海军上将拜恩[1]在墨西拿被围的第二天率军抵达，这种恐慌才平息下来。由于西西里国王此时已经同意了"四国同盟"条约的条款，于是拜恩让2000名奥地利士兵上船，准备送他们前去登陆墨西拿。当他率军来到墨西拿，发现该地被围之后，便给西班牙主帅写了一封信，提出休战两个月。这一要求当然被西班牙主帅拒绝了；于是，这些奥地利士兵便在意大利的雷吉奥再次登陆，而拜恩则率舰队通过墨西拿海峡，搜索已经向南而去的西班牙舰队。

接下来的这场交战，很难称得上是一场战斗，并且，正像在这种事态中很容易出现的那样，当双方都处于战争边缘、可又还未真正宣战的时候，英国人却开始怀疑，在道德上来看，发动进攻是不是正当的了。拜恩之前就已下定决心，要俘虏或者摧毁西班牙舰队，这一点似乎是确定无疑的，而作为一名军人，他也有理由下这样的命令。西班牙的海军将领，此时却还没有决定采取何种作战方针；他们的兵力大不如敌人，并且情况必定一向如此，阿尔韦罗尼主教匆匆忙忙地重新建立起来的海军，并未在同一时期内达到该国陆军那样的作战效率。英军开始咄咄逼人地迫近过来，一两艘西班牙军舰率先开了火；于是，处于上风位置的英军便顺势而行，消灭了这些舰船，只有少数几艘逃入了瓦莱塔港。这样，西班牙海军实

---

[1] Palermo：巴勒莫。意大利的一个港口城市，位于西西里岛西北岸，为西西里首府。

际上就全军覆灭了。我们很难理解，一些史学家为何会认为拜恩在这个时候不顾战斗队形发动攻击的行为非常重要。他当时面对的，是一支杂乱无章、兵力和军纪都大不如英军的部队。他的功劳，似乎更在于他乐意承担起一种责任，因为一个更加谨慎小心的人，是有可能会逃避这种责任的；不过，在这一次以及整个战役中，他都为英国做出了很大的贡献，使得英国海军通过消灭一个虽说并非实际上的、却是一个潜在的对手，再一次巩固了该国的制海权，而他本人也因为此种贡献获得了奖赏，被封为贵族了。关于这一天的战斗，曾经被写成了一份极得英国史学家们喜爱的通讯报道。一位海军上校被派率领一支小型舰队，去追击数艘漏网的敌舰。他给海军司令的那份报告，是如此写的："阁下，我们已经在此处海岸俘虏或摧毁了所有的西班牙船只，数量请参见页面旁注。致敬，G·沃尔顿。"一位英国史学家说，如此被挤着标注在页边的那些船只，法国人很可能需要好几页才报告得完；而另一位史学家也承认这一点，不过这种说法其实并无必要，不过是嘲讽法国的一个典型罢了。我们可以认为，这次在帕萨罗角的所谓"战斗"并不值得详述，而沃尔顿上校可能也是这么认为的；不过，倘若关于海军事务的所有报告都以他这种模式来写的话，那么整个海军历史就没法以官方文件为依据了。

这样一来，1718年8月11日，西班牙海军就在帕萨罗角海岸被英军击垮了。此战使得西西里的命运尘埃落定了——要是说它的命运此前还属未知之数的话。英国舰队绕着该岛巡逻，对奥地利人进行支援，并将西班牙人隔离起来，还下令在缔结和约之前，不允许任何一名西班牙人离开。阿尔韦罗尼主教的外交计划一个接一个地失败，带来了一种奇怪的致命性影响。第二年，法国根据同盟条约侵入了西班牙北部，摧毁了那儿的西班牙海军造船厂；在随同法军司令部的一位英国专员怂恿下，法军非但烧毁了西班牙正在建造中的9艘大型舰船，还烧掉了建造另外7艘多舰船的材料。这样，就彻底摧毁了西班牙的海军；据一位英国历史学家称，这种做法完全是由于英国忌惮西班牙的海上力量所致。当时的法军司令伯威克公爵是斯图亚特王室的一位私生子，他写道："这样做，是为了让英国政府可以向下一届议会表明，为了削弱西班牙海军的实力，政府已经尽了全力。"英国的海军历史学家们认为，乔治·拜恩勋爵的行为，则更清楚地表明了英国当时的目标。当墨西拿这个城市和要塞被奥地利军队、英军和撒丁岛的军队合围起来之时，三方因要塞中西班牙作战人员被俘后的归属问题发生了争执。拜恩"心中想到，该要塞可能会投降，并且提出让要塞内的舰船安全返回西班牙的条件，但这种条件他是决计不会接受的；另一方面，在此紧要关头，这些舰船的归属权也可能让相关侯爵之间发生极不合时宜的争执。所以，倘若这些船只最终被裁定不归英国所有的话，最好就不要归任何一方所有，而是交给奥军将领梅尔奇伯爵，由他建立一个炮台，将泊在要塞内的船只全部摧毁。"其他两方的将领犹豫了一阵子之后，便照此而行了。倘若持之以恒的谨慎和警惕能给人带来成功的话，英国确立其制海权就是当之无愧的；不过，对于法国此时在这个方面的愚笨，我们又该说什么呢？

持续不断的失败，以及没有了海军便无望争夺远洋殖民地的情况，彻底瓦解了西班牙的抵抗。英、法两国坚持要求将阿尔韦罗尼解职，菲利普也在"四国同盟"提出的条件下屈服了。必定会同英国保持友好关系的奥地利政权，就此在地中海中心地带的那不勒斯和西西里两地牢固地确立下来了，就像英国本身在直布罗陀和马翁港两地确立其政权那样。此时在英国上台掌权的大臣罗伯特·沃波尔勋爵，后来并没有维持好这一有利的同盟关系，从而极大地背离了英国的传统政策。萨伏伊王室在撒丁岛的统治自此开始，并且一直延续下去了；只是到了如今这个时代，"撒丁国王"这个称号才与更为广义的"意大利国王"合二为一。

在阿尔韦罗尼内阁执政、西班牙抱有野心这一短暂的时期内以及其后不久，波罗的海沿岸正在进行着一场战争；对此，我们必须提一提才行，因为它再一次有效地说明了英国的海权，表明该国在欧洲北方和南方一样毫不费力，从而让人想起虎爪轻叩的故事来。瑞典与俄国之间旷日持久的较量，在1718年暂时中断了；两国进行了和谈，想结成同盟，以解决波兰王位继承问题和在英国复辟斯图亚特王室的问题。这一计划，阿尔韦罗尼主教也曾寄予厚望，最终

彼得大帝

却因瑞典国王战死而终止了。于是，两国便继续战下去；俄国沙皇明白瑞典已是强弩之末，便打算完全征服瑞典。这种做法，会彻底打破波罗的海地区的势力均衡，使波罗的海变成俄国的一个内湖，这既不符合英国的利益，也不符合法国的利益；尤其是英国，因为该国的制海权无论是用于和平目的还是用于战争目的，都得倚赖主要源自波罗的海地区的海军物资。于是，这两个西欧王国都通过外交手段进行了干预，而英国还派出了自己的舰队。此时也正在与其宿敌瑞典交战的丹麦，很快就让了步；可彼得大帝却对两国这种不言而喻的高压态势深感气恼，直至最后，

英国命令其海军司令率领舰队加入瑞典一方，准备在波罗的海上重现帕萨罗角海战的历史，沙皇这才惊慌失措，撤回了俄国舰队。这是1719年的事；彼得大帝虽说受了挫折，却并没有慑服。第二年，尽管没有及时救援瑞典沿海地区，没有使之免于遭受俄国的重大打击，但英国还是再次加大了干预的力度；而沙皇由于意识到自己不得不去对付英国此种坚定之目标，并且通过亲自观察和实战经验明白了英国海军的作战效率，所以最终同意议和了。对于这一令人满意的结果，法国人宣称主要应归功于他们的外交努力，还说英国对瑞典的支援软弱无力；说英国愿意放弃波罗的海东岸各个地区，因为俄国占领这些地区之后，便可以更加轻易地将该国广袤内陆的巨大资源对英国贸易进行开放。这一点，很可能并未言过其实，而英国所寻求的，无疑也是其自身的利益，尤其是其贸易和海权利益；不过，彼得大帝的性格，却决定了他最为重视的还是英国舰队的作战效率，以及英国舰队可以直接打到他家门口的作战能力。通过1721年8月30日签订的这份《尼斯塔德和约》，瑞典放弃了利沃尼亚[1]、爱沙尼亚以及波罗的海东部沿岸的其他地区。出现这种结果是必然的；因为当时这些小国已经越来越无法守住自己的领土了。

西班牙对"四国同盟"强迫它服从的那些条款极其不满，这一点是不难理解的。虽然接下来的12年被称为和平年代，但这种和平很不稳固，并且充满了导致日后爆发战争的各种因素。令西班牙难以释怀的三大不平之事就是：奥地利占领了西西里和那不勒斯，直布罗陀和马翁港在英国手里，以及英国商人和商船在西属美洲从事着巨大的走私贸易。我们会看到，英国正是这三大不平之事的积极支持者；因此，英国就是西班牙首要的敌人，而西班牙却并非英国唯一的敌人。

阿尔韦罗尼主教下台后西班牙的安定局面，实际上主要得益于法、英两国各自一位大臣的性格与政策，因为这两人都希望实现全面的和平。法国摄政王的政策以及实施此种政策的理由，我们都已经很清楚了。出于同样的理由，以及为了消除英国发动意外进攻的危险，杜布瓦还让西班牙进一步做出了妥协，在《乌特勒支和约》所规定的贸易优势之外，还允许英国每年派遣一艘船只前往西印度群岛进行贸易。据说这艘船只在泊港之后，其他船只就源源不断地将货物运到该船上，以至于新货物从一边装上船的速度跟旧货物从另一边卸下船的速度一样快。执政8年之后，杜布瓦主教和摄政王两人相继于1723年下半年去

---

[1] Livonia：利沃尼亚。波罗的海东岸的一个地区，原属俄国，1918年一战后分别划归拉脱维亚和爱沙尼亚。

世了；在此期间，他们都彻底改变了黎塞留所制定的政策，既与英、奥两国结成了盟友，还为这两国牺牲了法国的利益。

法国的摄政权力和形同虚设的政府，转移到了皇室的另一位成员手中；不过，法国真正的统治者却是弗勒里大主教，他是此时年仅13岁的法国国王的导师。有些人曾经试图解除这位导师的职务，可结果却是不得不在1726年授予他大臣的头衔和权力。此时，罗伯特·沃波尔勋爵已经就任英国首相，其影响力与权力使得他实际上完全领导着该国的政策走向。沃波尔和弗勒里的主要愿望都是和平，尤其是确保西欧的和平。因此，法、英两国便继续为此目标而共同进退，并且，尽管两国无法彻底压制住所有的怨言，但还是在数年间成功地制止了多次暴动。不过，虽说这两位大臣有着此种一致的目标，但他们怀有此种目标的动机却并不相同。沃波尔之所以希望和平，是因为英国王位继承问题仍然悬而未决，是因为摆在他面前的英国贸易需要和平崛起，并且很可能还是因为他的内心无法容忍英国政府中的那些对手，这才让他不愿再战，以免自己身边出现实力更强的人。弗勒里呢，则是由于法国国王的王位和他的权力都相当稳当，还像沃波尔一样希望自己的国家和平发展起来，以及出于老年人热爱平静的自然心态而不愿再战；因为他就任之时已有73岁，而在去世放权之时，则已是90高龄了。在他这种温和的执政时期，法国重新开始繁荣兴旺起来；就算是匆匆过客，也能注意到法国和法国人民面貌的改变。不过，此种改变究竟是应当归功于这位平和稳重的老人治下的政府呢，还是只应当归因于法国人民天生豁达开朗的性格，使得他们既不再为战争费神，也未与世界其他地区隔绝，这一点还是可以存疑的。法国当局声称，全国的农业生产并未恢复过来。然而完全可以确定的是，法国的海洋事业蓬勃发展起来且进步巨大，而其主要原因则是在路易十四死后的数年间废

罗伯特·沃波尔（Robert Walpole, 1st Earl of Orford, 1676–1745），英国辉格党政治家，英国历史上第一位首相。曾历仕乔治一世及乔治二世两朝，主导英国政局约20年，后来因为对西班牙开战而失势。

除了各种贸易限制政策。西印度群岛的发展尤其迅猛，与之进行贸易的母国港口，自然也会分享到这些地区的繁荣成果。马提尼克、瓜达鲁佩和路易斯安那的热带气候，以及由奴隶进行的农业耕作，都使得这些地区都很容易屈从于那种家长式的半军事制管理；虽说所有法属殖民地实行的都是这种行政方式，但在加拿大，却因为当地气候严寒而没有取得令人满意的效果。在西印度群岛，法国此时已经获得了一种超过英国的决定性优势；仅仅是法国所占的那一半海地岛的产值，就相当于所有英属西印度群岛殖民地的总和，并且法国的咖啡和食糖，也正在将英国的这两种产品挤出欧洲市场。法国的史学家们还宣称，在与地中海地区和黎凡特的贸易中，法国也获得了压倒英国的类似优势。与此同时，东印度公司重新崛起，而它在法国的仓储地，"东方的布雷顿市"——从这个名字，就可以看出它与东方的关系——也迅速成为了一座声名显赫的城市。位于科罗曼德尔沿海的庞迪切里与位于恒河上的金德纳格尔这两处法国势力和贸易的中心，也迅速发展起来；波旁岛和法兰西岛（即如今的毛里求斯），也因为它们的位置十分有利于控制印度洋，所以其中之一变成了一处富庶的农业殖民地，而另一处则成为了一个强大的军港。这家庞大的公司手中的垄断权，只限于在本国与印度的主要军港之间进行贸易；而整个印度洋的贸易，则向私营企业开放，因而增长迅猛。这种伟大的发展完全是同时进行的，可法国政府甚至还以不信任的态度待之。此种发展以两个人物为代表，即杜普雷和拉·布尔多纳；前者在金德纳格尔，后者在法兰西岛，都为法国人指出了发展道路，并引导着他们在所有这些活动中前进，从而在东方诸海域确立起了法国的势力和声望。这一运动，自法国在印度半岛上变成了英国的竞争对手，并且暂时承诺让英国拥有那个已经以大不列颠女王之名授予了新封号的伟大帝国之后就开始了，但它注定最终会在英国的制海权面前不堪一击，并且消亡于无形。法国贸易的此种扩张，源于局势和平以及取消各种限制政策，并非源于政府的什么贸易保护意识，其发展程度可由法国商船运输业的增长看出来：路易十四去世的时候，法国只有300艘舰船，而20年后，法国已经拥有了1800艘商船。一位法国历史学家称，这一事实验斥了"那种因我们的不幸而产生出来的、说法国并不适于从事海洋贸易的可悲偏见，但海洋贸易却是无限扩大一国势力和活动范围的唯一一种贸易。"

不过，法国人民此种自由而满意的运动，却让弗勒里觉得完全无法接受；他似乎就像一只孵出了小鸭子的母鸡那样，对这种运动疑心重重。沃波尔和他本人都一样地热爱和平；但沃波尔却不得不认真对待英国民众，因为英国民众都坚决憎恨在海洋和贸易中的恩恩怨怨，无论此种恩怨是怎样结下的。此外，弗勒里还承袭了路易十四那种可悲的政策；他的关注点只是欧洲大陆。他并非真正愿意因袭摄政的老路，再去与西班牙纠纷不断，而是更愿意拉近法、西两国的关系；并且，尽管因为西班牙一直对英国恨恨不已，使得他曾经一度无法在不牺牲其和平政策的前提下做到这一点，但他的心思，主要还是倾向于通过在他能力所及的地方扶持波旁王族，并且通过家族联盟将这些王族团结起来，从而巩固法国在欧洲大陆上的地位。所以，他便任由法国海军日益衰败下去。

"就在法国民众通过私人活动正努力恢复其海洋事业的这一刻，法国政府却已放弃了海洋。"法国海军的有形力量，减少到了44艘战列舰和护卫舰，并且大多数的状况都很糟糕；甚至是在英法战争一触即发的那5年间，法国也仅有45艘战列舰，而英国却有90艘。此种差异，其实早已预示了随后长达四分之一个世纪的那场战争的结局。

在同一时期，沃波尔由于依赖弗勒里的合作，所以坚决不让英国与西班牙开战。西班牙咄咄逼人和令人气恼的态度，以及它时常激怒一些盟国的做法所带来的种种麻烦局面，英国都用海军进行威慑的办法应付过去了，而且有时还应付得很成功——海军的威慑，是为了让这些国家记得，英国的那种制海权曾经让一国又一国感受深切并且甘拜下风。1725年，西班牙国王与奥地利皇帝同意放下两国的宿怨，并在维也纳签署了一个条约；其中有一项秘密条款，规定奥国皇帝应支持西班牙对直布罗陀和马翁港的主权声索，如有必要，还可使用武力。俄国也表现出了加入这一同盟的意向。而英、法、普鲁士三国则组成了一个反制联盟；英国还派出了三支舰队；其中一支前往波罗的海，以威慑俄国的那位女沙皇，另一支前往西班牙沿海，以遏制该国政府并保护直布罗陀，第三支则前往西班牙本土的拜尔罗港，以封锁那儿，不让西班牙的大帆船[1]集结，并且切断西班牙的物资供应，同时提醒西班牙国王：他离不开美洲运来的金币，而要运送这些金币，也离不开英国所控制的海上通道。沃波尔对战争的厌恶，从他严令在拜尔罗港的那位海军司令不许开战、只许封锁这一点即可见一斑；结果，这支小舰队却因为在疾病流行的沿海地区长久逗留，使得许多官兵都染病死去，情况之严重，令英国举国震惊；再加上其他的原因，便让这位首相多年之后终于被赶下了台。死于此处的官兵，人数在3000至4000之间，其中还包括海军司令霍西尔本人。不过，沃波尔的目的还是达到了；尽管西班牙愚蠢地在陆上对直布罗陀发动了一次进袭，但由于有英国舰队在此，确保了该

---

[1] Galleons：西班牙大帆船。15～16世纪的主流舰船，可用做军舰或商船。直至18世纪初，欧洲仍有此种船只。此处显然是指西班牙的军舰。

地的军需和给养，所以两国间并未正式爆发战争。奥国皇帝退出了同盟，还在英国的施压之下取消了一家东印度公司的特许状；该公司曾由奥国皇帝授权，在奥属尼德兰地区从事贸易，并以奥斯坦德港为名。英国商人纷纷要求该国取缔这个竞争对手，以及在丹麦扶植起来的另一家与此相似的竞争对手；于是，在荷兰的支持下，英国政府便攫取了这两处的特许权。只要商业贸易没有受到严重的干扰，那么尽管西班牙不断威胁并傲慢地要求收复直布罗陀，但由于已经为英国带来多年的物资丰富，让英国民众普遍都感到满意，所以沃波尔的和平政策自然就很容易维持下去；可惜的是，西班牙如今已经开始更加繁复地侵害英国贸易了。"席位"特许权，即奴隶贸易特许权，以及每年派遣一艘船只前往南美进行贸易的特许权，我们在前文中都已经提及；这些特许权，不过是英国在这些地区所拥有的贸易特权中的一部分罢了。西班牙关于西属殖民地贸易的制度，是一种最为刻板、最为排他的制度；但是，在试图将外国贸易拒之于这些殖民地之外的同时，西班牙却忽视了这些殖民地对于本国贸易的需求。结果，在西属美洲诸殖民地中，出现了大规模的走私和违禁贸易活动；这些活动，主要都是英国人实施的，他们在进行合法的奴隶贸易和一年一船贸易的同时，也加大了进行非法贸易——或者说，起码是未经授权的贸易——的力度。此种制度，对于绝大部分西班牙殖民者来说，无疑都是有益的，因而得到了他们的支持；而各个殖民地的总督之所以纵容这一制度，有时是为了金钱，有时则是被当地的民意所左右，并且他们自己也知道时势艰难。不过，还是有一些西班牙人，看到了英国利用并滥用其贸易特权，损害到了西班牙人的贸易，而西班牙政府的岁入与自尊，也因这些侵害其税收的行为而受到了损害。于是，此时的西班牙政府，便开始更加严格地对这些殖民地进行管理了。一些本已废止的法律规定，又开始恢复和实行起来。奇怪的是，说明西班牙在这一古老争议中的做法的那些材料，对于合众国近来作为一方所卷入的某些争端，也很适用。"此时，条约的条款得到了执行，但贯穿该条约的精神却被抛弃了。尽管英国船只仍然可以自由驶入西属诸港进行整修或者获取给养，但它们并不享有与这些港口进行友好与贸易往来的同等优势。如今，这些英国船只被西班牙人谨慎而妒忌地盯着，有巡逻艇对它们严加盘查；西班牙人还采取了种种有效的手段，除了一年一船所允许进行的贸易外，禁止英国船只与殖民地有任何贸易往来。"倘若西班牙能够更加谨慎小心一点，只在本国所属的水域实行虽说无理苛刻、本质上却与当时普遍的贸易观念所赞同的那些做法并无二致的海关法规，那么，可能就不会给本国贸易带来进一步的损害了；但是，当时的形势和西班牙政府的倾向，却不容西班牙就此止步。要保卫并完全封锁长达数百英里且有着无数港湾的海岸线，是不可能的；而商人和海员为了追求他们认为属于自己权利的利益，也不会因为害怕受到惩处，或者因为考虑西班牙人的情感而退却。西班牙的实力，并未强大到足以迫使英国政府对其商船运输加以管束的地步，也无法阻止英国不顾商人的感受而滥用条约中所定特权的做法；于是，这个处于弱势地位国家，由于深感委屈和备受煎熬，便不得不开始使用全然非法的手段。军舰和缉私船都得到命令，或者说起码是获得了允许，可以在不属西班牙管辖的公海之上拦截和搜查英国船只；而西班牙人天性狂妄自大，软弱的中央政府又无力管束，所以这种拦截和搜查，不管是合法的还是非法的，很多都演变成了侮辱甚至是暴力伤害英国人的事件。如今，在与合众国以及美洲商船的关系当中，西班牙的政府官员也由于并非与此全然不同的原因，造成了多少有点儿相似的后果。描述这些暴力行为的消息传回了英国，再加上因为西班牙没收以及阻挠贸易所造成的一起起损失，自然激起了英国民众的愤慨。1737年，西印度公司的商人向议院下院提交了请愿书，称：

"过去许多年以来，他们的船只非但经常遭到西班牙船只的拦截和搜查，还在公海之上遭到它们的武力威胁和随意查封；这些西班牙船只，都是打着保卫本国沿海的幌子，被派出来巡逻的。因此，被查船只的指挥官和船员都遭到了很不人道的对待，而他们的船只则被拖进西班牙的一些港口，并因所携货物而获罪，这些做法明显违反了两国之间所签的协定；而陛下派驻马德里之公使的历次抗议，却并未得到西班牙政府的关注，所以此种侵害和掠夺，必将很快彻底地摧毁他们的贸易。"

自1729年后的那10年间，沃波尔使尽了浑身解数，以避免开战。就在那一年，英、西两国在塞维利亚又签署了一项协定，宣称将控制事态，将两国之间的贸易形势恢复到4年前的那种状态，并且规定，西班牙应当马上派遣6000士兵占领托斯卡纳和帕尔马两地。沃波尔对英国民众据理力争，说战争会让他们失去本已在西班牙诸领地上所享有的那些贸易特权；同时，他还不断与西班牙谈判，想要西班牙做出妥协并进行赔偿，以平息英国国内鼎沸的民怨。在此期间，因为波兰王位继承问题，爆发了一场战争。法国国王的岳父，乃是波兰的王位继承人之一；而奥地利支持的，却是法王岳父的政敌。于是，对于奥地利的一致敌视，便再次让法、西两国团结起来；后来，撒丁国王也加入进来了，因为撒丁国王希望通过这一同盟，从奥地利手中夺取米兰，并将米兰并入其位于皮埃蒙特的领土之中。英、荷两国表示中立，承诺不去进攻奥属尼德兰，不去进攻法国认为会危及英国海权的任何殖民地。盟国于1733年10月对奥宣战，而三国陆军也一齐开进了意大利；但西班牙人因觊觎那不勒斯和西西里已久，便与其余两国分道扬镳，转而南下了。那不勒斯和西西里这两个王国很快就被轻而易举地征服了；侵略者非但控制了海上，还获得了民众的支持。西班牙国王的二儿子被宣布为这两地的国王，号称卡洛斯三世，而两西西里的波旁王朝也就此诞生了。沃波尔对战争的厌恶，让他抛弃了一个长久以来的盟友，从而使得地中海中心地带的控制权转移到了一个必然不会对大不列颠友好的国家手中。

不过，就在沃波尔如此弃奥国皇帝于不顾的时候，沃波尔本人也被自己的朋友弗勒里出卖了。在公开与西班牙结成同盟对抗奥地利的同时，法国政府同意了一项针对英国的秘密条款。这一条款，是如此表述的："无论何时，只要对两国同样有益，那么，业已存在于贸易活动当中的种种不正做法，尤其是英国人的不法行径，都应当加以彻底弃止；倘若英国人提出反对意见，法国则应当尽其海陆之力量，阻止英国人的敌对行为。"正如霍克勋爵的传记作者所指出的那样："这一协议，是在法国本身正与英国处于亲密且引人注目的同盟关系期间签订的。""因此，威廉三世曾经号召英国和欧洲应当加以防范的那种政策，终于出现了。"就算沃波尔得知了这项秘密协定的存在，他也很可能会认为，这不过是又为他提供了一个支持和平政策的理由罢了；因为，那种敏锐的政治远见会提醒他出现了一种此时还看不到的危险，故他曾对下议院说："要是西班牙人没有得到比该国强大得多的一些国家的私下怂恿，他们是决计不敢干出业已由你们审理并证实的种种侮辱和伤害行径的；"并且，他还表达了这样的观点："英国并非法、西两国的对手。"

弗勒里实际上是给了他这位老朋友和政客同仁用心险恶的一击。诱发长达两年的波兰王位继承战争的那个特殊问题，即为一个混乱不堪、注定很快会从欧洲国家名册中消失的王国选择君主，似乎只是一个小问题；但列强所卷入的行动，导致了欧洲政治格局的转变，却给这个问题带来了不一样的重要意义。法国和奥地利在1735年10月缔结了一项协定，后来撒丁王国与西班牙也都同意了其中的条款。该协定的要点如下：波兰王位的法国继承人放弃其继承要求，代之以给他位于法国东部的巴尔和洛林两个公国，条件是他死后，这两处公国归他的女婿即法国国王所有，并且后者对这两个地方享有完整的统治权；确认西西里和那不勒斯两个王国归西班牙的波旁亲王唐·卡洛斯；而奥地利则重新获得了帕尔马。撒丁王国的国王也在意大利扩大了自己的领土范围。这样，在热爱和平的弗勒里治下，法国因获得了巴尔和洛林这两地而实力大增——此种实力上的增强，是一些更加好战的统治者垂涎不已却又无法做到的；同时，法国的外部地位，也因将地中海中部地区的要地转让给了一个盟国，以牺牲英国的利益为代价而得到了巩固。不过，弗勒里的内心很可能也辜负了他，因为他还记着遏制英国贸易的那份秘密协定，并且一想到业已衰落下去的法国海军，便会想起英国强大的海上力量来。由法、西两国签订、两西西里王国后来加入的那份协定，在当时英、西两国关系紧张的形势下，埋下了英国与波旁王朝历次大战的祸根；而正是这些大战，导致了大英帝国的诞生和合众国的独立。

英国国内因对西班牙人感到愤慨而产生的民怨仍在继续，并且被沃波尔的对手谨慎地加以了利用。沃波尔这位大臣此时已经60多岁，几乎没法改变他在鼎盛时期确立下来的那些信念和政策了。摆在他面前的，是国家间和民族间那些无法约束的矛盾之一；而对于此种矛盾，任何高压加妥协的政策都只能是暂时有效的。英国人一心要打开西印度群岛和西属美洲的贸易大门，而西班牙政府则同样一心想对此加以阻挠。可惜的是，由于此种阻挠政策，西班牙人却通过在公海上非法搜查英国船只、并且可能还通过残暴对待英国海员，而使得沃波尔的政敌变得强大起来了。一些英国海员被带到下议院接受质询并且证实，他们非但受到了掠夺，还受到了虐待，被关进监狱，不得不在令人恶心的环境下生存和劳动。其中最有名的一个案件，便是有一位名叫詹金斯的双桅商船船主诉称，一名西班牙军官撕下了他的一只耳朵，命令他带着这只耳朵回到他的国王主子那里去，还说要是英国国王去那儿的话，也会受到此种对待。当问到他在这种危险与痛苦时刻的感受时，据说詹金斯是如此回答的："我把灵魂交给了上帝，把事业交给了祖国。"像詹金斯这种阶层的人，能够说出文辞如此优美的话语，给这个故事浑身增添了一种极其虚假的色彩，令人生疑；不过，我们不难想象，在英国民众运动如火如荼的时候，这句话会成为多么重要的一句运动口号。民情激愤如潮，毁掉了沃波尔让西班牙妥协的补救措施；于是，1739年10月19日，大不列颠向西班牙宣战了。英国发出了最后通牒，要求西班牙正式宣布终止该国所宣称并行使的搜查权，还应明确承认英国在北美洲的诸种权利。在这些权利中，有一种便是关于不久前才建立起来、并与西属殖民地佛罗里达接壤的佐治亚殖民地的边界问题。

英国违背沃波尔这位杰出首相的意见，如此力促并发动的这场战争，从道义上来看究竟有多少正当理由，英国史学家们已经从这个问题的两个方面进行过激烈的讨论了。从实质来看，西班牙关于与该国殖民地进行贸易的法律规定，与英国通过《航海法案》所表现出来的那种精神并无二致；而西班牙的海军将领们也发现，自己所处的位置跟半个世纪后、时任西印度群岛一艘护卫舰舰长的纳尔逊差不多。当时，合众国脱离祖国独立后，该国的船只和商人仍然从事着殖民者所进行的那种贸易活动。纳尔逊因为急于保护当时人们所认为的那种英国的贸易优势，便开始实行《航海法案》；可在这样做的过程中，他却

　　詹金斯在英国下院作证，指控西班牙人割掉他的耳朵。英国好战势力借机对西班牙宣战。史称"詹金斯耳朵之战"。

詹金斯耳朵之战

发现自己既让西印度群岛的民众不满，也为各个殖民地当局所不喜。他和那些支持他的人，似乎并没有在海上进行过非法搜查，这是因为英国实力强大，无需用非常手段即足以保护本国商船的利益；而1730年至1740年间的西班牙，实力却弱得很，所以它就像一直以来的那样，只要发现有船只危及到该国的利益，就忍不住要夺走这些船只，即便是这些船只并不在其合法的管辖范围内，也要这样做。

巴罗斯教授在其所著《霍克勋爵传记》一书中，对沃波尔的政敌的论辩持彻底支持的态度；看完这些之后，一位外国人也完全可以得出结论，说尽管没有哪个国家能够容忍西班牙宣称拥有的那种搜查权，但从当时普遍认可的、母国对殖民地所拥有的权利来看，西班牙人的确蒙受了极大的冤屈。与本书主题相关的方面，主要是我们应当注意，这一纷争本质上是一个海洋问题，起因则是英国人民急于扩张其贸易与殖民利益而表现出来的那种无法把持的冲动。法国可能也如英国史学家所宣称的那样，是在一种类似的冲动驱使下行动的；不过，弗勒里的性格和他所制定的总体政策，连同法国人民的天赋，却使得他们不太可能是在冲动的驱使下行动。那个时代的法国，既无国会，也无反对派来将民意公之于众，并且自那时起，人们对于弗勒里的性格及其执政功过，就一直有着各种不同的评价。英国人宁愿看到他为法国获得了洛林、为波旁王室获得了两西西里的那种才能，并指责沃波尔上了他的当、受了他的骗。而法国人对于弗勒里，却说"他每日活着，只是为了让自己的暮年过得安静平稳。他只是用鸦片麻醉了法兰西，而不是努力去治好法兰西。他甚至无法让法兰西的这种昏睡持续到他自己去世的那一天。"英、西战争爆发后，"西班牙出于自身利益，宣称已与法国结成防守同盟。弗勒里痛苦地违背自己的意愿，不得不装备了一支小型舰队；他的这种做法很小气。"这支由22艘舰船组成的舰队，护送在费罗尔集结起来的西班牙船队前往美洲；正是这一增援阻止了英军，使之没有发动进攻[2]。"尽管如此，弗勒里还是向沃波尔进行了解释，并且希望做出妥协——此种希望，根本就站不住脚，给我国的海洋利益带来了灾难性的后果，并且妨碍了我国采取正确的措施，这些措施本来可以在战争伊始，就让法国在东方诸海域占据优势地位的。"不过，另一位法国人曾说："沃波尔一垮台，弗勒里就意识到了自己任由法国海军衰落下去的错误。不久之前，他终于认识到了海军的重要性。他明白，那不勒斯和撒丁两位国王抛弃法国这个盟友，仅仅是因为一小支英国舰队威胁他们说要炮击那不勒斯和热那亚，还要带一支陆军攻入意大利。"而在法国舰队只限于保护西班牙人免受英国人攻击，直到战争正式爆发这一段有名无实的和平时期，"由于没有这样一种伟大的力量，法兰西便只有默默吞下这种极大的耻辱，并且只能抗议英国巡逻艇劫掠我国商船、违反国际法的暴行了。"要解释这些截然不同的观点，似乎并不是很困难。沃波尔与弗勒里这两位大臣，都心照不宣地赞成并遵循着那些显然不能跨越的方针路线。法国可以自由地在欧洲大陆上进行扩张，只要不激起英国民众的猜忌就行，而沃波尔自己对于英国利益的认识，则在于通过海洋上的竞争来实现。这种路线，是符合弗勒里的观点与希望的。英国在海上争霸，法国在陆上称雄。究竟哪国更为聪明，战争自会给出分晓；因为法国既已与西班牙结盟，战争就无可避免，并且会发生在海洋之上。这两位大臣没能看到各自政策所带来的结果，便都离世而去了。沃波尔于1742年被赶下了台，并于1745年3月去世。弗勒里则于1743年1月29日在任上与世长辞。

原注：

（1）后来，海军司令约翰·拜恩之父多灵顿勋爵于1757年摧毁了该地。

（2）关于1739年至1744年间法国同英国那种独特的政治关系——其时英国正同西班牙交战——我们需要解释一下。因为此种政治关系所依赖的，全都是那些几乎已经过时的关于国际义务的观点。法国已与西班牙订立防守同盟，所以，当西班牙卷入某种战争之后，法国便有义务向西班牙舰队派遣一支指定的武装力量。然而，法国却宣称，该国派遣这样的援军，并非是对英国开战，也并非破坏英、法两国间所签的和约。根据法、西所签协定之条款而在西班牙舰队中服役的那些法国军舰，确是英国的敌人；不过，法国以及法国其他所有的武装力量，无论是陆军还是海军，却都是中立的，都拥有中立国的所有权利。当然，在此问题上，英国并非一定要接受这种观点，也可以将法国的做法认为是一种宣战；可法国却称这样不公平，而尽管此种关系很可能会像1744年那样，导致英、法两国正式开战，但英国事实上却承认了法国的这一说辞。数年之后，荷兰也派遣了一支庞大的军队加入奥地利陆军对法作战，并向法国宣称它拥有同样的中立权利。

第六章
1739年的英西战争

1740年的奥地利王位继承战争；1744年法国
同西班牙对英作战；马修斯、安森与霍克
指挥的海战；1748年的《亚琛和约》

现在，我们论述到一系列大规模战争的开端阶段了；这些大战注定会进行得断断续续，中间夹杂着短时的和平，持续了差不多半个世纪，并且除了一些令人误解的细节，它们还具有一个显著的特征，使之有别于以前的历次大战和后来的许多战争。这一系列战争，非但到处枝节横生，还波及了整个世界；而其主战场则是在欧洲，因为战争所要解决的那些跟世界历史相关的重大问题，就是海洋霸权、控制那些与欧洲相距遥远的国家、攫取殖民地，以及在此基础上进行敛财聚富。而很奇怪的是，直到这一波旷日持久的战争接近尾声的时候，各国的大型舰队才开始参与进去，并将战争转移到其应有的战场，即海洋上。海权的作用是显而易见的，而战争伊始这一问题也早已表现得明明白白；可在很长一段时间内，却并没有发生过什么重大海战，因为法国政府还没有看清这一事实。尽管有一些伟大人物引领，但法国的殖民扩张运动，全然是一种民间行为；该国统治者的态度，是既冷淡、又不信任：这也正是法国统治者忽视海军，使得该国在海权这个主要问题上不可避免地会以失败而告终，并且彻底毁掉其海上力量的原因。

即将爆发的这一系列战争具有此种特点，故看清三个大国在欧洲之外的其他地区的相对形势就很重要了，因为战争即将在这些地区打响。

在北美洲，此时英国已经拥有从缅因直到佐治亚的13个殖民地，即最初的合众国。在这些殖民地中，英国所特有的那种殖民形式得到了极大的发展；

自由民组成的那些团体，虽说实质上属于自治和自给自足，却仍然热切地忠于英国，同时从事着农业、商业和海运业。从这些殖民地所属国家和产品的特征、从此处漫长的海岸线和诸多安全的海港以及这些自由民团体本身来看，他们都拥有了海权所需的一切要素，何况此时这种海权也已经得到了很大的发展。由于有这样一个国家和这样一个民族为后盾，所以英国海军和陆军在西半球的基础牢固得很。不过，英国殖民者对法国人和加拿大人都怀有强烈的嫉妒之心。

法国占领了加拿大和路易斯安那——当时的路易斯安那，范围比如今要广阔得多，还根据优先发现权，宣称拥有整个俄亥俄河和密西西比河河谷，并将其作为连接圣劳伦斯河与墨西哥湾必不可少的一环。其时，这处内陆乡村既未被人加以充分利用，而法国对此地的主权要求也未得到英国承认，因为英国殖民者坚称他们拥有向西无限扩张的权利。法国的实力本来都放在加拿大；而圣劳伦斯河则可以让他们深入这片乡村腹地，并且尽管失去了纽芬兰和新斯科舍，但法国人在布雷顿角岛上却仍然控制着圣劳伦斯湾和圣劳伦斯河的入口。加拿大带有一种特点，表现出法国殖民制度是应用在了一个最不适宜其应用的地区。该地的政府，是一种家长式的军事制政府，由僧侣所把控，既不允许私营企业发展，也不允许私营企业为了共同的目标而自由联合起来。那里的法国殖民者放弃了贸易与农耕，只种植眼前所需的粮食，并且沉迷于武器装备和狩猎。他们主要是进行皮毛贸易。这些人当中的机械人才极少，所以只得从英国殖民地购买部分船只来进行内陆航运。他们实力的主要因素，便是法国人那种尚武精神和兵役特点；可以说，此地的法国人是全民皆兵。

除了源于各自祖国的那种敌视态度之外，英、法两国殖民地所采取的两种社会和政治制度中，也存在着必然的对抗；这两种社会和政治制度相互直接对立，并且水火不容。加拿大与西印度群岛相距遥远，冬季气候严寒恶劣；所以从海军的角度来看，与英属殖民地对英国的意义相比，此地对法国的意义要逊色得多；此外，加拿大在资源和人口方面也大大不如那些英属殖民地。1750年时，加拿大才有80000人口，而英属殖民地则有120万人口。由于实力和资源如此悬殊，所以加拿大唯一有可能支持法国海权的方面，要么是直接控制附近海域，要么便是在其他地方进行有力的牵制，以减轻法国所承受的压力。

在北美大陆上，除了墨西哥及其以南的国家，西班牙还占领着佛罗里达。当时的佛罗里达，覆盖了佛罗里达半岛以外的广袤地区，并没有确定的界限；而在此次漫长的战争中，这一地区任何时候都没有起到过什么重要的作用。

在西印度群岛和南美洲，除了古巴、波多黎各以及海地部分地区以外，西班牙主要还占领着如今仍被称作"西语美洲"的那些国家；法国拥有瓜达鲁佩、马提尼克和海地西部；英国则占领了牙买加、巴巴多斯以及一些较小的岛屿。由于土地肥沃、物产丰富，气候也没那么严酷，故在一场殖民战争中，这些岛屿似乎就会成为那些独具野心的国家相互争夺的目标；可事实上，没有哪个国家曾经试图这样做，并且除了西班牙曾经想要收复牙买加之外，也没有哪个国家曾经想过去征服那些更大的岛屿。原因很可能是，海权虽说让英国成为了一个主要的侵略国，但北美大陆上绝大多数英国人的意愿，影响到了该国的主攻方向。西印度群岛上那些较小的岛屿，一个个都实在是太小了，除非具有掌控海洋的实力，否则便难以牢牢守住。这些岛屿，在战争中都具有双重的重要性：一方面，是为能够掌控海洋的大国提供军事基地；另一方面，则是具有贸易意义，即增加本国的资源或者削弱敌方的资源。直接对这些岛屿作战，可以认为是一种针对贸易的战争，这些岛屿本身也可看成是装载着敌方物资的船只或者船队。因此，它们会像筹码一样频繁易主，并在达成和约之后物归原主；但最终的结果，却还是大部分岛屿都掌控在英国手中。虽说如此，但每个大国在这个贸易中心区都有利益份额的事实，还是让各国都把大大小小的舰队都派到了此处，而美洲大陆上并无实施军事行动的有利时机，也助长了这一趋势；所以，能够说明这一系列旷日持久的战争的大多数海战，自然也都发生在西印度群岛海域了。

还有另一处遥远的地区，英、法两国将在此处爆发冲突，并且此处会像北美洲那样，其最终归属将由这些战争来决定。在印度，两家直接掌管着行政与贸易的东印度公司，即代表了英、法这两个敌对国家。站在它们背后的，自然是各自的祖国；不过，直接与本国统治者进行联系的，都是公司所指定的总经理与官员。此时，英国在印度的主要殖民点，是西海岸的孟买、东部恒河上距海较远的加尔各答和马德拉斯；而在马德拉斯南边不远处，后来还建起了另一座城镇和基地，英国人通常称之为圣大卫堡，但有的时候也称其为古德洛尔。当时，孟买、加尔各答和马德拉斯这三地的管辖是相互独立的，并且都只对位于英国国内的董事会负责。

法国则在恒河上位于加尔各答上游的金德纳格尔、东部海岸位于马德拉斯以南80英里的庞迪切里开辟了殖民地，而在西海岸位于孟买南边很远的地方，该国还建立了第三个重要性较小的基地，并称之为马埃。然而，法国人获得中间这一处基地，便拥有了巨大的优势，因为这种优势业已伸向印度洋，伸向法国和波旁王室所拥有的附近岛屿。从当时在印度半岛及各个岛屿上掌

英国东印度公司

英国通过殖民扩张建立起来的英联邦

管法国事务的那两个人，即杜普雷和拉·布尔多纳的个人性格来看，他们也更幸运，因为这两个人的能力与人格力量，是英国派驻印度的那些官员们当中迄今都无人能敌的。不过，尽管他们的诚挚共事本可以毁掉英国在印度的殖民事业，但这两人之间再一次出现了那种古怪的观念冲突，即对于究竟是建立陆上霸权还是海上霸权犹豫不决；法国本身所处的地理位置，似乎早就预言了他们会这样做。杜普雷的心思虽说并非毫不关注贸易利益，但主要还是放在建立起一个伟大的帝国，使得法国能够统领大批本国诸侯这一点上。在追求这一目标的过程中，他表现出了极大的机智和不懈的积极性，或许还表现出了某种高涨而奇妙的想象力；不过，待他遇见拉·布尔多纳之后，分歧马上就产生了，因为后者的观点更简单、也更合理，旨在确立海洋霸权，确立一种以自由、可靠地与祖国进行交流为基础，而非以不可靠地与东方各国钩心斗角和结盟为基础的霸权。一位认为杜普雷拥有更高远目标的法国历史学家曾说："海军的劣势，是妨碍他实现理想的主要原因。"但是，让海军取得绝对优势，也正是本身即为海员、且是岛屿统治者的拉·布尔多纳的目标。或许，是由于加拿大不如那些英属殖民地，才使得制海权在北美洲无法改变一些实实在在的问题；但从殖民印度的这两个敌对国家的情况来看，却是一切皆取决于制海权。

这就是在主要的海外战场进行交战的这三个国家的相对形势。我们没有提及非洲西海岸的各个殖民地，是因为它们都只是贸易据点，并非兵家必争之地。当时，好望角为荷兰人所占，他们并未积极参与早期的战争，而是长期对英国保持友好和中立，并在本世纪前期的战争中因与英国结盟而幸存了下来。我们还必须简要地说一说海军的情况，因为海军具有一种迄今为止人们尚未认识到的重要性。虽说我们既无法给出准确的舰船数量，也无法准确说明这些舰船的状况，但还是能够公平地估计一下它们相对的作战效率。英国的当代海军历史学家坎贝尔称，1727年时，英国海军拥有84艘战列舰，舰载火炮都在60门以上；还拥有40艘舰载火炮为50门的大船、54艘护卫舰以及一些较小的舰船。1734年，这一数字降到了只有70艘战列舰和19艘载有50门火炮的大船。到了1744年，与西班牙一国交战4年之后，英国海军的舰船数量，则变成了90艘战列舰和84艘护卫舰。他还估计，同一时期法国海军拥有45艘战列舰和67艘护卫舰。到了第一次战争即将结束的1747年，他说西班牙皇家海军的军舰数量减少到了22艘战列舰，法国海军的军舰减少到了31艘战列舰，而英国海军的战列舰则增加到了126艘。虽说他所请教的法国史学家们给出的数字更不准确，但他们却一致指出，非但法国海军的军舰降到了少得可怜的地步，而且这些舰船的状况都很糟糕，而造船厂里的材料也很匮乏。在差不多整个这一系列战争期间，法国政府对海军采取的都是这种漠然视之的态度，直到1760年，法国人民才清醒过来，认识到了重建海军的重要性；然而，此时已经太晚，无法阻止法国承受最惨重的损失了。在英、法两国，长久的和平都已让海军变得纪律涣散、管理松懈了；发放的武器装备不好用，当时是尽人皆知，也令我们想起标志着克里米亚战争爆发的那些耻辱来；而正是法国舰船渐渐损失殆尽，需要加以替换，才导致海上出现了一艘艘更加现代、更加科学、因而比英国同等的旧式舰船更加精良的船只。然而，我们必须小心，不要太过轻易地接受个别史学家的埋怨；法国史学家往往会坚称英国船只速度更快，而同一时期的英国人，却会埋怨说己方的船只速度更慢。大家都公认的一个事实，就是在1740年至1800年间建造的法国船只，比同级别的英国船只设计得更好，船体也更大。而英国海军在舰船数量、海员和官兵素质两个方面，则具有无可置疑的优势。无论舰船优劣，只要始终有舰队在海上航行，官兵们对自己的职业就不会太过生疏；而在法国，据说1744年在役的海军官兵还不到五分之一。此种优势，英国保持下来了，并且还在此后用优势兵力封锁法国诸军港的实践中得到了增强；因此，敌人的舰队一出海，马上便会发现他们在实战技能方面的明显劣势。而另一方面，尽管英国海员数量庞大，但商业贸易对海员的需求也很巨大，所以开战之后，由于这些海员散布在世界各地，因此英国的一部分舰队始终都因缺乏船员而动弹不得。虽说这种持续不断的在役确保了海军官兵的良好船艺，但由于要在一视同仁的紧迫压力之下装备如此之多的缺勤人员，连一些卑劣的或者有病的人也被强拉上船，这便可悲地削弱了整个海军的素质。要认识到当时那些船舶公司的情况，只需看一看安森开始巡逻全球的时候送给他的那些报告，或者是在霍克装备舰船准备作战时送给他的报告就可以了；如今看来，非但那些报告几乎令人难以置信，而结果也是令人极其可叹的。并非只有卫生条件差这一个问题；送来的材料，完全无法满足哪怕是最有利环境下的海上生活。英、法两国海军中，还需要对官兵进行大量的汰旧更新。可那个时代，议会与政治的影响正大行其道；而且，经历了长久的和平安逸之后，根本不可能马上从那些看似最佳的官兵中，挑选出最能经受住时间的考验、最能承担起战时责任的人来。两国都有着一种倾向，即倚重上一代人当中曾经取得过辉煌成就的那些官兵，因此，结果自然就没有那么侥幸了。

　　1739年10月，英国对西班牙宣战；而英国的第一波进击，自然便是针对西班牙在美洲的各个殖民地——个中原因，在于英国希望从中找到一处容易攻取的富庶之地。第一支远征军由海军上将弗农率领，于同年11月出征，并以迅雷不及掩耳之势，勇敢地攻下了拜尔罗港；可在西班牙大帆船起航的这处港口里，弗农却只找到了区区的10000美元。返回牙买加后，弗农的远征军兵力得到了扩充，非但增加了大批军舰，还增加了一支12000人的陆军。兵力大增之后，弗农便在1741年和1742年进攻了卡塔赫纳和古巴的圣地亚哥两地，但两次都以惨败而告终；于是，这位海军上将与那位陆军将领争吵了起来——此种情况，在海陆兵种互不了解彼此职责的那个时代，是很常见的。马里亚特[1]在用一种幽默夸张的语气描述此种不和的时候，似乎也想起了弗农对卡塔赫纳的这次进攻："陆军以为，海军本可以击毁厚达10英尺厚的石头城墙；而海军则不明白，陆军为何没有登上高达30英尺的同一道城墙。"

另一支远征军则由安森率领，于1740年出征；这支海军，既因其领导人所表现出来的耐力和毅力而赫赫有名，也因他们所承受的苦难和最终取得的非凡胜利而闻名于世。它的任务是绕过合恩角，去进攻南美洲西海岸的西属殖民地。

爱德华·弗农（Edward Vernon, 1684–1757）。英国海军上将，曾任下院议员。1739年詹金斯的耳朵战争期间，受命驱逐安德列斯岛群岛的西班牙人，因成功攻占波托韦洛而成为民族英雄。1745年詹姆斯党叛乱期间，他在英吉利海峡巧妙部署，成功地抑制了跃跃欲试的法国援军，使之不敢离开港口。

因为明显的管理不善而耽搁了多次之后，这支舰队终于在1740年年底出发了。绕过合恩角的时候，正值一年中最糟糕的季节，所以这支远征军遭遇了一连串最猛烈的暴风雨；舰队被风暴冲得七零八落，此后再也没有全部会合起来，但安森在经历了无数危险之后，最终还是在胡安费尔南德斯成功地将一部分舰船重新集结起来。有两艘军舰返回英国去了，还有一艘则在智鲁岛以南失踪。安森率领剩下的3艘军舰，开始沿着南美西海岸巡航，缴获了一些战利品，还劫掠了佩他城；他本想抵近巴拿马，与弗农联手攻下该地，并在可能的情况下占领巴拿马地峡。而得知了弗农在卡塔赫纳惨败的消息之后，他便决定横渡太平洋，伏击每年从阿卡普尔科[2]

---

[1] 马里亚特（Frederick Marryatt, 1792 ~ 1848）。英国海军上校、皇家科学院成员和作家。他是航海类型小说的创始人，著有《加拿大黎民》、《新森林的孩子们》等作品。

[2] Acapulco：阿卡普尔科。墨西哥南部港口，如今为世界闻名的旅游城市。

驶往马尼拉的两艘西班牙大帆船。在横渡太平洋的途中，此时他尚余的那两艘军舰当中，有一艘船况极其糟糕，只能毁掉了。但他率领最后一艘，却成功地完成了自己最后的任务，俘虏了那艘庞大的西班牙帆船，缴获了船上价值高达150万美元的金币。这次远征由于多灾多难，所以除了让西班牙的各个殖民地感到害怕和忍受必然的难堪之外，并没有在军事上取得什么成果；不过，正是由于这些灾难，以及安森在这些灾难当中保持着冷静和坚韧并最终取得重大胜利，此次远征才获得了当之无愧的美誉。

1740年还发生了两个事件，导致欧洲各国在西班牙和英国业已交战的地区，爆发了一场全面战争。就在这一年，腓特烈大帝登上了普鲁士王位，而原来想要继承西班牙王位的奥地利皇帝查理六世，则在这一年的10月去世了。查理六世没有儿子，便在遗嘱中将其领地的统治权留给了自己的大女儿，即那位有名的玛丽亚·特蕾西娅，以保证他致力了多年的那些外交政策能够由她继承下去。欧洲列强本已保证支持她继承王位；可她那种明显的脆弱地位，还是激起了其他一些君主的野心。巴伐利亚选帝侯要求继承整个奥地利，得到了法国的支持；而普鲁士国王则要求并夺取了西里西亚省。其他大大小小的国家，则分别与这两人沆瀣一气；而英国的态度却变得很复杂，因为英国国王也是汉诺威选帝侯，所以尽管英国人都强烈支持奥地利，可他还是匆匆忙忙地承诺在选帝事宜上保持中立。在此期间，因为远征西语美洲失利和英国的商业贸易损失惨重，民众对沃波尔的抗议之声大增，使得沃波尔在1742年初便辞职了。新内阁执政下的英国，成了奥地利公开的盟国；国会非但通过投票决定给那位皇后兼女王拨款，还决定派遣一支军队作为外援前往奥属尼德兰。与此同时，处于英国势力范围之下的荷兰，因为像英国一样受到以前所签条约的约束而支持玛丽亚·特蕾西娅继承王位，也决定拨款。此时，便再一次出现了前面已经提

玛丽亚·特蕾西娅（Maria Theresia Walburga Amalia Christina，1717-1780），奥地利女大公和国母，匈牙利女王和波希米亚女王。神圣罗马帝国皇帝查理六世之女，神圣罗马帝国皇帝弗朗茨一世的妻子。她凭借尊贵的出身得到了奥地利、匈牙利、波希米亚三顶王冠，并使她的丈夫和儿子获得了神圣罗马帝国皇冠，令古老的哈布斯堡王朝重现并焕发出活力。但她在战争与和平时期都得到了褒贬不一的评价。

到过的那种对于国际关系的古怪观点。英、荷两国虽说都如此加入了对法作战，可都只算是玛丽亚·特蕾西娅皇后的外援，而非当事方；除了实际参战的那些部队，作为国家来说，人们还是认为这两国与法国之间依然是处于和平状态。这样一种暧昧的形势，最终只可能出现一种结果。在海上，法国曾经采取过同样的态度，凭着两国间的防守同盟而做了西班牙的外援，却假装仍与英国保持着和平；所以，看到法国史学家们借口两国间并未开战，而郑重其事地谴责英国海军攻击法国船只，着实令人奇怪。前面已经提到，1740年，在一批西班牙船只前往美洲的途中，有一支法国舰队对其进行了支援。到了1741年，此时已在欧洲大陆参战、成了奥地利之敌的西班牙，从巴塞罗那派了一支15000人的军队，前去进攻奥地利位于意大利的领土。正在地中海海域的英国海军上将哈多克，搜索并发现了这支运兵的西班牙舰队；可当时还有一支由15艘战列舰组成的法国舰队陪同，这支法国舰队的司令告诉哈多克说，他也参与了这一运送行动，并且得到了命令，尽管西班牙已正式与英国开战，但倘若这些西班牙人遭到攻击，他便会参战。由于法、西盟军的兵力几乎两倍于己，所以这位英国海军上将便不得不率军退回马翁港内。不久，他便被解职了；而新任海军上将马修斯，则同时兼任地中海地区总司令和英国驻撒丁王国首都都灵的公使二职。1742年，马修斯所率舰队中有一名英国舰长在追击数艘西班牙的单层桨帆船的时候，把它们赶进了法国的圣特鲁佩斯港，然后尾随进入该港，并且不顾法国所谓的中立政策，焚毁了这些船只。同年，马修斯还派遣了一支分舰队，由马丁准将率领前往那不勒斯，以逼迫那位波旁国王，让他将派往西班牙军中效力、当时正在意大利北部对奥地利作战的那支20000人的部队撤回来。那不勒斯想与马丁进行谈判；对此，马丁准将的回应只是掏出手表，给了该国政府1个小时的时间来接受他的条件。除了投降，那不勒斯别无选择；于是，英国舰队在驻停了24个小时、为奥地利女王解决了一个极其危险的敌人之后，便离开了该港。自此以后，西班牙在意大利作战，显然就只能依靠法国派遣军队，才能维持下去了，因为英国控制了海上和那不勒斯的行动。最后这两个事件，即圣特鲁佩斯港事件和那不勒斯事件，给年老的弗勒里留下了不可磨灭的印象；他此时才认识到一种基础牢固的制海权所具有的力量和重要性，已经太迟了。双方相互指责的理由越来越多，而法、英两国都必须撕下在此次战争中只是外援的面具的那个时刻，也迅速到来了。然而在此之前，英国的海上霸权，在让撒丁王国加入奥地利一方的过程中，再一次显露出了强大的力量。撒丁国王曾在与法国结盟还是与英国结盟、与任何一方结盟会带来何种危险和利益等问题上犹豫不决，而英国承诺给他拨款，并且答应在地中海海域常备一支强大的英国舰队后，他便做出了抉择；作为交换，他答应派遣一支45000人的军队参战。这份条约，签署于1743年9月。到了10月，此时弗勒里已经辞世，路易十五与西班牙签署了一份协定，承诺对英国和撒丁王国开战，并且支持西班牙在意大利的主权要求，以及它对直布罗陀、马翁港和佐治亚殖民地等地的主权声索。尽管开战已经迫在眉睫了，但开战宣言却一拖再拖。所以，规模最大的一场海战，便发生在有名无实的和平仍然存续的这一时期。

　　1743年下半年，西班牙的菲利普亲王试图在热那亚共和国沿海登陆，因为后者对奥地利很敌视；但这一企图被英国舰队挫败了，西班牙的舰船不得不撤入土伦港内。由于英国海军在兵力上具有优势，所以西班牙舰队只得在港内龟缩了4个月，无法出海。陷入此种困窘之中后，西班牙朝廷便向路易十五求助；后者则下令，由海军上将德·考尔指挥法国舰队，护送西班牙人前往热那亚湾或该国自己的港口——到底前往哪儿，命令并没有清楚说明；而德·考尔上将此时已是一位80高龄的老人，他曾是路易十四时代一名身经百战的将领。这位法国海军上将得到命令，除非他遭到攻击，否则就不要开火。为了确保西班牙人能够最好的加以配合（他很可能信不过西班牙军队的作战能力），德·考尔提出，像很久以前鲁伊特所做的那样，将西班牙船只散布于法国舰队之间；不过，由于西班牙海军上将纳瓦罗反对，所以最终的战斗队形便是9艘法国军舰任前锋，中军为6艘法国军舰和3艘西班牙军舰，后卫则是9艘西班牙军舰，总计27艘舰船。1744年2月19日，联合舰队便照此序列从土伦港起航了。一直在耶尔沿海巡逻监视的英国舰队展开了追击，其前锋和中军在22日便赶上了法、西盟军；但当时其后卫分队却处于下风，落后了数英里之远，根本无法进行支

土伦海战

援。此时刮的是东风，两支舰队都是往南航行，而英国舰队处于上风位置。双方舰船数量差不多相等，英国是29艘，法、西盟军是27艘；不过，英军的这一优势，却因后卫分队未能赶上而逆转了。人们通常认为，英军后卫分队司令这样做，是因为他对马修斯怀有怨意；尽管他表明自己在战位上已经张开所有的帆，想赶上前去参战，但后来可以参战的时候，他却并未发起攻击，理由是舰队在发出作战信号的同时，还发出了保持战斗队列的信号：也就是说，他要离开队列去作战，便会违反保持队列的命令。然而，这种技术上的理由，却被随后的军事法庭采纳了。实际情况是，马修斯因其副将的拖拉无为而深感羞愧与恼火，还因担心拖延太久会让敌人逃脱，所以一待自己所率的前锋与敌人的中军并排开来，便发出了作战信号，然后马上抽身驶出队列，用自己装载有90门火炮的旗舰，对敌军阵列中最大的那一艘船发起了攻击；这艘军舰便是"皇家菲利普"号，它载有110门火炮，并且悬着西班牙海军司令的旗帜。在此期间，他得到了位于其前后两方舰船的英勇支援。发动进攻的时机，似乎是经过深思熟虑而选定的；有5艘西班牙军舰已经远远地落在后面，使得他们的海军司令只能得到前后紧挨着他的各一艘军舰支援，还有3艘西班牙军舰则继续同法国军舰待在一起。英军前锋保持着航向，向法、西盟军的中军发动进攻，而盟军的前锋则没有敌人。由于没有敌人攻击，盟军的前锋便想抢风航行，占领英军阵列前方的有利位置，从而将其置于两面火力的夹击之下；可三位领头的英国舰长，却以巧妙的机动阻止了他们的这一企图。这三位舰长不顾敌军逼近的信号，坚守着自己的指挥位置，使得敌人无法掉头航行。由于这一做法，他们还受到了军事法庭的撤职处分，不过后来又复职了。他们这种慎重而有理由地不服从旗语指挥的做法，却被英国舰队中军的所有舰长毫无理由地效仿，只有前面已经提到的、英国海军上将的那两位副手以及前锋中的数位舰长没有这样做，后者在他们的总司令靠近敌军、甚至与敌军猛烈交上火之后，仍然继续从远距离对敌人进行炮击。其中一个显著的例外，就是后来成为了一名杰出的海军上将的霍克上校；他效仿主帅的做法，在重创第一艘敌舰、使之无法战斗之后，便放弃了自己在前锋中的战位，逼近一艘训练有素、阻挡住了英军舰队中其他五艘战舰去路的西班牙军舰，并且占领了这艘军舰——这是那天英军获得的唯一战利品。英军前锋的指挥官及其副手也表现得很英勇，与敌军短兵相接。我们无需再详细地描绘此次战斗了；作为一次军事行动，它并不值得我们加以注意，而其最重大的结果，也只是显示出了霍克的功绩，使得英王和英国政府始终都铭记着他在此战中的功劳罢了。开战5年之后，英军舰长们仍然存在着普遍的无能和大范围的不端行为，这既可以部分地解释英国为何没有凭借其无可置疑的海军优势，获得此次战争中本应获得的那种战果——这可是40年战争大戏中的第一幕——的原因，而且还给了军官们一个教训，那就是：倘若他们不想在战斗之时毫无准备，不想甚至可能蒙受耻辱，就必须通过研究所处时代的战争形势，让自己在思想上做好准备。[1] 我们并不是说，如此多的英国海军官兵，都仅仅是因为像怯懦这种可鄙而罕见的弱点才表现不好；而是因为舰长们都没有做好充分的思想准备，并且缺乏军事才能，加上那位海军司令领导无方，以及下属对他这个粗鲁无礼、专横跋扈的长官可能怀有那么一点点怨意，才导致了这种惨痛的失败。在这里，我们不妨适当地注意一下，上级稍加亲切而友善地对待下级，会产生什么样的效果。虽说这样做可能并非军事上成功一个不可或缺的因素，但它无疑有助于军事成功的其他因素，为部队带来一种士气，带来一种让不可能完成的任务变成可能完成的那种不可或缺的精神；它能让军队达到高度的忠诚、取得高度的成就，而这种忠诚和成就，却是那种最为严厉、不能鼓舞士气的纪律根本无法实现的。毫无疑问，这是一种天赋。在这个方面，英国海军官兵中迄今所知的一个最杰出的榜样，大概要算纳尔逊了。他在特拉法尔加海战前夕入职英国舰队之后，集合到旗舰上来的那些舰长们，似乎都因为急切地想要表明自己见到他的欣喜之情，而忘记了这位海军上将的官衔。"这位纳尔逊，"参加了此战的达夫上校写道，"是如此讨人喜欢、如此优秀的一个人，又是如此和蔼的一位领导，因此我们都希望做得比他要求的更好，都期待着他向我们下达命令。"纳尔逊本人也清楚自己的这种魅力及其价值，在写给豪勋爵、报告尼罗河河口之战情况的信中，他说："能够指挥一帮兄弟，我感到很满足。"

马修斯在土伦海岸的行动带来了如此巨大的声誉，自然并非是由于其指挥才能，也并非是由于此战取得的战果，而是源于国内沸腾的民意，并且主要是随之而来的军事审判场次众多及其调查结果。这位海军上将和他的副指挥，还有29名舰长中的11位，都受到了指控。这位海军上将被解了职，因为他破坏了舰队阵列；也就是说，因为他手下的那些舰长们，在他离开阵列去进攻敌人的时候并未跟上他——因此，这一判决带有更多的爱尔兰人自相矛盾的味道[1]，而非爱尔兰人好斗的味道。他的副手，因为前面已经说明了的专业原因而被判无罪；他离得远远的，避免了破坏阵列的过错。那11名舰长中，1人死了，1人遭到流放，7人被解职或停职，只有2人被判无罪。法国人与西班牙人也好过不到哪里去；他们之间彼此指责、相互揭丑。德·考尔上将被解除了指挥权，西

---

[1] Irish bull：自相矛盾的说法，荒唐可笑的说法。这是一个俗语，原本特指爱尔兰人，因为自恃有文化有教养的英格兰人认为爱尔兰人说话不合逻辑、荒唐可笑（bull在古语中指"逻辑上的错误"）。

班牙的海军司令则被该国政府授予了"维多利亚侯爵"封号；对于一场打成了平局的战争来说，这可真算得上一种极其离奇的殊荣了。而另一方面，法国则坚称西班牙的这位海军司令借口受了一点儿轻伤便离开了甲板，他的座舰是由一名恰巧在那艘船上的法国军官指挥作战的。

用一种常见的说法来讲，此战作为自60年前的马拉加海战以来的首次常规作战，"唤醒"了英国民众，并且导致民众做出了有益的反应。虽说此战本身所开启的淘汰过程在继续进行着，但这一过程却结束得太晚，并未对此时进行的这场战争产生应有的影响。正是因为作战中的不足，而非以前或以后那一场场引人注目的大捷，才使得英国那种制海权所具有的综合价值在此时得以显现出来；就像某种弥足珍贵的才能，一个人在拥有这种能力的时候很少重视，可失去之后却又极其怀念那样。此时的这位海洋霸主，与其说是因为它自身训练有素的实力所造就的，还不如说是因为其敌人的软弱无能所成就的，因而没有利用此种霸权获得充分的成就；连该国最为实在的一次成功，即1745年占领布雷顿角岛，也是新英格兰地区的殖民武装获得的，当然，英国皇家海军的确对这些殖民武装进行了大力支援，因为对于殖民武装当时的形势来说，英国舰队就是它唯一的交通补给线。那些曾经在西印度群岛和东印度群岛承担过高级指挥任务的将领，在土伦海战中再一次指挥无方，犯下了像在东印度群岛丢失马德拉斯那样的错误。除了海军官兵的颓败之势，还有其他的原因，共同妨碍了这支海上力量在离祖国非常遥远的地方作战。英国国内的形势也很不安全；斯图亚特王朝的余孽仍很活跃，并且，尽管1744年萨克斯元帅统领一支15000人的军队势如破竹地入侵英国时，一方面因英吉利海峡舰队进行了顽强抗击，另一方面因法国在敦刻尔克沿岸集结的给养船中有几艘为风暴所毁，因而此次入侵被挫败了，但到了第二年，当王位觊觎者[1]只带着为数寥寥的支持者登陆苏格兰，而那个北方王国也起而随之的时候，现实的危险性就一览无遗了。查理的入侵很成功，之后他又稳稳当当地南下，侵入了英格兰境内，所以连一些稳重的历史学家也认为，此人一度很有可能获得最后的胜利。阻碍英国充分利用其实力的另一种严重束缚，便是它想控制法国在欧洲大陆上的军事行动，还采取了错误的方式来与法国进行对抗。法国无视德国的存在，进攻了奥属尼德兰；英国出于对自身海洋利益的考虑，并不愿意看到该国被法国占领。倘若安特卫普、奥斯坦德和斯凯尔特

---

[1] Pretender：觊觎王位者。指英国意图复辟斯图亚特王朝的詹姆士二世的儿子和孙子，有"老觊觎者"和"小觊觎者"之分，此处是指其孙子查理（Charles Edward Louis John Casimir Silvester Maria Stuart，1720～1788），即"小觊觎者"。1745年，他在法国的支持下，率两艘舰船同7位支持者在苏格兰的埃里什凯登陆，并开始招兵买马，准备复辟。

河等地落入法国这个强大的敌人手中，就会直接威胁到英国的贸易优势；并且尽管英国遏制法国此种做法的最佳方式，本来应该是占领法国在其他地区一些重要的殖民地，并将它们当成质押，可政府的软弱以及海军此时的无能，使得英国根本就做不到这一点。汉诺威王室的态度，便再一次左右了英国的行动；尽管只是因为一个共同的君主统治而团结在一起，但这位君主非常热爱自己在欧洲大陆上的这处领土，热爱自己的祖国，从而使得德国在英国那个软弱而趋炎附势的内阁议会中具有了举足轻重的影响力。正是由于老威廉·皮特因为自己强烈的英式情感而忽视了德国汉诺威王室，才激怒了英国国王，使得他长久以来一直抵制国家的要求，并且拒绝优先考虑这些要求。这些不同的原因——国内的矛盾冲突、尼德兰地区的利益以及对汉诺威王室的考虑——结合起来，使得英国那个奴颜婢膝、平庸无能、内部也已分裂的内阁，根本无法正确地指导海战，也无法为海军注入一种正确的士气；倘若海军本身的情况好一点，获得更多令人满意的战果，或许也可以纠正他们的行为。可事实是，此次战争的结果，却跟英国与其具体的敌人之间的纷争几乎毫无关系。在欧洲大陆上，各国间的争议在1745年之后便归结成了两个方面，即应当将奥地利领土中的哪些地区分别划给普鲁士、西班牙和撒丁王国，以及法国将如何迫使英、荷两国与该国媾和。虽说这些海洋国家仍然像以前那样承担着战争的代价，然而，如今这种代价主要却是由英国来承担了。此次战争中一直在佛兰德斯统帅法军的萨克斯元帅，用寥寥数语，便向法国国王概括说明了当时的形势。"陛下，"他说，"和平在于马斯特里赫特的城墙之内。"这座坚固的城市，既打开了默兹河的航道，也打开了法国陆军从其背后进入联合省王国的道路；因为当时英国舰队与荷兰舰队携手，使得法国无法从海上发起攻击。到了1746年年底，尽管英、荷盟军做出了努力，但整个比利时几乎都已落入法国手中；不过，虽说荷兰拨了款来支援奥地利政府，而荷兰军队也在尼德兰地区为奥地利作战，但直到此时，联合省王国和法国之间仍然保持着名义上的和平关系。1747年4月，"法国国王入侵了荷兰的佛兰德斯，声称自己是不得已才将法军派到这个共和国境内，目的是阻止荷兰议会为奥、英两国军队提供保护；不过，他无意与荷兰决裂，因此，一旦荷兰证明自己不再保护法国的敌人，法国占领的那些地区和省份便会归还给联合省王国。"这是一种事实上的战争，而非正式的战争。这一年里，许多地方都被法军占领了；而法国的节节胜利，也让英、荷两国都准备让步，准备接受法国的条件了。这一年的整个冬季都在谈判；但1748年4月，萨克斯元帅包围了马斯特里赫特，迫使英、荷两国与法国缔结了和约。

在此期间，尽管日趋衰弱，但海战也并不是全然平淡无奇的。英国和法国的两支小型舰队，在1747年间爆发过两次遭遇战，从而彻底消灭了法国能够用于作战的海军力量。在这两次海战中，英国一方都占有绝对优势；尽管对于个别舰长来说，有着打上一场漂亮胜仗的机会，而对于兵力大大不如敌方却坚持到了最后的法军来说，也有表现出其英勇无畏之耐力的机会，但从这两次海战中，我们却只能汲取到一种战术上的教训。这个教训就是，当敌人或是因为战斗受损，或是因为力量原本就不对等，兵力上大大劣于己方，因而不得不逃跑，且不再坚持撤退秩序的时候，那么，我方在某种程度上至少也必须放弃对于秩序的其他考虑，下令进行全面追击才行。比奇角海战之后，图维尔在这个方面所犯的失误，已经是众所周知的了。在我们如今所讨论的这两个战例中，第一战中是英国的安森上将率14艘战舰对法国的8艘战舰，后者非但在总数上不如前者，而且每艘战舰的实力也不如前者；在第二个战例中，是爱德华·霍克勋爵率14艘战舰对9艘法舰，后者的单艘战舰舰体都比英舰要大一点儿。在两次战斗中，英军都发出了全面追击的信号，可接下来的作战，却都是一场混战。根本就没有机会来考虑其他什么东西，因为唯一要做的事情，便是必须赶上逃跑的敌军；而要做到这一点，自然就只能让那些速度最快或者状况最佳的舰船驶在最前面，并且确保担任追击任务的那些最快战舰的速度，超过了被追者中最

爱德华·霍克（Edward Hawke，1705–1781）。18世纪英国皇家海军上将，人称"不朽的霍克"。首创近距离封锁战术，曾多次击败法国海军并被封为男爵。曾任英国海军大臣，病死于任上。

慢舰船的速度，从而使得敌人要么必须抛弃那些最慢的舰船，要么便让整支敌军陷入包围当中。在第二个战例中，对法军指挥官拉埃腾杜尔准将进行追击为时并不是很久。他还率领着一队有250艘船的商船队；他派一艘战列舰护送这队商船继续航行，而自己则率其余8艘战舰，挡在了商船队和敌人之间，等待着敌人向他们发动攻击。英军战舰相继赶上来之后，便在法国舰队的两侧分散开来，使之陷入了两面夹击的境地。经过顽强的抵抗之后，6艘法舰被俘，但整个商船队却得救了。英国舰队也遭到了重创，以至于剩下的那两艘法舰竟然安全

地返回了法国。所以，倘若爱德华·霍克勋爵在此次进攻中，表现出了这位非凡的将领一直都因之而著称的那种判断力与勇猛的话，那么就只能说拉埃腾杜尔准将是命运使然，让他虽说兵力严重不如敌军，却在此战中扮演了主角，而他也很英勇地完成了自己的使命。有一位法国军官，曾经很公正地说："他保护那支商船队，就像在海滩上保护一处阵地，目标是保护一支陆军或者确保部队机动似的；他让自己处在首当其冲的位置。战斗从正午一直持续到晚上8点，多亏他顽强抵抗，商船队才得以脱险；由于拉埃腾杜尔及其手下将士的献身精神，那250艘商船才安然回到了各自的主人手中。这种献身精神是无可置疑的，因为8艘军舰与14艘军舰对战，几乎不可能幸存下来；而指挥这8艘军舰的拉埃腾杜尔准将非但勇敢地面对了这场他本可以避开的战斗，而且还知道如何激励自己的手下，让他们相信自己——因为所有将士都光荣地支持战斗，直到最后才投降，最无可争辩地证明了他们的防守杰出而有力。有4艘军舰的桅杆彻底折断了，还有两艘则只剩下前桅还挺立着。"整个这一次战斗，从双方的表现来看，都为我们提供了研究如何利用优势——无论这种优势是一开始便拥有，还是后来获得的——的极佳机会，以及研究为了促成某一特定目标而进行虽说无望却很英勇的防御作战可能会取得何种战果的极佳机会。还应当补充一点，那就是霍克虽说因自身受创而无法继续追击，但他派了一艘快速战船，带着西班牙商船队即将抵达的情报前往西印度群岛——所以，英军后来还是俘虏了这支商船队中的一部分船只，从而让这次海战变得有点儿完整了；这样一来，那些喜欢看到历史参与者充分意识到并最大限度地履行其重要职责的军事学者，就不会感到不满意了。

在结束描绘此次海战的过程并提及战后的和平协定之前，我们还必须说明一下印度的情况，当时英、法两国在印度可以说是势均力敌的。据说，当时的形势均由两国的东印度公司所掌控；法国在印度半岛的代表是杜普雷，在印度群岛的代表则是拉·布尔多纳。后者是1735年被委派此任的；他那种不懈的天才，在其行政的各个方面都发挥了重要作用，尤其是他将法兰西岛变成了一个庞大的海军基地——这一任务，是必须打好基础才能完成的。当时，什么都很匮乏；一切都是由他或多或少地想办法解决的——仓库、船坞、防御工事、水兵，等等。1740年，当英、法两国间很可能爆发战争的时候，他从本国的东印度公司获得了一支小型舰队；尽管规模比他所求的要小，他还是想用这支舰队去摧毁英国的贸易和商船运输业。不过，1744年战争真的爆发之后，他却接到命令，不准去进攻英国人；因为法属东印度公司希望，尽管英、法两国正在交战，但在这个与欧洲相距甚远的地区，两家公司可以保持中立。既然荷兰可以与法国保持那种古怪的关系，在名义上处于和平的时候却派遣部队加入奥

拉·布尔多纳

地利军队，那么法属东印度公司的这一计划看上去也就并不荒唐了；不过，这个计划倒是很有利于英国人，因为英军在印度海域并不是法军的对手。所以，英属东印度公司便接受了这一提议，但同时又说，这一提议对英国政府和英国皇家海军都并不具有约束力。于是，因拉·布尔多纳的深谋远虑而获得的优势，就这样化为乌有了；虽说一开始并且长久以来，他都在致力于获得此种优势。与此同时，英国海军部派出了一支舰队，开始扣押位于印度和中国两国海域之间的法国船只；直到此时，法属东印度公司才从幻想中醒悟过来。在完成了这一部分任务之后，那支英国舰队便驶往印度海岸，并于1745年7月抵达了法属印度的政治首都庞迪切里，准备支援马德拉斯总督即将从陆上对此处发动的进攻。于是，拉·布尔多纳大显身手的时候便到来了。

在此期间，在印度半岛大陆上，杜普雷一直都在纵观全局，一直都在为确立法国的优势地位而打下广泛的基础。他入职法属东印度公司之初，还只是一个低级办事员，但其杰出的才干，使得他迅速跃升成为了金德纳格尔各商号的领导人；他极大地扩充了这些商号的规模，严重地影响到了——据说甚至还彻底压垮了——英国的部分贸易机构。1742年，他被任命为总督，并以此种身份移居庞迪切里。在这儿，他开始实行自己的政策，目标是将整个印度都置于法国的势力之下。他认识到，由于欧洲各国对世界海洋霸权的竞争越来越白热化，范围也越来越广，东方各国人民势必与欧洲各国的联系越来越密切；因此他认为，过去经常被外族征服的印度，如今必定会再次被欧洲列强所征服。他觉得应当由法国来拔此头筹，所以将英国视作唯一的对手。他的计划，是干预印度的政治：首先是成为这个地处英国国外的独立殖民地的领袖，这一点他业已做到；其次，他还打算成为大莫卧儿王朝[1]的一个诸侯。分化瓦解和征服印度，通过谨慎的联合促进法国的方针政策和影响力，并且凭借法国人的勇敢与才能，平衡印度那

---

[1] Great Mogul：大莫卧儿王朝。16世纪初到19世纪中期统治印度的一个王朝。

种左摇右摆的政治天平——这些，就是他的目标。尽管庞迪切里是一个微不足道的港口，但正适合于他实施自己的政治计划；因为庞迪切里远离莫卧儿王朝的首都德里，他便可以神不知鬼不觉地进行积极的扩张，直至变得势力强大，可以不惧公之于众的时候。因此，杜普雷当下的目标，就是以庞迪切里为中心，在印度东南部建立起一个庞大的法属诸侯国，同时保持好孟加拉目前的局面。

然而，我们应当注意——为了看清这些计划与本书主题的联系，我们也有必要说明这一点，因为此种联系初看上去可能不是很明显——此时摆在杜普雷面前的这个问题的核心，并非如何在印度的省份和民众当中建立起一个帝国，而是如何赶走英国人，并且是一劳永逸地赶走他们。就算杜普雷统治印度的野心再大，也不可能超过了数年之后英国的实际做法。倘若没有因为其他欧洲国家的敌对而抵消掉，欧洲人的本领必定是大有用武之地的；而此种敌对，无论是哪个方面的，都取决于对海洋的掌控。在一个对白种人如此不利的地区，那一小部分有着英雄气概、在许多方面都是以寡敌众地承受着战争危险的人，必须不断地加以更替才行。跟其他任何地方、任何时候都一样，海权在此处的作用也是潜移默化、感觉不出来的；但这一点，并不一定意味着我们就要贬损英国当时的英雄人物、英帝国的奠基者克莱夫的才干和成就，才能证明海权所产生的决定性影响——尽管起初英国海军官兵在作战时确实很无能，而且在前面所述的那些海战中也并未获得什么重大战果[2]。倘若在1743年以后的20年间，是法国舰队而非英国舰队控制了印度半岛沿海以及印度半岛与欧洲之间的海域，那么我们还能认为杜普雷的计划最终会彻底失败么？一位法国历史学家曾经公正地说：“阻碍杜普雷前进步伐的主要原因，便在于法国海军的劣势地位。”在杜普雷所处的那个时代，“在东印度群岛，连法国皇家海军的影子都见不到。”因此接下来，我们还需简要地叙述一下当时的情况。

杜普雷

1745年，英军已经做好了围攻庞迪切里的准备，英国海军的任务则是为其地面部队提供支援；不过，杜普雷政治计谋的效果，同时也显现出来了。卡那提克的行政长官威胁英国，说要进攻马德里斯；于是英军只得断了围困庞迪切里的念头。第二年，拉·布尔多纳登场了，他所率的舰队与佩顿准将所率的英国舰队间爆发了一场战斗；之后，尽管此战双方打了个平手，但这位英军将领还是逃离了庞迪切里海岸，前往锡兰躲避，从而将此处海域的控制权拱手送给了法国人。拉·布尔多纳率领舰队泊入庞迪切里之后，他与杜普雷之间很快便产生了龃龉，并且因为他们各自收到的国内命令相互矛盾，从而使得二人的争执日益激烈起来。是年9月，他率军前往马德拉斯，从海陆两路同时进攻，占领了该地，却又与当地总督缔结协定，说英军可以赎回马德拉斯。杜普雷得知此事后怒不可遏，宣布拉·布尔多纳所签协议无效，理由是一旦占领，该地即应由他杜普雷来管辖。拉·布尔多纳对杜普雷的这一做法大为不满，认为这是出尔反尔，丢了他的脸。就在他们为此争论不休的时候，一场巨大的飓风刮沉了他的两艘舰船，还折断了其余舰船的桅杆。于是，他不久后就回法国去了；他的积极和热心，回国后换来的却是受到指控和3年监禁，后来又因为受到此种不公对待，郁郁而终。他一离开，杜普雷便撕毁协议，攻占了马德拉斯，赶走了此处的英国人，并且开始加固该地的防御工事。后来，他还从马德拉斯出发，去攻打圣大卫堡；不过，因为来了一支英国舰队，他才不得不在1747年3月放弃了对此地的围攻。

就在这一年里，法国海军在大西洋上接连大败——这一点，我们已经叙述过了——使得英国毫无干扰地成为了海上霸主。在接下来的这个冬天，英国向印度派遣了一支舰队——这可是东方诸国所见到的一支最大的欧洲舰队——和一支庞大的陆军部队，统由海军上将兼陆军上将的博斯科恩指挥。这支舰队于1748年8月抵达科罗曼德尔沿海。庞迪切里遭到了海陆两面的夹击，但杜普雷成功地进行了抵抗。这一次，英国舰队也因飓风而受损严重，所以10月份庞迪切里之围便解除了。不久之后，传来了《亚琛和约》签订、欧洲战争结束的消息。杜普雷恢复了与国内的联系，此时又可以重新开始实施他那种狡猾而不懈的计划，来建立一个可以最大限度地让他不受海战打击的陆上基地了。他花费了如此之多的精力和耐心，来从事一项全属徒劳的事业，实在是令人同情；因为除非获得海军支援，否则任何措施都是无法在遭到海上攻击之时保全一个陆上基地的，可法国政府却无法给杜普雷提供这种支援。和约缔结时的条件之一，便是将马德拉斯归还给英国，以换取路易斯堡；后者是北美殖民者占领的，他们在归还此地时，跟杜普雷归还马德拉斯一样很不情愿。这的确证明了拿破仑说自己会在维斯瓦河上再次征服庞迪切里的那句豪言壮语；不过，虽说英国的海洋霸主地位使得该国对路易斯堡的掌控，要比法国人对马德拉斯或印度其他地方的掌控更加牢固，但在此次交换中收获最大的，毫无疑问还是大不列颠。英国殖民者并不是只满足于这一次胜利的人；他们知道英国海军的实力，知道他们可以像以前那样，在离本国沿海不远的地方再次获得胜利。他们明白当时的形势。但对于马德拉斯，他们却没有那么深刻的认识。放弃这个地方，会让当地的贵族感到多么震惊，会给杜普雷的人格和他已在当地贵族当中确立起来的威望带来多大的耻辱啊！这些贵族看到的，是他在胜利的那一刻却因一种他们所不理解的力量而不得不拱手放弃自己的战利品。他们的看法是对的。这些当地贵族并未亲眼看到的这种神秘力量，只是感受到了这种力量的作用；而这种力量并非掌握在某一个人手里，并非掌握在哪个国王或政治家手里，而是完全在于制海权。法国政府已经明白，这种制海权使得它根本不要指望与英国舰队对抗并守住这一处遥远的属地。杜普雷本人并没有看清这一点；因为此后多年间，他仍然在东方这处充斥着阴谋与谎言的散沙之上，建起了一座空中楼阁，并且徒劳地寄望它能够承受起必将倾注其上的暴风骤雨。

结束此次大战的《亚琛和约》，最初由英、法、荷三国签署于1748年4月30日；后来，所有列强在同年10月份都签署了这一和约。除了奥地利帝国割让了一部分地区——西里西亚归普鲁士，帕尔马归西班牙的菲利普亲王，意大利皮埃蒙特以东的一些领土则归撒丁国王，和约条款的主旨便是让欧洲回到战前的形势。"或许，还从未有过一场战争，在经过了这么多的大战、损失了如此之多的生命和财富之后，以让交战各国回复到几乎跟战前一模一样的局面而告终。"实际上，对于法、英和西班牙来说，紧随英、西两国间战争而来的奥地利王位继承问题，已经让战争全然背离了它们的真正目标，并且使得它们之间的一些纠纷推迟了15年才得以解决；它们对这些纠纷的关注，可以说远超过对玛丽亚·特蕾西娅继承王位这个问题的关心。由于自己的宿敌哈布斯堡王朝正处在危难之中，法国便轻而易举地被牵着鼻子，再次对它发动了进攻；而英国也轻而易举地被牵着鼻子，加入了反对法国企图影响或决定德意志事务的这场战争——由于英王在德国拥有利益，他就更容易走上这条道路了。法国的真正政策，究竟是不是要经由莱茵河和德国对奥地利帝国的中心地带发动战争，或者像该国最终所做的，对荷兰那些遥远的领地发动战争，这一点是可以质疑的。在前一种情况下，法国依赖的是巴伐利亚那些友好的领地；该国还帮助了普鲁士，而普鲁士的军事实力此时也是首次让人见识到。这就是第一战场。另一方面，在主战场后来转移到了此处的尼德兰，法国则不仅进攻奥地利，还向一直嫉妒法国入侵该地区的英、荷发动了进攻。英、荷是此次对法作战的主要推手，非但向法国的其他敌人提供拨款，还通过损害法国和西班牙的贸易而让这两个国家损失惨重。路易十五将法国的困境归咎于西班牙国王，因为后者迫使他不得不缔结和约；很显然，这种痛苦必定极其强大，才使得他在已经通过武力占领了尼德兰和荷兰部分地区之后，还以如此宽松的条件做出让步。不过，尽管他在欧洲大陆获得了成功，但其海军却覆灭了，从而使得法国与其殖民地之间的联系就此中断；并且，尽管当时的法国政府是否像有些人所认为的那样，是否因为在欧洲大陆取得了胜利而抱有殖民野心，这一点仍值得怀疑，但可以肯定的是，当时法国的贸易业正在遭受着巨大的损失。

当时法国的形势就是这样，使得该国不得不缔结和约；而英国在1747年却发现，由于西属美洲的贸易争端以及英国海军的无能，该国已经被拖入了一场大陆战争——在这场战争中，英国惨遭失败，非但产生了8000万英镑的债务，此时还眼看着自己的盟国荷兰陷入了被法国入侵的危险之中。和约本身是在法国公使的威胁之下签订的；这位公使称，哪怕再耽搁一点儿时间，也会发出让法国摧毁所占城镇的防御工事并马上开始入侵荷兰的信号。与此同时，英国自己的资源也已枯竭，而弹尽粮绝的荷兰，却仍在向英国借款。我们得知，当时"城市中从未像如今这样缺少资金，即便是12%的利息也贷不到款。"因此，倘若此时法国有一支海军，能够迎头痛击英国海军的话，就算实力上稍有不如，法国也能够在掌控了尼德兰和马斯特里赫特的前提下，迫使其他国家接受其苛刻条件。而另一方面，英国之所以尽管在欧洲大陆上被逼得走投无路，却仍然能够以平等的条件缔结和约，就是因为英国海军控制了海洋。

这三个国家的商业贸易，都遭受了巨大的损失；不过据估计，损失与战利品两相抵消之后，英国还赚了200万英镑。换种方式来看，据说法、西两国在此战中贸易上的合并损失是3434艘船，而英国则是3238艘船；不过，在研究这些数据的时候，我们不能忘记各国商船在总商船数中所占的份额。对于法国的商船运输业来说，1000艘船只所占的比重要远远大于英国，这也意味着法国的损失比英国的损失要严重得多。

"拉埃腾杜尔所率舰队惨遭失败之后，"一位法国史学家说，"在海洋上就看不到法国国旗了。此时，法国海军整个家当都只有22艘战列舰，可就在60年前，它都还有120艘哩。私掠船并没有夺到多少战利品；它们到处都受到跟踪，并且无人保护，往往成为了英国舰队的牺牲品。而英国海军却无人可敌，畅通无阻地在各个海域来来去去。据说，它们一年之内就从法国的贸易业中攫取了700万标准英镑。不过，此种本可以用于占领法属、西属诸殖民地的制海权，却因为缺乏统一的指挥和不懈的精神，而使得英国海军并没有征服过多少殖民地。"

总而言之，法国是因为没有一支强大的海军，而不得不放弃东征西讨；英国虽说凭借其制海权挽救了自己的地位，却没有充分利用好这种制海权。

原注：

（1）在现代海军历史上，还没有哪一次海战像这次土伦之战那样，为每个时代的海军将领提出了如此醒目的警示。它是在经历了海军活动相对不那么活跃的一代之后爆发的，像烈火一样考验了人们的荣誉。在笔者看来，此战的教训就是，倘若忽视了备战——非但忽视了专业知识的准备，还忽视了战争所需的那种态度，就会有遭受可耻之失败的危险。一般的人都并非懦夫；但一般的人也并非天生就只具有某种罕见的本领，能够在关键时刻凭借直觉，抓住正确的机会。一般的人，或多或少都是通过经验或者通过反思获得这一本领的。倘若既无经历又无反思，那他就会优柔寡断；要么是因为不知道要干什么，要么便是因为没有认识到战争需要自己拥有彻底的献身精神和掌控能力。有人曾经如此描述一位被解职的舰长，说："在这次不幸的事件给他的名望带来无可挽回的损害之前，他的人格之清白与可敬，堪称是前无古人。许多跟他同时代的、极受民众敬重且熟悉他的人，都难以相信那些被确定为无可辩驳的事实，并且带着极度的震惊强调，'他们认为，贝尔瑞什舰长除了英勇无畏地作战，是不可能有其他不齿行径的。'"这位舰长已经服役了25年，还曾11次以舰长身份率舰出海（参见查诺克的《海军将领生平》一书）。其他被定罪的人，也都有着清白的名声；就连偷偷潜逃以躲过审判的理查德·诺里斯，也一直有着令人敬重的名望。

（2）"尽管法国做出了非凡的努力，去年派出了由莱利元帅所率的一支庞大的部队，但我坚信，今年（指1759年）年底前，他们在卡那提克便会变得奄奄一息，除非发生某种不可预见的、有利于他们的事件。我方舰队在兵力占有优势，资金充足，我们的友军在沿海也会得到这个省份（指孟加拉）提供的各种补给品，而敌人却什么也没有，看不到任何支援措施；此种优势，倘若恰当加以保持，是绝对可以彻底消灭此处之敌的，乃至印度每一处之敌的。"（参见1759年1月7日克莱夫自加尔各答写给皮特的信，以及葛莱格的《克莱夫勋爵传记》一书）我们应当记住，直到不久前，英国才像克莱夫在此所期待的那样，控制并利用了孟加拉；而在杜普雷那个时代，英国人还没有做到这一点。我们过后就会看到，克莱夫在此信中做出的预计，完全都实现了。

第七章
1756-1763年的 "七年战争"

英国在诸海域、北美、欧洲以及东、西印度群岛上的压倒性实力
和征战；海战：拜恩在米诺卡岛指挥的海战；霍克和孔夫兰；
波考克和德阿克在东印度群岛的海战

　　奥地利王位继承战争中主要交战方都在迫切地渴望着和平；这一点，或许
从它们不顾明确而最终性地解决各国间的许多重要问题，尤其是解决导致英、
西两国开战的纠纷这种态度上，就可以推断出来。看上去，各个列强似乎都害
怕彻底解决那些可能会导致日后产生争端的问题，以免在这些问题上争来辩去
会拖延当时正在进行的这场战争。英国之所以缔结和约，是因为不这样的话，
荷兰必然会陷于敌手，而不是因为它坚持或者放弃了1739年对西班牙提出的要
求。在西印度群岛海域进行自由航行、不受任何一国搜查的权利问题，跟同类
的许多其他问题一样，并未得到解决。非但如此，连英、法两国殖民地在俄亥
俄河流域朝加拿大一方的边界，以及在新斯科舍半岛上沿大陆一侧的边界，也
仍像以前那样不明确。很显然，此种和平维持不了多久；并且，就算英国通过
此种和平挽救了荷兰，该国其实也是放弃了自己已经赢得的制海权。此次战争
的实质，一度为陆上战争所遮掩，此时却通过这种所谓的和平显示出来了；尽
管形式上有所缓和，但对于海权的竞争，却仍在世界各地继续着。
　　在印度，杜普雷因为无法再公开进攻英国人，便竭力通过前述政策削弱
英国人的势力。他巧妙地介入周围诸省之间的争端，并在这样做的同时增强自
己的实力，使得自己很快便在1751年掌控了印度最南端的政治——这个国家，
面积差不多跟法国一样大。由于他获得了地方长官的名号，所以如今在地方贵
族当中，他就拥有了一席之地。"单纯的贸易政策，在他看来就是一种幻想；

他认为，在征服和放弃之间，并无第三条道路。"同一年间，杜普雷获得了更多的许可，将法国的势力经由广袤的地区扩张到了印度的北部和东部，覆盖了整个奥里萨邦沿海，他也因此而成为了统治印度的三号人物。为了庆祝他所获得的胜利，或许同时也是按照他在当地人心中留下不可磨灭之印象的那种政策；他便建起了一座城市，并在该市中心竖起了一根柱子，上面铭刻着他的丰功伟绩。不过，他的这些做法，却让东印度公司的董事们深感不安；所以，他们并未按照杜普雷的要求给他派遣援军，而是派人去规劝他保持此地的和平与安定；而大约也就是这个时候，当时年仅26岁的罗伯特·克莱夫开始崭露头角了。杜普雷及其支持者的发财之路，开始遭遇各种挫折；因为英国人在克莱夫的领导下，向对抗法国的那些当地人提供支持。法国国内的东印度公司对杜普雷的政治计划并不感兴趣，却因股东回报减少而懊恼不已。于是，英、法两国开始在伦敦进行谈判，以求解决争端，而杜普雷也被召回了法国；据说，英国政府把召回杜普雷当成是继续保持和平的先决条件。1754年，就在杜普雷离任的两天之后，他的继任者与英国总督签订了一份条约，完全抛弃了他的政策，规定两家公司都不得干预印度的内政，而在卡提那克战争中所获得的领土，也应全部归还给莫卧儿王室。法国因此而放弃的，其实是一个面积广大、人口众多的帝国，故法国的历史学家将这次让步看成是一种可耻的屈辱；不过，由于英国海军切断了法国人所迫切需要的支援，法国又怎么可能守住这个帝国呢？

在北美地区，和约宣告之后，纷争又开始死灰复燃了；这种纷争，既起源于、也标志着两国殖民者和殖民地政府的深切情感以及对当时形势的敏锐感觉。美国人的观点，带有这一民族的倔强与顽强。"我们这13个殖民地，"富兰克林曾经写道，"只要法国人掌控着加拿大，便没有安稳之日。"双方争夺的是北美中部无人定居的那些地区，精确一点来说，可以称之为俄亥俄河流域；并且，倘若英国获胜，就还涉及从军事上将加拿大与路易斯安那隔离开来的问题；而另一方面，这一地区倘由法

罗伯特·克莱夫（Robert Clive，1725～1774）。英国军事家、外交家、政治家。他被本国人认为是英帝国最伟大的缔造者之一，而在殖民地人民眼中却是罪恶的强盗。他在英国历史上以最少的兵力征服了广大的土地，为英国获取了巨大的财富。

国占领，便会将他们业已确定的两处殖民地连接起来，并将英国殖民者堵在阿利根尼山脉和大西洋之间。这些问题都很明显，足以影响到当时的美国人，尽管它们的意义极其深远，就算是当时最睿智的美国人，也不可能有此远见；我们完全可以好奇地猜测一下，倘若法国政府有此决心，法国人民有此才干，能够在当时他们所要求的北部和西部地区大力殖民，并且有效地占领这些地区的话，会给美洲以及整个世界带来什么样的影响。不过，尽管身处北美的法国人清楚地认识到了即将到来的争夺，认识到了兵力不等、海军势弱给他们带来的巨大劣势，并且加拿大必将受害于此种劣势，但法国政府对这一殖民地的价值和必须为之而战的事实，却都视而不见；法国的殖民者呢，也由于自身的性格和习气，由于缺乏政治积极性，由于不习惯制定和贯彻实施保护自身利益的政策措施，而没有纠正本国政府这种漠然视之的态度。法国惯常采用家长式的中央集权制度，使得殖民者已经习惯了唯祖国马首是瞻，因而无法自行应对这些问题。当时加拿大的各省总督都是谨慎而能干的军人，都曾竭尽所能地去弥补他们的缺陷和弱点，并且他们的这些做法，可能比英国那些殖民地总督的做法更加一贯，也更加周密；但由于两国政府的漠视与疏忽，所以英国殖民者自立自强的能力，最终便成了一种无可取代的优势。对于在美洲这种大动荡的惊雷之声远远传来的那些年间两国政治家们的意图和目标，英国的历史学家和法国的历史学家说得都相互矛盾，读来既令人觉得奇怪，又让人觉得很有意思；唯一的事实，似乎就是我们所熟知的那种难以约束的冲突之一即将爆发，而倘若能够避免这一冲突，两国政府便会皆大欢喜。边界问题可以悬而未决，而英国殖民者却并不优柔寡断。

法国总督竭尽所能地在争议之地上建立据点，而这种做法，正值1754年两国就其中的一处地方发生争执的过程中；也正是这一年，"华盛顿"这个名称在历史上首次出现了。在新斯科舍还存在着其他的问题，因此两国政府也开始清醒过来。1755年，布拉多克进行了一次损失惨重的远征，针对的就是杜魁斯要塞，即如今的匹兹堡；一年之前，华盛顿曾在此投降。这一年的下半年，英、法两国殖民者在乔治湖附近又爆发了一次冲突。虽说布拉多克的远征军率先出发，但法国政府也在行动。同年5月，法国派遣一支数量庞大的军舰舰队，其中绝大多数都装有分离式火炮[1]，连同3000士兵和新任总督德·沃德勒伊，从布雷斯特起航前往加拿大。博斯科恩上将早已赶在这支舰队前头，抵达圣劳伦斯河河口海域设伏等候了。直到此时，两国之间尚未公开爆发过战斗，法国自然也有权利向自己的殖民地派遣卫戍部队；不过，博斯科恩上将所受命令，却是阻击这支部队。一场大雾让法国舰队分散开来，还为它通过圣劳伦斯河河口提供了掩护；不过，就在1755年6月8日，法国舰队中的两艘军舰还是被英国舰队发现并俘虏了。这一消息传到欧洲之后，法国立即召回了派驻伦敦的大使，但随后还是没有对英国宣战。7月份，爱德华·霍克勋爵率军出海，受命前往韦桑岛与菲尼斯特雷角之间的海域巡逻，同时还受命可以夺取他所看到的任何一艘法国军舰；8月份，英国政府又进一步命令他，可以夺取法国的任何船只，无论是军舰、私掠船还是商船，并将这些船只送往英国的港口。这一年年底之前，英国俘虏了300艘法国商船，其价值高达600万美元，还将6000名法国海员囚禁在英国——这些人，差不多足够装备10艘战列舰了。这一切，都发生在两国间名义上还保持着和平关系的时期。直到6个月之后，两国才正式宣战。

法国虽说看上去仍在忍气吞声，但它正在等待时机，并且小心地备战，因为此时该国已经受够了挑衅，准备重重地反戈一击了。该国继续派遣小型舰队或独立的分舰队前往西印度群岛和加拿大，而布雷斯特的造船厂也正如火如荼地进行着准备，陆军则在英吉利海峡沿岸集结起来。英国看到本土有被法国入侵的危险了——对于这种恐吓，英国民众尤为敏感。当时的英国政府极其软弱，非常不适于发动战争，并且很容易受到误导，从而陷入真正的危险中去。此外，英国在战争初期一向都是狼狈得很，非但要保护本国的贸易和为数众多的地点，还因为本国海

法国海军上将拉·加里森尼尔

员都在商船上满世界跑，所以没有数量庞大的海员来装备其军舰。于是，该国便只能不管地中海地区了；这样一来，法国一面在英吉利海峡大张旗鼓地示威，一面则在土伦港悄无声息地装备了12艘战列舰，并在1756年4月10日派拉·加里森尼尔上将统帅这支舰队，护卫由150艘运兵船运送、由黎塞留公爵指挥的15000兵力起航了。一个星期之后，这支部队在米诺卡岛安全登陆，并且包围了马翁港，而拉·加里森尼尔上将统帅的这支舰队，则停在马翁港前进行封锁。

事实上，这一行动让英国彻底地大吃了一惊；因为，尽管英国政府在最后一刻还是起了疑心，但此时再采取应对行动，已经太迟了。港内的守军一直没有得到增援，兵力空缺达到了3000人，同时还有35名军官请了假，其中还包括该地总督以及各团团长。拜恩上将率领10艘战舰从朴次茅斯起航，只比法军从

土伦港出发早了3天。六个星期之后，当他抵达马翁港附近海域的时候，他所率舰队的战船数量已经增加到了13艘，并且他手中还握有4000兵力。然而为时已晚；一周之前，要塞就已经被攻开了一处缺口。英国舰队出现之后，拉·加里森尼尔便率舰出港迎击，堵住了马翁港的入口。

接下来的这场海战之所以在历史上赫赫有名，全在于此战中一桩非凡而悲惨的事件。跟马修斯在土伦海域指挥的那场海战不同，此战的确具有某种战术上的教训，尽管这种教训主要是适用于帆船时代那种过时的战争条件；不过，这位倒霉的拜恩上将之前因为军事法庭判决马修斯，使得他的思想受到了冲击，由此而导致的那些行为，却与这方面紧密相关。在交战过程中，他不停地提及马修斯这位上将因为离开了队列而受到责难这件事，并且似乎已经承认此种指责，认为就算此种指责没有限制自己的行动，也会使他的行动有理可依。简而言之就是，这两支舰队于5月20日清晨遭遇之后，都是左舷抢风，进行了一系列机动，然后便借着东风向南而行，法军处于下风，楔在英军和马翁港之间。拜恩率舰队成纵列顺风而下，而法军也仍在航行，所以当英军发出交战信号时，两支舰队不是并排相向，而是有一个30°到40°的夹角。按照拜恩自己的说法，他本打算让每艘战舰都去进攻自己对面敌军阵列中的战船，但这种进攻在任何情况下都是无法实施的，而在这儿，又因双方舰队后翼之间的距离远远大于前锋之间的距离而受到了妨碍；因此，他的整个阵列便不可能同时发动进攻。发出交战信号之后，前锋舰船便服从命令远离阵列，并顺风向法军冲去，几乎完全是面对敌人，在很大程度上就像是要牺牲于敌人的炮火之下似的；这几艘军舰侧面受到了三次重击，桅杆严重受损。从前锋舰船算起的第六艘战舰，因为前主桅被火炮轰掉且飘向了空中，便掉转头来停下，并入了阵列后翼之中。接下来，无疑便是一心沉浸在战斗当中的拜恩大显身手、树立榜样且全力以赴的时候了，就像法拉格特在莫比尔河之战中，当他所率阵列在再次跑到敌军前面而乱成一团时那样；不过，据其旗舰舰长的证词，马修斯的判决还是让他打消了这个念头。"你看，加德纳上校，保持阵列的信号已经发出，而我却还在'路易莎'号和'三叉戟'号的前面（按照命令，这两艘战船本来应当位于他的前面）。你不应当让我这个舰队司令率舰冲在前面，好像我打算去跟单艘敌舰交火似的。马修斯先生的不幸，在于被人误认为是抛弃了他的部下，而我应当尽力避免这一点。"这样一来，整个战斗便完全变得拖泥带水了；英军的前锋同后翼脱了节，独自承受了战斗的压力。有位法国的权威人士，曾经指责加里森尼尔上将没有左舷抢风，去迎击敌人的前锋并将其消灭。而另一位权威人士则说，加里森尼尔上将曾经下达了此种调遣命令，只是由于其座舰索具受损，无法执行这一命令罢了；不过，这种情况似乎不太可能，因为法国舰队甲板以上所遭受的唯一损毁，便是损坏了一根中桅桁，而英国舰队的损失则极为惨重。真正的原因，很可能就是法国一位研究海战的权威人士所指出并加以证实的那样。加里森尼尔认为，从陆地上对马翁港进攻的重要性超过了摧毁英国舰队的重要性，就算他因此而让自己所率的舰队遭受敌人的打击，也是如此。"法国海军向来都偏爱确保或维持某种战利品，并且使之达到一种或许更加华丽、事实上却更不实在的高度所带来的荣耀，比如俘虏某些船只；因而在这个方面，他们也就更加接近于战争中所提的真正目标。"这一结论是否公正，取决于海战真正的目标是什么的观点。倘若海战的真正目标只是确保岸上的一处或多处战略要地，那么海军就会变成只是陆军用于某种特定场合的一个分支，而其行动也会相应地从属于陆军的行动；但是，倘若其真正目标是胜过敌方的海军并因而掌控海洋，那么在任何情况下，敌方的船只和舰队便都会成为正确的攻击目标。莫罗盖在写下"海洋之上并无可守之战场、亦无

马翁港海战

可占之地"等语句的时候，心中似乎已经模模糊糊地有了这一观点。倘若海战是一种争夺战略要地的战争，那么，舰队的作战行动就必须服从进攻或防守这些要地的要求；倘若海战的目标是粉碎敌人的海上实力、切断敌方与其他领土之间的交通补给、耗尽敌人在贸易领域的财力之源并且在可能的时候封锁敌人的港口，那么我方海军进攻的目标，就必定是敌方海上有组织的军事武装；简而言之，便是敌方的海军。英国正是根据后一种方针——无论是它出于什么原因采取的——才掌控了海洋，并在此次战争结束时迫使法国归还了米诺卡岛的。而前一种做法，也正是导致法国海军毫无威望的原因。就以米诺卡岛之战为例；倘若加里森尼尔上将战败，那么法国就必定会折损掉黎塞留公爵和他所率的那15000名士兵，他们会被封锁在米诺卡岛上，就像1718年西班牙人被阻在西西里岛上那样。结果，法国海军确保占领了该岛；可这件事情并未对内阁和公众产生多大的影响，以至于一位法国海军将领如此告诉我们："看上去可能令人难以置信，但海军大臣在马翁港海战取得了辉煌战果之后，既不是满怀开明的爱国热情，也未充分利用此战给法兰西上下带来的动力，来增强法国海军的实力，而是认为此时正是卖掉当时我国港口中仍有的那些船只和索具的大好时候。不久之后我们就会看到，这些政客此种卑劣行径带来的可悲下场了。"当然，此种辉煌也好、胜利也罢，都不是很明显；但可想而知的是，倘若那位法国上将少考虑一点儿马翁港，而是利用上苍赐予给他的巨大优势，俘虏或者击沉四五艘敌舰，那么法国人民很可能早就爆发出对海军的那种热情了，待1760年才出现此种热情，已经太晚了。而在此次战争的后一时期，除了在东印度群岛海域，法国舰队便只是在一场全面的追击战中现过身，而且还被追得东躲西藏了。

然而，强加于法国舰队身上的作战行动，与法国政府的总体政策却是一致的。约翰·克拉克曾说，米诺卡海战中显然有着一种战术，只是此种战术太过明确，故不能说是纯属偶然——他很可能说得对，这种战术从范围和目标上来看，本质上都属于防御战术。占据下风战位后，这位法国的海军上将不但保护了马翁港，还采取了一种良好的防御态势，使敌人不得不承担大举进攻所带来的一切不测后果。克拉克似乎还提出了证据，足以证明法国舰队中打头阵的那几艘战舰在重创来犯之敌后，的确敏捷地撤了回来，迫使敌军不得不再次进击，并再次吃到同样的苦头。在20年后的美洲战争中，法国海军再次遵循了同样的政策，并且差不多一律都大获成功；以至于尽管此种政策没有正式公之于众，但我们还是可以得出结论，说谨慎、节约和防御战争仍是法国当局的坚定目标。至于其中的原因，无疑则是法国海军上将格里维尔所述的下述理由：

"倘若两个海洋大国交战，那么舰船数量较少的一方必须始终确保不打

米诺卡海战

无把握之仗才行；它只能在执行其他任务所必需的情况下，才能去冒险，故应当通过谋略避免作战，就算在最坏的情况下不得不交战，那也要确保自己拥有有利的条件。至于要采取的态度，则应当完全取决于敌人的实力。我们无需厌烦，而应当一再指出，不论要应对的是一个弱国还是一个强国，法国面前都有两种不同的战略，其手段和目标都是截然相反的——这就是大规模战争和巡航战争。"

这样正式的话语，由一位高级军官说出来，我们必须敬而受之才是，尤其是因为，他的这些话表达出了一个伟大、好战的国家所遵循的一贯政策；不过，一个名副其实的海洋大国能否因此而确保无虞，这一点却尚可质疑。从逻辑上来说，倘若采取如此一种姿态，那么在兵力相等的情况下，就不该与敌作战，因为我方的损失会比对方的损失更大。"事实上，"支持法国此种政策的拉马杜埃尔说，"损失数艘舰船，对英国来说又算得了什么呢？"不过，此种论战中必然涉及的下一步，便是最好不要与敌遭遇。正如前面引述过的另一位法国人曾说，人们认为，让己方的船只落入敌军之手是一种灾难，因此，倘若遇上了敌人，那么在可以体面地做到的情况下，他们就有责任去避而不战。他们有着长远的、比与敌人海军作战更加重要的目标。这样一种方针，是不可能在多年间一贯遵循而不影响到海军官兵们的精神和风气的；因此，它直接导致了像曾经指挥过一支舰队的德·格拉斯伯爵这样英勇的人，也会在1782年自己有机会的情况下没能摧毁罗德尼所率的英国舰队。那一年的4月9日，正在温德华群岛中受到英军追击的过程中，他突然发现，英军舰队中有16艘船处在自己的下风向，而英军主力则因为海上无风而滞留在南边的多米尼加岛。尽管他的兵力远远超过了这些离开了主力的英国军舰，但在接下来形势一直如此的那3个小时中，德·格拉斯却始终没去进攻，只是让自己的前锋舰队进行远距离炮击；后来审判他的军事法庭认为，他这样做是正当的，而法庭上许多级别很高、声名显赫的将领，也都认为"作为司令，因受命巡航并实施隐秘之目标，故为审慎之行为。"三天之后，他就被自己未趁其处于劣势之时进攻的这支舰队打了个落花流水，而巡航中所有的隐秘之目标，便都随着他一齐葬身水下了。

在20日的海战过后返回米诺卡的过程中，拜恩召开了一次作战会议；会议决定，由于在此已无可作为，故英国舰队应当前往直布罗陀，以保护该港不受攻击。在直布罗陀，拜恩却被霍克免了职并送回国内受审。军事法庭在明确澄清他没有怯战和叛国的同时，却宣判他有罪，因为他既没有尽力击败法国舰队，也没有尽力支援马翁港内的守军；并且，由于战争法案规定，此种罪行只有死刑，没有其他选择，因此军事法庭不得不判处拜恩死刑。英国国王拒绝赦免，于是拜恩便被枪决了。

远征米诺卡，是在英、法两国名义上仍然保持着和平关系的同时开始的。5月17日，也就是拜恩指挥的那次海战爆发的三天之前，英国对法宣战，而法国则在6月20日正式应战。28日，马翁港投降，而米诺卡岛也落入了法国的手中。

英、法两国间争端的性质，以及发生争端的那些地点，都足够清晰地指出了此次战争的真正舞台；因此按理来说，我们如今开始研究的，本来应当是一场海洋战争的初期——这场战争，既有大规模海上作战的战例可资说明，我们还能看到这两个大国的殖民地和海外领地发生巨大变化的情况。在这两个国家中，只有英国认识到了这一现实；法国则再一次置海洋于不顾，至于原因，我们将简单地加以说明。法国的舰队，几乎全都不再露面了；由于失去了制海权，该国丢掉了一个又一个殖民地，在印度的希望也全都落了空。在战争后期，法国将西班牙拉进来做了盟友，可这不过是让西班牙也陷入了该国海外势力日趋没落的境地罢了。而另一方面，英国则通过海洋捍卫和强化了本国实力，并且凭借制海权在世界各地耀武扬威。由于国内安全稳固、兴旺富足，该国还用自己的资金扶持了法国的敌人。到了第7年年底，"大不列颠王国"便已变成"不列颠帝国"了。

倘若没有盟友，法国是否能够成功地在海上与英国展开角逐，这一点是谁也没有把握的。1756年，法国海军拥有63艘战列舰，其中45艘的船况相当好；不过，装备和弹药却不足。西班牙拥有46艘战舰；但从西班牙海军以前及后来的表现来看，我们完全可以怀疑，这些战舰的作战能力是否配得上它们的数量。此时英国拥有130艘战列舰；4年过后，实际在役的就只有120艘了。自然，倘若一个国家像此时的法国那样，任由自己的劣势变得巨大无比，那么这个国家就是不可能指望获得成功的。

尽管如此，法国在最初还是努力获得了一些优势。攻克米诺卡岛之后，同年11月份，法国又占领了科西嘉岛。热那亚共和国将该岛上所有筑有防御工事的海港，全都割让给了法国。由于拥有了土伦、科西嘉和马翁港，故法国此时便有力地控制了地中海地区。在加拿大，1756年蒙特卡姆指挥过数次战斗，虽说兵力不如敌人，但都取得了胜利。与此同时，印度一位当地贵族也指挥进行了一次袭击，从英国人手中夺取了加尔各答，从而给了法国人一个机会。

还有另外一件事情，为法国的政客们加强该国在海洋上的地位提供了口实。荷兰已经向法国做出承诺，不再重新与英国结盟，而是保持中立。作为报复，英国宣布"法国的所有港口都处于封锁状态，所有开往这些港口的船只，都可以扣押作为合法战利品。"此种违反中立国权利的行为，只有一个认为自己对其他任何反对力量都无所畏惧的国家，才做得出来。由这种实力感而产生出来的、属于英国特色的那种咄咄逼人的气势，法国本来是可以加以利用，将西班牙以及其他可能的国家全都拉拢过来，组成一个反英同盟的。

可法国并未把精力集中于对抗英国上，而是开始了另一场大陆战争；不过，这一次它有了一个新的、了不起的盟友。奥地利皇后一直用宗教迷信影响国王，并且对国王的情妇大为光火，又被腓特烈大帝挖苦讽刺的话语所激怒，便拉拢法国，使之与奥地利结成同盟，来对抗普鲁士。后来，俄国、瑞典和波兰也先后加入了这一同盟。奥地利皇后敦促这两个信奉罗马天主教的大国应当团结起来，从那个信奉新教的国王手中夺取西里西亚，并且还说愿意将她在尼德兰的一部分领地割让给法国，而这一点，正是法国一直梦寐以求的。

腓特烈大帝得知法、奥联合起来对抗普鲁士的消息之后，并没有等待这个同盟逐渐发展壮大，而是立即调兵遣将，入侵了萨克森，因为此地的统治者同时也是波兰国王。这一事件发生于1756年10月，从而拉开了"七年战争"的大幕；此次战争，跟奥地利王位继承战争一样，只是程度不同，也让一些交战国不再关注它们之间产生争端的初始原因了。不过，对于法国来说，由于它业已与英吉利海峡对面的邻邦全面反目，所以根本没有必要再卷入另一场战争，何况这场战争的目的众所周知，便是增强那个因受一种更明智的政策约束而一直不得不低声下气的奥地利帝国的实力；而这一次，英国则看清了自己的真正利益所在。英国对欧洲大陆上进行的此次战争毫不在意，而是将自己的精力转向了海洋和各个殖民地；与此同时，还用资金和真挚的同情支持腓特烈大帝在战争中保卫他的王国，从而严重地转移了法国的注意力，并分散了法国的力量。这样一来，英国参与的，实际上就只是一场战争。同一年，战争的指挥权从一个软弱的内阁转移到了英勇而忠诚的威廉·皮特手中；他直到1761年才卸任，此时英国的战争目标实际上已经确保实现了。

在进攻加拿大的时候，有两条主要的进军路线可供选择——一是取道尚普兰湖，二是取道圣劳伦斯河。前者完全位于内陆，所以与本书的主题无关，但我们要注意，直到1759年魁北克陷落之后，尚普兰湖才完全对英国开放。1757年，英军进攻路易斯堡失利；因为英军的舰队司令不愿指挥自己所率的15艘战舰与那儿的16艘敌舰交战，还说他所率战舰的钢甲不如敌舰结实。无论他的决定正确与否，英国国内对这一事件的愤慨，都清楚地表明了法、英两国政府据以行动的政策并不相同。第二年，英国派出了斗志更为昂扬的博斯科恩上将，以及12000名陆军；而我们必须公正地说，他抵达时发现路易斯堡港内只有5艘舰船。陆军上了岸，而舰队则掩护陆军进行围攻，并切断了被围守军唯一的补给线。该岛于1758年陷落，从而打通了经由圣劳伦斯河通往加拿大腹地的水路，也使英国的舰队和陆军获得了一个新的基地。

第二年，沃尔夫所率的远征军被派去进攻魁北克。他的所有作战行动，都没有离开过舰队的支持；英国舰队非但将沃尔夫手下的军队运送到了战场之上，还根据不同的佯攻需要，在圣劳伦斯河上来来回回地进行机动。在具有决定意义的那一战中，陆军是在军舰之上直接登岸的。曾经凭借自己的本领与决心，在前两年里阻止了英军取道尚普兰湖发起的多次进击的蒙特卡姆，便向国内写信紧急求援；可战争大臣却拒发援兵，回复说增援部队很有可能在路上遭到英军截击，并且法国派的人越多，英国派的人也就会越多，还有许多其他的理由。总而言之，便是控制加拿大完全取决于制海权。

因此，蒙特卡姆由于虑及英军肯定会从圣劳伦斯河上对魁北克发动进攻，便不得不在尚普兰湖这条路线上降低抵抗力度；尽管如此，那一年里，英军也没有越过该湖南端，并且他们的作战行动虽说值得称颂，但对魁北克之战的结果却并没有产生什么影响。

1760年，由于掌控了一端为路易斯堡、另一端为魁北克的整个圣劳伦斯河，英军似乎已经牢牢地扎下了根基。尽管如此，法国总督德·沃德勒伊却仍然坚守着蒙特利尔，而法国殖民者也仍然指望着国内派兵前来救援。魁北克的英国守军虽说在数量上不如加拿大军队，却很鲁莽地出城去与之在开阔地带交战。英国守军战败之后，敌人便追击而至，差点就跟英军混杂在一起入了城；

魁北克之战

之后，敌军又开始修筑战壕，准备进攻魁北克。数天之后，一小支英国舰队抵达，此处才得以解围。"这样一来，"原先那位海军编年史家说，"敌人就明白了海上力量处于弱势的后果；因为，倘若有一支法国舰队先于英军沿河而上，魁北克就必定已被攻下。"此时仍然坚守蒙特利尔的那一小支法国军队已被完全孤立起来，并被三支英军包围了；这三支英军，一支取道尚普兰湖而来，其余两支则来自奥斯维戈与魁北克。1760年9月8日，蒙特利尔投降，从而永久性地结束了法国占领加拿大的历史。

自皮特上台掌权以后，英国军队在世界其他地方也都交上了同样的好运，只是起初遭遇过一些轻微的波折罢了。但在欧洲大陆上却并非这样，腓特烈大帝正凭自己的英雄气概和本领，一直艰难地同法、奥、俄三国进行着非凡的战斗。研究他的处境、军事和政治方面的种种艰难，并不属于本书的主题。制海权的作用，并非直接体现在它对此次战争所产生的影响，而是间接地体现在两个方面：首先，体现在英国国力雄厚、信用良好，使得它可以给腓特烈大帝拨款，而这些拨款在既节俭又能干的腓特烈大帝手里，能够发挥出更大的作用；其次，体现在英国进攻法国的殖民地和法国本土沿海，这样做既摧毁了法国的贸易，使之疲于应付，也让该国在不得不投入海军的军费方面捉襟见肘——的确，法国海军军费非但少得可怜，政府在支出海军军费的时候也很不情愿。

不断地受到这个海洋霸主痛击之后，尽管法国的统治者既无知、也不愿意这样做，他们还是不得不开始采取行动来对抗英国了。因为海军实力相当之弱，无法在世界各地作战，所以，集中力量打击一个目标，就是很正确的决定；而法国选择的这个目标，就是大不列颠本土，准备入侵其沿海地区。这一决定，很快便引起了英国人的担忧和惧怕，从而导致了以法国沿海和英吉利海峡为中心的、长达数年的大规模海军作战行动。在描述这些作战行动之前，我们不妨先来总结一下英国在利用其势不可挡的制海权的过程中，那种引领英国前进的总体规划。

除了前文已经叙述过的、在北美大陆上进行的那些军事行动，这一规划由四个部分所组成：

1. 全力监视大西洋沿岸的法属港口，尤其是布雷斯特，以使本国的大型舰队或小型分舰队无需作战即可出海。

2. 用机动舰队进攻法国的大西洋和英吉利海峡沿岸地区，偶尔派出小股陆军部队登陆袭扰。由于敌人不可能预测出进攻方向，所以这些袭扰的目的，主要在于迫使敌人不得不在多处地点部署兵力，从而减少敌人用于对付普鲁士国王的兵力。尽管英国的意图自然如此，但这种有利于腓特烈大帝的实际牵制是不是具有什么重大意义，这一点我们是可以存疑的。我们不会具体提及这些军事行动中的哪一次，因为它们对于整个战争的进程而言，都只有微不足道的可见影响。

3. 在靠近直布罗陀的地中海海域部署一支舰队，以阻遏法国的土伦舰队趁机前往大西洋。英国似乎并没有认真采取过什么措施，来阻断法国本土与米诺卡岛之间的交通联络。地中海舰队的作战行动，虽说是独立指挥，却从属于英国在大西洋上的作战。

4. 派出进行远距离海外作战的远征军，前去攻打法国在西印度群岛和非洲海岸的那些殖民地，还在东印度群岛海域常备一支分舰队，以确保控制那些海域，从而支援印度半岛上的英军，并且切断法军的交通补给。这些在距英国很遥远的海域进行的军事行动从未中断过，而在法国海军被摧毁、从而解除了遭受法国入侵的担忧之后，这样的军事行动进行得更加活跃，也占据了英军作战行动中的较大比例；待1762年西班牙轻率地参战之后，这些行动还让英国为其海洋霸权获得了更加丰富的战利品。

将布雷斯特的敌方舰队封锁在港内，是此次战争中英军首次有组织地实施的军事行动，可以说是一种防御性的而非进攻性的行动。因为，尽管英军当然想在机会到来的时候与之交战，但其主要目标，还是让敌人手中那种进攻性武器无用武之地；至于摧毁这一武器，则在其次。1759年执行封锁任务的那支舰队不得不撤走，让法国舰队得以逃脱，使得英国上下一片担忧和愤慨之声，由此即可看出这种说法是正确的。此次封锁和战后所进行的封锁，都是为了让法国在实际利用其舰船这个方面始终都处在一种劣势之中，无论该国让舰队外表看上去有多好，或是让兵力与英国相等。布雷斯特港的位置，使得一支被封锁的舰队，即便是在有强劲的西风危及执行封锁任务的英国舰队时，也无法出港；因此，后者便经常会抛下被封锁的法国舰队，避往托贝港或者普利茅斯，但当然是在谨慎地确信自己能够及时顺着东风赶回驻地，不会让某支庞大而指挥不当的法国舰队抢先出港的情况下，英军才会这样做。

　　1758年下半年，法国因为在欧洲大陆接连失败而沮丧不已，又因英国进攻其沿海地区而深受侮辱、烦恼至极——英国在这一年里对法国沿海的袭扰尤其恼人，还因为明白本国财力不可能同时在欧洲大陆和海上作战，便决心直接进攻英国。此时，法国的贸易已经被完全摧毁，而英国的贸易却繁荣兴旺得很。让伦敦商人引以为傲的是，在皮特的领导下，英国的商业贸易团结一致，并且通过战争而获得了长足的发展；而此种繁荣的商业贸易，又通过给法国的敌人提供大笔大笔的资金，成为了大陆战争的主要推动者。

　　就在此时，路易十五召来了一位新的、头脑灵活的大臣舒瓦瑟尔，让他上台执政。从1759年初开始，法国便在大西洋和英吉利海峡沿岸各港备战了。勒阿弗尔、敦刻尔克、布雷斯特和罗什福尔等港市都建造了运送部队的平底船。法国想要运送多达50000人的兵力入侵英格兰，同时派遣12000兵力直接进攻苏格兰。法国还装备了两支分舰队，每一支的实力都不弱，一支位于土伦，另一支位于布雷斯特。让两支舰队在布雷斯特集结起来，便是实施这一宏伟计划的第一步。

　　然而，计划正是毁在了这个地方，因为英国占据着直布罗陀，而其海军实力也大大优于法国海军。就连如此坚定自信的威廉·皮特，也会在1757年提出，将英军俯瞰地中海与大西洋间水道的那座瞭望塔让给西班牙，以换取西班牙帮助英国收复米诺卡岛，这一点似乎令人难以置信。但让英国幸运的是，西班牙拒绝了皮特的这一提议。1759年，

法国国王路易十五

爱德华·博斯科恩（Edward Boscawen, 1711–1761），绰号老顽童，英国海军元帅，在七年战争中表现突出。

博斯科恩上将担任了英国地中海舰队的司令。在进击驶往土伦海域的法国护卫舰时，他手下的数艘舰船受损严重，于是他便率领整支舰队前往直布罗陀进行整修；然而，他也采取了预防措施，时不时地派出监视船，并且规定，当敌军靠近时，应当及时用枪炮给他发信号。法国准将德·拉·克鲁趁着博斯科恩离开的这一机会，奉命率领12艘战舰于8月5日离开了土伦港，并于17日抵达了直布罗陀海峡，顺着猛烈的东风进入了大西洋。一切似乎都顺利得很，厚厚的雾霾和夜幕使得岸上的人看不到法国舰队的行踪；但一艘英国的护卫舰从近处突然冒了出来，彼此都看到了对方。英国的那艘护卫舰一看到法国舰队，便明白这必定是敌方舰船，于是一面驶向岸边，一面开始鸣炮示警。去追击这艘护卫舰是毫无用处的；于是法国舰队便只有逃跑了。这位法国准将明白英军必定前来追击，而为了躲避追击，他便转舵西北偏西，驶往公海，并且熄灭了船上所有的灯火；可或是因为粗心，或是由于不忠——法国一位海军将领曾经暗示过后一种原因——12艘战舰中有5艘驶向了北方，并在第二天早上找不到德·拉·克鲁准将的情况下，驶进了加的斯。天亮之后，看到手下舰队一下子少了那么多艘舰船，德·拉·克鲁准将惊慌失措了。到了8点钟，一些舰船出现了，德·拉·克鲁准将一度希望那是他手下失踪的战舰。不过事与愿违，这些都是博斯科恩所率舰队派出来的警戒船，包括14艘战舰，此时正在全速追击法军。法国舰队在迎风一侧排列成阵，然后开始逃跑；但是，它们的整体速度自然比不过英国最快的那些舰船。对于在所有的追击战中，当追击者占有绝对优势之时应当遵循的一般性准则——也就是说，只是在为了让领先的那些舰船保持在较慢船只能够支援的合理距离之内的时候，才必须服从秩序，以使它们不至于在后面的舰船尚未赶上的时候落单并被敌人以优势兵力打垮——如今的英国海军已经理解得很透彻了，所以，此时便理所当然地是进行混战的最佳时机。博斯科恩上将正是按照这一准则行动的。而另一方面，法军的那艘后卫军舰则勇敢地效仿了拉埃腾杜尔救援商船队时的做法。这艘军舰在2点钟的时候被冲在最前面的那艘英舰追上，不久之后又陷入了其他4艘英舰的包围，但该舰舰长指挥手下进行了5个小时的殊死抵抗；他这样做，并非是希望挽救自己，而是为了尽可能久地拖住敌人，好让那些船况更好的军舰逃脱。当时，他成功地做到了这一点——多亏了他给敌舰造成的损害，以及其他舰船速度也更快——所以那一天其他法舰的确从短兵相接的战斗中逃脱了，可最终却还是免不了被俘虏的结局。当这位舰长放下自己的旗帜时，船上的三根中桅已经无影无踪，而后桅随后也倒了，整个船体都浸满了水，艰难地漂浮在海面上。这位M·德·萨布朗——他的名字，值得人们永远铭记——在此次英勇的抵抗中，身上受了11处伤；通过此次抵抗，他也非凡地说明了在阻遏追击时后卫力量的义务与职责。那天晚上，有两艘法舰向西退却，因而逃脱了。其余4艘则继续像之前那样逃窜；可第二天早上，这支舰队的临时司令感到逃脱无望，便率舰向葡萄牙沿海驶去，并且全都在拉各斯和圣文森特角之间搁了浅。英军司令率军尾随而来，向法国舰队发起攻击，俘虏了其中的两艘，并且烧毁了其余两艘，根本就没有考虑过葡萄牙的中立国地位。对于这种无礼行径，英国除了正式道歉之外，并没有进行什么纠正；葡萄牙太过依赖英国，所以英国无需严肃地去顾及该国的感受。皮特在就此事写给荷兰驻英公使的信中对后者说，尽管葡萄牙政府脆弱的感情需要安抚，但他决不会答应葡萄牙政府提出让英国放弃缴获之舰船或谴责那位杰出的英国海军司令的要求。

土伦舰队的覆灭或消失，挫败了法国对英国的入侵企图，但逃入加的斯港的那5艘舰船，却仍然让爱德华·霍克勋爵寝食难安，所以他便率领舰队在布雷斯特港外游弋。舒瓦瑟尔虽说自己的主要目标受阻，却仍然坚持入侵苏格兰。法国的布雷斯特舰队除了护卫舰外，还拥有20艘战舰，由德·孔夫兰元帅指挥——别看他号称陆军"元帅"，其实却是一位海军将领。准备运送的陆军兵力说法各异，应在15000至20000人之间。法国最初的想法是，只用5艘战舰和一些小型舰船护送运兵船只。而孔夫兰元帅却坚持说，整支舰队都应当前去护航。海军大臣认为孔夫兰这位司令并不是一个老练的战术家，不足以阻遏敌人的进击，因而要确保护送的兵力安全抵达位于克莱德河附近的目的地，就免不了要冒爆发一场重大遭遇战的危险。由于孔夫兰相信英、法之间可能会爆发一场大战，所以认为，最好是在部队出发之前打上一仗；这样一来，倘有重大损失，要运送的这支陆军也不至于白白牺牲掉，而倘若取得决定性胜利的话，那么一路上也就畅通无阻了。那些运兵船的集结地并非布雷斯特，而是南部远至卢瓦尔河河口的一些港口。于是，法国舰队便带着与敌人作战的希望与目标出海了；可之后的过程，却很难说是心想事成，与这位海军司令在出发前下达的那些煞费苦心的作战命令，也很难说是保持了一致。

　　大概是11月5日或6日，海上刮起了猛烈的西风。在与肆虐的海风搏斗了三天之后，霍克率舰队转向下风，驶入了托贝港，等待着风向改变，并让舰队做好了随时起航的准备。这场大风，虽说阻碍了布雷斯特的法军出发，却给M·波姆巴特所率的一支小型舰队提供了机会；法军正盼着从西印度群岛而来的这支舰队，此时它便趁霍克所率舰队不在而溜进了布雷斯特。孔夫兰进行了积极的备战，将波姆巴特的手下全都编入了他自己那支人员配备不足的舰队之中，然后便在14日趁着东风起航了。他一度朝南航行，自以为摆脱了霍克所率的英军。然而，霍克其实12日就已从托贝出发；并且，尽管再次被海风赶了回来，但在14日，即孔夫兰离开布雷斯特的同一天，他又率军出发了。他迅速部署好了舰队的战位，通过侦察获知了敌人在南面转舵向东的情报，轻而易举地推知敌人的目的地是基伯龙湾，便调整了自己的航线，满帆全速赶往基伯龙湾。19日晚上11点，法国这位海军司令估计自己的位置是在贝尔岛西南偏西约70英里的地方；此时由于西风正猛，他便低帆顶风前进，可风力一直在增强，将法国舰队吹得转向西北偏西而去。天亮之后，法军前面出现了数艘舰船，细究之下，却是达夫准将所率的一支英国舰队，堵住了前往基伯龙湾的去路。法军发出了进行追击的信号；英军一边逃逸，一边分成了两支分队——一支顺风逃窜，另一支则掉头向南而去。法国舰队的主力保持着航向，跟在第一支英

基伯龙湾海战

军分队后面追击，也就是驶向海岸；只有一艘军舰转向去追击第二支英军分队。旋即，法国后卫舰船发出了抢风航行的信号，在旗舰甲板上也能看到。一定也就是在这个时候，先于英国舰队抵达的侦察船向英军司令报告了顺风航行的消息。霍克的勤勉，让他终于赶上了孔夫兰；而孔夫兰在自己的正式报告中称，他认为敌方在这一带不可能部署有优于法军的兵力，甚至也不可能部署有与法军相等的兵力。此时，孔夫兰下令其后卫分队转向抢风，支援向南、向东执行追击任务的那艘法国军舰。片刻之后，他却发现，上风位置的那支英国舰队有23艘战舰，并且其中还有数艘三层甲板的炮舰，而法军却只有21艘战舰。于是，孔夫兰召回了正在追击敌人的舰船，准备开战。然而，由于他并未预见到此种情况，所以他的作战方针尚未确定下来。此时，西北偏西的海风刮得正猛，天气马上就会变得极其恶劣，舰队处在离下风处的海岸不远的地方，而敌人兵力又大大优于己方；因为除了霍克所率的那23艘战舰，达夫准将手下还有4艘载有50门火炮的军舰。所以，孔夫兰决定迅速摆脱敌人，率领舰队进入基伯龙湾；因为他相信，在这种恶劣的天气条件下，霍克不敢追击，进入一个法国当局称之为布满浅滩、礁石林立、航海者睹之恐惧、过之动容的海湾。可就是在如此恐怖和危险的情况下，44艘大型舰船即将展开一场混战；因为此处的空间狭小，舰队根本无法机动。孔夫兰自以为是地认为，他会率先进入基伯龙湾，从而在紧挨着港湾西岸下面的地方转向，倘若敌人追击而至的话，这样做就会迫使敌人处在他和下风6英里外的海滩之间的战位。可他的希望全都落空了。在撤退的时候，他的座舰位于舰队之首；这样做并不是没有道理的，因为只有亲自领头，才能准确地表明自己的意图，但可惜的是，这却给他在公众中带来了恶名，因为人们认为，这位海军司令是在率先逃跑。面对这些危险的时候，尽管霍克这个老练的水兵完全认识到了它们的危险程度，可他却没有丝毫和片刻的退缩；他生性沉着冷静、坚定不移而又英勇无畏，能够正确地权衡危险，既不会虚饰太平，也不会夸大其辞。他当时的想法我们不得而知，但他无疑是觉得，领头进入海湾的法军，会部分地充当英军的领航员，并且必定会在英军之前搁浅；他认为，手下将士们的情绪和经验都优于法军将士，因为他的手下都经过了执行封锁任务时的严酷考验；并且他也明白，英国政府和民众都要求他，再也不能让敌人的这支舰队安全地进入另一个与法国保持友好关系的港口了。这一天，他就这样在重重危险之中、在种种不利条件之下，尾随着法国舰队——正是这些危险和不利条件，使得此次战斗成为了史上最具戏剧性的海战之一；而在英格兰，民众却纷纷焚烧霍克的肖像，说他任由法国舰队逃脱了。当孔夫兰率领法国舰队绕过"枢机主教"礁——即基伯龙湾入口处最南端的礁石——时，领头的数艘英军战舰开始与法军后卫舰队交起火来。这是全面追击以混战结束的又一个战例；只不过此战是在有着非凡意义的条件下发生的，并且从海风狂暴、海涛汹涌、海岸背风、船速迅猛、船帆尽收、交战舰船数量众多等战场情况来看，此战的场面也相当壮观。一艘满员74人的法国军舰，由于被多艘英国战舰逼得太紧，竟然冒险打开了其下层舱门；海水一涌而入，这艘战舰便连同船上的人一起葬身海底了，只救上来了20人。另一艘则为霍克的旗舰所击沉。还有两艘战舰投了降，其中的一艘还悬挂着一位准将的旗帜。其余的法国战舰，全都四散奔逃。其中有7艘向北和向东逃窜，停在了维莱纳这条小河的河口海面，并趁着两次大潮涨得最高的时候，成功地遁入了此河——这可真是一次前无古人的壮举。另有7艘战舰往南，逃到了罗什福尔以东。还有一艘受到重创的法国战舰搁了浅，后来在卢瓦尔河河口附近海域失踪了。法军的旗舰，与图维尔在拉和岬海战中被烧毁的那艘旗舰的名字一样，都叫"皇家太阳"号；黄昏时分它在距卢瓦尔河以北不远的海面停了下来，漂浮着安全地度过了那个晚上。第二天早上，这位法国的海军司令发现自己变成了孤家寡人，便在仓皇之中让这艘旗舰搁了浅，以免它落入英军手中。法国人纷纷谴责他的这一做法；不过，根本就没有必要再去谴责他，因为霍克是决计不会让这艘船逃脱的。于是，这支庞大的法国舰队就此覆灭了；因为那14艘未被俘虏或击毁的战舰分成了两支，而那些进入维莱纳河的舰船都只能说是成功逃跑了而已，后来每次逃出两艘，持续了15个月到两年的时间才全部脱身。英军损失了两艘战舰，都是因为撞上了暗礁、受损严重而毁掉的；而他们在战斗中遭受的损失，可以说是微不足道的。

布雷斯特舰队覆灭之后，法国便不可能再有入侵英格兰的机会了。1759年11月20日发生的这场海战，便成了此次战争中的特拉法尔加海战；尽管英军仍然对躲在维莱纳河里和罗什福尔的那些法国战舰维持着封锁，但如今英国舰队可以自由地用一种比以前更大的规模，去进攻法国的、后来又加上了西班牙的那些殖民地了。就在发生此次伟大海战和魁北克陷落的同一年，英国还攻陷了西印度群岛的瓜达鲁佩、非洲西海岸的格雷岛，而法国则在经历了由该国的德阿克准将与英国的波考克上将指挥的三次不具决定意义的战斗之后，放弃了对东印度群岛海域的掌控——这种放弃，必然会导致法国在印度的势力垮台，再也无法重新崛起了。也是在这一年，西班牙国王辞世了，他的弟弟继承了王位，号称查理三世。这个查理，曾经是那不勒斯国王，就是有位英国准将[1]给了那不勒斯朝廷1个小时、让他们将那不勒斯的军队从西班牙军队中撤回来那

---

[1] 即英国的马丁准将。参见第六章。

布雷斯特舰队覆灭

个时候的那不勒斯国王。对于这次受辱，他一直都耿耿于怀，所以在登上西班牙王位后，便一心要与英国为敌。由于他带有这种态度，法国和西班牙就更容易联合起来了。查理的第一步，便是提出为英、法国两国进行居间调停，可皮特却不愿意调停。他将法国视为英国的头号敌人，将海洋和殖民地视为英国首要的实力和财力之源；既然已经将法国打败，他就希望彻底削弱法国当下和未来的实力，并在法国受损的基础上让英国的伟大变得更加稳固。后来，他提出了一些条件；但由于路易十五情妇的影响，以及路易十五对奥地利皇后的爱慕之心，使得法国打算将普鲁士拒之于谈判之外，英国却不允许此种排斥。实际上，是因为皮特此时还没有做好和谈的准备。一年之后的1760年10月25日，乔治二世驾崩，皮特的影响力开始衰落，并且新任国王也不那么热衷于战争了。在1759年至1760年这两年间，腓特烈大帝仍然领导着自己那个小小的王国，与联合起来反对他的那些大国做着殊死而筋疲力尽的斗争。曾经有一段时间，他的情况看上去极为不妙，以至于他都准备自杀了；不过，战争持续进行，让法国把注意力转移到英国和海洋上去了。

进行大规模殖民远征的时候很快就到来了，它使得此次战争的最后一年，因英国的制海权战胜了法、西两国的联合力量而变得非凡无比。首先，我们有必要叙述一下英国这种制海权在东印度半岛发挥作用的整个过程。

杜普雷被召回法国后，他的政策也被彻底抛弃，使得英、法两家东印度公司获得了平等的地位，这一点前面已经叙述过了。然而，1754年所签条约的规定并未完全得到了执行。马奎斯·德·比西是一位英勇而能干的战士，曾经是杜普雷的副手，并且全心全意支持杜普雷的政策与雄心，他此时仍然留在德干高原上——这是印度半岛南部中央杜普雷曾经统治过的一个广袤地区。1756年，孟加拉的英国人与当地贵族发生了纠纷。该省的地方长官已经去世，而其继任者是一个19岁的年轻人，他率军进攻了加尔各答。进行了无力的抵抗之

马奎斯·德·比西

后，该地于6月被攻陷了；而投降之后，就发生了一件著名的惨案，史称"加尔各答黑洞"。这一消息于8月传到了马德拉斯，前面已经提及的那位克莱夫，便随沃森上将所率的舰队，经过了漫长而令人烦恼的耽搁之后出发了。12月，这支舰队驶入了孟加拉河，并于第二年1月兵临加尔各答城下；随后，该地又像之前被攻陷那样，轻而易举地回到了英国人手中。

孟加拉省那位新任地方长官恼羞成怒，便率军前去攻打英军；与此同时，他还派人去要求位于金德纳格尔的法军参战。尽管此时英、法两国正在交战这一事实已是尽人皆知，但法属东印度公司却无视1744年的教训，怯懦地指望着该公司与英国人之间仍然可以和平相处。因此，该公司拒绝了当地土著的要求，并且向英属东印度公司表示中立。克莱夫便率军出击，与印度军队狭路相逢，并击败了印度军队；那位地方长官马上求和，想与英国结成盟友，完全放弃了起初进攻加尔各答时提出的所有要求。英军在遭遇了内部的一些反对意见之后，还是接受了他的这一提议。克莱夫和沃森随后便转而进攻金德纳格尔，迫使这个法属殖民地不得不缴械投降了。

那位地方长官并不允许英军这样做，所以心中恼怒，便与身处德干高原的比西联系。克莱夫已经料定他会要各种各样的阴谋诡计，因为这个人性格使然，在要阴谋诡计的时候总是犹豫不决、摇摆不定，既软弱无能，又奸巧狡诈；看到在这个人的统治之下，英国无望与之和平相处或者安稳地进行贸易之

后，克莱夫便开始制定一个巨大的计谋，想要将这个地方长官赶下台去，其详细情况我们自然无需赘述。结果便是战争再次爆发，克莱夫率领3000士兵，其中三分之一为英国人，与那位地方长官所率的15000骑兵和35000步兵对垒。双方拥有的火炮数量，几乎跟他们之间的兵力一样悬殊。尽管困难重重，但英军还是赢得了1757年6月23日的这场普拉西之战——人们一致认为，英国在印度建立起来的那个帝国，据说就是从这个时候开始的。推翻了那位地方长官的统治之后，英军便扶持了密谋反对者中的一位上台掌权；这个人完全是英国人的走

加尔各答黑洞。1756年，孟加拉的纳瓦布在加尔各答用地牢囚禁了146名英国俘虏，仅有23名得以生还。

普拉西战役（the Battle of Plassey），发生于1757年6月23日，是英国东印度公司与印度的孟加拉王公的战争。而孟加拉王公西拉杰·乌德·达乌拉有法国为其支持者。

狗，离不开英国人的支持。孟加拉就这样转到了英国的掌控之下，也成了英国在印度的最初收获。"克莱夫，"一位法国历史学家说，"理解并应用了杜普雷的政策。"

确实如此；不过，即便如此，我们还是可以说，倘若英国没有掌控海洋，那么如此打下的基础，英国既不可能维持下去，也不可能加以依赖。虽说印度的形势如此，使得在一些勇敢、精明之人的领导下分散开来攻城略地并审慎寻找盟友以加速其成功的少数欧洲人，能够在无数机遇中抓住自己和其他更多人的命运，但必不可少的一个前提就是，他们不能自相残杀，因为一小撮自己人就能让本已摇摆不定的天平倒向另一个方向。正当克莱夫在孟加拉作战时，比西侵入了奥里萨邦，占领了英国人的工厂，掌控了马德拉斯和加尔各答之间的大片沿海地区。同时，一支由9艘舰船组成的法国舰队——然而，因为其中大部分舰船都属于东印度公司，所以都不是一流的战舰——也带着一支1200人的常规陆军部队，往庞迪切里而来；那个时候，这可算是在印度作战的一支庞大的欧洲陆军了。驻庞迪切里沿海的英国海军虽说兵力较少，但我们可以认为其实力与即将到来的法国舰队差不多旗鼓相当。此时，说印度的未来仍然多变不定，无论怎么说也不过分，因为最初的交战便表明了这一点。

1758年4月26日，法国舰队抵达了庞迪切里南边的科罗曼德尔海域，并于28日在英军的圣大卫堡基地外泊了锚。有两艘舰船继续前往庞迪切里，新任总督德·拉利伯爵也在船上，他希望马上赶到自己的任所。在此期间，英军的波考克上将得知了敌人正在前来的消息，因为特别担忧这一据点，所以也正在赶来，并于4月29日抵达了圣大卫堡，看到了乘有法国总督的那两艘舰船。法军马上出动，右舷抢风出港，朝北方和东方而行，此时正刮东南风，法军还发出信号，提醒护送拉利伯爵的那两艘军舰和护卫舰；不过，拉利下令不要理睬，他的这一做法就算不是导致他和德阿克准将之间相互嫌恶的原因，也势必加重了二人之间的怨气，从而使得法国在印度的战役失败了。英国舰队已经跟法国人一样右舷抢风列好了阵势，用那时常见的方式发动了进攻，也收到了常见的效果。7艘英舰受命散开，拦住了法国的8艘战舰，而4艘领先的战舰，包括波考克上将的座舰，则井然有序地投入了战斗；最后3艘呢，不管是否因为其自身的过错，反正没有及时参战，不过我们要记住，在此种进攻中这种现象是常有的事。法军准将德阿克看到英军前锋与后卫之间留有空挡，便制定了将英军分隔开来的计划，并且发出了一起转向下风的信号；不过，因为他太过性急，所以等不及部下做出回应，便将自己的座舰满舵掉头转向下风，后卫舰船纷纷跟随，可前锋舰船却还是保留着原有的航向。英国的波考克上将亲历并且完全了解这次海战，他对德阿克准将的评价比法国史学家的评价更高，因为他是如此描述这次海战的：

"下午四点半，法军阵列中的后卫离他们的旗舰已经相当近了。我方的3艘后卫战舰收到了近距离交战的信号。不久之后，主帅德阿克改换了阵形，开始顺风航行；他后面的第二艘军舰，在战斗中的大多数时间都处于'雅茅斯'号（即英军的旗舰）的尾舷方向，此时靠拢过来，开了火，然后便转向了下风；几分钟过后，敌人的前锋舰船也都转向下风了。"

这一描述绝非与法国人的描述相矛盾；从中可以看出，法军是想通过排成纵队超过英军，从而让英军的主舰进行集结机动。此时法军已经顺风驶向他们那两艘落了单的战舰，而参战的英军舰船则受损严重，无法追击了。此战使得英国舰队并没有减轻圣大卫堡的压力，所以6月2日圣大卫堡便投降了。

此地陷落之后，双方舰队便在各自的港口进行了整修，分别返回了基地，并于8月在差不多相同的条件下、以差不多相同的方式爆发了第二次战斗。法军的旗舰遭遇了一系列不幸的意外，使得德阿克准将决定撤出战斗；不过，对其深层原因的剖析，却极其含蓄地表明了法国的目标最终必然会被英国粉碎的这种结局。"节俭，"一位法国历史学家曾说，"使得他不会长久作战，以免最后自己手下的舰船受损严重，因为这种受损，在印度这个差不多完全没有富余材料可提供的地区，是很难维修的。"连海军作战所必需的维修保障都没有，这就极其明显地表现出了法国人那种致命的节俭之性；而此种节俭习气，始终都是法国人进行海战的一大特色，同时也是一种重大而不利的特色。

返回庞迪切里之后，德阿克发现，尽管此战中受损的桅杆和索具这一次可以维修好，但没有给养，而且所有舰船还得填隙防水才行。虽然他下令舰队在沿海地区坚持到10月15日，但他召开了一次作战会议，会议认为，这些舰船不可能在此坚持那么久的时间，因为万一发生第三次海战，庞迪切里就既无索具，也无给养了；于是，他便以此为由，不顾总督拉利伯爵的抗议，于9月2日率领舰队起航往法兰西岛而去了。人们都知道，德阿克此举的潜在原因，是因为他经常跟拉利总督发生争执，从而对后者心怀敌意。而拉利总督由于没有了舰队的支援，便率军向内陆进发，不再攻打马德拉斯了。

抵达法兰西群岛之后，德阿克的处境便再一次奇特地说明了法国在这个时候所采取的一般性海军政策，是多么的无效和鼠目寸光。该地并不欢迎他的到来，就像拉利总督不想让他离开印度那样。法兰西群岛当时正处在一种几乎赤贫的形势之中。德阿克所率的这支海军，加上国内又派来的那3艘战舰，已让各岛不堪重负，于是他们便要求德阿克准将立即率军离开。维修工作不得不在仓促之中进行；到了11月，数艘舰船便驶往当时仍为荷属殖民地的好望角寻求补给去了。不过，得到的给养很快便被消耗完了，所以诸岛又开始催促舰队离开。这些舰船的处境，跟印度这个殖民地的处境一样岌岌可危；因此，德阿克准将只得强调自己完全没有食物和给养，以此来回复诸岛民众。不久之后，情况变得更糟，他们只能用锚索来做活动吊索，只能将一些船只清空，好把上面的部件用于其他舰船了。在回印度去之前，德阿克给海军大臣写了一封信，说他"打算离开，只是为了不让船员饿死，并且倘若不送给养过来，就不要指望这支舰队能够完成什么任务，因为这支舰队的人员和情况都糟糕透顶。"

就是在这样的形势下，德阿克于1759年7月从法兰西群岛率领舰队起航，并于9月抵达了科罗曼德尔沿海。在他离开的这一年里，拉利总督曾经在东北季风期包围了马德拉斯两个月。双方舰队都不在场，因为那个季节此处沿海并不适于进行海战；但英国舰队先返回来，据法国人称，正是英国舰队率先赶回来，才解了马德拉斯之围。德阿克返回印度之后，在兵力和战舰规模两个方面都大大胜过了英国舰队；可当两支舰队遭遇之后，波考克却毫不犹豫地率领9艘战舰对法国的11艘战舰发动了攻击。此战发生于1759年9月10日，跟前两次海战一样并无决定性意义；不过，这一次是德阿克在经过了一场殊死搏斗之后又撤退了。关于此战，坎贝尔在《海军上将生平》一书中，曾经进行过虽说诙谐、表面上

马德拉斯之战

却很严肃的评论："波考克将法国舰船打得七零八落，并且歼灭了大量敌军；不过，体现出了双方司令非凡天才的是，他们在18个月内打了3场高调喧天的海战，双方却没有损失一艘船只。"然而，胜利的果实却由实力较弱的那支舰队来享受；因为德阿克返回了庞迪切里，并在10月1日从此处起航驶往了法兰西群岛，任由印度自生自灭去了。从那个时候起，印度半岛的结局就已经定下来了。英军不断得到国内的支援，而法军却没有；跟拉利伯爵打仗的人，都比这位总督有能力得多；所以，各地接连陷落，而到了1761年1月，庞迪切里也因为陆上被包围、海上被封锁而投降了。法国统治印度的历史就此终结；尽管后来法国根据和约收回了庞迪切里和其他殖民地，但英国占有印度的局面却再也没有动摇过。即便是受到经验丰富、勇猛无畏的苏弗朗进攻时，形势也没有什么改观；20年之后，苏弗朗在印度遇到的重重困难都与德阿克一样，但他表现出来的那种气势和品德，德阿克在此时形势更为乐观的情况下，却并未表现出来。

这样一来，由于海军明显无法在距本国很远的海域作战，法国非但丢了加拿大，还丢了印度，所以本国海军实力也很弱、殖民地又遍布世界各地的西班牙，似乎不可能选择在这个时候参战。然而，西班牙却参战了。法国海军实力的衰落，世人都清楚得很，并且法国海军历史学家们也都充分地证实了这一点。"法国的资源已经枯竭，"有位海军历史学家称，"1761年法国只有为数寥寥的舰船离港出海，并且全都被英国俘虏了。法国与西班牙结成同盟，已经太迟。1762年偶尔出海的那些舰船，也都被英国夺走了，所以此时仍然属于法国的那些殖民地，是不可能幸免的。"甚至早在1758年，另一位法国人也曾写道："缺乏资金，由于英国巡逻舰船的袭扰而导致的贸易萧条、没有优质舰船、缺乏装备补给等等，都迫使无法招募大规模兵力的法国政府不得不从策略方面去想办法，把进行大规模作战这种唯一合理的战争方法，变成一系列规模最小的小型战争——变成一种最高目标就是避免被俘的游戏。就连4艘战舰避开敌人抵达了路易斯堡，都被认为是一件极其幸运的事情……1759年那支护航队幸运地到达了西印度群岛，让法国的商人既高兴，又惊讶。我们知道，英国舰队在海洋上横冲直撞的时代，此种机会是多么的珍贵。"这还是在拉·克鲁和孔夫兰惨败之前的情况。法国海上贸易的覆灭过程，始于其商船被英国俘获，以其殖民地数量减少而告终。因此，对于此时法、西两国王室所签订的《家族盟约》——事实上，盟约中既包括了一项在未来的任何战争中相互支援的协定，还含有一项秘密条款，规定倘若一年后英、法两国还未停战议和，那么西班牙就必须对英宣战，因此，我们很难承认这份盟约"是为两国政府的明智增了光"。对于西班牙政府，甚至还有法国诱惑一个同宗的民族加入这样一桩糟糕交易的做法，我们也很难原谅。然而，两国希望以此来复兴法国的海军实力，并且促成一个中立同盟；除了西班牙，还有很多国家都对英国感到不满。"在英、法战争期间，"一位英国历史学家承认，"英国的巡逻舰船一向都没有尊重西班牙的主权。"另一位历史学家则称："在1758年这一年里，有不下于176艘装载法属殖民地丰富物产或海陆军备的中立国船只落入了英国手中。"这些原因此时已经产生了作用，从而导致波罗的海各国在20年后组成了"武装中立"，来对抗英国的海上强权。无限权力之拥有，很少是通过极其尊重他人的权利而获得的；当时英国的制海权实际上就是这样一种无限之权力。由于在海洋上所向无敌，所以英国自然会认为中立国船只所装载的敌方物资应当夺取，从而使得这些国家非但要忍受本国船只被扣押的烦恼，而且还失去了宝贵的贸易机会；英国在此战早期，曾宣布对法国诸港进行纸上封锁，体现的也正是这种理所当然的态度。这些巧取豪夺的做法，自然会激怒各个中立国；不过，它们选择在1761年进行武装对抗，时机却并不合适，而在这些国家中，西班牙因为直接参战，所以冒的风险最大。当时英国有120艘现役军舰，还有一些备用舰船，装备了70000名训练有素的水兵，他们在过去5年来不断进行的海战中都得到了锻炼，成了久经沙场的老手，并且因节节取胜而意气风发。法国海军在1758年时拥有77艘战舰，而在1759年有27艘为英国所俘，还被击毁了8艘，损失了许多护卫舰；实际上，正如我们已经看到的那样，法国的史学家也都承认，此时法国海军已经彻底覆灭了。西班牙海军拥有大约50艘舰船；但在人员配备上，除非与此前或后来的情况大相径庭，否则就必定是非常之差。西班牙帝国因为没有一支强有力的海军，所以衰弱得很，这一点，我们在前面已经指出过了。保持中立，虽说有时候让该国备受欺凌，但也有着巨大的好处，可以让该国恢复金融和贸易业，并且重新部署国内的各种资源；不过，该国还需要更长的一段时期才能做到这一点。尽管如此，西班牙国王出于家族感情和对英国的怨恨，还是任由狡猾的舒瓦瑟尔牵着鼻子走，所以法、西两国便于1761年8月15日签署了《家族盟约》。那不勒斯国王也加入了这一盟约；盟约规定，法、西两国都应举全国之力，来保护两国的共同财产。这本身是一种意义重大的承诺，但盟约中的秘密条款却进而规定，倘若英、法之间在1762年5月1日还未议和，那么西班牙就应当在此日对英宣战。此种性质的谈判是不可能做到完全神不知鬼不觉的，所以皮特很快就得知并确信，西班牙正准备对英国图谋不轨。带着他惯常的那种高傲之气，他决定先发制人，对西班牙宣战；不过，新任国王手下幕僚们反对他的势力实在是太过强大了。由于没能争取到内阁的支持，他便于1761年10月5日辞去了职务。他的先见之明很快便得到了印证；虽然西班牙一直都急切地宣称它与英国关系亲善，可一旦发动战争所急需的资金由宝船从美洲运送到国内，该国马上就变脸了。9月21日，西班牙的帆船舰队安全泊靠加的斯；而在11月2日，英国大使对政府报告称，"有两艘船，携带着西印度群岛异常丰富的货物安全抵达了西班牙，使得西班牙期待着的西属美洲的全部财富，如今都安然运送到了国内，"而在同一批到达的报告中，西班牙公使的口气也发生了惊人的变化，因为此时他的语气开始变得傲慢无礼了。西班牙盛气凌人地强调自己的不平之气，并坚持自己的要求；两国间的争端发展得如此之快，以至于英国新上任的这一届政府内阁虽说极为渴望和平，也不得不在是年年底前召回了驻西班牙大使，并于1762年1月4日对西班牙宣战；这样一来，他们便采纳了皮特的政策，只不过有点太晚，达不到皮特所力求的效果了。

英国海军上将波考克

然而，英国的这种延误，决不会改变两国间在力量和准备方面那种根本性的势不均、力不敌的情况。皮特的后任基本上采纳了他所制定的政策，并且以英国海军做好准备所允许的速度实施着。3月5日，已从东印度群岛返回英国的波考克，率军从朴次茅斯起航，护送着一支运兵船队，前去攻打哈瓦那；到了西印度群岛之后，他又得到了当地驻军的支援，故此时他所指挥的，已是一支拥有19艘战舰、一些小型舰船以及10000兵力的大军了。

在之前的1月份，赫赫有名的罗德尼曾指挥西印度舰队，携同陆军攻取了马提尼克；马提尼克是法属诸岛中最重要的一处堡垒，也是法国那些覆盖面广的私掠船只的庇护所。据说在此次战争期间，有1400艘英国商船在西印度群岛海域被法国的巡逻舰俘虏，而这些巡逻舰的主要港口，便是马提尼克岛上的皇家要塞。随着这一不可或缺的基地而陷落的，还有依赖这一基地的那种私掠制度。马提尼克于2月12日投降，而丢掉了这个主要的贸易和军事中心之后，格林纳达、圣卢西亚和圣文森特这些较小的岛屿随即也纷纷陷落了。占领了这些地方后，英国在安提瓜岛、圣基茨岛和尼维斯岛上的殖民地，以及与这些岛屿之间进行贸易的英国舰船，便都可以用来对付敌人了；英国的商业贸易也得到了大幅加强，而小安的列斯群岛或温德华群岛，则全都变成了英国的殖民地。

　　5月27日，波考克上将在圣尼古拉斯角海域与西印度群岛的援军汇合了；由于季节已晚，他便率领这支庞大的舰队穿过了原来的巴哈马海峡，而没有沿着惯常所走的、绕过古巴南边的那条水路。在勘测工作很落后的那个时代，人们完全有理由认为这是一种伟大的壮举，因为舰队没出任何意外地通过了这条海峡。侦察船和测深船先行，护卫舰随后，而小型船只或单桅帆船则停泊在浅水区，并且昼夜都分别有一套精心布置的旗语。由于天气状况良好，所以舰队一周内便穿过了海峡，出现在哈瓦那面前。接下来的战斗，我们无需详尽描述。总之，被围40天之后，莫罗城堡于7月30日被攻陷，而整个哈瓦那城也于8月10日投降了。西班牙人非但丢城弃港，还损失了12艘战舰，以及本属于西班牙国王的、价值300万英镑的现金和货物。哈瓦那的重要性，不能仅以其本身的大小来衡量，也不能仅以它位于一片广袤而作物丰富的地区的中心来衡量；因为它还是一处港口，扼守着当时的运宝船和其他船只从墨西哥湾前往欧洲的唯一通道。倘若哈瓦那位于敌人手里，这些船只就必须在卡塔赫纳集结，然后从那里出发，并且一路上与信风对抗——这一点，非但一向都困难重重，还会让这些船只长久地航行在极易被英国巡逻舰所俘虏的那些海域。在中美地峡还从未有过一场进袭，对西班牙的打击如此之严重。这一重大战果，只有一个自信能够通过其制海权掌控海上交通补给的国家才能实现；所以英国获得这样完美的结

攻占哈瓦那

局，完全应当归功于其制海权，而将4000美洲兵力及时运送过去支援因战斗和热病而折损严重的英军，也是说明英国制海权的另一个显著例子。据说，攻陷哈瓦那城的时候，英军竟然只剩下2500名能够作战的士兵了。

尽管英国这种势力远达、强大有力的制海权在西印度群岛发挥了如此巨大的作用，但在葡萄牙和远东地区，该国制海权的作用则得到了进一步的说明。战争伊始，法、西这两个盟国就已邀请葡萄牙加入同盟，来共同对抗它们称之为"海洋暴君"的英国；两国提醒葡萄牙，英国垄断海上贸易后是如何榨取葡萄牙的黄金的，并让葡萄牙记起了博斯科恩指挥的舰队是如何故意侵害其中立权利的。当时的葡萄牙首相完全了解这一切，并且感受也很深切；不过，尽管这种邀请同时也明白无误地表明葡萄牙此后不能再继续保持中立——该国事实上也无能保持这种所谓的中立——但他还是正确地认为，相比于西班牙的陆军来说，英国以及英国舰队更令葡萄牙担忧。法、西盟军便宣战并入侵了葡萄牙。两国曾经一度节节取胜；但是，"海洋暴君"答应了葡萄牙的要求，派了一支舰队，运送8000陆军在里斯本登陆，将西班牙人赶过了边境，甚至还将战火烧到了西班牙本国境内。

在这些重大战事的同时，马尼拉却遭到了攻击。此时业已四面作战的英国，国内不可能再抽调出部队或舰船了。不过，由于英军在印度获得了胜利，并且通过掌控海洋而完全确保了此处殖民地的安全，所以驻印度的英军将领便可以开始此次殖民远征了。此处的英军于1762年8月起航，19日抵达了马六甲，并在这个中立港口获得了即将进行的围攻所必需的全部给养；荷兰人尽管忌惮英军的扩张，却不敢拒绝他们的要求。于是，这支完全依赖于舰队的远征军大获全胜，于10月攻克了整个菲律宾群岛，并且勒索了400万美元的赎金。大约也就在此时，英国舰队俘虏了装有300万美元的阿卡普尔科邮船[1]，而另一支分舰队还在大西洋上夺取了一艘从利马为西班牙政府运送400万美元银币的运宝船。

"西班牙所建立的殖民帝国，还从未受到过如此沉重的打击。倘若西班牙适时地加以干预，本来可以改变此次战争的结局，但它参战援助法国的时间太迟了，只落得个赶上了分担法国不幸的结局。然而，西班牙要担忧的，还远不止于此。巴拿马和圣多明哥都受到了威胁，而英裔美洲人也正准备入侵佛罗里达和路易斯安那……哈瓦那的陷落，在很大程度上中断了富裕的西属美洲殖民地与欧洲之间的交通联系。如今失去菲律宾群岛，又将西班牙排除在亚洲之外了。所以，这就严重地削减了西班牙的一切贸易收入，并且完全割断了其广袤

---

[1] Acapulco galleon：阿卡普尔科邮船。指从墨西哥南部港口阿卡普尔科开往马尼拉的西班牙邮船，亦称"马尼拉邮船"（Manila- Acapulco galleon）。

却并不相连的殖民帝国各个地区的联系。"

对于进攻地点的选择，应当归功于皮特的手段；从战略角度来看，这些选择都是很不错的，都有效地切断了敌人实力所赖的主要资源；而他的计划倘若得到了充分实施，将巴拿马也攻取下来的话，那么这种胜利就将更具决定性意义了。英国也已失去了一次先机：皮特本来是打算抢先对西班牙宣战，打西班牙一个措手不及的；不过，英国军队还是通过快速执行所制定的计划，在这次短暂的战争中大获全胜，而这一点，无疑则应当归功于引领英国海军和英国政府的那种作战效率。

这次战争中的军事行动，以攻取马尼拉而告终。此战自1月份英国正式宣战始，历时9个月，足以粉碎法国的最后一丝幻想，并且让西班牙缔结和约，使它在每个方面做出让步，而这些方面正是让该国从态度和要求上都与英国为敌所倚赖的基础。即便是如此简要地总结了前述战事之后，我们似乎也没有必要再来指出，英国之所以能够迅速而彻底地实现自己的目标，完全在于该国掌控了制海权；正是这种制海权，使得英国的军队可以在距本国很遥远的地方作战，并且就算这些地方分散如古巴、葡萄牙、印度和菲律宾，也不用担心军队的交通补给跟不上。

在说明和约的条款——这些条款本来应当确定此次战争的结果，不过，由于英国政府并不急于缔结和约，因此在这一点上做得很不完善——之前，我们还必须概括勾勒一下此次战争对贸易、对制海权的基础和国家富强等方面所产生的影响。

此战的一个显著特点，可能就是下述这种因为矛盾而令人觉得极其震惊的说法：英国在此战中所遭受的巨大损失，恰恰表现出了该国的繁荣富强。

"自1756年至1760年，"一位法国历史学家曾说，"法国的私掠者只从英国手中俘虏了2500多艘商船。1761年，尽管法国可以说没有派遣一艘战舰出海，尽管英国俘获了我国的240艘私掠船，但其他私掠者还是俘虏了812艘英国船只。这些战利品的数量，说明了英国航运业的惊人增长。1760年，据说英国有8000艘船只在海上航行；法国所俘获的，无论是护航舰还是巡逻舰，都仅占其中的十分之一。而在1756年至1760年这4年间，法国只损失了950艘舰船。"

不过，一位英国史学家却将此种矛盾，合理地归因于"法国的商业贸易萎缩了，以及由于对落入英国手中心存恐惧，所以许多的贸易船只都并未出海"这两个原因；他还进一步指出，俘获船只并非是英国舰队发挥作用所导致的最重要的结果。"攻取像杜魁斯要塞、路易斯堡、爱德华王子岛这些地方，攻下塞内加尔以及后来的瓜达鲁佩和马提尼克，既让法国的贸易和殖民地全面覆灭，又有利于英国贸易和殖民地的发展。"法国私掠者的增加，在明眼人看来，实际上是一种可悲的预兆，表明其背后的商船运输业处于一种被迫的、无事可做的状态，表明其船员和船主们都不得不通过投机性的劫掠来活命。当然，这种冒险也并非全然一无用处。这位英国史学家同时也承认，1759年英国商船的损失表现出了一种比战舰损失更不平衡的状况。虽说法国竭尽全力想要在海洋上重新与英国平起平坐并且弥补自己的损失，却完全是徒劳无用的，因为"他们建造和装备船只，不过都是为英国做嫁衣裳罢了"，但"尽管英国的巡逻舰船英勇而警惕，可法国私掠者众多，所以在这一年里，他们竟然俘获了240艘英国舰船，其中主要都是巡逻船和小型船只。"这位权威人士还指出，英国在1760年损失了300多艘贸易舰船，1761年损失了800多艘，是法国损失的3倍；不过，他又补充说："法国俘获了数量更多、质量更好的船只，并不是什么好事。就在该国贸易几近毁灭、出海的商船寥寥可数之时，英国的一支支贸易舰队却遍布了各个海域。英国的贸易每年都在增长；战争所消耗的资金，又从其工业产品中赚了回来。大不列颠的贸易商总计雇用了8000艘船只。"英国的损失，主要归结于三个原因，其中只有第一个原因是可以避免的：1.商船没有注意到护航舰船发出的命令；2.英国船只遍布各个海域，数量庞大；3.敌人倾尽全力，冒险进行私掠活动。就在1761年这一年，海军损失了一艘战舰（后来又重新夺回了）和一艘巡逻舰。与此同时，尽管进行了多次交换，但英国仍然拘押着25000名法国囚徒，而法国拘押的英国囚犯却只有1200名。这些，都是海战所导致的结果。

　　最后，在提及英国从西班牙获取了巨额现金之后，作者总结了此次战争结束时英国的贸易形势，说：

　　"这些方面都巩固了商业贸易，促进了工业生产。为外国拨款所需的汇款，很大一部分均系用商人在外国结算的凭单进行支付，而这些商人则会获得与汇票等价的英国工业产品。英国的贸易业年复一年地逐渐增长起来，而此种一边进行着一场旷日持久、代价高昂、血腥无比的战争，一边却是国家繁荣兴旺的景象，是世界上其他任何民族都前所未有过的。"

　　英国获得了商业贸易上的这些战果，同时拥有如此一贯的成功，并且看到法国海军几近覆灭之后，对于曾经一度威胁到英国未来并让整个欧洲为之畏惧的法、西同盟，英国如今毫不害怕和感到悲观，这一点就不足为怪了。西班牙本身的特点，以及西班牙殖民帝国的分布方式，都让该国特别容易受到一个伟大的海洋民族的攻击；而无论当时英国政府有着什么样的观点，皮特和整个英国都明白这种时机已经到来——自1739年后，他们就一直徒然地期待着这一时机，因为这些年来的和平形势以及那位伟大首相的顽固成见，都已大大削弱了英国舰队的实力。而如今，英国只要伸出手去，抓住自己希望得到的东西就行了；倘若政府内阁没有再一次置整个国家利益于不顾的话，那么英国攫取利益的范围就是毫无限制的了。

葡萄牙相对于大不列颠的形势，虽说前面已经提及，但还是值得我们特别加以注意，因为这是一个例证，说明了一种不是通过殖民地、而是通过结盟来获得的制海权要素——无论这种结盟是迫不得已还是经过了深谋远虑的。前文所说的那种贸易联系，"为此种最强大的政治纽带所巩固了。英、葡两个王国间的位置，使得它们彼此几乎不用心怀担忧，却可以相互分享诸多的共同利益。葡萄牙的各个港口，既可为英国舰队提供庇护之所，又可为其提供给养，而英国则保护着葡萄牙与巴西之间那种利润颇丰的贸易。葡萄牙与西班牙之间相互厌憎，使得葡萄牙必须要有一个强大而相距甚远的盟国。在这个方面，没有哪个国家比英国更为合适的了；而反过来，英国无论与欧洲南部哪一个大国爆发战争，都总能从葡萄牙那里获得极大的利益。"

这是英国人的观点；而在其他人看来，这种结盟看上去似乎有点儿像是狮子和羊所结成的联盟。说一个像英国那样拥有强大舰队的国家，与像葡萄牙这样的海洋小国相距"甚远"，是很荒谬可笑的。凡是舰队可去之地，就是英国；这种情况现在如此，在那个时候就更是如此了。而在法国和西班牙命令葡萄牙对英国宣战、并且礼貌地称之为"邀请"的那份备忘录中，则阐述了另一种同样表现出了结盟重要性的对立观点。

出现这份备忘录的理由——也就是说，葡萄牙从英、葡关系中所获利益上的不平等，以及英国舰队毫不尊重葡萄牙中立国权利的做法——前面已经交代过了。葡萄牙国王不愿背弃英、葡之间的同盟关系，理由则是众所周知的，因为这一同盟关系历史悠久，并且全然是一种防御同盟。对这一点，法、西两国是如此回应的：

"所谓的防守同盟，从葡萄牙领土的位置与英国实力之本质来看，实际上就是一种进攻同盟。倘若没有葡萄牙的港口与协助，英国舰队就不可能时时掌控海洋，也不可能在法、西两国重要的沿海地区巡逻，来切断这两国的海上航运；倘若不是葡萄牙举国之财全都转移到了英国人手中，使得他们拥有了发动战争的财力，并将英、葡之间的同盟变成一种真正而彻底的进攻同盟，那么这些岛民是不可能欺凌所有沿海之欧洲国家的。"

在这两种论调中，位置和实力逻辑占据了上风。葡萄牙发现，英国比西班牙距自己更近，也更危险，并且此种说法的正确性业已经过英、葡两国同盟数个世代的验证。这种关系对于英国来说，就像是该国任何一处殖民地那样有利，因为这种关系所依赖的，自然是在某一特定时期进行主要作战行动所处的位置。

1762年11月3日，在枫丹白露签署了和约的初步条款；而最终的条约，则是第二年的2月10日在巴黎签订的，故此条约即被称之为《巴黎和约》。

1763年2月10日英法签订《巴黎和约》。和约规定，英国取得加拿大和密西西比河以东原属法国的地区，并用哈瓦那换取西班牙的佛罗里达，作为补偿，西班牙从法国取得路易斯安那；此外，不列颠在印度、加勒比海和西非也有收获。

　　和约规定，法国放弃加拿大、新斯科舍以及圣劳伦斯河口所有岛屿的全部主权；除了加拿大，法国还割让了俄亥俄河流域以及密西西比河东岸的所有领地，只有新奥尔良除外。与此同时，英国将哈瓦那归还给西班牙，而作为等价交换，西班牙则将佛罗里达让与英国——此处包括了西班牙在北美大陆上密西西比河以东的所有殖民地。这样一来，英国就得到了一个殖民帝国，涵盖了始于哈德逊湾的加拿大，以及如今合众国境内密西西比河以东的全部地区。当时，人们还只是部分预见到了这片广袤区域中所蕴含的机会；而到此时为止，也还没有出现那13个殖民地会爆发革命的任何预兆。

　　在西印度群岛，英国将瓜达鲁佩和马提尼克这两个重要岛屿归还给了法国。小安的列斯群岛中那4个所谓的中立岛屿，由英、法两国瓜分了；圣卢西亚归法国，而圣文森特、多巴哥和多米尼加岛则归英国，并且英国还保留着格林纳达。

　　米诺卡岛归还给了英国；由于将该岛归还给西班牙是西班牙与法国结盟的条件之一，所以没能履行这一条件的法国，便将密西西比河以西的路易斯安那割让给了西班牙。

　　在印度，法国收复了杜普雷开始实施其扩张计划以前的那些法属殖民地；

不过，法国放弃了在孟加拉建立防御工事和保留军队的权利，让金德纳格尔这个基地变得毫无防御了。总而言之，法国虽说重新获得了从事贸易的环境，可实际上却是放弃了在该地施加政治影响的要求。英国的东印度公司会继续征服整个印度，这一点大家都是心照不宣的。

在纽芬兰沿海以及圣劳伦斯湾部分海域捕鱼的权利，法国之前一直享有，而这份条约又正式将此种权利让与了法国；西班牙也替本国渔民提出了在此打鱼的要求，却遭到了拒绝。这次让与，正是那些持反对态度的英国人抨击得最厉害的让与措施之一。

英国上下，连同皮特这个英国民族的宠儿，全都强烈反对这一条约的条款。皮特曾经说道："法国主要是我国一个强大的海洋和贸易对手。我们在这个方面所取得的成就，尤其是通过给该国带来损害而获得的成就，对我们来说弥足珍贵。而你们，却让法国有了重建其海军的可能性。"事实上，从制海权的观点来看，从当时的时代精神所鼓励的那种民族忌惮之心来看，这些话尽管显得气量狭窄，却完全是无可非议的。将西印度群岛的殖民地以及印度的基地，连同该国以前在美洲的殖民地海域那种宝贵的捕鱼权利全都归还给法国，等于将机会送到了该国面前，会诱使该国去复兴航运业、贸易业和海军，从而有可能让法国清醒过来，从而不再在大陆扩张的道路上继续走下去；而这条道路，既严重危及了法国的利益，又同等比例地有利于英国海洋实力的空前增长。反对的这一方事实上也包括了一些内阁成员，他们还认为，像哈瓦那这样险要的地方，用当时还很荒芜、没有物产的那个叫佛罗里达的地区来交换，未免太不划算了。当时英国曾提出要波多黎各，可最终接受的却是佛罗里达。其间还有一些细微的分歧，但我们无需去加以详述了。不可否认，由于英国对海洋拥有强大的军事控制权，并且像此时这样掌握着如此之多的要地，海军在兵力上占有无与匹敌的优势，商业贸易和国内形势也都蒸蒸日上，所以该国本来是可以轻而易举地强迫敌人签下一些更加严苛的条款，而在条款的内容上本来也是可以做到谨慎精明的。政府内阁辩称说，他们之所以急于签订和约并且如此大度，是因为英国债务大幅增长，当时已经高达12200万英镑了；从哪方面来看，这一总额都要比如今所负的债务要高得多。不过，在此次战争的胜利充分说明了这种寅吃卯粮的做法有道理的同时，它也必然要求该国榨取其军事形势业已使之能够获取的最大利益。可英国政府却没有做到这一点。至于说债务，一位法国历史学家说得好："在此次战争期间以及战后数年里，英国一心扑在征服美洲和扩大英国的东印度公司上。在法、西两国，英国的产品和贸易有了不止是长足的销路，因而弥补了该国曾经遭受的无数损失。看到欧洲各个海洋国家都在衰落——它们的商业贸易都已彻底摧毁，它们的制造业几乎毫无进步——对一种有着如此巨大希望的未来，英国又怎可能会感到担心呢？"可惜的是，英国政府里需要有一位这样的倡导者才行；但英国人民所选择的那位代言人，或许也是唯一一个能够达到这一巨大机遇水平的人，此时却在英国宫廷里失宠了。

尽管如此，英国的收获还是非常巨大的；它不但增加了殖民地、增强了海上优势，而且在其他国家眼中的声望和地位也都提高了——这些国家，如今都被英国的巨大资源和强大实力打开了大门。相对于英国通过海洋实力获得的这些战果而言，欧洲大陆战争的结果，却与此形成了一种很奇特、也颇具启发意义的反差。法国，连同英国，都已经退出此次战争，而其他各方也在《巴黎和约》签订之后的5天里都签署了这份和约。和约的条款很简单，只是让各国恢复到了战前的状态。据普鲁士国王估计，在此次战争中该国有18万名士兵被俘或者战死，而这个王国的总人口才500万；而普、奥、法三国的伤亡人数总计则高达46万。可此次战争的结果，却只是让一切都恢复原样罢了。仅将这一点归因于爆发陆上战争和海洋战争两种可能性之间的差异，自然是很荒谬的。腓特烈大帝的天赋加上英国的资金支持，业已证明了他足以与一帮数量上占绝对多数、但指挥不善且并非始终都全心全意地努力的盟国相匹敌。我们似乎可以得出下面这样一个公正的结论：那些有着优良的沿海地区、甚至通过一两个河口便可轻而易举地出海的国家会发现，通过海洋、通过贸易来实现国家富强和势力扩张的做法，对它们来说是很有利的；它们无需试图动摇或者纠正某些国家中现存的政治制度，来形成国家间的相互支持或者政治纽带，因为那些国家或多或少都早已通过协商而获得了各国公认的权利。自1763年签署《巴黎和约》之后，世界上的那些不毛之地很快都得到了拓殖开发；我们所处的北美洲、澳大利亚，甚至是南美洲，即是一个明证。如今，即便是最荒芜的那些地区，也普遍存在着一种名义上的、多多少少得到了清晰界定的政治占有制度，尽管关于这一说法还有着一些明显的例外情况；不过，这种政治占有在许多地方都是有名无实，而在其他地区也很势弱，是无法仅凭自身来为这些地区提供支持或者保护的。大家都很熟悉的一个著名实例，便是土耳其帝国；恰恰是因为敌对各方施加给该国的压力，以及反对它的各国都共同忌惮，这个帝国才维持着没有垮塌，也正好说明了此种政治占有制度的软弱无力。尽管这个问题全然属于欧洲内部的问题，但所有人都很清楚得很，明白在如今扭转局面的那些因素当中，海洋大国的利益和掌控就算不是首要因素，也是重要的因素之一；并且，倘若将这些因素巧加利用，就会引导着未来发生必然的改变。至于西方大陆，中美洲和属于热带气候的南美各国政治形势都很不稳定，既使得人们始终都要担忧这些地区能否维持好国内秩序，也严重地妨碍了这一地区的商业贸易，妨碍了各国资源的和平开发。用一句老话来说，只要它们除了危害自身，不会危及别人，那就可以由它们去；但是，只是由于那些更为稳定的国家当中的人民长久以来都想开发这些国家的资源，他们才会因这些国家的混乱状况遭受损失。北美洲和澳大利亚如今仍然为移民和企业提供了大量机会；但是，这些机会正在迅速减少，而由于机会减少，就会产生出在那些混乱无序的各国间成立一个更加稳固的政府的需求，以使人民生活安定，并保持制度的相对稳定，并让商人和其他人都对未来充满希望。我们目前自然不要指望能够以国内现存的资源来满足这样一种需要，而倘若这种需求出现的时候形势依然如此，那么就没有哪一种理论上的立场——比如门罗主义——能够阻止一些利益相关的国家企图采取某种措施来革除此种弊端的做法了；无论这些国家把此种措施称作什么，它实际上都会是一种政治干预。这样的干预必定会产生出各种冲突来；虽说这些冲突有时可以通过仲裁加以解决，但可能更多的却会是导致战争，这一点已经是屡试不爽的了。即便是在和平解决这些冲突的过程中，理由最为有力的，也是那些有组织的力量最为强大的国家。我们无需言明，不管是从什么地方成功地突破中美地峡，可能都会产生出一种在将来或迟或早必定出现的契机。打通中美地峡，有望彻底改变现有的贸易线路，而在合众国的大西洋沿岸地区和太平洋沿岸地区之间存在这样一条交通要道，对该国也有着极其重要的政治意义；但是，这二者并非整个问题的全部，甚至也不是这一问题的主要方面。我们能够看到的是，这样一个时刻即将到来：美洲或欧洲现有的那些强大而稳固的国家，必定会确保美洲的热带国家全都建立起一个稳固的政府。这些美洲国家的地理位置和气候条件，使得我们马上就可以看出，倘若不是实际占领、不是直接影响当地政府的话，那么制海权在这里将完全决定由哪个外国来占据主导地位，其决定性程度甚至超过了土耳其帝国的情形。合众国的地理位置与内在动力，使得它在这方面拥有了无可争辩的优势；但是，倘若它在有组织的武装实力方面大不如人，那么这一优势就会毫无用处——可武力却仍然是各个共和国和各个王国都最不愿意提起的一种论调。在这个方面，"七年战争"对我们仍然有着巨大而鲜活的意义。在此次战争中，我们业已看到，虽说英国那时的陆军跟别的国家相比规模很小（现在也仍然如此），但它先是成功地保卫了该国的沿海地区，然而又将双手伸向四面八方，将自己的规矩与势力扩张到了那些遥远的地区，非但让这些地区服从英国的统治，还让这些地区成了附庸，让它们为英国的财富、实力与声望做出了贡献。由于它动摇了法、西两国对海外地区的掌控，削弱了两国在这些地区的势力，故我们或许会看到这样一种预兆，那就是：日后可能会出现某个别的大国，打破未来某种海战中的实力平衡；就算当代的人认识不到，后人也会认识到，此种海战的影响范围，就是那些地区在未开化之前的政治未来和经济发展。不过，要是那个时候的合众国仍然跟如今一样，对成为海洋帝国不感兴趣的话，这个大国就绝对不会是合众国。

英格兰民族和皮特那种炽热的天赋，给当时的英国赋予了努力的方向，而这一方向在此次战争过后仍然保持着，并且深刻地影响到了该国后来的政策。英国如今已经成了北美霸主，又通过东印度公司在当地王公的批准之下所进行的领地征战，以及统治着2000多万人口，从而称霸了印度——这一人口数量，非但超过了大不列颠本国的人口，还为该国带来了可与国内政府相比肩的可观岁入；并且，英国还拥有诸多散布于世界各地的、富庶的殖民地。但是，英国面前却一直有着一个有益的教训，那就是西班牙的软弱无能，使得英国能够损害这个支离破碎的庞大帝国，从而给它以沉重打击。研究此战的英国海军历史学家在谈及西班牙时所说的话，对如今我们所处的这个时代而言，依然只需稍加修改便会符合英国的情况。

"西班牙正是英国始终都可与之相争并最有可能占据优势和获得荣耀的那种国家。这个面积广袤的君主之国，本质上早已羸弱不堪，且其资源都地处远方，所以无论哪个国家掌控了海洋，便都可以掌控西班牙的财力和贸易。该国赖以获得资源的那些领地，非但离西班牙首都极其遥远，而这些领地彼此之间也相距甚远，从而使得西班牙在能够充分激发起广袤却不相连的帝国各地的昂扬斗志之前，比其他任何国家都更需要姑息和妥协。"

我们自然不能说英国在本质上也羸弱不堪；不过，由于该国极其依赖于外部世界，所以这句话还是有着某种启发意义的。

英国并未忽视它与西班牙在处境上的这种相似性。从那时起，直到如今这个时代，制海权让英国获取的那些殖民地，都与此种制海权本身紧密地结合起来了，从而控制了该国的政策走向。通往印度的航路——在克莱夫所处的那个时代，这是一条遥远而危机四伏的航线，因为一路上英国没有属于本国的落脚之处——得到了巩固，因为取得圣海伦那、好望角和毛里求斯之后，英国就有了巩固这一航线的条件。蒸汽轮船使得红海与地中海之间可以通航后，英国又攻取了亚丁，不过后来该国还是在索科特拉岛上才扎下根来的。马耳他在法国革命战争期间就已落入英国手中；而英国的统治地位，非但是反拿破仑同盟形成的基础，也使得它能够在《1815年和约》中坚持得到了马耳他。由于马耳他距直布罗陀仅有短短的1000英里，所以这两个地方的军事指挥范围便交织在一起了。如今我们已经看到，英国的势力已从马耳他扩张到了苏伊士地峡；以

拿破仑

前，苏伊士地峡上并无英军驻地，而是由割让给英国的塞浦路斯来守卫的。埃及无视法国的妒忌，也转到了英国的控制之下。这一位置对于印度的重要性，拿破仑和纳尔逊都很清楚；正是因为这一点，纳尔逊才能在尼罗河河口之战爆发、拿破仑希望破灭之后，马上派遣一名军官，将此消息经由陆路送往孟买。即便是现在，英国因俄罗斯进至中亚地区而表现出来的那种忌惮之心，也是源自该国凭借制海权和资源击败软弱的德阿克和聪明的苏弗朗，并从野心勃勃的法国手中夺取了印度半岛的那个时代。

"自中世纪以来，"M·马丁在谈及"七年战争"时曾说，"英国第一次在几乎没有盟友、而法国却有着强大帮手的情况下，独自击败了法国。它完全是凭借英国政府的优秀而打败法国的。"

的确如此！不过，在英国政府的优秀之外，还要加上运用了制海权这种巨大武器这一点才行。这种武器使得英国日益富裕，反过来又保护了属于英国财富之源的贸易。英国还用本国的资金，在为数不多的那几个帮手——主要是普鲁士和汉诺威——所进行的殊死斗争中，对它们进行了支持。英国的势力，渗透到了该国船只能够到达的所有地区，而在海洋之上，则无人能够与之争锋。该国的舰船想去哪儿就去哪儿，并且随之而去的，还有该国的枪炮和军队。有了这样一种机动能力之后，英国的兵力激增，而其敌人的兵力则分散开来了。由于英国是海洋霸主，所以它在哪儿都可以堵住属于它的那些交通要道。敌人的舰队无法汇合；大型舰队无法出海，而就算出海的话，它们那些毫无经验的官兵和船员，马上便会遭到闯荡过狂风暴雨、经历过战争考验的英军的痛击。除了米诺卡岛那次海战，其他情况下该国都谨慎地据守着自己的海上基地，并且渴望着夺取敌人的海上基地。对于土伦港和布雷斯特的法国舰队来说，直布罗陀是多么凶狠的一只拦路虎呀！而当英国舰队将路易斯堡置于其保护之下后，法国派往加拿大的援军还能抱有什么指望呢？

此次战争中唯一获得胜利的，便是英国这个在和平时期利用海洋来获取财富，而在战争时期又利用其海军的规模、利用其生活于海上或海边的臣民、利用散布于全球各地数不胜数的作战基地来统治海洋的国家。不过，我们还须注意到，倘若这些基地之间的交通联系一直都不通畅的话，那么它们就没有价值了。正是因为这个原因，法国才失去了路易斯堡、马提尼克和庞迪切里，而英国本身也曾失去了米诺卡岛。基地之间需要相互支援，港口与舰队之间需要机动部队，道理都是一样的。[2] 从这个方面来看，海军本质上应当是一支轻型队伍；它不但应当保持己方港口之间的交通联系，还须阻断敌方港口之间的交通联系；不过，它横扫海洋的目的是服务于陆地，而它控制海洋，也是为了让人类可以在这个适于居住的地球上生活下去并茁壮成长。

原注：

（1）也就是说，船上虽说装有火炮，但大多数火炮都并未装上炮架，目的是增加舱位来运送部队。部队登陆后，这些火炮便会安装到炮架上。

（2）这些说法一向都是对的，而如今由于出现了蒸汽轮船，则更是如此了。汽轮需要加煤；跟人们所知的帆船的任何一种需要相比，这种需要都更加频繁、更加紧迫和更加绝对。指望在远离燃煤基地的地方进行积极有力的海战，是徒劳无益的。而想要取得一些与本国相距遥远的煤炭基地，却没有保持一支强大的海军，同样也是毫无意义的；因为这些煤炭基地最终只会落入敌人的手中。不过，所有痴心妄想中最为无益的，还是在国境之外根本没有燃煤基地，却指望通过单纯的贸易破坏战来彻底打垮敌人。

1815年6月18日，法军和反法联军在比利时小镇滑铁卢进行决战，史称滑铁卢战役（Battle of Waterloo）。反法联军获得决定性胜利，结束了拿破仑帝国。此战役也是拿破仑一世的最后一战。拿破仑战败后被放逐至圣赫勒拿岛，自此退出历史舞台。

第八章
自《巴黎和约》到
1778年间形势的发展

美国革命战争引发的海战；韦桑岛海战

要说英国都有理由埋怨，觉得自己没有从《巴黎和约》中获得该国军事实力和地位使之应当能够得到的所有利益，那么法国就完全有理由对战争给它带来的地位感到不满了。英国的收获，差不多可以用法国的损失来衡量；即便是由西班牙割让给英国这个征服者的佛罗里达，也曾是法国以路易斯安那为代价购买得来的。由于当下不得不低头承受被征服的重负，所以该国的政治家和民众的心思，自然就转向在将来对英国进行报复和索取补偿的可能性了。舒瓦瑟尔公爵虽说能干，却很专横，此后又继续担任了多年的政府首脑；自该条约生效后，他一直都在孜孜不倦地想让法国再次强大起来。与奥地利结盟，并非他所追求的目标；在他上台执政的1758年，法、奥同盟就已经形成并开始生效了；不过，他一开始就认识到，英国才是法国的主要敌人，于是他便竭尽全力，引导着整个法国的力量来与英国进行对抗。孔夫兰战败，挫败了他入侵英国的计划，所以他接下来便谋求煽动西

舒瓦瑟尔公爵（Duke of Choiseul，1719–1785）。法国将领、政治家、外交官，法国国王路易十五时期的重臣。1758–1770年任国务大臣，极大地影响着法国的政策。为改变法国在七年战争之后的颓势，他急切地重整军备，鼓吹战争，因惹恼国王而被免职。

班牙并与之结成盟国，这一点与他的主要目标是完全一致的。法、西这两个王国都有着完美的沿海地区，倘若联合起来，善加管理并假以时日的话，便能建立起一支完全可以与英国海军相抗衡的海军来。而那些实力较弱的海洋国家，倘若看到这样一种同盟成功结成并且成效显著的话，便都会鼓起勇气来对抗英国政府，这一点毫无疑问也是正确的；因为非但英国政府的伟大激起了各国的嫉妒和担忧，同时这个政府还像所有权力失控的国家一样，无视其他国家的权利和福祉。令法国和西班牙两国遗憾的是，这种同盟出现得太迟了。1759年法国舰队事实上全军覆灭之后，在舒瓦瑟尔的巧妙助长和引导下，法国的确爆发出了一阵全民支持重建海军的热潮。"从南到北，法国的民众纷纷喊出了'必须重建海军'的口号。各个城市、公司和私人都踊跃捐款，募集资金。不久前还死气沉沉的各个港口，一下子爆发出了惊人的积极性；到处都在建造或者维修舰船。"这位首相也认识到，除了恢复海军的物质设备，还需要重新确立海军的纪律和士气才行。然而，此时开始已经太迟；这场大规模的、令法国节节败退的战争已经进行过半，根本就没有时间再让法国开始做准备了。"亡羊补牢，为时未晚"这句谚语，其实并不如"居安思危"这句谚语来得可靠。西班牙的形势稍微好一点儿。据英国的海军历史学家估计，战争爆发的时候，西班牙拥有各种型号的舰船100艘；其中，大约有60艘是战舰。不过，尽管西班牙加入了英国众多的敌国阵营，让英国的形势看上去岌岌可危，但英军在兵力、技术、经验和名望等方面都有优势，它们结合起来，便使得英军势不可挡了。由于拥有70000名经验丰富的海员，因此英国早已立于不败之地。至于结局，我们都知道了。

　　和约签署之后，舒瓦瑟尔英明地继续坚持着其最初的那些目标。重建海军的工作继续进行着，同时海军官兵们当中还洋溢着一种事业心和好胜精神，从而大大促进了重建工作；这种精神前面已经提到过，而在合众国海军目前这种独特的形势下，我们也可以将这种精神当成榜样。建造战舰的工作继续如火如荼、大规模地进行着。多亏了始于1761年的这场运动，到此次战争结束的时候，法国才保留着40艘船况良好的战舰。1770年舒瓦瑟尔被解职的时候，法国皇家海军已经拥有了64艘战舰和50艘护卫舰。各个军械库和仓库都得到了充实，还存储了一批造船所用的木料。与此同时，这位首相还试图通过压制贵族出身的海军将领的傲慢自大之心，来提高海军官兵的作战效率；那些贵族出身的海军将领，非但对上级傲慢无礼，对其他等级、非贵族出身、具有才干而渴望在舰队中服役的军官也是这种态度。而此种等级感情，同时还让不同级别的海军官兵间形成了一种古怪的平等观念，极为不利地影响到了绝对服从的精神。这种特权阶层中的所有成员，对他们之间的平等地位都认识得一清二楚，但对于他们在海军中的上下级关系，却并未有着如此清晰的界限。海军准尉马里亚特曾经讲述过一次很滑稽的亲身经历，似乎正是体现出了那时法国海军军官们的思想。他向舰长指出，自己的某句话是跟后者推心置腹地说的。"推心置腹！"那位舰长大声呵斥道，"谁听说过上校舰长和准尉之间会有什么推心置腹！"这位年轻的准尉回答道："不，先生，不是舰长和准尉之间，而是两位绅士之间。"倘若忘记了各自的职衔，那么两位绅士在关键时刻就会产生分歧、争执和不同意见；但由狂热的民主观念散布到每一支共和国舰队中的那种平等观念却奇怪得很，被这种极为傲慢的贵族阶层成员中业已存在的那种平等观念所阻断了。"从他的脸上，"马里亚特手下的一位勇士说，"我看得出这位中尉并不赞同舰长的意见；不过，他是一位如此优秀的军官，因而不会在这样一个时候反对自己的上级。"这句话，表达出了英国海军制度中那些根深蒂固的优点之一，而法国的历史学家们也承认，法国海军正是缺乏这样一种优点：

"在路易十六统治时期，主帅和下级之间相互熟悉、互有交情，使得下级在接受命令的时候会跟上级讨价还价……除了已经指出的这个方面，海军纪律涣散和各自为政的思想还有另外一个原因；其中部分原因就在于军官集体用膳的这一制度。上将、上校、军官、见习军官，统统都在一起用膳；吃的东西也都是一样的。用膳之时，他们彼此之间都是'你'啊'你'的，就像好朋友似的。在指挥舰艇的时候，下级会提出自己的意见并与上级争辩，而主帅不耐烦了之后，往往便宁愿顺从下级的意思，而不愿与下级为敌。许多有着无可置疑之诚实品质的见证者，都曾坚称这是法国海军中的真实情况。"

此种不服从上级的习气，既让那些较为软弱的人退避三舍，也曾在碰上苏弗朗那种果断而暴烈的脾气时，变得毫无用处；但是，苏弗朗部下的不满情绪却日渐累积，差点儿酿成兵变，使得他指挥了第四次海战之后，在战报中对海军大臣如此说道："我的心，完全被我军当中那种最为普遍的不尽职责之行为伤透了。我本来四次都可以摧毁英国舰队，可时至今日，英国舰队却仍然存在，想想都觉得可怕。"舒瓦瑟尔的改革措施曾给这种坚若磐石的习气带来了冲击；虽说只有全国上下群起而攻之，才能最终消除这种弊端，但他的措施还是让整个海军队伍有了巨大的进步。1767年，他对舰队中的炮兵进行了整顿，组成了一支10000人的炮兵队伍，并让他们在再次与英国开战之前的那10年间，每周都有组织地训练一次。

舒瓦瑟尔并没有忽视自己所定计划中的任何一个方面。他在提升法国海军和陆军实力的同时，还尤为关注法国与西班牙之间的同盟关系，并且审慎地鼓励和促进该国在查理三世治下沿着发展道路所做出的努力；后者正是波旁皇室中最优秀的一位西班牙君主。虽说还维持着现存的法、奥同盟关系，不过他的希望主要还是放在西班牙身上。"七年战争"的整个过程，已经证明并进一步阐述了他从一开始就坚持将英国视作法国主要敌人的那种睿智与远见。而西班牙只要治理得当，便是法国最可靠、最强大的盟友。两国紧密相邻的地理形势和两国海港的相对位置，都让海军的形势显得极其稳固；而通过明智的政策、家族纽带以及对英国制海权的合理担忧而确定下来的这种同盟关系，又因英国近来仍然在损害西班牙且必定会让西班牙继续心生怨恨，而让法国获得了进一步的保证。直布罗陀、米诺卡和佛罗里达仍然掌握在英国手中；在洗刷掉这一耻辱之前，任何西班牙人都是不会心安理得的。

人们很容易像法国历史学家所宣称的那样，认为英国对法国海军实力的增长感到忧心忡忡，并且很想及早将其铲除掉；不过，英国会不会愿意因此而对法国发动一场战争，这一点却更值得我们怀疑。《巴黎和约》签订之后的那些年间，由于主要都是受制于国内政策或者那些不重要的党争问题，历届政府任期都很短暂，故英国此时的外交政策与皮特所遵循的那种强势、专横而明确的外交路线相比，便形成了一种鲜明的对照。国内的种种骚乱，都极易引发大规模战争，而首当其冲的就是英国与北美各殖民地之间的纷争；此种纷争，早在1765年就因为那部著名的《印花税法案》而开始了，再加上其他的一些原因，使得北美各殖民地都不愿意再接受英国的统治了。在舒瓦瑟尔任期内，倘若英国政府果断、毫不犹豫且不是太过保守谨慎的话，本可以趁机将这种纷争变成发动战争的理由，并且这种情况至少出现过两次；因为那些纷争都涉及制海权，而对于英国来说，制海权是超越其他任何国家、值得它合理地去加以提防的目标，所以该国就更有可能这样做了。1764年，由于厌倦了在试图控制科西嘉的过程中屡战屡败的局面，热那亚人便再次要求法国重新占领1756年法国曾派兵驻守的那些港口。科西嘉也派了一位大使前往法国，想请求法国承认该岛独立，因为之前他们已经向热那亚支付了与此等值的赎金。热那亚因为觉得本国无法重新征服科西嘉岛，所以最终决定将科西嘉岛事实上割让出去。两国所签协定采取的形式是，正式允许法兰西国王在科西嘉的所有领土和海港行使全部的统治权，以此作为热那亚共和国所欠法国国王款项的抵押。这次领土割让以抵押的形式作外衣，是为了掩盖法国的扩张，骗过奥地利和英国的眼睛，故令人想起了9年之前让塞浦路斯有条件地、不加掩饰地向英国投降的情形——这是一种很可能像科西嘉那样不可更改而且影响深远的转让。所以英国表示反对，并且言辞激烈；不过，虽然伯克说过："科西嘉变成法国的一个省，在我看来糟糕得很，"但我们发现，只有一个下议院议员，即退役的海军上将查尔斯·桑德斯爵士，说了"同法国开战要比同意该国占领科西嘉好"这样的话。考虑到当时英国在地中海地区有着公认的利益，那么，倘若该国觉得自己准备好了且愿意开战的话，那么它就绝不会允许一个像科西嘉这样位置险要、能够控制意大利沿海并遏制米诺卡海军基地的岛屿，落入到一个强大的敌人手中去。

再则，在1770年，英、西两国因福克兰群岛的归属问题产生了纠纷。说明两国所提的要求属于什么性质并不重要，因为两国所争的这个地方，当时还只是一群荒无人烟的岛屿，既无军事利益，又无自然利益。英国和西班牙在此处各有一个殖民地，都悬挂着各自的国旗；英国的基地由一位海军上校指挥。1770年6月，一支西班牙远征军突然出现在这个叫做埃格蒙特港的英国殖民地；这支远征军是在布宜诺斯艾利斯装备起来的，包括5艘护卫舰和1600名士兵。面对这样一支兵力，为数寥寥的英军是不可能做出什么顽强抵抗的；因此，为了国家荣誉而象征性地开了数炮之后，守卫此地的英军便缴械投降了。

发生这一事件的消息在随后的10月传到了英国，而英国对这一消息的反应表明，一种耻辱会比一种损害要严重得多，而受辱者的不满也要强烈得多。科西嘉易手，几乎没有在英国的政治家圈子之外引发什么骚动；可进攻埃格蒙特港，却既激怒了英国民众，也激怒了英国国会。驻马德里的英国公使接到命令，要求西班牙马上归还福克兰群岛，并且不得承认下令发动攻击的那名军官的行为。不待西班牙做出答复，英国政府又下令舰船做好战斗准备，征兵广告贴满了大街小巷，于是在很短的时间内，一支强大的舰队便在斯皮特海德整装待发，准备去洗雪耻辱了。西班牙倚仗着波旁皇室所签订的《家族盟约》以及法国的支持，打算坚定立场、毫不退缩；不过，太上皇路易十五反对战争，而舒瓦瑟尔也被解职了——他在宫廷中的对手之一，便是路易十五的最后一位情妇。随着舒瓦瑟尔倒台，西班牙也就没有了坚定立场的指望；于是，该国马上遵照英国的要求行事，不过还将福克兰群岛统治权的问题推到了以后再解决。这一结果清楚地表明，尽管英国还是能够利用其有效的制海权来控制西班牙，但该国并不希望仅仅为了摧毁敌方的海军便发动战争。

我们注意到，此时还发生了一件大事；虽说它似乎与海洋毫无关联，我们不会去详加描述，但它与制海权问题也并非全然是格格不入的。俄、普、奥三国于1772年对波兰的第一次瓜分，因为舒瓦瑟尔把精力全都放在该国的海军政策与法、西两国的同盟关系上，所以变得更简单了。争取波兰和土耳其两国的友好与支持，将其当成遏制哈布斯堡王室的力量，是法国从亨利四世和黎塞留时代继承下来的传统政策的一部分；所以，波兰的瓦解，对于法国的自尊和利益来说都是一种直接的打击。倘若舒瓦瑟尔还在任上，他会怎么做，我们不得而知；不过，倘若"七年战争"是一种不同的结局，那么法国可能便会对瓜分波兰进行有效的干预了。

1774年5月10日，路易十五驾崩，此时正是北美殖民地问题迅速达到了紧要关头的时候。在年轻的继任者路易十六治下，法国继续实行在欧洲大陆保持和平、同西班牙结成友好盟邦以及加强海军兵力和效率等政策。这些都是舒瓦瑟尔的外交政策，它们非但直接针对首敌英国的制海权，还旨在确立法国的制海权，并将此种制海权当成支撑国家的主要力量。据一位法国海军史学家称，新任国王给大臣们下达的指示，表明他直到大革命爆发之前的统治一直都为一种精神所激励着，无论这些指示是不是源自这位国王本人：

法国国王路易十六

"应当警惕即将到来的种种危险之迹象；应当派遣巡逻舰对通往我国内陆及进入墨西哥湾的水路加以警戒；应当掌握经过纽芬兰沿海的船只货物，密切注意英国的贸易趋势；应当注意英国国内军队和军备、政府信用和内阁的情况；应当巧妙干预英属殖民地的事务；应当为叛乱殖民者提供获取战争物资的渠道，同时最为严格地保持中立；应当积极但悄无声息地发展海军；应当维修好我国的战舰；应当充实我国的仓库，确保能够在布雷斯特和土伦快速装备一支舰队，而西班牙也应当在费罗尔装备一支舰队；最后，一旦出现关系破裂的严重担忧，就应当在布列塔尼和诺曼底沿海地区集结大批兵力，做好入侵英国的一切准备，以迫使该国将兵力集中起来，从而限制该国兵力在大英帝国边远地区所进行的抵抗。"

这些命令，无论是作为一种系统的、经过深思熟虑的计划而一次性下达的，还是随着形势变化而不时下达的，都表明法国已经准确地预计到了当时的形势，并且流露出了一种坚定的信念——倘若早点儿抱有这种信念的话，就会极大地改变英、法两国的历史。当然，法国在执行这些命令的时候，并没有说起来那么彻底。

然而，在发展壮大海军这个方面，15年的和平与不懈努力，还是带来了良好的效果。1778年英、法战争正式爆发的时候，法国已经拥有80艘船况良好的战舰，而海军的征兵名册上，也登记着67000名水兵。西班牙在1779年作为法国的盟国参战时，各海港中也泊有差不多60艘战舰。与这一组合进行对抗的英国，各类舰船总计有228艘，其中差不多150艘都是战舰。从这些数据来看，双方装备表面上是平等的，还因为法国和西班牙两国在兵力和火炮上占有优势，从而不利于英国；但从另一方面来看，英国的实力也因兵力属于一个国家、作战目标一致而得到了增强。法、西盟军注定会感受到不同的海军联合作战时那种尽人皆知的弱点，同时还会尝到西班牙海军那种颓废的管理方式以及两国海军都没有形成良好习惯——要是不公正一点，甚至可以说没有海上作战的资格——所带来的苦果。路易十六登基后开始实行的海军政策，一直维持到了最后；而到了1791年，即三级会议召集的两年之后，法国海军已经拥有了86艘战舰，而且综合性能都很好，在大小和样式两个方面都要优于英国的同类战舰。

因此，我们接下来要说明的，便是一场真正的海洋战争的初期了；这场战争，正如那些一直紧随本书脉络的读者所承认的那样，是自德·鲁伊特和图维尔那个时代以来所没有过的一场海战。虽说一个交战国那种势不可挡的统治地位以及因此而来的趾高气扬，或许更加清晰地表明了制海权的辉煌及其价值，但由此而得到的教训，若说更为显著的话，也不会像那个海上强国遭遇一个值得它去刀剑相拼的仇敌，然后热血沸腾地拼尽全力与之战斗的场面那样生动有趣——这场战争，非但危及到了该国最为重要的殖民地，甚至还危及到了其本土上的沿海地区。由于不列颠帝国具有范围广袤的特点，所以战争同时在世界各地展开，而研究者的注意力一会儿需要转向东印度群岛，一会儿又要转向西方；一会儿需要注意合众国沿海地区，一会儿又要转向英国的沿海地区；还需要从纽约和切萨皮克湾转到直布罗陀和米诺卡，再转到佛得角群岛、好望角和锡兰。舰队方面，如今是规模相似的舰队相互遭遇，而曾经标志着霍克、博斯科恩和安森等人一场场战斗的那种全面追击和混战，尽管仍然会偶尔出现，但多半已为谨慎而复杂的机动所代替，并且海战往往没有产生出具有决定性的结果；这一点，就是即将发生的这场战争的显著特点。法国人高超的战术技巧，成功地让这次战争带上了法国海军政策的独特特征，那就是：通过摧毁敌方舰队及其有组织的海军力量而获得的制海权，须服从确保打赢特定战斗、守卫特定地点以及实现特定长远战略目标的需要。本书作者没有必要强迫他人接受自己的观点，说无论在例外情况下如何适用，此种政策通常都是一种败笔；不过，所有负责处理海军事务的人都应当认识到的确存在两种彼此直接对立的政策路线，说明这一点却是极有必要的。在其中的一种政策下，双方完全就像是在打一种要塞攻守战；而在另一种政策中，战争目标则是摧毁敌人的有生力量，使得要塞得不到增援，从而确保要塞在恰当的时候陷落。认识到了这两种相互对立的政策之后，我们还应当去思考英、法两国这两种政策导致的不同结果；这些结果，在两国历史上都已有例证。

然而，法国那位新任国王最初要让手下的海军将领牢记的，却并不是这些谨慎的观点。在发给奥尔维利埃伯爵、命令他统帅第一支从布雷斯特出发的舰队的指示中，海军大臣代表国王说：

"你如今的职责，便是让法国国旗恢复其原有的辉煌；不准再让人看到过去的种种灾难和失误；只有通过最为辉煌的战斗，海军才有望成功地做到这一点。陛下有权希望自己手下的官兵做出最大的努力……陛下向我下达了明确指示，要你和你所指挥的官兵都牢牢记住，无论国王的舰队身处何种境地，陛下的命令都是：所有舰船须一往无前地进攻和防御，并且始终都须坚持到最后一刻。"

他还说了许多大意相同的话；关于这一点，我们在前文中说明法国此阶段的海军政策时并未引述过的一位法国将领，曾经如是说：

"这些话，与上一次战争中下达给我国海军将领的那些命令是多么的截然不同啊；要是认为这些海军将领是经过自主选择和出于本性，才遵循支配着海军战术的那种谨慎的防御政策，那你就错了。法国政府一向都认为海军所耗军费过多，所以海军将领们往往都尽可能久地在海上航行，而不愿与敌人去激战，甚至也不愿发生小战，因为只要开战，通常都会付出高昂代价，还有可能导致出现难以更替的舰船损失。倘若不得不与敌作战，舰队通常也会接到命令，要小心地避免打重大遭遇战，以免危及各支分舰队。因此，一旦战斗形势发生过于重大的转变，海军将领们自然就会认为自己必须撤退。于是，他们便形成了一种不好的习惯，一旦敌军勇敢无畏地与之作战，哪怕兵力不如他们，他们也会自动退出战场。这样一来，派遣舰队前去迎击敌人，就只会变成敌人一出现、法国舰队就令人惭愧地撤退的局面；它们只会被动地接受战斗，而不会主动出击；倘若发动战斗，那么只会落得个近乎失败的结局；为了挽救有形的作战力量，却毁掉了无形的道德力量——正如M·查尔斯·迪潘很有见地地说的那样，这就是引导着那个时代的法国政府的精神。结局我们都知道了。"

路易十六这些勇敢的话语，几乎马上得到了其他人的追捧，并且带着各种

法国海军上将奥尔维利埃

不同的意思，在奥尔维利埃上将率军出发之前，到达了他的耳朵里。他被告知，法国国王已经了解到英国舰队的实力，所以下令将法国能够调动的海军力量全都置于他的指挥之下后，法国国王所仰仗的，便是他在随后行动中的谨慎小心了。事实上，英、法两国舰队差不多势均力敌；倘若不知道每艘战舰上武器装备的详细情况，那就不可能判断哪支舰队实力更强。像以前许多有责任心的人一样，奥尔维利埃上将发现自己收到了两道命令，要是运气不好的话，无论按照哪道命令来行事，他都肯定会进退维谷、左右为难；而倘若运气不好，那么法国政府肯定也会成为替罪羊。

比较两支海军在装备和士气上的相对实力，必定已经让我们想到了美国革命战争爆发的那个时候。在开始描述此次战争之前，我们不妨还补充一点，粗略估计一下英国的全部海军力量；由于没有更为精确的材料，所以这种估计是从1777年11月，即英法战争爆发前数月，海军大臣在上议院的发言中得出的。在回答反对派说海峡舰队规模太小的指责时，他说：

"我们在大不列颠现有42艘现役战舰（不包括那些在国外执行任务的），其中有35艘为满员装备，一有警报便可出海作战……我认为法国和西班牙对我国并不怀有任何敌意；不过，从我此刻提交给各位的数据来看，我完全可以确定，整个波旁皇室的海军都不是我国海军的敌手。"

然而，我们必须说，在第二年3月凯珀尔上将受命指挥并用"水兵的眼光"（这是他的习惯说法）看着这支舰队的时候，他可没有看到这种令人愉快的前景；这一年6月他率军出海时，手下仅有20艘舰船。

在进行此种性质的叙述过程中，插叙导致合众国脱离不列颠帝国的那些政治问题，显然是不可取的。前面已经说过，合众国是在英国政府犯下了一连串的重大错误之后，才要脱离不列颠帝国的——但从当时普遍流行的、关于殖民地与母国关系的观念来看，英国政府的那些错误却都是合情合理的。当时需要一个具有统帅之才的人，既承认美洲殖民者的要求从本质上来说是公平合理的——许多人都认识到了这一点——又要认识到前面已经表明的、殖民者所处位置在军事上的优势。这种优势，在于各殖民地都远离英国，在于它们彼此接近，不受制海权的制约，在于殖民者的特点——他们主要都是英国或荷兰血统，以及法国和西班牙很可能采取敌视的态度。可惜的是，英国那些最具才干、能够应对这一局面的人，既属于少数派，又全都并不掌权。

前文已经说过，倘若这13个殖民地都是岛屿的话，大不列颠的制海权就可以彻底将它们孤立开来，使得它们一个接一个地相继陷落。对于这个方面，我们还可以补充一点，那就是当时文明人所占的区域非常狭长，且河流入海口和可通航的河流在这些地区之间纵横交错，使得各个地区的状况几乎跟岛屿差不多；至于相互支援这个方面，因为叛乱地区虽说为数众多，且各自面积都不够大，无法独自支撑下去，但加起来面积却又太大，倘若不能相互支援，它们的共同事业就会受到致命打击。大家都熟悉的一个例子便是哈德逊河防线；从一开始英军就占领了那里的纽约湾，后来又在《独立宣言》发布后两个月的1776年9月占领了纽约市。当时驾驶帆船在这样一条河流上来去，无疑比有了汽轮的如今要困难得多；不过，一些积极而能干的人士，倘若利用英国那种伟大的制海权，本来能够凭借战舰时不时地掌控哈德逊河与尚普兰湖，并用单桅帆船帮助运送足够多的陆军往返于哈德逊上游与尚普兰湖之间，同时自身还能阻断新英格兰与哈德逊河以西诸州之间的水路交通，这一点似乎是不容置疑的。这种做法，跟美国内战中合众国的舰队和陆军通过控制密西西比航道、逐渐将南部邦联隔成两半的做法本来是极其相似的，并且其政治效果会比军事效果重大得多；因为在此次战争的初期阶段，在本可以孤立起来的这一地区，即新英格兰，民众的独立风气要比纽约和新泽西更普遍、更强烈，或许甚至比除了南卡罗莱纳以外的其他任何地区都要更普遍、更强烈。[1]

1777年，英国想要实现这一目标，便派伯格因将军率军从加拿大出发，准备强行打通经由尚普兰河通往哈德逊河的通道。与此同时，亨利·柯林顿勋爵率领3000士兵从纽约北上，到达了西点，并在此处用船只运送一部分兵力溯河而上，抵达了距阿尔巴尼不到40英里的地方。就在此处，这支分队的指挥官得知了伯格因将军在萨拉托加投降的消息，便退了回来；不过，作为一支主力只有3000士兵的分队指挥官，他的做法却表明，倘若有着一种更好的制度，这支分队本来是可以有更大作为的。尽管这一切都发生在哈德逊河上，但很奇怪的是，在美洲作战的英军总司令却利用英国的制海权，将自己的大部分陆军——14000兵力——从纽约运送到了切萨皮克湾的岬角上，以便占领岬角后端的费城；不过，

1777年10月17日，伯格因正式向大陆军投降，五千英军放下武器，这是自开战以来英军投降人数最多的一次。"萨拉托加战役"以大陆军的辉煌胜利告终。

这是由政治方面的考量决定的——因为费城是合众国国会所在地——与正确的军事政策却完全背道而驰。因此，占领后的费城很快又陷落了；但是，占领费城却让英国付出了高昂的代价，因为分兵此处之后，英军的其他部队便无法相互支援，从而放弃了对哈德逊河水道的控制。就在伯格因率7000正规兵力以及后备力量南下，准备攻取哈德逊河上游的时候，却有14000兵力从哈德逊河河口调往了切萨皮克湾。于是，留在纽约市内或附近地区的那8000英军，便被新泽西的美国军队困在了当地。这一毁灭性的做法，是在8月份出现的；而到了10月，伯格因将军因为孤立无援、陷入了重重包围，便投降了。第二年5月，英军撤离了费城；因华盛顿所率部队紧追不舍，所以他们费了九牛二虎之力才穿过了危机四伏的新泽西，并重新占领了纽约。

　　将英国舰队调往切萨皮克湾岬角，连同1814年英国的帆船护卫舰溯波托马克河而上，还表现出了美洲殖民地链条上的另一处薄弱防线；不过，它与哈德逊河与尚普兰湖防线不同，并非两端都处在敌人的势力之下——它的一端在加拿大境内，一端则是海洋。

　　至于海上战争的概况，我们无需再来详述这样一种事实：殖民者无法与大不列颠舰队硬碰硬，故不得不让海洋任由英军掌控，只能求助于巡航战，并且主要是由私掠者来进行，因为私掠者的航海技术与冒险精神很适合于干这个，而他们的私掠活动，也给英国贸易带来了严重的损害。那位英国海军历史学家估计，到 1778 年年底，美国的私掠者差不多已经俘获了 1000 艘商船，价值大约 200 万英镑；然而，他还称，美国人的损失更惨重。这是理所当然的，因为英国的巡逻舰非但有着更好的援兵，单艘舰船的作战能力也更强大；而美国贸易的扩张，也逐渐开始成为英国的政治家们大惑不解的一件事情。战争爆发的时候，美国贸易的规模，已经达到了英国在本世纪初的贸易规模。

英国海军大臣在国会发言时，曾经很有意思地暗示出了当时北美殖民地从事航海事业的人口数量："由于没有了美洲，海军损失了在上一次战争中所雇用的 18000 名海员。"对于一个海洋大国来说，这种损失可不是无足轻重的，而倘若这些海员转而充实到敌方队伍中去，则尤其是一种重大损失了。

像以前一样，海上战争使得各个中立国家都对英国心生怨恨，因为英军扣押了各国与美洲进行贸易的船只。然而此种挑衅，并不是在英国政府处于筋疲力尽的时候激起中立国家的敌意、并让法国生出希望的必要条件。舒瓦瑟尔所定政策之目标，即进行清算和报复英国的时候，此时似乎即将到来了。巴黎早就在考虑这一问题，考虑该采取一种什么样的态度，考虑法国能够从北美殖民地革命当中获得什么样的好处。法国政府决定，应当给各殖民地提供一切可能的、同时又不足以同英国真正决裂的支援；为了实现这一目的，法国政府给一个名叫博马舍的法国人提供资金，让他成立了一家商行，来向北美殖民者供应战争物资。法国和西班牙各拨了 100 万法郎的款项，并且允许博马舍从政府开设的兵工厂里进行采购。与此同时，来自合众国的政府代表也得到了法国的承认，而法国官员在为合众国服务的时候，法国政府也很少真正加以阻挠。博马舍的商行于 1776 年开业；是年 12 月，本杰明·富兰克林抵达法国，而 1777 年 5 月，拉斐特也来到了美洲。在此期间，法国还在加紧备战，尤其是准备进行一场海战；该国海军的实力已得到稳步增强，还做出了部署，准备威胁英国，说

本杰明·富兰克林（Benjamin Franklin，1706–1790）。美国著名政治家、物理学家，杰出的外交家和发明家。美国独立战争时重要的领导人之一，参与多项重要文件的草拟，并出任美国驻法国大使，成功取得法国支持美国独立。

要从英吉利海峡入侵英国，而真正的战场，其实却是在北美殖民地。在北美殖民地，法国就像是个光棍，不会有什么损失。加拿大业已被英国夺走，故法国完全有理由认为，因为欧洲的中立国和美国人是友非敌，所以继续同英国作战，自然不会让法国再失去那些殖民地岛屿了。由于美国人在不到20年前曾坚持要求英国攻下加拿大，所以在认识到他们不会同意法国收复该地之后，法国政府便明确保证，说该国没有收复加拿大的打算，而是要求在接下来的这场战争里，英属西印度群岛的殖民地中，凡是法军能够占领的，都应当归法国所有。西班牙的处境则不一样。虽说该国憎恨英国，并且想要收复直布罗陀、米诺卡和牙买加——这几个地方非但是西班牙王冠上的明珠，还是其确立制海权的基石——但它也明白，英裔殖民者反抗迄今为止具有无可匹敌之制海权的祖国倘若获得成功的话，就会成为一个危险的例子，危及到西班牙本国那种巨大的殖民体系，而西班牙每年都从这一体系中获得了不菲的利益。要是英国有着强大的海军都失败了，那么西班牙又能获得什么呢？在"导论"那一章中我们已经指出，西班牙政府的岁入，并不是以国内工业和贸易为基础，建立起一个富裕的海洋大国，然后征取轻徭薄赋得来的，而是在那种狭窄的殖民体系管控之下，从各个殖民地掠夺赃物，再用为数不多的运宝船一点一点地将金银运回西班牙而获得的。因此，西班牙既会损失巨大，也会收获良多。不过，跟1760年的情况一样，倘若英、西两国交战，那么英国仍然会占尽优势。尽管如此，英国业已对该国造成的损害和法、西两国王室的共同情感，还是占据了上风。于是，西班牙也加入了法国实行的那种暗中与英国作对的道路。

对于此时一触即发、极其危险的形势来说，伯格因投降的消息便成了导火索。过去历次战争的经验，让法国懂得了曾经与之为敌的美国人的价值，所以法国便希望在美国人当中寻找到得力的帮手，来帮助它实施报复英国的计划；可如今看来，即便是单打独斗，美国人也游刃有余，并且不会与任何国家结盟了。美国独立的消息于1777年12月2日传到了欧洲；16日，法国外交大臣便通知美国的国会委员，说法国国王准备承认合众国独立，并且准备与合众国签署贸易条约，结成可能的防守同盟。法国处理此事的速度表明它已经下定了决心；而这份意义必然重大的贸易条约，则于1778年2月6日签署了。

我们无需细述这份条约的具体条款；不过，重要的是要注意到下述两个方面：首先，法国明确放弃加拿大和新斯科舍的做法，是如今我们所知的"门罗主义"的先声，因为倘若没有一支恰当的海军力量，法国是很难成功地要回这两个地方的；其次，与法国结盟以及后来又与西班牙结成盟国，使得美国人获得了他们最需要的东西——那就是一种能够与英国相抗衡的制海权。承认倘若法国不愿与英国争夺制海权的话，英国本来是能够攻取大西洋沿岸北美各地的，难道还会损害到美国人的自尊心吗？我们既不能过河拆桥，也不能否认我们的先辈们在历经磨难时的感受。

在继续描述这次海战的经过之前，我们还应当说明一下世界各地当时的军事形势。

此次战争，与1756年爆发的"七年战争"有着显著不同的三大特点：

1. 美洲与英国为敌；

2. 西班牙很早就与法国结成了同盟；

3. 欧洲大陆上其他国家都采取中立态度，使得法国在欧洲大陆上没有急需应对的问题。

在北美大陆上，美国人已经占领波士顿两年了。英国人占领着纳拉干塞特湾和罗德岛，同时还占领着纽约和费城。切萨皮克湾及其入口由于没有强大的据点，所以哪支舰队前来攻打，便处于哪支舰队的掌控之下。在南方，自1776年进攻查尔斯顿失利之后，英军并未进行什么重大行动；直到法国宣战之前，主要战事都是发生在切萨皮克湾（的巴尔的摩）以北。而另一方面，美国人攻取加拿大失利，所以直到战争最后，加拿大一直都是英军一处坚实的基地。

在欧洲，我们需加以注意的一个最重要的方面，便是跟以前的历次战争相比，法国海军这一次有了充分的准备，而西班牙海军也做好了一定程度的准备。英国完全处于守势，并且没有盟友；而法、西两位波旁国王的目标，则是攻取直布罗陀和马翁港，并且入侵英国。不过，前面两个其实是西班牙最热切的目标，后者才是法国的目标；所以，这种目标上的分歧，便成了导致这次两国在海上结成联盟未能获胜的致命原因。在《导论》一章中，我们已经提及了法、西两国政策不同而引发的战略问题。

在西印度群岛，交战双方在陆地上的实力事实上相差无几，尽管形势本来不应当是这样。法、英两国在温德华群岛上都拥有强大的据点——法国据守着马提尼克，而英国则牢牢掌控着巴巴多斯。我们必须注意到，巴巴多斯地处其他各个岛屿的上风位置，这在帆船时代是一种具有决定意义的优势。巧合的是，两国之间的战斗几乎全都限于小安的列斯群岛附近海域。战争刚刚爆发的时候，英属多米尼加岛正位于法属马提尼克岛和瓜达鲁佩之间；所以法国一直觊觎并且攻下了此处。紧邻马提尼克南边的是圣卢西亚，它也是法国的殖民地。此处背风位置有一个牢固的海港，叫格罗斯岛湾，它是一处要地，能够监视马提尼克岛皇家要塞内法国海军的动静。英军攻取了这个岛屿；罗德尼则在1782年那场著名的海战之前，一直以这个安然稳固的海港为锚地，监视并追击法国舰队。

沃伦·黑斯廷斯（Warren Hastings，1732-1818）。英国殖民官员。首任驻印度孟加拉总督。任职期间巩固了英国对印度的统治。

再往南的那些岛屿，都没有什么大的军事重要性。在那些较大的岛屿上，西班牙本来可以压制住英国，像控制古巴、波多黎各两地并跟法国一起控制海地那样，独自来对抗牙买加的。然而西班牙却认为，此处对它来说毫无价值，只是一种累赘罢了；更何况，英军在别的地方已经压得它喘不过气来，所以该国根本就无暇再来攻打牙买加。西班牙军队在美洲唯一产生过重要作用的地方，便是在密西西比河以东、时称佛罗里达的那片广袤地区；此处那时虽说也是英国的殖民地，但并未与其他殖民地一起反叛。

在东印度群岛，我们应当还记得，法国通过 1763 年所签和约，收复了该国原有的那些军事基地；不过，法国虽说还控制着印度半岛上的其他地区，却并未因此而抵消掉英国在孟加拉的政治优势。随后的那些年间，在其首席代表克莱夫和沃伦·黑斯廷斯的支持之下，英国的势力得到了扩张和巩固。但是，在印度半岛的南方地区，东西两面都有强大的本地敌对势力起来反抗英军，从而使得此次战争爆发之后，法国有了恢复其势力范围的绝佳机会；可法国政府和民众，对这一广袤地区的发展潜力却仍然视而不见。英国可不是这样。1778 年 7 月 7 日，当战争爆发的消息一传到加尔各答，黑斯廷斯便派人命令马德拉斯总督进攻庞迪切里，还率先攻下了金德纳格尔以作示范。两国部署在东印度群岛的海军兵力都微不足道，但法国准将在匆匆小战之后，便放弃了庞迪切里；海陆两面都被围困 70 天之后，该地最终还是投降了。1779 年 3 月，法国的最后一个殖民地马埃岛陷落，于是法国国旗在东印度群岛再次消失了；与此同时，休斯上将也率领一支由 6 艘战舰组成的强大舰队，来到了此处。由于法国在此地并没有与之抗衡的海军力量，因此整个海域便完全处在英军的掌控之下，直到差不多 3 年后苏弗朗率军前来，才改变这一局面。在此期间，荷兰也被拖入了战争之中，该国的两处军事基地，即科罗曼德尔沿海的奈伽帕塔姆以及位于锡兰的亭可马里这个重要港口，都被英军占领了；后者是在 1782 年 1 月被英国的海陆两军联合攻下的。成功占领这两处要地，使得苏弗朗在一个月后率军抵达此处时，印度斯坦的军事形势已经完全掌控在英军手里，从而让一场有名无实的战争，变成了一场孤注一掷而血腥无比的争夺战。苏弗朗虽说拥有一支极其强大的舰队，可此地却没有法国及其盟友的一处港口，使他能够以之为基地来对英军作战。

在此次战争的四大主要战场中，北美洲和西印度群岛两处因为相距甚近，故可想而知，它们之间可以相互协调并且直接影响到彼此。在欧洲和印度，战争形势则并没有如此明显。因此，我们的叙述自然便会集中于三个主要的方面；而从某种程度上来说，对这三个方面，也可以彼此独立地来加以研究。经过这种个别研究之后，我们还会指出它们的共同影响，并且从大规模联合作战的好坏与成败，以及制海权所起的作用这两个方面，总结出一些有益的教训来。

1778年3月13日，驻伦敦的法国大使通知英国政府，说法国已经承认合众国独立，并同合众国签署了一份贸易和防守同盟条约。英国马上召回了驻法大使；不过，虽说战争迫在眉睫且英国处于不利地位，但西班牙国王还是提出进行居间调停，所以法国错误地耽搁了发动进攻的时机。6月，凯珀尔上将率领20艘舰船从朴次茅斯起航去巡逻。途中遭遇了两艘法国护卫舰，他想让这两艘护卫舰停船，便下令开了两炮，从而打响了此次战争。他从这两艘船上缴获的文件中发现，法国在布雷斯特有32艘舰船，马上便返回去请援兵。率领30艘战舰再次起航之后，他在韦桑岛以西海域遇上了奥尔维利埃指挥的法国舰队；当时正刮西风，法军处于上风位置。于是，7月27日便打响了此次战争中第一场由两国舰队参与的海战，史称韦桑岛海战。

韦桑岛海战

此次海战中，虽说双方都有30艘战舰参战，但结果却全然不具决定性意义。没有一艘舰船被俘或者被击沉；两支舰队分开后，便都返回了各自的港口。尽管如此，由于此战一无所获，英国民众愤慨不已，并且随后在海军内部引发了一场巨大的动荡和政治争论，英国海军还是变得大名鼎鼎了。凯珀尔上将与舰队的第三指挥官分属不同的政党；他们都相互指责对方，而在随后召开的军事审判中，所有英国人都分了组、站了队，并且主要都是根据政党的路线来站队的。不过，民众和海军内部的意见普遍都是支持舰队总司令，即凯珀尔上将的。

从战术上来看，此次海战还具有一些很有意思的特点，并且涉及一个如今仍然有效的问题。凯珀尔率舰队驶向下风，希望迫使法军与之交战；为了达到这一目的，他发出了迎风进行全面追击的信号，以使己方速度最快的战舰能够赶上敌方速度较慢的舰船。假定双方舰队起初的速度相同，那么这一命令是相当正确的。可处在上风位置的奥尔维利埃，除非按照他自己的条件来，否则便无意交战。据通常情况来看，主动进击的舰队一般都会如愿以偿。到了27日拂晓，两支舰队都已是左舷抢风，在平稳的西南风下向西北偏西航行。英军后翼已经落在了下风向，于是凯珀尔便下令由6艘战舰迎风追击，以便在舰队主力能够与敌交战的时候，让这些战舰处在较为有利的位置，来支援主力舰队。奥尔维利埃注意到了英军的这种调动，以为这是英军准备用优势兵力进攻其后翼分队。两支舰队当时相距大约6至8英里，他便命令舰队鱼贯转向下风，这样一来，他便失去有利位置而处于下风向了；不过，这样也使他接近了敌军，看得更清楚了。完成这一机动之后，风向却转为南风，有利于英军了；于是凯珀尔不再转向，而是保持着航向航行了半个多小时，然后便紧随着法国舰队一起抢风行驶。这让奥尔维利埃更加确信自己的怀疑了，而由于那天上午确实有利于英军的风向此时再一次转了西风，使得英军可以停下来等候法军的后翼，所以奥尔维利埃便令舰队一起转向下风；这样一来，既可让其他舰船支援此时已经变为前锋的后翼舰队，也可阻碍凯珀尔集中兵力进击或者楔入法国舰队当中。这样，两支舰队便对舷相向而行，[2] 彼此都开了数发毫无用处的舷炮之后，法军便自然转到了上风位置，并且能够发动进攻了，可法军却没有利用这一机会。奥尔维利埃随后便向之前的后卫、如今的前锋舰队发出信号，令其转向当时正处于英军主力下风位置的英军后翼的下风向，并且打算自己继续保持上风位置，从而对英军进行两面夹击；可担任这支前锋舰队指挥官的那位皇室亲王没有服从命令，于是法军这种可能的优势便不复存在了。英国舰队也尝试着进行了相同的机动。一待脱离火力范围，前锋司令便率手下的数艘战舰抢风行驶，紧随在法军后翼之后；不过，由于船上的索具大部分都已损坏，所以难以抢风，而待后面的战舰纷纷赶了上来后，前锋也不可能再转向下风了。法军此时已是背风，并且重新排成了一列；可在这种情况下，英军却不宜进击了。于是，这场海战便就此结束。

据说，这场一无所获的交战还是具有数处很有意思的地方。其中之一便是，英国最杰出的海军上将之一、曾在这支舰队中指挥过一艘战舰的约翰·杰维斯勋爵，曾在军事法庭上赌咒发誓，始终认可凯珀尔的指挥。实际上，这样做并未显示出他本来可以发挥什么样的更大作用；不过，他在为自己辩护的时候，说了一句很古怪的话语，表明他缺乏战术上的判断力。"假如法国的海军司令的确想要交战的话，"他说，"我认为，他绝不会把自己的舰队置于迎着英国舰队正在前来的航向上。"这样的话，只有可能是出于不知道或者没有想到法国舰队后翼可能面临的危险才说得出来；而更奇怪的是，他自己也曾说过英军当时正严阵以待。凯珀尔的想法，似乎是法军本来应当等待着他率舰队与之并排行驶，然后再向他发动舰对舰的攻击，因为在他看来，这才是正宗的传统战法；可奥尔维利埃经验却极为丰富，是不可能采取这样的行动的。

在交火过程中，指挥法军后翼舰队的德·夏特尔公爵没有服从命令转向下风，无论他是出于误解还是出于渎职，都引发了一个如今仍然存有争议的问题，那就是在战斗中海军总司令的正确位置在哪儿的问题。倘若奥尔维利埃身处前锋舰队，那么他就能够保证实现自己想要进行的那种战术机动。倘若身处中军，那么舰队的两端海军司令都看得见，当然也有可能两端都看不到。身处前锋舰队的时候，他可以通过前锋的示范来执行自己的命令。到此次战争结束的时候，法军已经解决了这个问题：让海军总司令完全身处战阵之外，待在一艘护卫舰上指挥；其理由是公认的，因为这样一来，他就可以更加清楚地看到手下舰队和敌方舰队的运动，不会被炮火的烟雾遮住双眼，或者因座舰上发生的事情而分神，而手下也能更好地看清他所发出的信号了。[3]这一位置，有点儿像是岸上陆军将领所处的位置，因远离战场，故总司令个人不会有危险，故豪勋爵在1778年也曾采用过这样的位置；不过，豪勋爵和法军后来都放弃了这种做法。纳尔逊在结束其职业生涯的特拉法尔加海战中，就是待在前锋舰队，身先士卒地率领着手下的舰队作战的；不过，除了热衷于作战之外，他还有没有其他动机，这一点却是值得怀疑的。他担任总司令一职的其他两次大规模战斗，针对的都是停泊着的舰船，而在这两次战斗中，他都并未率先冲在整个舰队的前面；最充分的理由便是，他并不完全了解这两处战场的情况，而冲在最前面的舰船，会有搁浅的极大危险。在帆船上安装舷炮的那个时代，通常的做法便是让海军司令的座舰入列，并处在整个阵列的中枢位置，除非是在下令进行全面追击的时候。纳尔逊与柯林伍德两人都背弃了这一传统做法，在特拉法尔加海战中都身处各自所率舰队的前头，可能是有某种原因的，而普通人也宁愿不去指摘这些杰出将领的行为。双方舰队中，这两位高级将领所面临的危险是显而易见的，而各自的整个舰队也全都依赖于他们来指挥；倘若他们人身受到什么伤害，或者整个前锋舰队遭受什么损失，从而失去了他们的指挥的话，就会导致严重的后果。结果却是，他们作为海军司令的身份，很快就在战斗的硝烟中被人遗忘了；所以，除了勇猛和身先士卒的辉煌之外，他们并未给追随他们的那些将领留下什么指引和约束之力。一位法国的海军司令曾经指出，特拉法尔加海战的进攻模式，即让舰船排成两列，并以各自合适的角度冲向敌军阵线，其实际效果便是牺牲掉两列舰船中打头阵的战舰，从而在敌方阵线上撕开两条口子。迄今为止，这种做法都没什么不妥；这种牺牲都是很值得的；每队的后翼舰船都能从这些缺口中插入敌阵，并且差不多全都精神抖擞，事实上形成了一种向缺口两侧被冲散的敌舰发动进攻的预留力量。如今，这种预留力量的观念又引发出了一种关于舰队总司令的思想。总司令座舰的大小，决定了他的座舰不可能脱离阵列；但是，倘若每队战舰的司令都有这样一种预留力量，使之能够根据战斗当中出现的机会而直接指挥这支力量，使之非但是名义上、而且是实实在在地拥有更长的时间来实现一种有益的目标，这样不是会更好吗？部署能够取代陆军将领手下之副将或信使的信号系统和轻型通信船都很困难，再加上船只无法像陆军部队那样停下来等候命令，而是

乔治·法拉格特

必须有航速，所以是不可能让一位司令乘坐轻型船只随舰队航行的。倘若这样做，舰队司令便会变成一位旁观者；而倘若身处舰队中最强大的那艘战舰上，那么战斗一旦打响，他就有可能发挥出举足轻重的作用，并且倘若这艘座舰也属于预留力量的话，他便能够牢牢掌握作为总司令对整个舰队的指挥权，直到战斗的最后一刻。俗话说得好，"聊胜于无"；虽说海战的情况复杂，使得舰队司令无法像陆军一样处于岸上那种能够冷静地进行观察的位置，但我们还是应当尽量确保他有这样做的机会才是。法拉格特

在新奥尔良之战和维克斯堡之战后——也就是说，在其职业生涯的后半部分，在人们可以认为其经验已经决定了其见解的时候，他的战法正是身先士卒。众所周知，在莫比尔海战中，是由于各级军官极力恳请，他才很不情愿地放弃自己的信条并退居二线的；并且此战过后，他又直率地表达出了对自己这样做的遗憾之情。然而我们可以说，法拉格特指挥过的所有战斗都具有一种独特的特点，使之不同于严格意义上的海战。在新奥尔良、维克斯堡、哈德逊港和莫比尔河口，他的任务都并非与敌交战，而是越过舰队明显无法与之对抗的敌方工事；通过这些防御工事，主要取决于领航技术，而他对这个方面了如指掌，跟纳尔逊完全不一样。这样一来，舰队总司令的职责便既包括字面意思上的"领导"，也有军事意义上的"领导"了。如此"领导"舰队的时候，他非但可以为舰队指出安全的路径，还因为自己一直位于硝烟之前，所以视野更清晰，也能更好地判断前面的航路，并且承担起引导舰队按照他可能已经规定好并打算通过、而其部下却可能退缩的路线前进的职责。人们或许通常都没有注意到，在莫比尔之战中，两列舰队的指挥官在前进的关键之处都犹豫不决，都对舰队司令的目的心存疑虑；原因并非在于他们没有清楚地接收到命令，而是因为在他们看来，战场形势似乎与这位舰队司令所预想的不一样。指挥"布鲁克林"号的奥尔登和指挥"特库姆塞"号的克雷文都没有理会舰队司令的命令，驶离了规定的航线，从而导致了灾难性的后果。我们无需再来谴责这两位舰长；不

莫比尔河湾之战

过，由此我们可以得出一个无可辩驳的结论，那就是法拉格特的观点是完全正确的，在他所处的那种战斗形势下，担负最高指挥职责的人应当冲在最前面。在这里我们还须指出，在此种令人心存疑虑的关键时刻，倘若没有那种最崇高的服从命令的精神，任何东西都有可能让部下把做出决断的责任扔给上级；虽然在这个战例中，犹豫或拖延都可能带来严重的后果。一个受命担任长官的人会随机应变，而只有那些仅仅把自己当成下级的人才会推诿犹豫。纳尔逊在圣文森特海战中的做法，很少有人会去效仿；而当天柯林伍德虽说就在后翼舰队中紧紧跟随，但直到舰队总司令向他发出信号，他也没有效仿其做法，这个事实就已有力地表明了这一点。不过，虽说收到了上级的旗语命令，他却仍然根据自己的判断和胆识行事，这样做倒是让他自己脱颖而出、声名远播了。[4]关于取决于领航技术的海战这个问题，我们还会记起，在舰队司令处在中枢位置的新奥尔良之战中，由于天色昏暗以及前面舰船喷出的浓烟阻挡了视线，所以旗舰都差点儿毁掉；合众国舰队逼近敌军之后才发现，通过那些要塞之后，舰队司令竟然不见了。如今因为提及预留力量而引发出了一系列的注意事项，所以"领航"这个词也含有了广于其本义的一些思想，会修正我们之前提到的要让舰队司令与预留力量待在一起的说法。汽轮舰队能够轻易而快速地改变队形，使得一支逼近敌军准备进攻的舰队很有可能会发现，就在战斗打响的那一刻，己方却面临着一种出乎意料的战术组合的威胁；那么，舰队司令的最佳位置又会是哪儿呢？毫无疑问，应当是在己方阵列中最容易引领手下舰船进行新的部署或者转向新的航向、从而满足战场已变形势需要的位置；也就是说，应当是在舰队中领头的位置。海战中，似乎始终都存在着两个极其重要的关键时刻；一是决定主攻方式，二是调动并指挥预留力量作战。倘若说前者更重要，那么后者可能就需要更大的本领才行；因为前者可以也应当根据预先决定的作战计划来进行，而后者则可能并且经常不得不加以调整，才能满足无法预见的种种紧急情况。未来海战的形势，将会含有一种陆上战争所无法拥有的要素，那就是遭遇战与改变阵列能够极为快速地发生。无论陆军部队可以如何由汽轮运送，他们在战场之上都是靠步行或在马背上战斗，并且逐渐形成作战计划，使得在敌人的进攻方式有所变化的情况下，总司令有时间来让部下得知自己的作战意图（当然，这也是一种规定）。而另一方面，一支舰队因为数量相对较少，而其作战单元也有明确界定，故能够介入一种毫无先兆、只需片刻即可发生的重大变故。只要这些论断是正确合理的，那么它们就表明，一名下级指挥官非但需要彻底了解作战计划，还需要了解其上级首要的作战原则才行——从战斗序列的首尾两端必定会相距遥远、两端都需要指挥者的鼓舞这一事实，便可看出这种需要是显而易见的。由于指挥官不可能亲自分身两端，所以最好的办法就是在两端各安排一名能干的副指挥官。至于前面已经提及的、纳尔逊在特拉法尔加海战中所处的位置，我们必须注意，"维多利亚"号并未做到其他舰船不可能做到的事情，而风力不大也让敌人的阵列不可能发生什么突然的变化。这位海军司令自身冒着巨大风险的做法——因为敌军阵列的火力全都集中于其座舰上，使得数名舰长都恳求他改变位置——在尼罗河河口之战后纳尔逊自己所写的一封信里，他早就自责过了：

"我认为，倘若上帝眷顾，我没有受伤的话，那么就不会有一艘舰船能够逃走，来告诉人们这次绝处逢生的经历了；不过，我并不认为舰队中有哪一个人应当为此负责。……我只是想说，倘若我的亲历亲为能够引导那些人的话，那么万能的上帝肯定会继续保佑我所做出的努力。"等等。

不过，尽管此种观点是基于其亲身经历，但他在特拉法尔加海战中还是选择了最为暴露的位置；而失去了这位指挥官之后，他的做法却产生出了一种奇怪的榜样效果。不管是对是错，也不管是为了逃避还是迫不得已，柯林伍德都马上推翻了纳尔逊在奄奄一息时强烈要求实行的那个作战计划。"停下！哈迪，请停下！"这位临死的海军司令说。"停下！"柯林伍德说，"这才是我最不想考虑的事情哩。"

原注：

（1）"坦率地来看待我们的形势，正是我接下来打算表明的，会让您对我们所苦的种种困难有所了解。我们几乎所有的面粉供应和绝大部分肉食，全都来自于哈德逊河以西的各州。这使得我们必须拥有一条越过此河的安全交通线，才能支援您所率的舰队和陆军。敌人掌控着这条航线，所以会阻碍各州间这种必需的交通联系。他们已经明白自己拥有这些优势了……倘若他们可以在别的地方进行佯动，将我们的注意力和兵力引离这个重要位置，并且抢在我们返回之前占领这个地方，那么后果就会很严重。因此，我们的部署就必须同时考虑到配合你们（在波士顿）实施防御计划，以及确保北河[1]的安全才是；可这两个目标相距甚远，使得我们实施起来异常困难。"——1778年9月11日华盛顿写给德斯坦的信。

（2）两支舰队领先的舰船彼此背道而驰。在法国人看来，这是因为英军前锋防着不让他们接近，而在英国人看来，据说则是因为法军前锋抢风航行所致。

---

[1] North River：北河。美国哈德逊河的一段。

（3）1782年4月12日法国海军总司令在其旗舰上被俘，也是出现此种新阵列的一个原因。

（4）下面这次发生在1782年4月罗德尼率军追击德·格拉斯过程中的事件，表明了下级严格服从上级能够产生出什么样的效果。胡德是英军中最优秀的将领之一；而笔者在此也并非是要批评他的做法。当时他距罗德尼有数英里远。"西北方向上那艘落了单的法国战舰，跟我方的前锋舰队同时碰上了逆风，它大胆地绕行，极力想绕过逼近的英舰；那是它重新回到法国舰队、然后占据上风位置的唯一途径。这艘战舰是如此的英勇无畏，以至于萨缪尔·胡德勋爵所率舰队中领头的'阿尔弗雷德'号不得不驶向下风，好让这艘战舰通过。除了那些正在焦急地瞭望、等待舰队总司令发出交战信号的人，可以说每个人的目光全都集中在那位鲁莽大胆的法国人身上；可英军总司令极有可能是认为这艘战舰并非是敌舰，并未发出部下所热切期待的信号，因此在这一过程中，英军一炮未发。提及这一点，是为了表明萨缪尔·胡德所率舰队的纪律情况，并且尽管他是副司令，倘若没有接到总司令的命令，他也是不会擅发一炮的。'萨缪尔·胡德勋爵之所以在开火之前要等候总司令发出交战的信号，很可能源于这样一种看法：假如他在上述情况下过早发动战斗，那么他就会为此行动所带来的后果负责。'"（参见怀特的《海军研究》，第97页）

胡德很可能是受了罗德尼对待下级的态度所影响，因为后者不喜欢下级过于主动。他们两人之间的关系，似乎一直都很紧张。

第九章

1778–1781年间北美和
西印度群岛的海上战争

它对美国革命进程的影响

格林纳达、多米尼加和切萨皮克湾海域的舰队作战

1778年4月15日，海军上将德斯坦伯爵率领着由12艘战舰和5艘护卫舰组成的舰队从土伦起航，驶往北美洲。随之前往的还有一名乘客，那就是合众国国会认可的一位公使，法国政府指示他拒绝合众国所有的拨款要求，并且避免卷入到明显涉及攻取加拿大与其他英属殖民地的战争中去。"凡尔赛内阁，"一位法国历史学家称，"对合众国焦头烂额的处境并不同情，因为这种处境会让美国人感受到与法国结盟的重要性。"虽说承认许多法国人对合众国的独立斗争充满同情之心，但美国人也不必对法国政府的自私自利视而不见。当然，美国人也不应当吹毛求疵；因为优先考虑法国的利益，正是法国政府的职责所在。

德斯坦的行进非常缓慢。据说他在训练上浪费了许多时间，甚至是一无用处的训练。无论是出于何种原因，他直到7月8日才抵达了目的地特拉华角——他一路上航行了12周，其中用了4周才进入大西洋。英国政府得知了他准备率军前往美洲的消息；事实上，一召回驻巴黎的大使，英国政府就派人前往美洲，命令英军撤出费城，将兵力集结于纽约。幸好，豪勋爵麾下的部队调动，以不同于德斯坦的雷厉风行和制度健全而著称。他首先是在特拉华湾将舰队和运兵船集结起来，接着加紧装载军备和给养，待陆军开拔前往纽约后，他也马上率领舰队离开了费城。他花了10天时间，率军抵达了特拉华湾入海口；[1] 不过，他是在6月28日，即德斯坦到达之前的10天离开此处的，尽管此时离德斯坦起航已经过去了十几个星期。一旦出了海，整支舰队便在两天之内顺风抵达了桑迪

岬。战争是毫无情面可讲的；由于延误，德斯坦非但错过了到手的猎物，还使得他进击纽约和罗德岛的企图全都付之东流了。

豪勋爵率军抵达桑迪岬的第二天，英国的陆军部队也人困马乏地穿过了新泽西，在华盛顿所率部队的追击之下，抵达了纳瓦辛克高地。在海军的积极配合下，这支部队于7月5日被运送到了纽约；然后豪勋爵便返回来，拦击法国舰队进入纽约港。由于接下来并未发生战斗，所以我们无需详细说明他的部署；不过，在艾金斯的《海战》一书中，可以看到英国舰队中一位将领对此所进行的详细而有趣的描述。然而，我们的注意力还是应当放在这位海军上将所表现出来的整体领导才能、思想、技巧和决心上。他所面临的问题，是凭借6艘装有64门火炮的战舰以及3艘装有50门火炮的军舰，来防守这个可通航的河口并对抗拥有8艘装有74门及以上火炮、3艘装有64门火炮以及1艘装有50门火炮的战舰的法军——可以说，后者的兵力几乎是他手下兵力的两倍。

7月11日，德斯坦在桑迪岬以南的海面上泊锚，尔后在此停到了22日，以探测沙洲的深度，并且显然下定了决心，要攻进纽约港。22日，海上刮起了猛烈的东北风，同时潮水大涨，使得海水涨到了沙洲之上30英尺。法国舰队就此开拔，并且逐渐迎风驶到了一个完全可以越过那处沙洲的地方。可接下来，领航员们的劝阻使德斯坦失去了信心；于是，他便不再进攻，而是离开了此地，向南而去。

虽说一名水兵不可能不考虑领航员的建议，尤其是在自己不熟悉的海岸，而海军将领们对此也都深有同感，但即便有着这样的同感，也不应该让他们对那些具有最崇高品质的人不加注意。不论是谁，只要将德斯坦在纽约的做法，与纳尔逊在哥本哈根以及尼罗河河口的做法，或者法拉格特在莫比尔河与哈德逊港的表现比较一下，那么德斯坦这个法国军事指挥官只会从军事方面来考虑问题的能力缺陷，就是极其明显的了。纽约正是英国势力的中枢；攻陷此处，完全可以缩短此次战争的时间。然而，为了做到公正地来评价德斯坦，我们也必须记住，除了军事上的考虑，他还得权衡其他方面的问题。这位法国的海军上将，无疑也收到了与那位法国公使相似的命令，所以他很可能认为，攻陷纽约并不会让法国获得什么好处，因为这样可能会令美国和英国议和，从而使得英国可以放心大胆地将该国所有兵力都用于与法国作战了。就算到不了此种程度，这也足以让他犹豫不决，不想冒险率领手下的舰队越过那道沙洲了。

豪勋爵比德斯坦的运气好一些，因为他并无相互抵触的目标。逃离费城并凭借迅速行动而挽救了纽约之后，不久他又凭借同样迅速的调兵遣将，进一步获得了保全罗德岛的辉煌荣誉。英国从一支舰队中分派出来的数艘战舰，此时也开始抵达美洲了。7月28日，豪勋爵得到情报，说有人看到那支往南而去的法国舰队正在驶向罗德岛。4天之后，他手下的舰队便做好了出海准备，可由于风向不对，这支舰队直到8月9日才抵达尤迪斯角。他在那里泊停下来，得知德斯坦前一天已经炮击过罗德岛，此时正停在古尔德岛和坎农尼科特岛之间[2]；西肯雷特和西部水道也被法国舰船占领了，而这支法国舰队还准备进攻英军的工事，为美国的陆军提供支援。

尽管带来的援军并未让英国舰队的兵力超过法国兵力的三分之二，但豪勋爵的到来还是打乱了德斯坦的计划。当时正值夏季，西南风盛行且直接吹入海湾，所以他极易受到敌人的攻击。那天晚上，风向出乎意料地转成了北风，于是德斯坦立即率领舰队起航，停到了外海上。豪勋爵虽说对德斯坦这种出人意料的做法感到奇怪——因为他觉得自己兵力不足，没法进攻——但也率军起航，以保持有利位置。接下来的24个小时，双方都在为抢占有利位置而进行机动；不过，8月11晚上刮起了大风，把两支舰队都打散了。双方舰船都遭受了巨大的损失，其中，法军装有90门火炮的旗舰"朗格多克"号桅杆尽失，船舵也没了。就在这场大风过后，两艘各装有50门火炮、排成战斗队形的英国战舰中，一艘遭遇了"朗格多克"号，另一艘遭遇了装有80门火炮、此时只剩一根桅杆的"轰鸣"号。在这种情况下，这两艘英舰便都发动了攻击；但夜幕马上降临了，它们便停止了行动，准备第二天早上再战。第二天早上，其他的法国战舰也都赶了过来，所以英舰便失去了进攻的机会。大家不妨注意一下，这两艘英舰中有一艘的舰长便是霍瑟姆，17年之后他还当上了地中海舰队的司令；此战中只击败了两艘法舰，可他却无动于衷，还感到很满意："我们必须知足才是；因为我们已经干得很漂亮了。"这让纳尔逊大为光火，也是导致纳尔逊说出下面这句典型话语的直接原因："就算我们击败了10艘船，却在能够做到的情况下放跑了第11艘，那我是决不会说自己干得很漂亮的。"

英国舰队于是撤退到了纽约。法国舰队则在纳拉干塞特湾入海口重新集结起来；不过德斯坦认为，由于舰队遭受了重创，不宜再留在此处，便于8月21日起航，往波士顿而去。这样一来，罗德岛便留给了英军，他们又在此地盘踞了一年，后来出于战略原因才撤出了这里。豪勋爵努力修理好了舰队，并在得知法军位于罗德岛的消息之后，再一次驶往此处；但在半路上遇到了一艘船只，说法国舰队已经往波士顿而去，于是他便尾随法国舰队，来到了这个港口——法军在该港实力强大，难以遭到攻击。考虑到他已经返回纽约对舰队进行了必要的修理，以及他只比法国舰队晚了4天就抵达了波士顿这一事实，我们可以认为，豪勋爵始终都表现出了标志着他发起作战行动之初的那种积极性。

尽管这两支舰队几乎还没有互开一炮，但实力较弱的英军在战略战术上早已完全胜过了实力较强的法军。除了德斯坦在离开纽波特后为抢占上风位置而指挥舰队进行的机动——他并没有保住这一上风位置——以及豪勋爵在纽约湾中为应对预期的进攻而进行的部署之外，此战留给我们的教训都并非战术上的，而是战略上的，并且如今仍然适用。其中最主要的教训，无疑就是快速、谨慎和专业知识都很重要这几个方面。德斯坦从土伦港起航3个星期之后，豪勋爵即通过来自国内的消息得知了自己的危险处境。他必须召回切萨皮克湾和外海上的巡逻舰，必须将纽约和罗德岛的战舰集结起来，必须装备好10000陆军兵力的给养，并沿特拉华河而下——这必然要花上10天的时间才能办到——然后再转到纽约。德斯坦比他晚了10天才抵达特拉华湾，晚了12天才到达桑迪岬，并且只比他早一天进入纽波特，而在该港之外，他还驻停了10天才入港。英国舰队中的一个人，说到英国陆军在抵达纳瓦辛克的6月30日至法国舰队抵达的7月11日这几天里的不懈辛劳时，是如此说的："豪勋爵像往常一样亲自参与，而他的亲历亲为，既鼓舞了士气，也加快了官兵们的行动。"在这种品德上，他跟自己那位和蔼却很懒散的兄弟豪将军形成了鲜明的对照。

在接下来的作战行动中，豪勋爵也表现出了同样的勤勉与谨慎。法国舰队转而向南退去之后，他马上派遣瞭望船进行尾随，并且继续备战（尤其是准备了火攻船），打算进行追击。英国派遣的最后一艘增援舰于7月30日通过了纽约港的那处沙洲。8月1日，英国舰队准备出海了，其中还包括4艘火攻船。风向突变，耽搁了他的后续行动；不过，正如我们已经看到的那样，他紧追慢赶，只比敌人进入纽波特晚了一天，而他兵力较弱，本来也没法阻止敌军进入该港。虽说无法与敌对抗，但他的到来却挫败了敌人的意图。德斯坦一进入纽波特港，就想率领舰队重新出海了。可豪勋爵所占据的位置，在战略上却无懈可击。从盛行的风向来看，他处于能够抢风航行的位置，而经由进入该港的狭窄水道去进击一支舰队非但困难重重，还会让出击的法国舰船陷入被敌人逐一消灭的危险；倘若风向偏巧转为顺风的话，那么这位海军司令便只有依靠自己的本领，才能挽救手下的舰队了。

在库珀所著的《海军两司令》这部小说中，主人公曾对一位百般挑剔的朋友说，倘若他不把鸿运拦住的话，便不会因鸿运而受益。法国舰队的突围、接下来的大风以及最终的受创，都是人们通常所称的"运气"；不过，倘若不是豪勋爵在尤迪斯角海域威胁到了他们，法军就会泊在港内，安然无恙地避过这场大风了。正是豪勋爵具有作为一名水兵的精神和内心的自信，才使得他拦住了鸿运；而要否认他也积极地创造了条件，从而给自己带来了这种鸿运，则是不公平的。不过对他来说，假如是在纽波特，那么这场大风是挽救不了英军的。[3]

德斯坦将所有舰船都修理妥当之后，便在11月4日率全部兵力前往马提尼克；就在同一天，霍瑟姆准将也率领5艘装有64门火炮和50门火炮的军舰，以及一支运送5000陆军的船队，从纽约动身前往巴巴多斯，准备去攻打圣卢西亚岛。在途中，他们遇上了暴风，法国舰队的损失比英国舰队要严重，法军旗舰的主桅和后桅全都吹折了。这种船桅的损失，以及那12艘丝毫未受到阻碍的战舰，也只比英军那59艘运兵船队抵达100英里外的巴巴多斯提早了一天到达了马提尼克的事实，都严重地说明了法国海军缺乏职业本领的情况；而无论是在当时还是在如今，职业本领都是海战中的一个有着决定意义的特征。

在巴巴多斯指挥作战的巴林顿上将，他表现出了与豪勋爵相同的干劲。运兵船队于10日抵达了巴巴多斯；部队被留在船上，而12日晨便又起航前往圣卢西亚，并在13日下午3点抵达了该地。这天下午，陆军中的一半登上了岸，余下的那一半则是第二天早上登陆的。他们马上便攻占了一处较好的港口，巴林顿上将正打算让运兵船队进入该港，可德斯坦所率的舰队出现了，所以他只得放弃了。那天晚上，整支运兵船队全都躲在军舰后面，军舰则横着泊在海湾入口，还小心地加强了舰队头尾的力量，

英国海军上将巴林顿

以防敌军从上风一端通过并进入港湾；英军在随后的数年中都沿用了这一做法，就像在尼罗河河口之战中那样。法军的兵力是英国舰队的两倍多；倘若英国舰队被击败，那么整支运兵船队和陆军部队便会陷入绝境。

德斯坦率领舰队沿着英军阵列，由北向南来回航行了两次，并且进行了远距离炮击，不过并未泊锚。接下来，他放弃了进攻这支舰队的企图，转而驶往了另一处海湾，让一部分法军登陆，并袭击了英军的阵地。由于在此处的作战也失利了，他便撤回了马提尼克；于是，已被驱赶到了圣卢西亚岛内陆的法军便只能缴械投降了。

我们似乎无需指出巴林顿上将的勤勉作风是多么令人钦佩，而他本人也将这一重大的战略成功，归因于自己的勤勉与在兵力部署上的本领；因为事实就是如此。圣卢西亚是靠近马提尼克南边的一个岛屿，而其北端的格罗斯岛湾这个海港，又尤其适合于监视皇家要塞这个军事基地的动向，后者还是法国在西印度群岛上最主要的一个基地。从此时起到1782年那场伟大的海战爆发之前，

罗德尼一直都在致力于夺取这些地方。

由于没有准确的资料,所以我们在指责德斯坦遭受此种令人痛心的失败之时,不免会心存犹疑。他的责任,取决于在陆地上可能并不重要的风向以及泊锚的本领。然而事实仍是,他两次进入到了敌军阵线的火炮射程之内,却并未果断发起进攻。那位伟大的苏弗朗,当时还是其手下的一名舰长,就曾极其激烈地批评过德斯坦的这种做法。

这样一来,英国就重新占领了多米尼加;此处是法国的西印度群岛总督于9月8日攻占的。当时那里并无英国舰队,因此法军未费吹灰之力。前面我们已经指出多米尼加对法国的重要性了;此处则有必要再用多米尼加和圣卢西亚这两个例子,再来强调一下前面的观点:占领这些小岛,完全依赖于海军所占的优势。任何人理解了这一原则,便都会对德斯坦接下来的行为加以批评;我们随后就会论述到这一点。

圣卢西亚之战后,接下来有6个月,双方几乎都没有丝毫动静。英军得到了由拜伦担任总司令的那支舰队增援;但法军由于又增加了10艘战舰,故在兵力上仍然占有优势。6月中旬左右,拜伦率领舰队,前去护送一支驶往英国的大型商船队离开西印度群岛。于是,德斯坦便派了一支兵力极少的远征队,在1779年6月16日毫不费力地夺取了圣文森特;而在6月30日,他又率领整支舰队前去攻打格林纳达。7月2日在乔治敦海域泊锚之后,他命令士兵登陆;7月4日,700名英国守军缴械投降,交出了该岛。在此期间,拜伦得知了圣文森特陷落、格林纳达很可能会遭到攻击的消息,便率领21艘战舰,带着一支运送部队的大

法军于1779年6月30日攻占格林纳达

型运输船队起航，准备收复圣文森特并救援格林纳达。在途中他得到确切的情报，说法军正在围攻格林纳达，便继续往前，并于7月6日绕过了该岛的西北角。德斯坦在前一天便已获知他前来的消息；当时他仍然停泊在乔治敦海域，正在担心要是起锚的话，洋流和微风会让舰队顺风漂得太远。不过，法国舰队的阵势混乱得很，使得拜伦一时间并没有立即看清双方兵力上的悬殊，因为法军此时拥有25艘战舰。于是，拜伦发出了全面追击的信号；由于法国舰队毫无秩序，不得不由处于最下风的舰船组成阵列，所以英军轻而易举地保持住了风向优势，一路逼向敌军。因此，战斗打响之后，法国舰队的西边是一种不完整的阵列，右舷受风，头朝北方，后翼则乱成一团，并且处于前锋和中军的上风位置。英军顺风而下，左舷受风，航向西南，楔在敌军和格林纳达岛之间，其先头舰船正以微小角度逼近，不过更是直接冲向法军尚未形成的后翼；而英军的运兵船队则位于英军舰队与格林纳达岛之间，由此时才召回的3艘战舰加以专门护卫。由于发出全面追击的信号时两军相距甚远，所以英军中那3艘速度最快的战舰——副司令巴林顿上将的旗舰也在其中——明显没有支援地冲到了法国舰队中军的火力之下，并因随后法军密集的火力而吃了不少苦头。赶上法军落在最后面的那些舰船后，它们便调转方向，与敌舰同舷抢风，保持向北而行，跟在敌舰后面并占领着上风位置；差不多就在此时，之前并不知道格林纳达守军已经投降的拜伦，看到了要塞上方飘扬着的法国国旗。于是，他便发出了连续转向、让先头舰船排成阵列以相互支援的信号，从而结束了引发这次海战的全面追击。就在舰队主力仍然保持左舷抢风向南航行的时候，有3艘战舰，即"康沃尔"号、"格拉夫顿"号和"莱昂"号，因为完全服从短兵相接的信号，已经顺风越过了其他舰船，因而吸引了敌军阵列的大部分火力。这样，它们在人员和桅帆方面都受到了重创；并且，尽管最终被从另一侧由南而来的前锋战舰所解救，但在转向下风之后，它们却没法再赶上己方舰队，因而落在后面，漂向了法国舰队。英军所遭受的大部分损失，都在这3艘战舰和巴林顿所率的那3艘打头阵的战舰，以及后翼舰队中的另外2艘战舰上；那两艘后翼舰船看到前锋舰船战斗得如此猛烈，便没有遵循顺次机动，而是径直冲出了阵列，插到了阵列最前头的位置——这一行为，与在圣文森特角海战中让纳尔逊赢得了巨大威望的做法极其相似，只是没有纳尔逊那么大的责任感罢了。[4]

至此，拜伦利用风向优势以及法军后翼的混乱所赋予的主动权，实施了进攻。我们会注意到，尽管趁着敌人乱成一团的时候抓紧时间对其进行攻击的做法是可取的，但任由巴林顿的那3艘战舰脱离整个舰队那么远，好像凭它们就可以完成整个舰队的任务似的，这种做法却是值得质疑的。倘若兵力上占有优势——无论是一开始就有还是后来获得的，或者是从整体形势来看具有优势——使得率先作战的舰船不会寡不敌众，不会在援兵赶到之前遭受敌方压倒性火力的集中攻击，或者倘若不立即发起攻击，敌人很可能就会逃走，那么发动全面追击既是可以的，也是正确的做法。但在此处，情况却并非如此。英军也不应当任由"康沃尔"号、"格拉夫顿"号与"莱昂"号采取一种允许、甚至是迫使敌军集中火力而不是分散火力向它们进攻的航向。由于此战的详细情况不甚准确，故我们除了指出这些失误，指出不必将这些失误全都归咎于拜伦这位海军上将的过错之外，就无法进行更多的评述了。

在此之前，法军一直都保持着严格意义上的防御态势，固守着他们那种一贯的政策。如今，此战则提供了一个采取进攻态势来检验德斯坦的职业本领，以及领会我们必须了解的当时形势的机会。在此战中，双方舰队都是右舷抢风、向北而行，法国舰队处在下风位置。尽管阵列不是很有秩序，但由于机动能力强，所以法军并未遭受什么损失；而英军呢，由于发动了错误的进攻，使得7艘战舰遭受重创，其中有4艘——"蒙默斯"号、"格拉夫顿"号、"康沃尔"号和"莱昂"号——则全然损毁了。余下的3艘，到了下午3点钟的时候，已经一齐落在了后面，远远处于己方阵列的下风，实际上它们距法军比距英军更近；而英军舰队的速度，就必然会降到与仍然留在阵列中的那些受损舰船的速度了。这些情况，导致出现了一支舰队因受损情况集中于少数几艘舰船而非所有舰船分而受之带来的种种尴尬局面；所以，英军那10艘或12艘几乎完好无损的战舰，就不得不根据其他舰船的状况来行动了。此时，拥有25艘战舰的德斯坦已让拜伦处于他的向风位置，当时他率领着17艘或18艘能够集结拢来的战舰，不过在速度和敏捷方面不如敌人；同时，他也看到拜伦陷入了战术上的尴尬境地：既要照料一支处于迎风位置的运输船队，又要照料处于下风向的3艘已损战舰。在这种情况下，德斯坦这位法国海军上将有3种方案可以选择：1. 他可以将舰队向前展开，接连抢风航行，楔入拜伦和那支运输船队之间，并让自己的护卫舰去对付那支运输船队；2. 他可以让自己的舰队抢风集结起来，勇敢面对英军阵列，发起全面作战；3. 他可以在改变方向后，将那3艘受损舰船隔开，从而可以在减少危险的前提下发动全面作战。

可他根本没有这样做。关于第一种选择，德斯坦在得知人们对其舰队的指摘之后，曾写信回国，辩解说是因为他的阵列太过混乱，根本就不允许他这样去做。无论从专业角度来说这是一种什么样的不规范行为，我们都很难相信，在两支舰队中法军拥有相对较大机动能力的情况下，这种尝试会完全无望成功。第三种选择很可能具有最大的优势，因为这样做，确保了将敌人的主力与受损舰船隔离开来，并且极有可能激怒那位英军司令，使之在极为冒险的情况下发动进攻。据英国当局称，拜伦曾经说过，倘若法军进攻这些受损舰船的话，他是会再次向敌军进逼的。下午3点，德斯坦命令所有舰船抢风集结起来，向下风方向形成阵列，然后便再次往南而去。

除了前锋舰船"蒙默斯"号因受损太过严重、无法机动而继续向北漂去，以及那3艘落了单的战舰，英军也照样进行了机动。那3艘战舰中，有两艘继续漂在北边，并且再次遭到了法军的舷炮齐射；但"莱昂"号由于无法迎风航行，故一直斜着横过敌军阵前，往1000英里以外的牙买加而去了。它没有受到敌人的追击；法军在此战中的唯一战利品，便是一艘运输船。"倘若司令的航海技术比得上他的勇敢，"著名的苏弗朗当时正指挥着法军的前锋战舰，他如此写道，"那么我们便不会让4艘没有桅杆的舰船逃走了。""德斯坦时年30岁，乃是从陆军转入海军的，并且过快地被提升成了海军少将。所以，战争爆发之后，海军官兵都信不过他的海战本领；而根据他在此次战争中的表现，我们也完全可以说海军官兵的这种观点是有道理的。""由于英勇无畏，所以德斯坦一向都既是陆军士兵们的偶像，也是海军官兵们的偶像；不过，这种凌驾于官兵们之上的道德典范，也让他多次辜负了人们的期望，尽管如此，法国国王还是明显地袒护了他。"

法国历史学家们通常都认为，此战中德斯坦之所以作战不力，除了没有海战才能，还有另外一个原因。他们说，德斯坦认为格林纳达才是他所做努力的真正目标，因此英国舰队在他心中居于非常次要的地位。海军战术家拉马杜埃尔曾积极参与了此次战争，并写作出了《帝国》一书；在书中他引用了这个战例，并将其与约克镇之战和其他海战相提并论，以此来说明真正的海战政策。他的说法很可能反映了当时海军中的普遍观点，自然也反映出了历届法国政府的政策；由于其中含有一些值得我们极其认真地来加以讨论的原则，因此我们不能只是简单提及：

"法国海军向来都更愿意确保占领某地或者守住所占之地，而不愿意只是夺取数艘舰船，尽管后者可能会显得更加辉煌，但实际上却并没有前者那样实在；在这一点上，法国海军的做法更加接近于战争的真正目标。事实上，损失几艘舰船，对于英国来说又有什么大不了的呢？首要之处，便是在英属殖民地对他们发动进攻，因为殖民地正是英国贸易财富和制海权的直接来源。1778年战争为我们提供了诸多例子，证明了法国海军将领们为了国家的真正利益做出了巨大的贡献。守住格林纳达岛，攻陷约克镇并使得那里的英军投降，占领圣克里斯托弗岛，都是大规模作战的结果；在这些战斗中，法军都是任由敌人安然撤退，而不是冒着风险，给敌人以增援被攻之地的机会。"

格林纳达岛之战，最直接地提出了这一问题。无可否认，有的时候为了支持一种更大的或者更具决定意义的军事行动，我们会提前或者推迟进行某种很有可能获胜的军事行动。1781年切萨皮克湾海战中，由于约克镇前途未卜，所以德·格拉斯的处境正是如此；他与格林纳达岛之战中的德斯坦相差无几，仿佛两人所站的立场完全相同似的。两人的做法也都有道理；但并不是指他们各自在应对具体情况时的功过相同，而是指他们所遵循的普遍原则相同。那么，这种原则正确吗？前面这位作者在说"数艘舰船"的时候，就已经不自觉地暴露出了自己的成见。一次打击，通常都是无法摧毁一整支海军的；摧毁数艘舰船，则意味着获得一次普普通通的海战胜利。在罗德尼那次著名的海战中，只击毁了5艘战舰，可牙买加却因此而得以保全了。

为了判断我们说这两次战例（圣克里斯托弗海战将在后面讨论）业已证明的这一原则的合理性，我们必须来审视一下，这两个战例中法军所追求的优势和获胜的决定性因素是什么。在约克镇之战中，法军所追求的优势是俘虏康华里的军队，而目标则是在海滩上摧毁敌人有组织的军事力量。在格林纳达，法军选择的目标是占领一处并无重大军事意义的领土；因为我们必须注意到，倘若用武力占领小安的列斯群岛中的所有岛屿，那么就会使所派大型部队的数量成倍增长，而这些部队又完全依赖于海军进行相互支援。倘若没有海军的支援，那么这些大型部队就有可能被敌人逐一消灭；而要让己方的海军保持优势，就必须消灭敌人的海军。格林纳达离英军牢牢据守的巴巴多斯和圣卢西亚两地都很近，并且位于它们的下风位置，因此对于法军来说，此处异常地不牢固；但是，要想针对所有这些岛屿制定出正确合理的军事政策，那么就需要一

美国独立战争期间，于1781年发生的切萨皮克湾海战，导致在美洲大陆的英军投降。

两处筑有牢固工事且有驻军防守的海军基地才行，而其余方面则需要依赖舰队。除此之外，还需确保此地不受到零散巡逻舰或者私掠船的攻击。

这些都是交战双方争夺的目标。那么，此次战争中的决定性因素又是什么呢？自然就是海军，即海上有组织的军事力量。康华里的命运，就是完全取决于海军。假设1781年9月5日有利于德·格拉斯的胜算逆转了，假设法军不是比英军多5艘战舰，而是比英军少5艘战舰，然后再来推测此战的结果，是没有任何益处的。事实是，战斗打响之时，德·格拉斯虽说兵力优于英军，可最终的结局，却只能说是胜利来之不易。那么问题就是，他该不该为了那种胜过英国海军却不确定得多的优势，而拿胜过敌人沿海陆军的那种几乎肯定且具有决定意义的胜利去冒险呢？虽说如何来应对这种形势的方法多种多样，但这并非是约克镇之争，而是康华里及其陆军之争。

所以说——并且这种说法无需再加修正——答案只可能有一个。不过，让我们说得更加清楚明了一点，那就是：德·格拉斯这两种选择，都让他把敌人有组织的武装力量当成了己方的作战目标。

但格林纳达岛之战中的德斯坦却并非如此。他在兵力上对英军的优势，差不多跟德·格拉斯那时一样；而他可以选择的目标，则是有组织的英国海军和一个虽说肥沃却在军事上并不重要的小岛。据说格林纳达是个可以牢固防守的地方；不过，倘若此处并无战略价值，那么内在的牢固也不会赋予它什么重要性。为了保住这个小岛，他拒绝利用上天赋予他的、在舰队兵力上占有的那种巨大优势。不过，英、法两支海军都是通过此次战争来决定这些岛屿的归属的。要想严肃认真地占领西印度群岛，首先需要有一个强大的海港，这方面法国已经具备了；其次，则是需要掌控海洋。对于后面这一点来说，法国所必需的，不是向各个岛屿增派部队，而是应当摧毁敌人的海军；更准确一点来说，就是应当摧毁敌人的作战部队。这些岛屿，不过是富庶的城镇罢了；法国所需要的，不过就是一两个筑有防御工事的城镇或者据点罢了。

我们可以有把握地说，导致德斯坦如此表现的这一原则，至少并非是完全正确的；因为这一原则误导了他。在约克镇之战中，拉马杜埃尔所称的那种原则，也并非是开释德·格拉斯行为的理由，尽管他的理由很可能确实如此。而能够为德·格拉斯进行辩护的，便在于战争所依赖的是无可动摇的制海权，只需暂时掌控海洋就行，但他因为兵力较强，已经做到了这一点。倘若双方兵力相等，那么，当时对军事职责的忠诚之心必定会迫使他去与敌作战，以挫败英国海军司令自然会有的那种企图。拉马杜埃尔轻描淡写地指出的损毁数艘舰船，恰恰会带来此种优势，从而令约克镇之战获得了令人满意的结果。作为一般原则，与法国所追求的目标相比，这种目标无疑更好。当然，也会有例外情况；但那些例外情况，很可能都发生在像约克镇之战中有军队在别的地方直接受到攻击的情形下，或者像在马翁港海战中有一处优良而强大的军事基地岌岌可危的时候；但即便是在马翁港海战中，法军的谨慎是不是用错了地方，这一点也仍是值得怀疑的。要是霍克或博斯科恩遭遇了拜恩这样的惨败，他们是不会去直布罗陀修理舰船的；除非法国的海军司令对他们穷追猛打，使之越来越无力还击，他们才会这样做。

毫无疑问，德斯坦非常重视格林纳达，因为这是他唯一的战果。但德斯坦在特拉华河、纽约和罗德岛接连惨败，还经历了圣卢西亚那可耻的一战之后，有些法国史学家却仍然表示对他很有信心，这一点实在令人很难理解。德斯坦天生有着一种杰出而具感染力的英勇之气，他担任海军上将之后，是通过圣卢西亚和格林纳达两战，以及数月后进攻萨凡纳无果的那一战中，身先士卒地进攻敌人的堑壕而让自己获得了极高声誉的。

1778年至1779年间的冬季，就在法国海军离去的这一段时间里，此时已用数艘未去西印度群岛的舰船控制了海上的英军，决定将陆上战争的战场转移到南方诸州；因为他们认为，在南方诸州有着大量反对美国独立的人。于是，他们派遣远征军，前去攻打佐治亚，并且节节取胜，使得萨凡纳在1778年的最后几天也落入了英军手中。整个佐治亚州赶紧归降了。英军的作战行动，随后又从那里延伸到了南卡罗莱纳，但并未夺得查尔斯顿。

这些战况都报告给了身处西印度群岛的德斯坦，还有南、北卡罗来纳两州面临危险的紧急呈文，以及民众对于法国人的怨言——他们指责法国人背弃了盟友，没有向他们提供帮助，反而是利用了波士顿人的热忱相助，整修好了自己受损的舰船。他们说法国人没有帮助他们，还是有一点儿事实依据的，因此德斯坦才没有去理会当时已经送达他手中、让他率领某些舰船立即返回欧洲的命令。他没有服从这些命令，而是率领22艘战舰驶往了美国沿海；当时，他有两个目标，一是驰援南方各州，一是联合华盛顿所率的陆军进攻纽约。

德斯坦率军于9月1日抵达了佐治亚沿海，完全打了英军一个措手不及；不过，以前一直标志着这位勇敢之人指挥风格的那种致命的拖延习气，再一次辜负了他的好运。他的舰队一开始是逗留在萨凡纳海域，无所事事；宝贵的时间一天天飞逝，使得形势发生了变化，而气候恶劣的冬季也日渐逼近，迫使他在起初速度太慢的情况下仓促地发动了进攻。在此战中，他表现出了一贯的勇敢之气，处在阵列的最前头作战，就像美国的陆军将领那样；可一场恶战之后，结果却是他被击退了。围攻一结束，德斯坦马上便起航返回法国，非但放弃了进攻纽约的目标，也让南方各州任由敌人去宰割了。此种由法国强大制海权所提供的支援，就这样无情地悬在美国人眼前，结果却又撤走了；而英军一听说法国舰队到来，便极其仓促地放弃了纽波特，他们的行动则正好表明了此种支援的重要性。虽说撤离是预先就决定好了的，但德斯坦的到来，却将这种撤退变成了逃跑。

德斯坦一离去，也意味着整支法国舰队都离去了，因为那些没有返回欧洲的舰船，全都返回西印度群岛去了；所以，英军在行动暂停了一段时间之后，又开始再次进击南方各州了。在1779年的最后几周里，英国舰队和陆军先是从纽约出发前往佐治亚，并在泰碧岛集结之后，取道艾迪斯托河向查尔斯顿进发。美国人在海上毫无力量可言，使得英军的行动畅通无阻，只有个别巡逻舰前来袭扰，偶尔夺取一些掉了队的舰船——这又是一种教训，说明纯粹的巡航战不过是小打小闹罢了，只能获得微不足道的战果。3月底，英军开始围攻查尔斯顿；而英国的舰船，随后不久也通过了沙洲和莫尔特里堡，没有受到什么重创，然后泊到了火炮射程能够覆盖此地的地方。英军在陆上很快且轻而易举地攻下了莫尔特里堡，而查尔斯顿城则在被围40天之后，于5月12日投降了。接下来，英军很快便横扫整个佐治亚州，对该州进行了军事征服。

德斯坦不久前所率舰队中留下来的那一部分舰船，与法国派遣的、由基申伯爵所率的援军会合了；1780年3月22日，基申伯爵就任法国驻西印度群岛海军总司令一职。第二天，他便率领舰队起航前往圣卢西亚，以为那儿的英军可能毫无防备；但是，海德·帕克勋爵这位脾气暴躁、打过许多硬仗、属于传统型的英国老将，却率领着16艘战舰驻扎在此处，使得率有22艘战舰的基申伯爵也不敢进攻。要说这是一次机会的话，那么这样的机会后来就再也没有出现过了。基申伯爵返回了马提尼克，并于27日泊锚；就在同一天，圣卢西亚的帕克勋爵与新任英军总司令罗德尼会师了。

这位此后名震天下、而当时却只是卓越高贵的海军上将，在担任此地司令一职时已经62岁；而正是在此地，他即将为自己赢得不朽的功名。他有着非凡的勇气和职业才能，却有着挥霍无度——倘若不能说是不合规矩的话——的习惯，故在此次战争爆发之初，因为囊中羞涩，他还在法国耽搁了好一阵子。他曾经夸口说，倘若条件允许他回到英国，他定然能够对付法国舰队；一位法国绅士听说了之后，很可能一半是被他的骑士精神所感动，一半是这位绅士本身对法国感到不满，便承担了他的债务。一返回英国，他便被委以司令之职，并于1780年1月率领一支由20艘军舰所组成的舰队，动身前去解救当时正被敌人紧紧包围的直布罗陀。在加的斯海域，由于他那种众所周知的好运，他遇上了一支有11艘军舰的西班牙舰队，后者愚笨地坚守着阵地，而到最后想要逃跑的时候却为时已晚了。[5] 发出全面追击的信号并抢先插入敌军下风位置、阻断敌军撤向港内的退路之后，罗德尼不顾这是一个漆黑而风高浪大的夜晚，成功地炸毁了一艘敌舰，并且俘虏了6艘敌舰。之后他又加速前进，解除了直布罗陀之围，并且使之不再有任何危险；接下来，他便留下所有的战利品和舰队中的大部分船只，并率领其余战舰动身前往自己的驻地了。

尽管他有着非凡的个人勇气和职业本领——从战术的角度来看，他的职业才能已经远远超过了同时代的英国将领——但身为总司令的罗德尼，与其说属于拥有冲动急躁、无限热情的纳尔逊那一类人，还不如说他属于机警谨慎的法国战术家一类。由于我们在图维尔身上看到了17世纪那种拼死力战、不愿舍敌而去的做法，逐渐融入了18世纪那种形式上的、不自然的——甚至几乎可以说是毫无意义的——炫耀式战术，因此在罗德尼身上，我们会看到那些讲究形式的决斗，过渡到了一种虽说构思很巧妙、但目的却旨在获取重大战果的作战行动。硬将他与同时代的法国海军将领来进行比较，对罗德尼并不公平。两军一交锋，基申伯爵就领教到了罗德尼的本领，所以罗德尼的目的就是损及对方，而不是只想摆摆那种毫无意义的花架子。无论一路上命运给他带来了多少意外的帮助，他的目光从未偏离过的那个目标，就是法国舰队，也就是敌人在海上有组织的军事力量。就在命运之神抛弃了基申伯爵这个忽视其好意的敌手，就在战胜了康华里的基申伯爵让罗德尼处于劣势后却没有对其发动进击的那一天，后者获得了大捷，从而将整个英国从极度的焦虑中解救了出来，还一鼓作气地为英国收复了西印度群岛中除多巴哥以外的所有岛屿；而法、美盟军凭借谨慎的战略，却只是短暂地占有过这些岛屿罢了。

基申伯爵与罗德尼第一次交锋，是在1780年的4月17日，即罗德尼抵达圣卢西亚的3个星期之后。正当法国舰队在马提尼克和多米尼加之间的海峡逆风航行时，东南方出现了敌人。双方一整天都在不停地机动，以抢占有利位置；最终还是罗德尼占了上风。此时，两支舰队都已经完全处在两个岛屿的下风向，全都是右舷抢风朝北，并且法军处于英军船头的下风向；正在满帆行驶的罗德尼向舰队发出信号，打算集中全部力量进攻敌军的后翼与中军；而当他到达自认为合适的位置之后，他便命令舰队一起偏离8个罗经点[1]（即90°）。基申伯爵看到了己方后翼所面临的危险，便令舰队一齐转向下风，冲过去支援后翼。罗德尼见到自己进击受阻，便再次与敌军同舷抢风，逆风行驶，所以两支舰队此时便都朝向东南了。后来，他又一次发出了交战信号；一个小时之后，已是正午了，他又下了一道命令（引自他自己的电文）："每艘战舰都应竭尽全力，

---

[1] Point：罗经点。航海学中的角度术语，1罗经点相当于11.25°。

转向正对着自己的那艘敌舰。"这道命令，听上去像是古老的舰对舰打法；对此，罗德尼解释说，他指的是当时每艘军舰正面对着的敌舰，而不是按照数字顺序来算与自己对应的敌舰。他的原话是这样的："处于一种斜向位置的时候，我方打头阵的战舰，可以进攻敌方中军里领头的那些舰船，所以整支英国舰队所面对的，只是敌军三分之二的兵力。"随后执行这一命令所遇到的困难和部下对这一命令的误解，似乎主要都是源于旗语手册的问题。英军领头的那些战舰并未像罗德尼所希望的那样去做，而是张起船帆，以便赶到按照阵列中的数字顺序来算与自己对应的敌舰位置。后来罗德尼曾说，当他第二次逼近敌军的时候，法国舰队已经完全展开，形成了战斗阵列；倘若部下执行了他的命令，那么不待敌军的前锋加入进来，其中军和后翼一定早就被击溃了。

我们完全有理由相信，罗德尼自始至终都是想夹击法国舰队，就像他自己所坚称的那样。而没能做到这一点的原因，则在于旗语手册不完善，以及英国舰队在战术上效率低下；对于这个方面，由于他不久前才加入海军，所以不应当为此负责。不过，罗德尼的战术之险恶，对基申伯爵来说是显而易见的，所以后者惊呼，当英国舰队第一次阻断的时候，他手下就有6、7艘战舰不见了；后来他还派人传话给罗德尼，说倘若部下服从了罗德尼的命令，那么基申伯爵就会成为罗德尼的阶下之囚。(6)还有一个令人信服的证据，表明基申伯爵看出了敌军的危险性；这就是在后来的遭遇战中，他都小心得很，不让自己再处于敌军的下风位置。虽说罗德尼的精心计划被打乱了，但他在这些计划中，表现出了属于最纯正之斗士的那种顽强不屈的勇气；在战斗中，他让自己的座舰紧逼敌军，直到敌军退却才罢手，故其座舰失去了前桅和主帆桁，而船体也严重受创，几乎无法浮在水上了。

法国的历史学家和博塔[1]都曾提到过此战中的一个小插曲——博塔很可能是引用了法国的官方资料，但我们在英国人的报道中却看不到；这个小插曲表明，在法国人看来，此次进击具有极大的危险性。据他们说，罗德尼注意到，由于法国海军司令后面的一艘战舰离开了编队位置，所以法国阵列中出现了一处缺口，于是他便试图强行楔入这个缺口；但"德斯廷"号战舰上那位74岁的舰长下令船帆尽张，竭力赶了过去，横在英军那艘装有90门火炮的战舰前头，挡住了它的去路。

"'德斯廷'号的做法得到了理所当然的颂扬，"拉佩鲁斯·邦费斯曾说，"倘若没有这位勇敢的M·德·戈因姆比，法国舰队就有必然战败之虞了。此事之后，整个法国舰队全都是这样认为的。不过，就算我方阵列被英军突破了，又

---

[1] 博塔（Carlo Giuseppe Guglielmo Botta，1766～1837）。旅居法国的意大利历史学家，曾在法国陆军中当过军医，著有4卷本的《意大利历史（1789～1814）》等作品。

有什么样的大难一定会危及到整个舰队呢？我方的后翼舰船，不是一向都能轻而易举地补救这种意外，都能迅速保持航向，补上被隔开的那些船的位置吗？那种调动，必定会引发混乱，从而变成舰长们最勇猛、最有献身精神的那支舰队的优势。但从另一方面来说，就像在法兰西帝国时期那样，掉队的舰船都算被俘舰船是一条公认的准则，而这种信条也会使人们自行去加以履行的。"

突破敌军阵列或战斗序列的效果，取决于若干条件。其基本思想就是通过楔入我方在敌军阵列中发现或者制造出来的缺口，从而将敌军分隔开来，然后再集中兵力，进攻最难获得另一部支援的那一部分敌军。在战舰纵列中，这样的部分通常都是后翼舰船。受击阵列中舰船的密集程度、被隔离开来的舰船数量，以及隔离这些舰船并以众敌寡的时间，全都会影响到这种战法的结果。而这个问题中还有一个非常重要的因素，那就是士气效果；这样突破敌阵，会让整个敌阵陷入慌乱之中。赶来填补缺口的舰船受到阻击，后翼受到夹击，而领头的那些舰船却仍在继续航行。这种时候最为关键，需要立即采取行动才行；不过，在此种没有预料到的紧急情况下，能够看清形势并立即采取正确行动的人不多，尤其是作为下级，因为下级会因此而承担责任。在这样一种混乱状况中，英军并未自以为是，而是希望通过他们更好的航海技术来获得优势；因为当时发挥作用的，除了"勇气和献身精神"，还有技术。"打乱敌军阵列"这一战法的所有效果，在1782年罗德尼指挥的那次伟大海战中都得到了充分的说明。

在第二个月里，基申伯爵和罗德尼又遭遇过两次，但这位法国海军司令两次都没有占据该国海军所喜欢的下风位置。在此期间，一支由12艘战舰组成的西班牙舰队正在前来，准备与法军会合。罗德尼巡航到了马提尼克的上风向，打算截击这支西班牙船队；不过，那位西班牙海军司令领着舰队一直都是向北航行，待看到了瓜达鲁佩之后，才派人去通知基申伯爵，而待双方会合之后，基申伯爵又护送着这支西班牙舰队进入了港口。法、西联合舰队在兵力上大大优于英国舰队，使得英属各岛上的人都开始担忧起来；但是，由于法军与西班牙人相处得并不融洽，故法、西两军都在拖延和犹豫，随后西班牙舰队中又爆发了一场可怕的瘟疫，所以那些预定的作战行动便无一实施了。是年8月，基申伯爵便率领15艘舰船，动身返回法国去了。罗德尼由于不知道基申伯爵要去哪里，又担心北美地区和牙买加的安危，便将手下舰队分成了两支，一半留在西印度群岛，自己则率余下的那一半舰船驶往纽约，并于9月12日抵达了那里。他这样做，是冒了极为巨大的风险，并且也是没有什么道理的；不过，虽说兵力分散了，却并没有造成什么不良后果。倘若基申伯爵打算去进攻牙买加的话，或者像华盛顿所期待的那样去进攻纽约，那么罗德尼的任何一支分舰队都是没法很好地抵挡住他的。将兵力分散至两处，而不是集中兵力于一处，就有可能遭受两次失败，而不仅仅是一次了。

罗德尼担心北美地区的安危，是有充分理由的。这一年的7月12日，期盼已久的法国援兵终于到来了——就是罗尚博所率的5000法国陆军，以及德·泰尔奈所率的7艘战舰。因此，尽管在海上仍然占有优势，但英军还是觉得必须将兵力集结于纽约，因而无法加强他们在卡罗莱纳的作战行动了。部队在陆地上机动困难重重且路途遥远，让海军拥有了极大的优势，所以拉斐特便不断敦促法国政府，要求进一步增强法国舰队的实力；但是，此时法国政府却更关注该国在安的列斯群岛的直接利益，而这也仍然属于一种自然而正确的态度。因为现在还没到解救美国的时候。

由于当时不在西印度群岛，所以罗德尼躲过了1780年10月的那场大飓风，并在这一年的年底才返回此处，而不久之后，他便得知了英、荷两国开战的消息；两国是在1780年12月20日开战的，至于交战原因，后文自会提及。这位海军司令马上便夺取了圣尤斯泰西厄斯和圣马丁这两个荷属岛屿，还俘虏了无数的荷兰商船，所掠财产价值总计高达1500万美元。这两个岛屿虽说当时仍然处于中立，但其作用类似于美国内战中的拿骚[1]，因而成为了一个大型的违禁物资集散地，而这些堆积如山的违禁物资，如今全都落到了英军手里。

对于合众国的独立事业来说，1780年是极其绝望的一年。卡姆登[2]之战，

马提尼克岛海战

---

[1] Nassau：拿骚。巴哈马联邦的首都，是有名的海滨旅游与疗养胜地。

[2] Camden：卡姆登。美国新泽西州西南部的一个港口城市。1780年8月16日，美国军队在此被康华里所率的英军打败。

似乎让南卡罗来纳再也摆脱不了英国的束缚了；而敌人则有了更大的希望，还想控制北卡罗来纳和弗吉尼亚。接下来的阿诺德[1]叛国案，让美国上下更感沮丧，直到获得国王山大捷，此种沮丧之情才稍有减轻。法国军队提供了重要的支援，这是当时形势下最令人高兴的一点。不过，即便是这个方面，也是坎坷不断，因为打算前来支援的法军第二师被英国舰队封锁在布雷斯特，基申伯爵也将遭遇到一生中的最后一次惨败，并将由罗德尼取而代之；这些，都使得美国人因此次大捷而燃起的希望，全都化成了泡影。

然而，一段战斗激烈且具有决定性意义的时期很快就要到来了。1781年3月底，德·格拉斯伯爵率领26艘战舰以及一支运输船队从布雷斯特起航了。到了亚速尔群岛海域后，有5艘战舰在苏弗朗的指挥下，一齐驶往了东印度群岛；关于这个苏弗朗，后文还会涉及更多的内容。4月28日，德·格拉斯抵达了马提尼克附近海域。当时，胡德上将正率军封锁着皇家要塞（罗德尼那时仍然留在圣尤斯泰西厄斯），这个法属港口和海军船坞位于马提尼克岛背风的那一侧，港内泊有4艘战舰；就在此时，胡德上将的瞭望队向他报告了敌方舰队到来的消息。摆在胡德面前的，是两个目标：一是阻止封锁在港内的那4艘战舰与正在前来的敌方舰队会合，二是不让敌方舰队楔入己方舰队与圣卢西亚的格罗斯岛

1780年10月7日，美国军队在国王山打败英军。此役是美国独立战争中最重要的一次胜利，被托马斯·杰斐逊称为"成功的转折点"。

[1] 阿诺德（Benedict Arnold，1741～1801）。美国独立战争时期的军事将领，作战英勇，曾官至少将。后因生活奢侈而破坏军规，并向英国出卖情报。其通敌阴谋于1780年9月败露，他本人虽说逃脱，但仍被华盛顿判处缺席死刑，其名字也成了"叛徒"的美式代名词。

湾之间。可在接下来的24个小时中，胡德上将却并未通过率先抢风赶到钻石崖来实现这两个目标，相反，因为他所率舰队处于下风位置太远，故德·格拉斯率军于29日穿过了此处海峡，并让运输船队处在舰队和马提尼克岛之间，驶往了皇家要塞。由于采取了如此不正确的战法，后来胡德上将还受到了罗德尼的严厉批评；不过，有可能是因为当时风力不大，而洋流也是流向下风向，所以才造成这样的局面。不管是什么原因，反正皇家要塞内的那4艘战舰都驶出了港口，加入了主力舰队当中。此时英军只有18艘战舰，而法军则有24艘，并且处在上风位置；不过，尽管法、英兵力比达到了4∶3，且有实力发起进攻，但德·格拉斯也不会那样做。由于担心运输船队的安危，所以他不会冒险与英军进行真正的交锋。有人会说，他肯定是极其信不过自己手下的部队。否则，要说这都不是时机的话，那么一支海军的作战时机又是什么呢？他进行了远距离炮击，非但没有伤及英军，反而使得他的畏缩显得更加奇怪了。一种认为这样的行动准则都是合理的政策或传统，能是一种好的政策和传统吗？

第二天，即4月30日，业已放弃了机会的德·格拉斯，却又试图去追击胡德；不过，胡德上将已无再战的理由，并且其起初的兵力劣势，又因29日有数艘舰船遭受了重创而加剧了。由于所率舰队中许多船只的船体都未包铜，速度不如英国舰队，所以德·格拉斯根本就不可能赶上胡德——这一事实值得我们加以注意，因为法国舰船的样式和大小更合理，使得它们的速度通常都要快过英国战舰；不过，这种优势却因法国政府迟迟不肯采用新的改良工艺而白白地浪费掉了。

胡德在安提瓜与罗德尼会合了；而德·格拉斯在皇家要塞稍事停留之后，就前去攻打格罗斯岛湾——因为英军占领着此处，所以他所率舰队的一举一动，全都处在英军的监视之下。由于进攻此地受阻，所以他转而进击多巴哥；1781年6月2日，多巴哥投降了。然后，他又从此处率军起航，在经历了数次小规模战斗之后，于7月26日停靠在海地岛上的法兰西角（即如今的海地角）。在这里，他发现有一艘从合众国而来、带着华盛顿与罗尚博二人急函的法国护卫舰正在等候着他；按照这些急函的要求，他准备发起此战中所有法国海军司令采取过的一场最为重大的作战行动。

英军入侵南方各州始于佐治亚，继而是夺取了查尔斯顿以及对两个激进州进行军事管制，然后再取道卡姆登，一步步向北推进到了北卡罗来纳境内。1780年8月16日，盖茨将军在卡姆登之战中彻底战败；而在随后的9个月里，康华里所率的英军一直都坚持不懈，想要踏平北卡罗来纳。这些作战行动的详细情况，与我们的直接主题无关；而最终结果是，尽管在实际的遭遇战中获取过多次胜利，但康华里还是不得不筋疲力尽地撤退到了沿海地区，最后到达了威

康华里（Charles Cornwallis，1738–1805）。英国军人及政治家。曾参加七年战争，在美国独立战争期间出任北美英军副总司令，战争初期曾多次获胜，但最终在约克镇战役中大败，率英军投降。后曾出任印度总督及爱尔兰总督。

明顿，那里已经为防止出现这种意外情况而建起了数座补给站。于是，他的对手格林将军便率领美国军队转而攻向南卡罗莱纳。康华利手下兵力太弱，根本不会指望去控制、甚至是深入到一个敌对国家的腹地；如今他面临着两种选择：一是返回查尔斯顿，以保护那里与南卡罗莱境内摇摇欲坠的英国势力，二是向北挺进，再次进入弗吉尼亚，在那儿与菲利普将军和阿诺德将军所率、正在詹姆士河上作战的一小支远征部队联起手来。倘若撤退，那就意味着承认过去数月间实施的疲惫进军与作战都无果而终；而这位将军，也早已毫无困难地让自己相信，切萨皮克湾才是真正的战场，即便是纽约，也必须放弃才行。可总司令亨利·柯林顿爵士却毫不认同这种观点，认为不过问他便采取行动是没有理由的。他写道："除非我们确保在海上拥有永久性的优势，否则的话，切萨皮克湾的作战行动就会伴随着极大的风险。一想到那样做可能发生的致命后果，我就不寒而栗。"对于这个问题，康华里已经擅自做出了决定，已于1781年4月25日从威明顿出发，并于5月20日同已在彼得斯堡的英军会师了。这样会合起来的英军，兵力达到了7000人。由于英军已经被美国军队从南卡罗莱纳的开阔乡村被赶回了查尔斯顿，所以英国势力如今只留下了两个中心：纽约和切萨皮克湾。而新泽西和宾夕法尼亚两州都在美军手里，所以在纽约和切萨皮克湾这两处之间的通信联络就完全依赖于海路了。

尽管不留情面地指责康华里的行动，但柯林顿爵士自己也已冒着风险，往切萨皮克湾派遣了一支大部队。本尼迪克特·阿诺德指挥的一支1600人的部队已经劫掠了詹姆士河两岸的乡村，并在同一年的1月份纵火焚毁了里士满。法军想要活捉阿诺德，便派拉斐特率领一支1200人的精锐部队前往弗吉尼亚，而在3月8日傍晚，驻纽波特的法国舰队也已起航，协同行动，以控制切萨皮克湾海域。泊于加德纳湾的英国舰队由阿巴思诺特上将指挥，[7]他从瞭望哨得知了法国舰队离去的消息，便在10日上午开始追击；此时已是法国舰队出发的36个小时之后了。或是因为行动迅速，或是因为运气好，反正他行进得很快，以至于当两支舰队在切萨皮克湾海角以外不远处看得见彼此的时候，英国舰队竟然还领先了。[8] 两军马上各自组成战斗序列，准备交战。此时正刮西风，所以双方谁也无法直接驶向切萨皮克湾内。

这两支舰队的兵力差不多相等，每一边都是8艘战舰；不过，英军拥有一艘装有90门火炮的战舰，而法军与之对应的，只是一艘也被编入了战斗序列的重型护卫舰。尽管如此，此次海战仍是体现出了法国那种总体政策的一个显著战例；正是这种政策，决定了一位精力充沛的主帅的行动以及他未能看透这一问题的责任，必定会归咎于德图什准将的良好愿望，或者归咎于其他理由，而不是归咎于此种政策对作战行动的隐秘目标的偏好；可凡是阅读过法国海军历史的人，都对这种所谓的隐秘目标耳熟能详了。当时天气恶劣、风雨欲来，而风向转过一两次之后，便稳定下来往东北直刮，海面上风大浪高，不过当时很适合于舰队进入海湾。到了此时，两支舰队都是左舷抢风向着大海，法国舰队在前，距英国舰队向风的船首大约1个罗经点。它们从这个位置上依次转向下风，驶在英国舰队前面，并且占领了下风位置，这样就可以利用其下层舰炮了——因为海上风浪太大，下层舰炮不能在上风位置使用。英国舰队保持航向，直到与敌军阵列并排，然后便一齐转向下风，并且很快开始用惯常的方式发起攻击，而结果也与平常并无二致。法军3艘前锋战舰的高处遭到了重创，不过轮到它们攻击的时候，它们的火力主要都落在2艘领头的敌舰上，重创了敌舰的船体与索具。于是，法国的前锋舰船便偏离航向，而乱成一团的阿巴思诺特却命令其前锋舰船再一次逆风行驶。此时，M·德图什指挥舰队排成纵列前进，实施了一次非常巧妙的机动。他用旗语命令前锋舰船改成另一侧迎风行驶，然后率领其余相对完好战舰驶过并用舷炮连续猛轰那些已经动弹不得的英国战舰之后，便转向下风驶向了外海。这场海战就此结束了，其中英军的损失无疑最为严重；不过，由于他们一贯有着顽强的目标，此时不能出海去追击敌军，所以他们便转而驶向切萨皮克湾，与阿诺德会合，从而粉碎了法军和美军的计划，也让华盛顿对这些计划所寄予的厚望落了空。在仔细阅读了这些描述之后，我们无疑便会得知，此战过后，法军的兵力要优于英军，而法军实际上也宣称他们在此战中取胜了；不过这支远征军的隐秘目标，却并未让他们再跟一支规模与他们自己不相上下的舰队去较量，来验证这一结果了。

如此一来，英军打通并以武力掌控了海上，从纽约便又赶来了2000兵力，并于3月26日抵达了弗吉尼亚，而随后康华里也于5月来到这里，使得英军总数上升到了7000人。双方在这一年春季与夏季的作战行动,与本书论述的主题并不相关;其中,美军是由拉斐特指挥作战的。8月上旬,康华里按照柯林顿勋爵的命令,将军队撤入了位于纽约和詹姆士河之间的半岛上,然后夺取了约克镇。

华盛顿与罗尚博于5月21日见了面,并且认为,此时的形势需要法国西印度群岛舰队来发挥作用,待这支舰队到来后,就可用它来进攻纽约或者切萨皮克湾。这就是德·格拉斯在法兰西角收到的那份电文的意思;而与此同时,这两位联军将领将各自的陆军调往纽约,准备在那里实现俘虏康华里的这个目标,并且倘若他们必须实现第二个目标的话,这样也会更快一些。

华盛顿和法国政府都一致认为,在这两种情况下,战局都取决于制海权方面的优势;不过,罗尚博曾经私下跟德·格拉斯上将说,他本人更想在切萨皮克湾打响拟定的战斗,并且法国政府也拒绝提供装备,来正式围攻纽约。因此,他们只能采取陆军大范围联合作战的形式,依赖于灵活而快速的机动,并且蒙蔽敌人,让敌人不知道他们的真正目标——一支海军能够放下架子,支持这样的作战目标,是很值得称道的。部队调动距离较短,切萨皮克湾航道较深,并且较易领航,这些也是导致这位水兵做出此种判断、支持这一计划的深层理由;所以,德·格拉斯欣然同意了这个作战计划,既未刁难,也未要求修改——倘若他再刁难改动的话,势必会讨论来讨论去,从而耽搁计划的实施。

下定决心之后,这位法国海军上将便开始极其准确地审时度势,迅速而干劲十足地行动起来。他将送来华盛顿急函的那艘护卫舰派了回去,因此到8月15日时,华盛顿与罗尚博这两位联军将领都得知了法国舰队即将前来的消息。在有一支西班牙舰队泊在法兰西角的情况下,德·格拉斯还是从该地总督手中得到了3500名士兵。他还从哈瓦那总督那里,募集到了美军所急需的资金;最后,他也没有按照法国朝廷的要求,分兵护送运输船队返回法国,而是率领着所有舰船前往切萨皮克湾。为了尽可能久地掩盖其前往切萨皮克湾的行踪,他经由舰船较少通航的巴哈马海峡,率领28艘战舰在8月30日抵达了位于切萨皮克湾海角内的林黑文湾。而3天前的8月27日,纽波特那由8艘战舰、4艘护卫舰和18艘运输舰所组成的法国分舰队,在M·德·巴拉斯的率领下,也已起航前往集结地;不过,这支舰队为了避开英军,还在海上绕了一个大圈子。这样做是很有必要的,因为这支舰队携带着法军的攻城大炮。华盛顿和罗尚博指挥的部队已于8月24日渡过了哈德逊河,正向切萨皮克湾前端挺进。这样,海陆两支不同的武装力量便合二为一,全都康华里这个目标扑去。

英军在各个方面都很倒霉。获知德·格拉斯离去的消息后,罗德尼派胡德上将率领14艘战舰前往北美地区,而他自己则因为生病,于8月动身回英国治疗去了。胡德走的是直路，故比德·格拉斯早3天到达了切萨皮克湾；他派人侦察，发现湾内空空荡荡的，便继续率军驶向纽约。在纽约海域，他遇上了格雷夫斯上将所率的5艘战舰；后者是位高级将领，指挥着这支部队于8月31日起航前往切萨皮克湾，想截击德·巴拉斯，使之无法与德·格拉斯会合。直到两天之后，亨利·柯林顿爵士才确信美、法联军已经前去进击康华里部，可此时再来动身追赶，为时已晚了。

格雷夫斯上将在率军抵达切萨皮克湾时大吃了一惊，发现那里竟然泊有一支舰队，而从舰船数量来看，只可能是敌方的舰队。尽管如此，他还是率军驶上前去，而当德·格拉斯拔营起航，任由敌人清点其舰船数量之后，兵力上的劣势——19艘战舰对24艘战舰——却并未让这位英国的海军上将打消进击的念头。不过，他的进攻方式笨拙不灵，却有负于他的勇敢；他手下的许多战舰指挥得都很糟糕，没有争取到任何优势。德·格拉斯因为要等德·巴拉斯，所以在切萨皮克湾外的海面上停留了5天，将这支英国舰队当作消遣，并未与其交战；而待他返回泊地时，却发现德·巴拉斯已经安全抵达了。格雷夫斯便返回了纽约，而康华里获取支援的最后一线希望，也随着格雷夫斯的返回而破灭了。虽然他一直顽强地抵抗着美、法联军的围攻，可由于后者控制了海面，结局只可能有一种，所以英军便于1781年10月19投降了。这次惨败，使得英国征服美洲各殖民地的希望完全化为了乌有。这场战争断断续续地又进行了一年多，但后来并没有再出现什么重大的作战行动了。

在英军以惨败而告终的这次作战行动中，既有指挥不当的原因，也有运气不好的因素。倘若罗德尼的命令得到了执行，那么胡德所率的分队，本来是可以获得来自牙买加的一些战舰增援的。而罗德尼派往纽约舰队司令格雷夫斯上将处的那艘通讯船抵达纽约后，却发现这位将领不在；因为他当时率军往东边巡逻去了，打算截击由身处法国的美国政府代表运送过来的一批极其重要的补给物资。英国政府已经级他施加了巨大的压力，严令要他截取这支运输船队；不过，在了解自己手下部队实力的情况下，这位海军上将很可能是因为考虑不周，才会在西印度群岛海域的飓风季节即将到来、并会让海军的主动作战转向大陆作战的这个时候，亲自率领整支舰队离开自己的司令部。由于他不在，尽管留守纽约的那位高级将领马上派船将罗德尼的公函给他送去，但送信的那艘船，却被敌人的巡逻舰赶回了岸边；所以，格雷夫斯直到8月16日回港后才得知这些公函的内容。胡德上将发出的、关于他即将到来的情报，也被敌人截获了。胡德抵达纽约后，他们在率军出海这一点上似乎并没有出现什么可以避免的延误；不过，他们下达给舰队的命令，却似乎的确出现了判断失误的情况。我们都知道，德·巴拉斯此时已经率领8艘战舰从纽波特出发，很可能是驶往切萨皮克湾，自然是想与德·格拉斯所率的舰队会合；而前文也已明智地指出，假如格雷夫斯是在切萨皮克湾海角附近看不见陆地的海域巡逻的话，他很可能会遇上德·巴拉斯，并以压倒性的兵力击溃后者。倘若了解了我们如今所知的这些情况，那么这无疑就是格雷夫斯应当采取的正确行动；可当时这位海军上将的情报太不完善了。他决计想不到，法军兵力会跟他们差不多；何况，格雷夫斯又因为自己派驻切萨皮克湾海域的那些巡逻舰太过疏忽，而没有获知本应得到的、关于法军舰船数量的情报。他本已下命令这两艘巡逻舰起航，可是当德·格拉斯率军出现并切断它们的逃跑路线时，两船却都还停泊在亨利角下。其中一艘成了俘虏，其余那艘则被赶进了约克河。这两位下级将领的疏忽，使得格雷夫斯没有获知这一重大情报，因而是导致英军失败的最大原因。倘若他早两天得知德·格拉斯率有27艘或28艘战舰的话，他的调遣部署将会受到多大的影响，这一点是我们可想而知的；而结果又会是多么的自然而然啊——首先便是伏击德·巴拉斯，因为用他自己所率的那19艘战舰来对付德·巴拉斯，完全是绰绰有余的。"假如格雷夫斯上将成功地俘虏了那支分舰队，就算不会完全阻断围攻纽约之陆军的作战行动，也会极大地削弱其进攻力量（因为这支分舰队携带着攻城装备）；这样的话，就会使双方舰队在兵力上变得差不多势均力敌，就会阻碍第二年法国陆军在西印度群岛的进击，并且可能会使法军与美军之间产生不和，[9] 从而让后者陷入绝望的深渊中去——而德·格拉斯所率部队的到来，则是他们唯一得以跳出此种深渊的机会。"这些，都是关于海军战略的中肯而冷静的评价。

至于格雷夫斯这位海军上将的战术，我们只要明白下述几点就够了：他所率的舰队加入战斗，跟拜恩让手下舰队加入战斗的情况差不多；惨败的结果也极其相似；还有，在用19艘战舰进攻24艘战舰的过程中，虽说胡德这位能干的将领率有7艘战舰，却因格雷夫斯的既定部署而无法参与战斗。

而在法军这一方，考虑到德·格拉斯在其他战役中的种种不足，因此他在此战中表现出了一定程度的领导才能、远见卓识和坚决果断，既令人惊讶，也必须加以称颂。他果断地率全部舰船行动，使得德·巴拉斯的任何失败，都不会波及他；他率军通过巴哈马海峡，隐藏了自己的行踪；他老练机智地从西班牙和法国的军事当局那里，获得了所需的资金和军队；他有先见之明，早在刚离开布雷斯特不久的3月29日便写信给罗尚博，说应当将美国的海岸领航员派到法兰西角去；他冷静地戏弄着格雷夫斯，直到德·巴拉斯所率的分舰队悄无声息地进入切萨皮克湾；这些，都是值得称道的方面。此外，这位海军上将还颇具魄力，将当时正在法兰西角等候他来护送的"西印度群岛贸易队"那200条商船扣留下来，让它们从7月份一直等到了11月份——此时作战行动已经结束，他可以随心所欲地用军舰来护送这些商船了；这一点，对法军也起到了有益的作用。这件事情，还说明了采用代议制政体的贸易国与纯粹的军事制国家相比的一个弱点。当时的一位将领曾经如此写道："倘若英国政府支持这样一种措施，倘若哪个英国海军将领采取这样一种措施，那么，政府会被推翻，而将领则会被绞死。"与此同时，罗德尼也认为，有必要派遣5艘战舰护送运输船队，此外还有6艘战舰也随牙买加的贸易船队返回了英国。

我们常常会批评英国舰队在1780和1781这连续的两年间分兵于西印度群岛和北美地区的做法，却很难认识到当时形势的窘迫。这种窘迫局面，不过是反映出了这场重大而不对等的战争中，英国在全世界的军事形势都遇到了困难罢了。英国在各个地区都遭到了失败，狼狈不堪，因为它是一个帝国，受到敌人攻击的地方实在太多。在欧洲，英国的海峡舰队曾经不止一次被敌人用优势兵力赶回了自己的港口。直布罗陀被敌人从海陆两面紧紧地封锁着，只是因为英国水兵殊死抵抗，他们训练有素，胜过联合起来的那些不熟练且相互不和的敌军，才得以苟延残喘。在东印度群岛，爱德华·休斯爵士的敌手，是兵力强过他的苏弗朗，就像胡德的敌手是兵力胜过他的德·格拉斯一样；而苏弗朗的本领，也远远超过了爱德华·休斯爵士。英国政府放弃了米诺卡岛，使得它在敌人的优势兵力之下陷落了，就像之前我们看到那些重要性较低的英属安的列斯群岛一个接一个地陷于敌手一样。自法国和西班牙开始与之进行海上战争以来，英国在各个地方都转入了防御态势，只有北美地区除外；因此，从军事角度来看，这种态势在本质上就是错误的。该国在各个地区都是被动挨打，而敌人每次都是利用兵力优势，按照自己的方式和时间来进攻。实际上，该国在北美地区也是这种情况，只进行了寥寥几次主动进攻的作战行动，根本就没有损及真正的敌人，也就是敌方的海军力量。

形势既然如此，倘若撇开民族自尊或敏感心理这个问题不谈，那么在兵法智慧方面，人们又给英国开出了什么样的药方呢？这个问题，尽管可以让军事研究者做出一项令人钦佩的研究，且不是一个能够即兴回答的问题，但我们还是能够指出一些显而易见的事实来。首先，我们应当判断，受敌攻击的大英帝国，哪些地区最不值得加以保留。在当时的英国看来，除了不列颠群岛本身，北美各个殖民地就是该国最重要的领地了。其次，我们应当根据各地固有的重要性，判断其他哪些地方最值得去加以保护，并且根据各地的内在实力，或者根据整个帝国的内在实力——主要是海军实力，来判断能够最可靠地守住其他哪些地方。比方说，在地中海地区，直布罗陀和马翁港都是极其重要的战略要地。这两个地方都能守住吗？舰队最容易到达和支援哪个地方呢？假如两地都很可能守不住的话，那么显然应当放弃其中之一，而将防守该地的兵力和精力放到其他地方去。因此在西印度群岛，既然巴巴多斯和圣卢西亚具有明显的战略优势，那么即便不是预先就放弃，也应当在敌军兵力一超过英国舰队实力的时候，放弃驻守其他小岛。牙买加岛面积广大，必须单独加以研究才行，并且应当参照全面的问题来进行研究。这样的岛屿或许能够保护自身，顶得住敌人的进击，除非敌人是用大量兵力进击；而在这种情况下，将英国处于上风位置的巴巴多斯和圣卢西亚这两个基地里的全部兵力都派往此处，就是正确的做法了。

因为防守力量如此密集，故英国最厉害的武器，即英国海军，就应当大力用于进攻才是。经验已经表明，自由国家和民选政府很少敢于撤走楔在入侵之敌与己方沿海或首都之间的兵力。因此，派遣海峡舰队在敌军联合起来之前去搜索敌人，无论用的是什么样的兵法智慧，这种做法可能都是行不通的。不过，在一些不那么至关重要的地方，英军是可以先于联军发起进攻的。对于迄今为止我们所研究的那个战场来说，这一点尤为正确。倘若北美地区是英军的第一目标，那么牙买加和其他岛屿就应当大胆地冒一冒险。罗德尼曾称，1781年牙买加和纽约两位海军司令都没有服从他所下达的命令；而这一点，又是由于格雷夫斯所率舰队的兵力处于劣势所致。

但在1780年，当基申伯爵启程返回欧洲，使得在9月14日至11月14日短暂造访北美的罗德尼兵力明显占有优势之后，为何他却没有想过进攻并摧毁位于纽波特的那支由7艘战舰组成的法军舰队呢？这些舰船7月份就已抵达纽波特；尽管法军随后马上用土木工事加固了己方的阵地，但一听说罗德尼所率舰队来到此处沿海，还是让法军大惊失色。罗德尼在纽约过了两个星期；而法国人也在阵地上忙碌了两个星期——据他们自己说，这两个星期过后，法军已经变得能够勇敢地面对英国的所有海军力量了。"我们有两次都很担心，尤其是罗德尼抵达美洲的那一次，"法国舰队司令如此写道，"担心英军可能会在半路上伏击我们；好在还有一段时间，使得这种备战措施不至于变成一种仓促的行为。现在（即10月20日），我们的锚地修建了防御工事，因而能够勇敢地面对英国的所有海军力量了。"[10]

法国人如此加固的阵地无疑是极其牢固的。[11]它形成了一个略大于90°的凹角，被从山羊岛起，一边延伸到当时称作布伦顿岬（即如今的亚当斯要塞），另一边延伸到罗斯岛的防线所包围。在阵地右翼的罗斯岛上，配有由36门发射24磅重炮的火炮组成的炮阵，而左翼的布伦顿岬上也安有12门同样大小的火炮。在罗斯岛和山羊岛之间，有4艘战舰排成西偏西北的一列纵阵，全都瞄准入口，可对来犯的舰队进行扫射；还有3艘则部署在山羊岛和布伦顿岬之间，它们的火力与前面那4艘的火力成直角交叉。

而另一方面，在夏季，海风会径直吹向纽波特港入口，并且经常风力强劲。毫无疑问，就算是一艘受损极其严重的进击战舰，一旦到达其预定位置、混入敌军阵列，那么岸上的炮阵威力也会大打折扣。罗斯岛上的工事自然没有战舰上的两组上层火炮那样高，而布伦顿岬上的工事很可能也是这样，因此可能会出现严重的寡不敌众的情况。这两处不可能设有炮楼，故毋庸置疑，倘若敌舰可以对其发动攻击的话，数发霰弹就可将它们打哑。进攻罗斯岛，既可以从正面进击，也可以从不到200英尺远的西侧进击，还可以从相距不到半英里远的北侧进击。倘若英军抢占了罗斯岛以西的阵地，那么法军的这一右翼就会无可避免地受到英军的纵向炮击，就会无可避免地被英军消灭。这样一来，拥有20艘战舰对阵敌方7艘战舰的英国舰队，就有可能获得"近距离"与"高优势"这两个关键因素。假如成功地摧毁法军舰船并且攻克罗斯岛，那么英国舰队便可以在这个海湾更深之处找到锚地，等待有利的风向来撤退。在当时一位杰出的、极为熟悉此处战场的英国海军将领看来，[12] 倘若发动进攻的话，英军定会取胜；所以，他曾屡次向罗德尼力陈此事，并且提出由他自己给那艘打头阵的舰船领航。法军对于此处阵地的安全感，以及英军允许法国人拥有这种安全感，都清楚地表明了纳尔逊和拿破仑之间的数次战争在精神风气上与此战之间的不同之处。

然而，此处我们考虑这样一种意图，并非仅仅是将其作为一次孤立的作战行动，而是涉及全球战争。由于兵力上处于劣势，因此英国在世界各地都是采取防御态势。在这种形势下，除了斗志昂扬、甚至是孤注一掷地战斗，此外并无其他挽救之法。英国海军大臣在给罗德尼的信中，极为诚实地写道："我们不可能在每个地区都拥有一支出众的舰队；除非我们的海军总司令个个都像您这样坚持着伟大的方针，将国王的所有领土都置于自己的精心照管之下，否则的话，我们的敌人必定会在某个地方攻我们之不备，将他们的刀枪刺向我们的。"发动那些他们内心可能认为并没有正当理由的进攻，则是强加给英军指挥官的。联军的海军是此种局面的关键，因此像联军泊在纽波特那样的大型舰队，本应当不惜任何代价加以消灭的。根据法国政府的政策来采取这样一种作战方针的效果，是一个需要深思的问题，如今的史学家们对此毫不怀疑了；但是，除了胡德，可能还有豪勋爵之外，当时并没有哪一个担任总司令之职的英国将领达到了看清形势的高度。罗德尼此时已经年老体衰；他虽说能力出众，却只能说是一个谨慎的战术家，而不再是一位伟大的海军上将了。

格雷夫斯的战败和随后康华里的投降，并未结束各国海军在西半球的军事行

美国国父华盛顿

动。相反，英国还将在整个这场战争中完成最有意思的一桩战术壮举，并获得最辉煌的一次胜利，从而给该国在西印度群岛的国旗增色不少；但约克镇事件之后，美国人就不再有热爱母国的那种热情了。在结束描述这次美国独立战争之前，我们必须再一次强调，美国在此战中之所以最终获胜，或者起码说，美国在此战中如此之早地获得胜利，原因就在于制海权——在于法军所掌控的海权，以及英国当局对自己手中制海权的不正确部署。这一论断，因为一个人的威望而显得非常可靠；这个人比其他任何人都更加彻底地了解该国的资源、民众的脾性和此次战争的艰辛，而华盛顿的名字，如今也仍然是正确、谦逊且不骄不躁之判断力以及爱国主义的最高证明。

华盛顿所有言论的要旨，在所注日期为1780年7月15日、经拉斐特之手发出的那份《协同法国陆军制定作战计划之备忘录》中，得到了体现：

"拉斐特侯爵深感荣幸，就下述总体思路与罗尚博伯爵以及泰尔奈勋爵进行交流，并达成如下意见：

"第一，在任何作战行动中，在任何情况下，都应将保持海军之决定性优势，视为一条基本之原则，视为获得胜利最终必须倚赖之基础。"

不过，虽说这是华盛顿所持观点最正式和最明确的表述，但它只是许多同样明确无误的表述中的一种。比如，1780年12月20日在给富兰克林的信中，他如此写道：

"由于对法军第二师（被封锁在布雷斯特）感到失望，尤其是对我们所预期的、一切皆取决于这一中心的海军优势感到失望，所以我们不得不带着一开始时那种令人高兴的前景，而将精力浪费在这场消极的战役上。……近来我们又不得不当起了旁观者，看着一支又一支陆军分队在康华里勋爵的协助之下来到纽约；而我们海军的软弱无力，以及我国大部分陆军在政治上都处于一盘散沙的状态，使得我们在南方根本就无力抵抗英军，也无法在此处占得英军的便宜。"

一个月后的1781年1月15日，在写给当时正被派往法国执行特殊任务的劳伦斯上校的一封备忘信中，他又说道：

"除了贷款，在这些海岸部署一支兵力占有优势的常备海军，就是最令我们关注的一个目标了。这会不断地削弱敌人的实力，使之难以招架。……事实上，倘若我们能够掌控各个海域，阻断欧洲定期运送过来的给养物资，那么英国就别指望能够在我国维持一支庞大的军队了。这种优势加上资金援助，会让我们将此次战争变成一场强有力的进攻战。对于我们而言，这似乎是两个关键点中的一个。"

而在写给当时身处巴黎的劳伦斯上校、所署日期为4月9日的另一封信中，他又写道：

"假如法国拖拖拉拉，不在这个关键的时候帮助我们的话，那么就算日后法国想这样做，对我们来说也没什么用处了。……在一句话就可以说明我们到了山穷水尽的地步，并且我们获得解放必定是一件机不可失之事的时候，我为什么还要再去详加解释呢？倘若法国恪守我们达成的关于此次战争的总体规划，在这些海域常备一支优势舰队，并且贷款给我国，让我们能够主动进攻的话，那么以敌人之道、还治敌人之身会是一件多么容易的事情啊。"

他这种呼吁的主旨，就是舰船和资金。1781年5月23日，他在写给拉吕泽尔勋爵的信中说："我不明白，在这些海域我们的海军实力不如敌军的情况下，如何可能对南方诸州进行有效支援，同时又避免可能出现的危险和损失。"由于适合主动作战的季节正在临近，所以他的言论就越发频繁，语气也越发紧迫了。1781年6月1日，他写信给当时正在南卡罗莱纳苦苦挣扎、疲于应付的格林少将，说："我们已经全面而仔细地考虑过了目前的事态，并且最终决定先对纽约发动进击，然后再在南方作战，因为我们尚未掌控海上。"6月8日，他写信给杰斐逊说："假如相邻各州按照我所期待的方式来支援我，那么我希望削弱敌军的实力，使得敌人必须从南方召回部分兵力来支援纽约，否则的话，敌人就会面临被我们逐出这一据点的最为紧迫的危险，因为这个据点对敌人来说十分重要；而倘若我们运气好，海军碰巧获得了优势的话，那么敌人的灭亡就是不可避免的了。……当我们在海上实力仍然不如敌人的时候，谋略决定了我们只能通过调虎离山的办法来解围，而不是直接向处于危险当中的那些地方派遣援军，"也就是说，向南方派遣援

托马斯·杰斐逊（Thomas Jefferson，1743–1826）。美国第三任总统，《美国独立宣言》主要起草人，是美国开国元勋中最具影响力者之一。

军。6月13日，他给罗尚博写信说："阁下想必还记得，我们都曾认为，在目前之形势下，纽约是我们唯一可行之目标；不过，倘若我们能够确保我方海军占有兵力优势，那么我们或许还可以找出其他更加可行、同样适宜夺取的目标来。"到了8月15日，华盛顿收到了德·格拉斯通知说他已经率军起航前往切萨皮克湾的信件；从那以后，华盛顿的信件当中，就全是以这支耽搁已久的舰队为基础，忙于准备发动弗吉尼亚战役的内容了。德·格拉斯得知纽约的英国舰队得到了增援后就泄了气，打算出海离去，使得华盛顿在9月25日给他写了一封言辞恳切的信，只是此信很长，我们无法引述；不过，危险过去之后，华盛顿又恢复了信心。就在纽约英军投降的第二天，他给德·格拉斯写信说："纽约受降……荣耀归于阁下，已经（在时间上）极大地先于我们最乐观的预期而实现了。"接下来，他看到天气良好、适于作战的季节才过了一小半，便敦促法军在南方实施进一步的作战行动："在阁下到来之前，英国海军的总体优势使得他们在南方有着许多重要的有利条件，能够快速运送部队和给养物资；而我们的援军只能经由陆路进行长距离行军，从各个方面来看都太过缓慢且花费巨大，使得我军处处掣肘，从而被敌人一一消灭。因此，只有仰仗阁下，才能结束此次战争。"德·格拉斯拒绝了这一要求，但同时也暗示说，在第二年的战争中他打算与美军合作，而华盛顿马上就认可了这一点："对于阁下，我无需再强调一支海军必然能够让您在这些海域占有绝对优势的问题了。……您会注意到，在目前所进行的这次战争中，无论陆军做出何种巨大的努力，最终的决定权都掌握在海军的手里。"两个星期后的11月15日，他写信给当时正准备动身前往法国的拉斐特说：

"您说想知道我对于下一场战役中的作战行动有什么看法，我不会啰啰嗦嗦地摆出一大堆理由，而只会说一句话，那就是：我们必须依赖于目前正在这些海域活动的海军力量，掌握好明年将这支海军投入作战的时机。除非同时拥有海上优势，否则陆军是不可能果断作战的。……任何人在过去和此时都不曾怀疑，倘若德·格拉斯伯爵能够与我们再合作两个月的话，那么南、北卡罗来纳和佐治亚两州的英军就会被我们彻底歼灭。"

在这位受人敬重的美军总司令看来，制海权对于美国独立战争的影响就是上述这些方面；他极其老练而无限耐心地领导着美国人民，在经历了无数的考验和挫折之后，最终无比辉煌地结束了此次战争。

我们还会注意到，尽管英国的商业贸易因为联军的巡逻舰和美国的私掠船而遭受了世人公认的巨大损失，但与此同时，美国的独立革命也陷入了上述重重困境之中。这一事实，加上由贸易破坏战观点所主导的全面战争并未获得什么重大战果，都有力地表明，对于战争中的重大问题来说，此种政策只会产生次要和非决定性的作用。

原注：

（1）这种耽误是由于海面平静无风所致。参见1778年《绅士杂志》上豪勋爵的电文。

（2）绝大多数文献都是说位于山羊岛和坎农尼科特岛之间；不过，本书所给位置显得更有可能性。"山羊"（Goat）和"古尔德"（Gould，经常拼作Gold）两个名称很容易搞混。在写作本书的过程中，笔者有幸看到了从巴黎得到的一张当代的手稿原图，此图表明，锚地位于坎农尼科特岛附近，且与考斯特港岛并排；后者在图上被标为"L'Isle d'Or ou Golde Isle"。这张草图虽说主要细节很准确，却是因其错误而显得更加可信的，因为这是一个外国人在来去匆匆、兴奋不已的24个小时中画成的，故很容易犯这种错误。

（3）"法国舰队抵达美洲海岸是一件重大而令人震惊的事情；不过，许多没有预见到的不利情况妨碍到了法国舰队的作战行动。虽说这些作战行动不应有损我们这位伟大盟友的功劳和善意，但还是在很大程度上削弱了法国舰队在此战中所起的作用。首先，从法国到美洲这段漫长的行程便是一种严重的不幸；因为要是由豪勋爵率领英国舰队和所有运输舰船在特拉华河上航行的话，哪怕是普普通通的一段航程，豪勋爵必定也免不了一死；而对于亨利·柯林顿勋爵来说，要是他和手下部队的命运起码不像伯格因那样的话，那么在这种情况下，他必定会比其他海军将领的运气要好。德斯坦伯爵完成远距离航行之后，在桑迪岬却发现形势不利于己方，使我们在两个方面感到痛心：首先是进攻纽约失利，此处的舰船和陆军都被敌人击败了；其次是他为了探测进入纽约港所必经的那道沙洲处的水深而耽搁了行动。此外，在业已制定了进攻罗德岛的作战计划并且就在准备实施这一计划的时候，豪勋爵却率领英国舰队插了进来；他的目的只是声东击西，想将法国舰队引离罗德岛。这又是一件运气不好的事情，因为虽说10日就已撤离罗德岛，但这位伯爵却直到17日都没有返回该岛；这意味着地面作战被推迟了，而万一拜伦所率舰队抵达这里，那么整个作战计划就流产了。"（参见华盛顿的《书信集》，1778年8月20日。）

（4）关于其中的一艘，即装有64门火炮的"蒙默斯"号，据说法军旗舰上的官兵都曾举杯，祝这艘"小黑船"的舰长健康长寿。舰船的名称就像家族名称一样，通常都有着非凡的历史。20年前就有一艘"蒙默斯"号战舰，几乎是单枪匹马地进攻并俘虏了属于法国海军中精锐战舰之一、装有84门火炮的"闪电"号。当时，"蒙默斯"号由一位加德纳舰长指挥；因为曾经在导致拜恩被判处死刑的那次海战中指挥过拜恩的座舰，这位加德纳舰长为那次海战结果所受的耻辱驱动，才敢于不顾一切地战斗，从而献出了自己的生命。在格林纳达海域受到重创的同一艘战舰，3年以后在另一位舰长的指挥下又在印度海域进行了类似的顽强战斗。

（5）德林克沃特在其关于围攻直布罗陀的历史著述中解释说，那位西班牙海军司令认为罗德尼不会陪同护航队前往直布罗陀海峡，而是与护航队分道扬镳了。后来他发现自己判断失误，可为时已晚了。

（6）罗德尼在对指挥英军阵列中那艘前导战舰的卡科特上校进行严厉申斥时，说："因为你用这种方式打头阵，使得其他人有了一个如此糟糕的榜样；你忘记了旗语是命令阵列各部彼此之间保持2链[1]的距离，而将前锋分队领到了距中军2里格[2]多的地方，从而让中军暴露于强大的敌军面前，并且得不到恰当的支援。"（参见《传记》第一卷，第351页）根据战术常识的所有规则来看，似乎其余舰船本来应当从相邻的船尾处开始拉开距离，也就是说，应当是向中军靠拢才是。在跟未参与此次作战的吉尔伯特·布莱恩进行交谈时，罗德尼曾称法军阵列展开后长达4里格之远，"好像基申伯爵以为我们会从他的面前逃走似的。"（参见《海军编年史》第十五卷，第402页）

（7）位于长岛东端。

（8）法国人将此种劣势归咎于他们的一些舰船外部没有包铜。

（9）法国政府对M·德图什的作战行动很不满意；这一点，从它迟迟不肯奖励德图什所率舰队的将领，使得这些将领大为不满，还进行了强烈抗议的事实，便完全可以推断出来。法国人曾经声称，阿巴斯诺特在纽约大街上被民众轰赶，随后即被英国政府召回了国内。后面半句说得不对，阿巴斯诺特是自己要求回国的；但前半句说得很可能是对的。在此战中，双方的指挥官都违反了两国一贯的海军政策。

（10）德·巴拉斯担心受到敌人优势兵力的截击，本不愿意前往切萨皮克湾，只是因为华盛顿与罗尚博二人苦苦相求才率军前往的。

（11）引自1781年一位法国将领的日记，《美国历史》杂志1880年3月号。罗德尼造访纽约时的工事，无疑并没有1781年所造工事那样全面。一年之后，这位权威人士为罗斯岛之战配备了20门发射36磅炮弹的火炮。

（12）即托马斯·格雷夫斯爵士，后来他在1801年进击哥本哈根之战中，曾担任纳尔逊的副司令；此战完全是殊死之战，在领航时遇到的困难比此处所提出的困难要大得多。参见《海军编年史》第八卷中他的传记体回忆录。

---

[1] Cable's length：链。海上测距单位，相当于十分之一海里（美国海军定为219米，而英国海军则定为185米）。亦拼作 cable length。

[2] League：里格。长度单位，1里格大约相当于3英里或3海里。

第十章

1779至1782年间的欧洲海战

在上一章中，我们以华盛顿的观点结尾，阐述了制海权在各个方面、不同时期对美国独立战争所产生的影响。如果不是限于篇幅的话，我们还可以引用英军总司令亨利·柯林顿许多类似的话语，来充分强调这些观点。（1）在欧洲，战局则更加完全倚赖于制海权这一相同的因素。联军在欧洲有着三大目标，而英国对其中的任何一个目标都是完全处于防御态势。联军的第一个目标，便是英国本土，以及消灭其海峡舰队，为入侵英国本土做准备——倘若严肃对待的话，我们是很难说联军曾经认真尝试过这一目标的；第二个目标，是攻取直布罗陀；第三个目标，便是夺取米诺卡岛。联军只实现了最后一个目标。英国被兵力极其强大的舰队威胁了三次，可这三次威胁都平安解除了。直布罗陀也三次陷入了重重危机之中，而尽管每次都几无胜算，但这三次危机也都因为英国海军的骁勇善战和好运气而得以化解了。

自凯珀尔指挥的韦桑岛海战之后，在1778年一整年和1779年上半年，双方舰队在欧洲海域并未发生过什么全面的遭遇战。与此同时，西班牙与英国决裂，并同法国结成了有力的同盟。1779年6月16日，该国对英宣战；不过，早在4月12日，法、西这两个波旁王国便已签署了一份条约，其中就有主动对英国宣战的内容。根据条约的规定，两国同意侵入大不列颠或爱尔兰，尽最大努力让西班牙收复米诺卡、彭萨科拉和莫比尔，并且两国朝廷还约定，在收复直布罗陀之前，决不同英国议和、休战或者暂停战事。

直到做好进攻准备，西班牙才对英宣战；英国政府本来应当警惕两国业已紧张的关系，并且做好防止法、西两国舰队联合的准备才是。可事实却是，英国并未有效地封锁布雷斯特，因此1779年6月3日，前一年与凯珀尔对过阵的奥尔维利埃率领28艘法国战舰，如入无人之境地出了港，扬长而去了。（2）这支舰队随后转而驶向西班牙沿海，去与那儿的西班牙舰船会合；不过，直到7月22日，两国所派舰队才完全集结起来。夏季7个星期的宝贵时间就这样未加利用而浪费掉了，但这还不是两国全部的损失；根据规定，法军只有13个星期的准备时间，因此，这支由66艘战舰和14艘护卫舰组成的、确实庞大无比的舰队，真正拥有的工作日就已不足40天了。此外，整支舰队中还疾病肆虐；并且，尽管舰队的运气相当好，是在英国舰队出海的时候进入英吉利海峡的，但兵力只有敌军一半多的英国舰队，却成功地从敌人的舰队中穿插过去了。联军的优柔寡断，使得因为备战效率低下而导致的软弱变得非常明显了；所以，在15个多星期的时间里，法军扩大巡航战的唯一战果，便是让英吉利海峡沿岸地区出现了大范围不足为怪的恐慌情绪，以及俘虏了一艘英国战舰。[3]由于准备不充分——主要是西班牙这一方，但法国政府也完全没有满足其舰队的迫切需要——率直的奥尔维利埃上将自然会萌生出沮丧情绪。这是一位勇猛、老练却又很不幸运的将领，他唯一的儿子，一名海军上尉，也死于联军中肆虐的瘟疫，所以他再也无法忍受对战争的憎恶之情了。他是一个宗教信仰极为虔敬的人，没法像特拉法尔加海战之后的维尔纳夫那样，以自杀来获得解脱；但他辞去了司令之职，遁入了空门。

1780年欧洲唯一让我们关注海洋的地区，全都集中在加的斯和直布罗陀两地。战争一爆发，直布罗陀这处要塞就被西班牙派兵包围了，并且，尽管成

直布罗陀包围战

功地抵挡了敌人的直接进攻，但给养和武器装备供应却是让英国大伤脑筋、实施起来既困难又危险的一个问题。为了这个，1779年12月29日，罗德尼率领20艘战舰，护送一支庞大的船队及援兵起航前往直布罗陀和米诺卡，然后还要去西印度群岛进行贸易。接受护送的船队于1月7日与舰队分道扬镳，由4艘护卫舰接着护送，而罗德尼所率舰队在第二天上午即遭遇并俘虏了一支由7艘战舰和16艘补给船所组成的西班牙分舰队。其中12艘装载着给养的运输船，被英军带往了直布罗陀。一个星期之后，16日的下午1点，东南海面又出现了一支由11艘战舰所组成的西班牙舰队。西班牙人坚守阵地，以为逼近的这支舰队只是驶往直布罗陀的补给船队，并没有强大的兵力护送——他们直到为时已晚、无法逃脱的时候，才意识到这是一种不幸的失误，原因在于他们太过疏忽大意，竟然没有派出瞭望船。西班牙上将胡安·德·兰加拉先生意识到了自己所犯的错误之后，曾经试图率军逃跑；不过，英国战舰的底部都包了铜，所以罗德尼在发出全面追击的信号之后，英军便赶上了这支西班牙船队，切断了后者逃进该国港口的去路，并且尽管当晚海风肆虐、海岸处于下风向且有着危险重重的暗礁，英军还是成功地俘虏了这位西班牙海军司令及其手下的6艘战舰。还有一艘西班牙战舰被炸毁了。由于海上仍然狂风大作、暴雨如注，所以被俘的战舰中，有一艘被吹沉了，另一艘则被冲进了加的斯港；英军中有几艘战舰也陷入了极大的危险当中，不过还是幸运地逃过了一劫。数日之后，整支英军便进入了直布罗陀湾。驶往米诺卡的运输船队随即出发了，而一待护送这支运输船队的战舰返回直布罗陀，即2月13日，罗德尼便率领4艘战舰动身前往西印度群岛，而让其余战舰带着缴获的战利品，在迪格比上将的指挥下返回英国去了。

此时，英国国内的政治形势严峻，党派纷争严重，加上海峡舰队难免兵力较弱，使得英国政府很难找到一位乐意担任舰队总司令一职的人选。巴林顿这位可敬的将领曾率军攻取了圣卢西亚；他虽然拒绝担任总司令，却愿意当这支舰队的副司令，哪怕是给一名后辈当副司令也行。法、西联合舰队的兵力达到了36艘战舰，并在加的斯集结起来了。不过，联合舰队的巡逻范围，却只限于葡萄牙沿海；而这支舰队唯一一次发挥了重大作用的行动，便是俘虏了敌人一整支满载着军用物资驶往东、西印度群岛的运输船队。60艘英国被俘船只和近3000名俘虏被押入加的斯，使得西班牙举国上下一片欢腾。10月24日，同罗德尼交过手的基申伯爵回师了，他率领由19艘战舰组成的那支西印度群岛舰队，也驶入了加的斯港；不过，如此集结起来的这支庞大的兵力，随后却什么也没干。1781年1月，法国舰队便返回了布雷斯特。

虽说欧洲战事是如此的徒劳无果，但1780年这场战争却引发了一件海权历史完全无法忽视的事件。这就是《武装中立条约》，其中领头的是俄国，参与国则有瑞典和丹麦。英国声称自己有权扣押中立国船只运送的敌方物资，这种做法压迫和掌控了各个中立国，尤其是波罗的海沿岸各国和荷兰，以及奥属尼德兰地区，而此次战争，又使得欧洲的国际运输业务大部分都落入了英国手中；波罗的海沿岸各国的产品，即海军物资和粮食，正是英国尤其想禁止敌国获得的那些物资。成立"武装中立同盟"的宣言最终由俄国提出，并与瑞典、丹麦两国共同签署；宣言包括4点内容：

1. 中立国船只非但拥有驶往未封锁港口的权利，也拥有在交战国诸港间航行的权利；换言之，即有权维持交战国的沿海贸易。

2. 应当确保中立国船只上属于交战国国民财产的安全。这一点，就是如今我们熟悉的"船只中立，货物也中立"这一准则中所包含的原则。

3. 除了武器、装备和军需物品，其余商品都不属于战时禁运品。这一条将海军物资和给养等排除在禁运物资之外，除非它们属于某个交战国政府。

4. 进行封锁时，必须在被封锁港口附近派驻一支兵力充足的海军，否则此种封锁就不具有约束力。

虽说在此次战争中，签署这一条约的三方都属于中立国，但为了约束自身并支持上述原则，三国还组建了一支联合武装舰队，维持着最低限度的固定兵力，因此该协定即得名《武装中立条约》。对上述各条声明的性质进行探讨，属于国际法学的范畴；不过很显然，没有哪一个处在当时英国那种位置上的海洋大国，会承认第1点和第3点是一种重要权利的。该国的政策，只是促成了这种做法罢了。英国政府和英王都没有直接否定这一声明，而是决定不予理会——即便是当时态度最为激烈的反对党，也在原则上支持了这种应对方针。联合省王国的态度犹豫不定，虽说它与英国结盟已达一个世纪，但在路易十四时期，各省就已分裂成了亲英和亲法两派，因而英国尤为关注。俄、瑞、丹三国曾经要求该国加入《武装中立条约》；各省虽说犹疑不定，但大多数省份还是赞同加入。有位英军将领曾经做得太过分，向一艘拒绝英军搜查其护送商船的荷兰军舰开火；这种行为不论是对是错，都会激怒荷兰人，使之群起而对抗英国。英国决定，倘若联合省王国加入"武装中立同盟"，那么英国就应当对其宣战。1780年12月16日，英国政府得知，荷兰议会决定马上签署《武装中立条约》。于是，英国政府立即派人向罗德尼下令，要他攻取西印度群岛和南美洲的荷属殖民地；东印度群岛的英军，也接到了同样的命令；同时，政府还召回了驻海牙的英国大使。4天之后，英国对荷宣战。因此，《武装中立条约》对于此次战争的主要影响，便是让英国的巡逻舰下，多了荷兰的殖民地与贸易这一牺牲品。对于英国来说，多出来的这个敌人并无太大价值，因为该国的地理位置，实际上使得荷兰舰队不可能与其他两个敌国的舰队联合起来。各地的荷属殖民地纷纷陷落，除非有法军救援才能保全；而1781年8月，英、荷两国舰队在北海海域进行的那场伤亡惨重却毫无益处的海战，便成了说明荷兰人原来那种勇敢无畏和顽强不屈之精神的唯一一件战功。

1781年是美国独立进程中关键的一年，这一年在欧洲则以交战舰队规模庞大、交战结果却微不足道为标志。3月底，德·格拉斯率26艘战舰从布雷斯特起航。29日，他派苏弗朗率5艘战舰前往东印度群岛，而他自己则继续向美洲进发，在约克镇获得了胜利，但在西印度群岛遭到了惨败。6月23日，基申伯爵率18艘战舰，从布雷斯特动身前往加的斯，并在那里与30艘西班牙舰船会合了。这支庞大的海军部队于7月22日出发驶往地中海，并在米诺卡岛放下了14000陆军，然后便向英吉利海峡逼进。

在这一年中，英国首先必须防范直布罗陀遭遇危险。由于遭到围攻，这处要塞自前一年1月份罗德尼率军到过之后，就一直没有获得给养，此时已经到了山穷水尽的地步，存粮既少又差，饼干长了虫，肉类也全都腐臭了。这是历史上持续时间最久、力度最大的围困之一，士兵们身处恐惧和骚动之中，而城中还有许多老百姓，包括这些士兵和军官们的家属，让士兵们更是苦不堪言。3月13日，一支由28艘战舰组成的大型舰队从朴次茅斯起航，护送着300艘商船前往东、西印度群岛，以及97艘驶往直布罗陀的运输船和补给船。由于在爱尔兰沿海耽搁了，所以这支舰队并未遇到在它9天之后起航的德·格拉斯所率舰队。抵达圣文森特角海域后，英国舰队并未遇到敌军，而向加的斯港内看去，却发现那支庞大的西班牙舰队此时正泊在港内。西班牙舰队并未采取行动，因此英军司令德比便顺顺当当地在4月12日将所载给养投入了直布罗陀。与此同时，他像德·格拉斯那样，派了一支小型舰队前往东印度群岛，而这支分队注定不久以后就会遇上苏弗朗。鉴于西班牙政府急不可耐地想要得到直布罗陀，而西班牙舰队就算不占优势，兵力也与英军相等，所以这支西班牙舰队的不作为，表明那位西班牙海军司令对自己和自己的指挥都毫无信心。德比上将在解除了直布罗陀与米诺卡岛之围后，便于5月返回英吉利海峡去了。

在接下来的8月份，由于拥有近50艘战舰的法、西联合舰队步步紧逼，德比撤退到了托贝，率领手下那支拥有30艘战舰的舰队泊在此港。担任联合舰队总司令的基申伯爵赞同交战，在前文中我们已经指出过，他与罗德尼交战时抱着极其谨慎的态度；可由于西班牙人几乎全都反对，而他本人手下的一些将领也

英国海军上将凯姆本菲尔特

支持西班牙人，故他的交战决定在作战会议上被否决了，[4]而这支由两个波旁王国联合组成的庞大舰队，也因为受阻于其内部的不和与敌人的团结，再一次退却了。直布罗陀之围解了，英国本土毫发无损，就是两国声势浩大地集结兵力所获得的成果；事实上，它们根本就称不上是什么成果。这一年年底，法、西联军还遭受了一次令人羞愧的惨败。基申伯爵率领17艘战舰从布雷斯特出发，护送一支大型的商船队，其中还有运送军用物资的舰船。这支舰队，遭到了一支由凯姆本菲尔特上将指挥、包括12艘战舰的英国舰队的追击；这位将领具有杰出的职业能力，虽说没有获得不朽之声望，但诗歌中却优雅地传颂着他那种悲剧性的牺牲。在韦桑岛以西150英里的海域与法军狭路相逢之后，尽管在兵力上不如敌军，但他还是率军将法国护航船队的一部分与其主力隔离开来了。[5]数天之后，一场暴风雨打散了法国舰队。在这150艘舰船中，只有2艘战舰和5艘商船最终抵达了西印度群岛。

1782年伊始，英国就丢掉了马翁港；此处是在被围6个月之后，于2月5日向法、西联军缴械投降的——港内守军之所以投降，是因缺乏果蔬而导致坏血病肆虐，加之又在敌军强大的炮击之下整天躲在掩体与炮台里，呼吸着污浊的空气所迫。在顽强抵抗的最后一夜，需要450名士兵担任必要的警戒任务，可港内能够执勤的将士总共才有650名，所以根本就无人换岗。

这一年，法、西联军舰队再次在加的斯集结起来，兵力达到了40艘战舰。两国都等着荷兰舰队加入，以便壮大这支兵力；可豪勋爵率领的一支分舰队将荷兰舰队赶回去了。自然，这支兵力似乎并不打算主动向英国沿海发动进击；不过，联军整个夏季都在英吉利海峡峡口和比斯开湾海域进行巡航。有这支兵力在此，就确保了回国或者出海的商船在到达和出发时的安全，同时还对英国商船构成了威胁；尽管如此，豪勋爵率领着20艘战舰，非但一直在海上游弋，还成功地领着牙买加舰队安全地泊入了港口。可以说，双方海上贸易和海上军事运输所遭受的损失都差不多；因此，成功地利用制海权实现了这些极其重要之目标的荣誉，自然应当归于兵力较弱的英国这一方才是。

在执行完夏季巡逻的命令之后，联合舰队便返回了加的斯。9月10日，联合舰队从加的斯出发，驶往与直布罗陀隔着海湾相望的阿尔赫西拉斯，准备支援发动一次规模浩大的海陆联合进攻；他们希望通过此种进攻，迫使直布罗陀这个进出地中海地区的要冲投降。连同已经抵达此处的舰船，联合舰队的总兵力达到了将近50艘战舰。这次猛攻的详细情况虽说并不属于本书主题的范畴，但也不能全然忽略，起码应当说一说那些可以让我们看清并注意到此战重要性的细节情况才行。

对直布罗陀长达3年之久的围攻，此时已经接近尾声；而英国守军在此也获得了许多辉煌显赫的战功，还有许多不那么令人瞩目、却更加证明了英军具有坚定不移之耐力的成就。看到英国利用其制海权，一次又一次成功地挫败了联军切断这处要塞的交通补给的企图后，我们没法说联军究竟还能坚持多久；但毫无疑问的是，由于交战双方都日益疲惫不堪，预示着此次战争即将结束，所以直布罗陀要么必定被联军主力攻克，要么就是安然无恙。于是，西班牙便加紧了准备工作和军事谋略研究；而对于这些方面和即将爆发的这场决定性战役的报道，则吸引了欧洲其他国家中的许多志愿者与杰出人士，使得他们纷纷走上了战场。波旁皇族另有两位亲王也加入了此战，从而为即将到来的这幕大戏增加了戏剧性效果。为了美化这次惨败，必须要有皇族的参与才行；因为像一个剧作家所保证的那样，围攻者乐观的信心已经决定了这幕大戏会有一个圆满的结局。

除了在连接直布罗陀与西班牙本土之间的地峡上修筑的那些工事——此时这里已经部署了300门火炮，联军主要依赖10艘炮舰；它们都经过精心设计，尽量做到防弹防火，并且总共携带了154门重炮。这些战舰都沿着那些工事西面而泊，排成严密的南北阵列，彼此之间相距大约900码[1]。除了用战舰掩护并转移守军的火力之外，还有40艘小炮艇以及许多的岸轰艇来支援这些炮舰。法国派出了12000名陆军，来增援这场大规模进攻中的西班牙军队；等到炮击让英国守军充分受到重创并失去士气之后，他们就会发动这场大规模的进攻战了。此时英国守军有7000人，而与之对阵的联军，光是陆军便达到了33000兵力。

决战是由英军发起的。1782年9月8日早上7点，英军主将埃利奥特开始向直布罗陀地峡上的联军工事发动猛烈炮击，使之受损严重。在达到了目的之后，

---

[1] Yard：码。英制长度单位。1码等于3英尺或36英寸，相当于0.9144米。

他便下令停止炮击；可敌军却在第二天早上开始应战，而在接下来的4天内，光是从直布罗陀地峡上的联军阵地，每一天都向英军发射了6500发重炮炮弹和1100枚炸弹。这样，就到了9月13日那场伟大的结局之战了。那天早上7点钟，10艘炮舰从阿尔赫西拉斯湾顶端拔锚起航，南下到达了各自的战斗位置。它们在9点到10点间泊锚扎阵，随后马上就开始对英军全面开火。被围英军则回之以同样猛烈的火力。在数个小时的炮击中，这些炮舰似乎基本上能够实现它们的作战意图；英军的冷弹要么是与它们擦肩而过，要么就是根本没打到它们附近，而炮舰上的自动灭火装置，也使英军的热弹没起到应有的作用。

然而，下午大约2点钟的时候，炮舰舰队总司令的座驾开始冒起浓烟，尽管控制了一段时间，可火势还是继续蔓延开来。其他炮舰也开始遭受同样的噩运；到了傍晚时分，被围英军的火力开始明显占据了上风，而到了凌晨1点的时候，大部分炮舰全都火光冲天了。让他们更倒霉的是，指挥英军炮艇的那位海军将领开始采取行动，他此时已经占领了联军炮舰阵列的右翼位置，有效地对这些炮舰进行猛击——西班牙的炮艇本来应当阻挡住英军，不让英军有机可乘的。结果，这10艘炮舰中有9艘还没拔锚便被炸毁了，伤亡估计达1500人，还有400人则是被英军从火海中救出来的。第10艘炮舰则被英国用小艇攻到了船上，然后放火烧毁了。随着这支炮舰舰队的覆灭，进攻者的希望也化为了泡影。

1782年直布罗陀决战

　　于是，就只剩下一种指望了，那就是饿死驻守的英军。为了实现这一目标，联合舰队此时开始付出代价了。他们得知，豪勋爵率领一支包括34艘战舰和给养船只的舰队，正在前来的路上。10月10日，一场猛烈的西风让联合舰队损失惨重，将其中一艘吹得在直布罗陀的炮阵之下搁了浅，然后就缴械投降了。第二天，豪勋爵所率舰队出现了，那些运输船本来有着大好的机会入港泊锚，可由于疏忽大意，除了其中的4艘，其余舰船都没有把握住这个机会。其余运输船便同战舰一起，向东驶入了地中海。联合舰队在13日开始追击；可是，就算如此楔在直布罗陀港与英国援军之间，并且像英国援军那样，己方的给养船只丝毫没有受到阻碍，可他们仍然让英国的运输舰船总能偷偷地溜过去，并且安全地泊入直布罗陀港。非但是给养和弹药，甚至是军舰所运载的兵力，也都毫不受阻地运送到了直布罗陀。19日，英国舰队趁着东风，再一次通过了直布罗陀海峡，在一个星期内就完成了运送给养与援兵的使命，使得直布罗陀又可以安然牢固地支撑上一年了。联合舰队追击而至，20日爆发了一场远距离交火；当时联合舰队处于上风位置，可没有逼近敌军发起进攻。在这次场面壮观、属于欧洲这场战争大戏的闭幕式和直布罗陀守卫战尾声的交火中，参战兵力为83艘战舰，其中联军49艘，英军34艘。联军战舰中，只有34艘采取了行动；可豪勋爵并未像一些较愚钝的海军将领那样与敌人全面交战，这一做法很可能是正确的，因为联军并不急于冒险与他所率的舰队进行全面交锋。

　　欧洲海域所进行的这场大规模海战的结果就是这些；其中令人瞩目的是，联军的行动在规模上浩大无比，但实施起来却松弛涣散、优柔寡断。而英军在兵力屈指可数、实力大大不如敌军的情况下，却表现出了坚定不移的目标、高度的勇敢和高超的海战本领；不过，英国议会的军事观念或者内阁对海军的管理，却很难说配得上英国海军官兵们的才干和奉献。战胜该国的机会并没有——甚至远不及——联军火炮和舰船那种压倒性的数量看上去显示的那样大；尽管应当允许他们在战争早期犹豫不决，但过去这些年来，联军的优柔寡断和效率低下，本来就已将其弱点暴露在英国面前了。德斯坦、德·格拉斯和基申伯爵等人，都明显暴露出法国人不愿让自己的舰船承担风险的心态，而西班牙人则拖拉怠惰、低效无能，本来也应当促使英国继续实行其原有的政策，去打击敌人有组织的海上力量才是。事实上，很可能是由于形势所迫，故每次战役开始的时候，敌军都是不在一起的——西班牙海军位于加的斯，法国海军则在布雷斯特。[6] 英国本应想尽办法，全力封锁法国海军，使之无法出港；这样，英国就会从源头阻断联军实力的主要来源，并且在对这支海军力量身处何处了如指掌的前提下，消除阻碍英国海军在公海上自由行动的不确定性。坚守布雷斯特海域，英军实际上就是像一颗钉子似的楔在了联军之间；通过瞭望哨，英军会提早获知西班牙人前来的情报，而法国人则要很久以后才会得知；英军会将主动权掌握在自己手中，决定用兵力更多的舰船、更有效地逐个对敌人采取行动。倘若风向有利于西班牙船队前来，那么这种风向也会将其盟军阻在港内。英国没能做到这一点的一个最为显著的例子，便是1781年3月竟然任由德·格拉斯毫无阻碍地率军出港；一支兵力上占有优势的英国舰队本来在他动身9天之前便从朴次茅斯起航，却在爱尔兰沿海被海军部耽搁了；[7]还有就是在这一年年底，派凯姆本菲尔特上将率不如敌方的兵力前去阻截基申伯爵，可本来足以扭转战局的舰船，却被留在了国内。凯姆本菲尔特动身时，计划护送罗德尼前往西印度群岛的数艘战舰本来已经准备就绪，可这些战舰，却没有用于此次几乎影响到了罗德尼那场战役之目标的作战行动。倘若这两支兵力合二为一，本来是可以让基申伯爵所率的那17战舰，以及他护送的那支价值连城的运输队全军覆灭的。

虽说直布罗陀的确对英军的作战行动有着举足轻重的作用，但英国不放弃此地的直觉也是正确的。英国政策上的失误，便是在试图掌控许多其他地方的过程中，忽视了迅速集中兵力进击联军舰队的所有分队。当前形势的关键，乃在于海洋；在海上获得一次大捷，便可以解决其他的所有争端。但是，倘若同时还想到处展示出自己的实力，那么英国就是不可能获得此种大捷的。[8]

北美也是一种更加沉重的阻碍，而英国对于北美的态度，无疑也是错误的；英国坚持在北美作战，是出于自尊，而非出于理智。无论法、西等盟国的国内民众和不同阶层具有什么样的同情之心，这些盟国政府所看重的，都是美国人的反叛会削弱英国的实力。正如前面所述，北美作战行动所依赖的就是制海权；而为了维持北美地区的作战行动，大量与法国和西班牙较量的英国舰船，便都被吸引到了北美地区。假如英国在北美进行的战争取得了胜利，使得美国回复到原来的那种状态，回复到那种高度依赖英国的状态，回复成英国制海权一处牢固的基地，那么，英国就算做出更大的牺牲也是值得的；可这一切都是不可能的了。不过，尽管由于自身的错误而失去了殖民者的热爱——这种热爱本来可以支持并确保英国继续固守北美诸港口和沿海地区的——但在哈利法克斯、百慕大和西印度群岛，英国仍然拥有一些足够强大的军事据点；作为海军基地，这些地方不过就是比那些被资源丰富、人口众多的友好国家所包围的强大海港要差一点儿罢了。不再在北美争雄，会让英国的实力大大增强，且增强程度也会大大超过法、西等盟国。可事实却是，英国派到北美的一支支大型海军，往往会被从海上突然出现的敌人所打垮，就像1778年和1781年的情况那样。

除了由于军事镇压不可能再挽回诸殖民地原来那种忠诚之心而不得不绝望地放弃美国之外，英国本来还应当暂时放弃所有的军事占领地，因为这些地方既阻碍了英国集中兵力，同时又没有增强英国的军事实力。安的列斯群岛中的大多数地区都属于这一类，而最终能否守住这些地方，则取决于海军的作战情况。这些地方的守军，本来是可以腾出来派往巴巴多斯、圣卢西亚、直布罗陀等地，或许还可派往马翁港，从而可以有效地守住这些地方，直到英国确立其海洋帝国地位的那一天的；在这些地方之外，还可以再加上美洲一两个至关重要的位置，比如纽约和查尔斯顿，直到美国保证民众中反对独立的那些人切实得到了英国所规定的那种善意对待，才可以不再占领这些地方。

如此甩掉所有的包袱之后，英国接下来便应当为了进攻而将兵力快速地集中起来。在欧洲沿海部署60艘战舰，一半放在加的斯海域，一半放在布雷斯特海域，并在国内保持一支后备舰队来置换受损舰船，并不会因为海军兵力太过庞大而耗尽英国的资源；并且，这些舰队并非一定需要前去作战——我们这些了解整个历史的人可以这样说，而那些关注过德斯坦、基申伯爵以及后来德·格拉斯等的战术的人，可能也会得出同样的结论。或者，倘若有人认为将兵力如此分散开来不妥的话，那么在布雷斯特海域部署40艘战舰，就会让海上变得畅通无阻，而待直布罗陀与马翁港两地的控制权这个问题需要决断的时候，便可以让西班牙舰队来与英国剩下的海军力量决一雌雄了。倘若了解我们对这两种情况下作战效果所做的推断，那么结果就是毫无疑问的了；而直布罗陀也不会再是一种负担，而是会像那时之前与之后一样，成为英国实力的一个组成部分了。

结局总是不断地重现。倘若相邻的大陆国家之间发生战争，那么无论战争的决定性因素是什么，当一个有关于控制与本国相距遥远、政治上比较软弱的地方——不论是摇摇欲坠的帝国、无政府主义盛行的共和国、殖民地、孤立的军事据点还是低于一定规模的岛屿——的问题出现之后，这个问题最终必定会由制海权来解决，由有组织的海上力量来解决；而这种有组织的海上力量，则代表着在一切战略中形成了如此显著特征的交通补给。辉煌壮烈的直布罗陀保卫战，依赖的就是这一点；美国独立战争在军事上所取得的成果，依赖的就是这一点；西印度群岛的最终命运，取决于这一点；而占领印度，当然也是取决于这一点。倘若从军事角度来看的话，控制中美地峡也将取决于这一点；并且，尽管会因土耳其的大陆性位置和环境而有所变化，但这种相同的制海权，在决定欧洲关于近东问题结局走向的过程中，必定也会成为一个重要的因素。

果真如此的话，那么既涉及时间、又涉及资金的军事智慧与经济情况，便会决定下面这两点：所有问题都将尽快地在广阔的海洋之上得以解决，而那些在海洋上获得了军事优势的国家，最终则必定会获胜。在美国革命战争中，兵力优势这方面对英国极为不利；可敌人实际的胜算却并不大，尽管这种胜算还是对英国不利。军事上的种种考虑，本来是会促使该国放弃这些殖民地的；不过，要是民族自尊感实在让英国无法如此忍辱负重的话，那么正确的方针便应当是封锁敌人的海军船坞。倘若海军不够强大，无法同时在法、西两国海军船坞前保持优势兵力，那么，就应当首先完全封锁住实力更强的那个国家的海军船坞。这正是英国海军部所犯下的第一个错误；海军大臣在战争爆发之初关于英国可用兵力的说法，并不是实事求是的。凯珀尔所指挥的第一支舰队，自然无法与法国舰队相匹敌；而与此同时，豪勋爵在美洲所率之兵力，也不如德斯坦所指挥的那支舰队。相反，在1779年和1781年，英国舰队的兵力却优于法国海军；可法、西联军却毫无阻碍地会师一处了，而且1781年德·格拉斯又出发去了西印度群岛，苏弗朗则率军去了东印度群岛。在凯姆菲尔特上将与基申伯爵的较量中，海军部明知法国那支运输船队对西印度群岛的战事极其重要，但还是让凯姆菲尔特这位海军上将率领屈屈12艘战舰前去阻截；而就在那时，除了准备前往西印度群岛进行增援的舰船，还有其他许多舰船都泊在唐斯锚地，为的是袭扰荷兰的海上贸易——对此，福克斯曾恰当地将其称之为"毫无价值的目的"。福克斯在其引用并涉及法、西战争的讲话中所提出的各种指摘，主要理由便是应该抓住有利时机进攻联军，以免联军逃到茫茫大海上；这些看法，得到了豪勋爵那种高度职业观点的支持，他在谈及凯姆菲尔特的那次战事时，曾经这样说过："不但是西印度群岛的归属问题，而且可能还有整个战争未来的走向，本来都是可以几无悬念地在比斯开湾确定下来的。"虽说并非毫无悬念，但也很有可能成功；而对于这场战争的整体命运，首先就应当赌上一把，将英国舰队集中部署于布雷斯特和加的斯之间才是。这样一来，就会最有效地解救直布罗陀之围，也可最有保障地分兵西印度群岛了；而美国人则会求救无门，不会像事实那样得到法国舰队的帮助。因为德·格拉斯率军前来而取得的重大战果，不应掩盖这样一种事实：他是8月31日到来的，并且从一开始就宣布自己在10月中旬必须再回到西印度群岛去。只是种种情况有如神助般地结合起来，才使得华盛顿在1781年避免了再次经历1778年和1780年分别由德斯坦和基申伯爵所带来的那种极度的失望。

原注：

（1）喜欢刨根问底的读者，可以参阅B·F·史蒂文斯所著《柯林顿与康华里之争》（1888年，伦敦）一书中柯林顿的书信和注释。

（2）尽管英国如此疏忽大意地没有利用其优势兵力单独对付法国，但其海峡舰队兵力却达到了40多艘战舰；由于担心这支舰队会阻碍法、西联军会合，所以法国驻布雷斯特的舰队便急急忙忙，在人员不足的情况下出了港——这一事实，对于巡航问题产生了重大影响。（参见《希瓦利埃》，第159页）。

（3）这样一支庞大而混乱的舰队，在处置不当方面的问题数不胜数，连本书作者也搞混了，故将其放在此处加以说明。法国舰队是在缺员4000人的情况下仓皇出海的。西班牙船队在7个星期之后才与法军会合。会师之前，两国并未制定出一套共同的旗语；于是，他们又在这个晴朗的夏季花了5天时间来弥补这一不足。所以，直到会师一个星期之后，这支联合舰队才动身驶往英格兰。在这7个星期中，法国竟然没有采取为法国舰队提供给养的任何措施。奥尔维利埃最初接受的命令，是打算在朴次茅斯登陆，或者攻取怀特岛；为此，法国在诺曼底海滩上集结了一支庞大的陆军。到达英吉利海峡之后，命令突然变了，登陆地点改成了法尔茅斯。到了这个时候，即8月16日，夏季已经快结束了；就算是占领了法尔茅斯，这儿也容不下一支大型的舰队。接下来，一场猛烈的东风将舰队吹出了英吉利海峡。到了此时，由于疾病盛行，舰队减员厉害，使得许多舰船既无人指挥，也没法参与作战了。那些原本满员为800或1000人的战舰编队，只能召拢300至500人。如此糟糕的管理，大大削弱了这支舰队的战斗力；而将作战目标从一个稳妥而容易到达的锚地变成一个毫无价值、毫无保护的海港，既是一种不可理喻的军事失误，还因舰队无法再拥有一个在秋、冬两季作战的牢固基地，而让此次行动以惨败而告终了。当时的法国在英吉利海峡沿岸还没有一流的港口；所以，秋、冬两季盛行的强劲西风，会将整支舰队都吹到北海去。

（4）比特森相当详尽地描述了联军这次作战会议上所进行的争论（第五卷，第395页）。在面对艰难形势时，这种作战会议通常都会久拖不决；而当时因为有人呼吁将贸易破坏战当成是一种具有决定意义的战争模式，故这种幻想便让此次作战会议更是久久无法做出决定了。M·德·博塞坚持说，"联合舰队应当将全部注意力放在伟大而可实现的目标上，即截击从西印度群岛驶往国内的英国舰队。由于联合舰队此时正是海洋霸主，故这一方案绝无不成功之理；并且，此举将会给英国以重击，使之在整个战争期间都无法恢复过来。"据法国人的记述，拉佩鲁斯·邦费斯的意见基本上也与此一致。对于细节方面一直保持沉默的希瓦利埃，曾经公平地说："联合舰队所进行的巡航战，不过是损害了法、西两国的声望罢了。这两个大国虽然声势浩大地炫耀了自己的实力，可结果却一无所成。"英国的海洋贸易也没有遭受到多大损失。基申伯爵曾在家信中如此写道："我从一场令人身心俱疲却毫不光荣的巡航战中回来了。"

（5）法军之所以遭受这种不幸，主要是基申伯爵这个老练且一向谨慎的海军司令指挥不当所造成的。凯姆本菲尔特与之遭遇的时候，所有的法国战舰都处于它们所护送的那一队商船的下风向，而英军则处于这支商船队的上风向。因此，法国战舰无法及时挡在英军和商船队之间；而唯一可以选择的补救措施，便是让那支商船队顺风驶向法国战舰的下风向，可商船数量实在太多，根本就做不到这一点。

（6）"1780年春，英国海军部在英吉利海峡沿岸诸港集结了45艘战舰。而布雷斯特的法国战舰，则减少到了12艘或15艘……为了满足西班牙的要求，法国派了20艘战舰，加入了加的斯的科尔多瓦上将麾下。由于此种部署，英国的海峡舰队便牢牢牵制住了我方在布雷斯特和加的斯两地的兵力。而敌人的巡逻舰，在利扎尔和直布罗陀海峡之间的海域却来去无阻。"（《希瓦利埃尔》，第202页）

1781年，"凡尔赛内阁要求荷兰和西班牙注意，必须在布雷斯特组建一支强大的舰队，使之足以压制英国部署在英吉利海峡的舰船才行。可荷兰舰队一直留在特塞尔，而西班牙舰队则没有离开加的斯。事态如此，所以英军便用40艘战舰，封锁了属于这三个盟国的70艘战舰。"（同上，第265页）

（7）"有一个问题，使得国会内外的人全都争执不休；那就是，达尔比中将所率英国舰队的第一目标，是否应当是截击德·格拉斯伯爵所率的法国舰队，而不是浪费时间赶往爱尔兰，从而错过了截击的大好机会。法国舰队战败，当然彻底违背了敌人在东、西印度群岛制定的伟大计划。倘若如此，就会确保英属西印度群岛的安全，好望角也必定早已落入了英国手中，而北美进行的战争也可能会有一个完全不同的结局了。"（参见比特森的《回忆录》，第五卷，第341页，该处还说明了一些与此相对的观点。）

（8）这是最常见和最明显的违背战争原则的行为之一，即沿着广袤的前线，将战线拉得过长，使得处处都兵力不足。民众进行贸易的诉求和地方利益，使得民选政府尤其易犯此种错误。

第十一章[1]
批判性地讨论1778年海战

　　1778年大不列颠与波旁皇室之间进行的这场战争，虽说与美国革命战争紧密交织在一起，但也有其独立的一面。那就是，此次战争完全是一场海上战争。非但法、西等联合王国谨慎地避免陷入英国按照其原有政策努力想要激起的那种大陆战争，而且交战双方在海洋上的实力几近相等；这种情况，是自图维尔那个时代以来未曾有过的。双方争夺的地方，即引发此次战争或此次战争所指向的目标，大部分都远离欧洲，其中没有一处位于欧洲大陆上，只有直布罗陀例外；而由于此地处于一个崎岖不平、难以到达的凸出部分，且法国和西班牙将它与其他中立国完全隔开来了，所以除了那些与之有着直接利害关系的国家，绝不会有让其他国家卷入进来的危险。

　　自路易十四登上王位到拿破仑垮台，其间没有哪一场战争存在过此种情况。在路易十四统治时期，法国海军曾一度在兵力和装备上都超过了英国和荷兰；不过，由于路易十四的政策和野心一向都是在欧洲大陆上进行扩张，所以他这种根基不牢的海军实力，不过是昙花一现罢了。在18世纪的前75年间，实际上英国的制海权丝毫都未受到遏制；尽管此种制海权对当时的争端影响巨大，但由于没有一个能够与之匹敌的对手，所以英国海军的作战行动并没有给我们留下军事上的什么经验教训。在法兰西共和国和法兰西帝国后期的历次战争中，双方舰船数量和火炮威力方面的平等只是表面上的一种错觉，因为法国海军官兵士气涣散，至于造成这种情况的原因，在此我们无需详述。经过数年勇敢却无效的努力之后，特拉法尔加海战这次巨大的惨败向世界宣告了法国和

---

[1] 原文第十二章、第十三章亦属于描述具体的海战经过，故略去未译。本章即原文第十四章。

西班牙海军在职业上的无能，而纳尔逊及其军中同僚早已敏锐地洞察这一切，所以他在看待法国和西班牙海军时，便带有蔑视对手的信心，并且从某种程度上来说，他在采取对付两国海军的战术时，也是如此。从此以后，法国皇帝"便将注意力从命运唯一并未眷顾他的这个战场转移开去，决定不在海洋上而在别的地方与英国展开较量，并且开始重建海军，可他却并没有在一场空前激烈的战争中，为海军预留发挥作用的空间。……直到法兰西帝国的最后一刻，他都没有给这支已经得到重建、充满了热情和信心的海军提供与敌较量的机会。"于是，大不列颠便恢复了昔日的地位，再次成为了无可争议的海洋霸主。

因此，研究海军作战的学者，便会指望从此次大规模战争中各方所制定的计划和采取的方法中，尤其是在涉及整个战争的总体部署或者某些重大而有着明确划分之阶段的总体部署中，找出自己特别感兴趣的方面来；还会希望在自始至终赋予或应当赋予各方作战行动以连续性的战略目标，以及对可称之为海军战役的那些范围更窄的阶段产生了有利或不利影响的战略运动中，找出自己特别感兴趣的方面来。因为，尽管我们不可能认为即便是在如今，具体的战斗也完全没有战术指导——这一点，正是我们在前面各个章节中想要得出的结论，但毫无疑问的是，跟历史上所有的战术体系一样，这些战术原则也有过辉煌的时候，而如今它们对于学者的价值，即在于它们能够锻炼意志，能够培养正确的战术思想习惯，而不是说它们提供了让人们进行准确模仿的典范。另一方面，在大规模战斗之前进行的机动和准备，或者说通过将这两方面熟练而有力地结合起来，从而能够不战而实现伟大的目标，由于它们依赖的不是当时的武器装备，而是更为恒久性的一些因素，所以能够提供具有更具永久性价值的作战原则。

无论战争的目标是什么，哪怕是以占领某一处具体的领土或位置为目标，从军事的角度来看，对觊觎已久的地方直接进击可能都并不是获取此处的最佳办法。因此，军事作战行动所针对的对象，就可以不是交战国政府希望得到的地方，从而使得这个对象有了自己的专属名称，即"作战目标"。在批判性地研究任何战争时，我们首先必须让学者看清各个交战国希望实现的目标，然后再来考虑各国所选取的作战目标，倘若进攻取胜的话，是否最有可能实现那些目标，最后再去研究用以接近作战目标的各种作战运动的优点和缺点。进行此种研究的精密程度，将取决于研究者为自己所设定的研究范围；但在进行更为详尽的讨论之前列出一份提纲，提纲中只标出主要特征，不涉及具体细节，通常都会让研究者了解得更加清晰。彻底理解了这些基本原则之后，细节情况就很容易归类，并且变得有条不紊了。我们在此也只是想列出这样的一个提纲来，因为只有这样的提纲，才适合于本书的论述范围。

　　1778年战争中主要的参战方，一边是大不列颠，另一边则是掌控着法国和西班牙这两个伟大王国的波旁皇室。业已在与母国进行一场力量悬殊之斗争的美洲殖民地，欣然欢迎这场对它们来说如此重要的战事；而在1780年，英国还刻意迫使荷兰加入了这场一无所获、只有损失的战争。美国人的目标很简单，那就是让自己的国家摆脱英国的控制。当时的美国很贫穷，又没有海军，只有为数不多的巡洋舰，用于破坏敌人的海上贸易，所以必定会使他们致力于陆上战争；虽说这一点事实上相当于一种有利于联军的强大牵制，会极大地损耗大不列颠的资源，但是权力掌握在大不列颠手里，因为它可以马上放弃北美的这场争夺战。而另一方面，荷兰由于没有被别国从大陆入侵之虞，所以并无他求，只想在盟国海军的帮助之下，付出尽可能少的外部代价来摆脱这场战争。因此，美国和荷兰这两个小参战方的目标，便可以说是结束这场战争；然而，那3个主要参战方却希望继续进行并从中获益，自然使得形势发生了变化，这实际上就是它们的目标。

　　对于大不列颠来说，其目标也简单得很。英国连同那些前景广阔的殖民地都被拖入了这场可悲的纷争当中，而这场争夺战一步步地往下，发展到如今该国有失去这些殖民地的危险了。为了在美国人民不愿再依附于它的时候对这些殖民地维持强有力的控制，英国已经拿起武器，对这些殖民地兴师问罪；而它这样做的目的，则是阻止这些海外领地从英国分裂出去，因为在当时的那一代人看来，英国之伟大与这些殖民地是密不可分的。法国和西班牙积极支持殖民者独立的表象，无论英国所定作战计划中的作战目标可能或者应当发生何种改变，都没有改变英国的战争目标。失去美洲大陆上这些殖民地的危险，还因这些殖民地加入英国的敌方阵列而大大增加了；而这一做法，又给英国带来了失去其他重要海外领地的危险，并且这种危险很快就部分地变成了现实。总而言之，从战争目标这个方面来看，英国完全处于被动防御的形势；该国因为担心失去太多，所以充其量也只是希望守住自己已经拥有的东西罢了。然而，通过迫使荷兰加入此次战争，英国却在军事上获得了一种优势；因为这样一来，既未增强对手的实力，而英国的兵力又可以毫不费力地进入荷兰那几个虽说重要、防御力量却很薄弱的军事和贸易据点。

　　法、西两国的意图和目标则要复杂一些。道义、世世代代的敌意以及想一雪不久之前的耻辱，无疑都起到了重要的作用；而在法国国内，许多名流人士与思想家对于殖民者争取自由的斗争，也都感同身受。不过，尽管情感因素极大地影响到了两国的行动，但只是那些有望满足两国要求的切实办法，才值得我们来进行说明和权衡。法国有可能希望收复该国在北美洲的殖民地；不过，当时还活着的那一代殖民者全都对过去的那些战争记忆犹新，所以是不会容许法国重新占有加拿大的。对法国持有根深蒂固的不信任感，是革命年代美国人的普遍特征，可人们却因美国人在接受了法国有效的同情与援助之后所表现出来的感激之情，而极大地忽视了后者的这种不信任感；不过，当时的人都理解这一点，而法国也认为，重申那些领土要求，可能通过公平公正的让步，促使英、法这两个属于同一种族、关系最近才生疏起来的民族和解，因为一群强势而傲慢的英国人从未停止过这样的主张。因此，法国没有承认、或许甚至根本就并不怀有这样的一个目标。相反，该国还正式宣布，放弃对当时或最近才处于英国势力之下的所有北美大陆领土的主权声索，但前提条件是，法国能够自由攻取和保留西印度群岛中的任何岛屿，而英国的其他殖民地自然也应任由法国来进攻了。因此，法国的主要目标，便是英属西印度群岛和重新控制已经转入英国之手的印度，以及在充分而有利地分散了英国的注意力之后，确保合众国在适当的时候独立。由于当时各国普遍推行专有贸易政策，所以法国希望，失去这些重要的殖民地，会削弱英国那种伟大的贸易实力，因为此种实力正是英国繁荣兴旺起来的基础——也就是说，在削弱英国实力的同时，增强法国的实力。实际上，整个这场本该规模更大的冲突，可以说一直就是促使法国参战的原因；该国的所有目标，归结起来就是一个最高目标，即在海洋和政治两个方面都获得能够压制英国的优势。

与法国联起手来获得压制英国的优势，也是同样承受过耻辱但不那么强大的西班牙王国的目标；不过，该国所遭受的损失和所追求的目标都非常明确，而这一点，在其盟国那些更为广泛的意图当中，表现得却不那么明显了。尽管当时的西班牙人都不记得西班牙国旗曾经在米诺卡、直布罗陀和牙买加等地飘扬过，但时光的流逝，却并未让这个骄傲而顽强的民族甘心承受损失；而美国人这一边，对于西班牙重新统治牵涉到加拿大的东、西佛罗里达地区，也没有那种传统的反对态度。

所以，法、西两国的目标就是上述方面；这两个国家的干预，也改变了美国革命战争的整体性质。从两国与英国公开交战的种种原因或理由当中，并非全然能够看出这些目标来，这一点我们无需多说；不过，当时一些卓有远见的人士曾经正确地指出，法国政府的下述宣言，寥寥数语便体现出了这两个波旁王国联合起来参战的真正原因："为了一雪前耻，报复两国所遭受的损失，为了终结英格兰所篡取并在海洋之上保持的那个专制之帝国。"总而言之，从此次战争的目标来看，盟军处于主动进攻的态势，而英国则被迫采取了守势。

两国如此指责英国是一个残暴的帝国并非空穴来风，因为英国以其伟大的制海权为基础（不管是现实的还是潜在的），凭借商船、军舰、贸易机构、殖民地和遍及世界各地的海军基地，完全控制了各个海域。迄今为止，该国散布于各地的殖民地之所以一直都臣服于它，是因为有着殖民地对母国怀有深厚情感的这种纽带，是因为各殖民地仍然有着通过与母国保持密切的贸易联系而谋求自我利益的强大动机，是因为英国强大的海军常伴左右，能为诸殖民地提供保护。如今，美洲大陆上各个殖民地爆发的革命，在英国海军实力所倚赖的那一圈强大海港之链上打开了一个缺口；而这些殖民地与西印度群岛之间大量的贸易利益，也因随后的战争而受到了损害，从而分化了西印度群岛，使得各个岛屿的行动不一致了。此次战争，并非仅仅是为了政治占领和贸易利益。它还涉及一个最重要的军事问题——即覆盖了大西洋一侧海岸的那一连串的海军基地，非但将加拿大、哈利法克斯与西印度群岛联结起来，还有蓬勃增长的海上人口所支持，它们是否应当继续掌控在英国手里呢？因为迄今为止，英国已经利用其史无前例的那种制海权进行了一以贯之、坚定不移的侵略挑衅，并且几乎毫无例外地获得了胜利。

就在英国如此左支右绌，难以继续掌控它赖以保护其海军实力的那些海军基地之时，该国用于进攻的海军力量，即该国的舰队，也受到了法、西两国军舰实力日益增长的威胁；这两个国家的军舰，如今已经可以在英国曾经宣称是其领土的海域同英国舰队对阵，并且拥有了一支兵力与英军不相上下或者说甚至优于英军的有组织的军事力量。所以，此时正是进攻这个大国的有利时机；英国的财富都源自海上，且一直是上一个世纪欧洲历次战争中的决定性因素。接下来的问题，便是选择进攻地点——即进攻者始终都应当主攻的那些主要作战目标，以及选择可以分散英国的防御力量、削弱其实力的次要目标了。

当时属于法国最英明政治家之一的杜尔哥曾经认为，美洲诸殖民地不获得独立，符合法国的利益。如果这些殖民地因民穷财尽而屈服了，那么它们也不会给英国带来什么好处；

杜尔哥（Anne-Robert-Jacques Turgot, 1721-1781）。法国政治家和经济学家。曾任索邦神学院院士、名誉副院长。后从政，曾任代理检察长、法院裁判长、海军大臣和财政大臣。

倘若通过军事控制要害之地而攻克了这些殖民地，这些殖民地也没有民穷财尽的话，那么英国就必须不停地镇压它们的反抗，而这也会成为不断削弱英国实力的一个因素。尽管这种观点在当时希望美国最终独立的法国政府内阁中并不普遍，但其中还是含有一些真知灼见，从而有效地影响到了法国对于此次战争的政策。假如通过法国所提供的帮助，让合众国受益是法国的主要目标，那么美洲大陆就会变成一个自然而然的战场，而那些具有决定性意义的军事要地，便是主要的作战目标了；可是，法国的首要目标并非让美国受益，而是削弱英国，因此合理的军事判断，便决定了法国应当让这场大陆战争继续大张旗鼓地进行下去，而不是去帮助结束这场战争。这是法国手中现成的一种会消耗大不列颠实力的牵制手段，法国只需稍稍提供支持，让那些只能最孤注一掷的叛乱分子能够继续抵抗英国就行。因此，那13个殖民地的领土就不应当是法国的主要作战目标，而对于西班牙而言，就更是如此了。

英属西印度群岛的贸易价值，使得它们成为了让法国很感兴趣的目标；法国人已经带着罕有的敏捷，迅速适应了该地区的社会环境，而该国在这一地区的殖民地，范围本来也已经很广袤了。除了如今该国仍然拥有的、小安的列斯群岛中的瓜达鲁佩和马提尼克这两个最好的岛屿，法国当时还占领着圣卢西亚和海地岛的西半部分。法国有可能还想通过一场成功的战争，将安的列斯群岛中的大多数英属岛屿都纳入自己囊中，从而圆满地建立起一个真正辉煌的热带属国；尽管因为西班牙敏感多疑，法国的势力无法渗入牙买加，但重新获得这个伟大岛屿的支持，让实力较弱的牙买加成为法国的盟国，还是有可能做到的。不过，作为殖民地、并因此而成为法国的战争目标的小安的列斯群岛，无论是多么值得拥有，军事占领这些地方都太过完全依赖于制海权，因此它们本身都不是合适的作战目标。所以，就算可以夺取，法国政府也不允许其海军指挥官们去占领这样的地方。法国海军应当围困这些地方，俘虏其中的守军，毁掉这些地方的防御工事，然后就撤退。一支规模适中的舰队，可以将马提尼克岛上的皇家要塞这个优秀的军港、法兰西角以及哈瓦那这个实力强大的联合军港，当成是优良、安全而且布局合理的基地；而早前丢掉圣卢西亚这样的重大损失，既应归咎于法国舰队的指挥不当，也应归因于那位英国海军上将高超的职业才能。因此，在西印度群岛的陆地上，这两大交战国便发现，双方都拥有差不多势均力敌、提供支援所必需的据点；仅仅占领其他地方，并不能增强各自的军事实力，因为自此以后，双方的军事实力便都取决于舰队的数量和质量了。要想进一步安全地扩张占领范围，首先必须取得制海权，不仅要取得局部的制海权，还要取得整个战争领域的制海权。否则的话，这种占领就是不牢靠的，除非由一支兵力极其庞大的陆军来实施占领；可这样一来，所需代价就会超过目标地本身的价值了。由于西印度群岛形势的关键就在于舰队，所以这些舰队便变成了双方主攻的真正目标；而因为西印度群岛诸港在此次战争中真正的军事价值，在于它们是欧洲和美洲大陆之间的海军基地，使得陆军进入冬季营地进行休整时舰队可以撤回到这些港口，所以情况就更是如此了。除了英军夺取圣卢西亚，以及1782年计划进攻牙买加无果而终之外，在西印度群岛并未进行过什么战略上正确的陆上作战；而在通过战斗或者巧妙地集结起兵力，从而确保海军获得优势之前，也没有哪一方曾经正而八经地想去攻打像巴巴多斯或皇家要塞那样的军港。故我们必须重申，形势的关键就在于舰队。

海军力量与武装舰队对美洲大陆上进行的这场战争所产生的影响，在华盛顿和亨利·柯林顿两人的观点当中都体现出来了；而东印度群岛本身作为一处战场，其形势我们已经在关于苏弗朗的作战部分进行了充分的讨论，所以在这里只需再次强调下面这一点就行：此处的一切，皆取决于用一支兵力上占有优势的海军掌控住海洋。亭可马里对于并没有其他基地的法国舰队来说是不可或缺的，其陷落跟圣卢西亚的陷落一样令人震惊；而要攻取这个地方，只能是打败敌方舰队，或者像实际情况那样，只有在没有敌方舰队的情况下才能做到。在北美和印度地区，正确的军事政策都已表明，敌方舰队就是真正的作战目标，因为两地与母国的交通联系都是依赖舰队来进行的。剩下的就是欧洲了，但将其作为一个独立的战场来进行仔细研究并无好处，因为欧洲与全球战争的关系重要得多。我们可以简单指出，欧洲只有两个地方，即直布罗陀和米诺卡，它们的政治易手才是此次战争的目标；前者的政治易手过程贯穿战争始终，而在西班牙的敦促之下，直布罗陀也变成了盟军一个主要的作战目标。很显然，占领这两处倚赖的也是制海权。

在海战中，就像在其他所有的战

皮埃尔·安德烈·德·叙弗朗（Vice-Admiral Pierre André Bailli de Suffren）。法国海军中将。他是一名经验丰富的海军将领。尽管常常在战斗中处于劣势，但他依靠灵活的战术，在1781–1783年的印度洋上屡屡击败英国海军，成功收复锡兰（今斯里兰卡）的亭可马里港。

争中一样，首先必须具备两个条件——边境上要有一个合适的基地，海战情况下就是在沿海地区拥有一个基地，作战行动即从此处开始；拥有一支有组织的军事力量，在海战情况下就是一支舰队，且其规模和质量都须胜任即将发起的作战行动。倘若像当前这个实例一样，战火蔓延到了世界上那些与本国相距遥远的地区，那么在每一个遥远的地区都应当拥有安全可靠的海港，将其当成局部战争的次级基地或者潜在基地才行。在这些次级基地与主要基地或国内大本营之间，必须有相当安全的交通联系，而此种安全的交通联系又取决于对中间海域的军事控制。这种控制，只能由海军来实施；或是全方位清除海上的敌方巡洋舰，从而让本国的舰船能够安全通过，或是对运送在这些遥远地区作战所需给养的每一支船队进行武装护送（即护航）。前一种方式旨在努力将国家实力分散部署，而后一种方式则旨在将国家实力集中在某个特定时间需要进行护航的那处海域。无论采取哪种方式，军事占领交通沿线某些优良的、间距合理但数量又不太多的海港，比如说好望角和毛里求斯，无疑都会让海上交通变得更加安全可靠。此种基地一向都是兵家必争之地，而如今则更是这样了，因为跟过去的装备补给相比，现在的汽船更需频繁地补充燃料。国内与海外这些强大据点的结合情况，以及它们之间的交通联络状况，可以称作一般军事形势的战略特征；而所有作战行动的性质，则由这些战略特征以及敌方舰队的相对实力所决定。在欧洲、美洲和印度这3大战区，制海权一直都是一个决定性因素，因而敌方舰队便都是双方真正的作战目标；为清晰起见，本书已经分别说明过上述每一战区的具体情况了。现在，我们不妨将前述思考所得应用于整个战场，来看一看同样的结论在多大程度上仍然有效，并且看一看在此种情况下双方的作战行动本应具有一种什么样的性质。

在欧洲，大不列颠的国内大本营，就是英吉利海峡边的普利茅斯和朴次茅斯这两个重要的海军军舰修造所。而法、西联军的大本营则在大西洋沿岸，主要军港有布雷斯特、费罗尔和加的斯。在这些军港背面的地中海地区，则有土伦和卡塔赫纳两个海军造船厂，它们正对着米诺卡岛上的马翁港这个英国据点。然而，后者完全可以不予考虑，因为在此次战争期间，英国海军根本无法匀出舰队前往地中海地区，所以马翁港完全处于防守之中。相反，直布罗陀由于位置得天独厚，故只要将它用作一支能够胜任其任务的舰队的基地，就能够有效地监视从直布罗陀海峡出来的特遣舰队或援军的动向。但英国却没有这样做；英军的欧洲舰队被牵制在英吉利海峡中，也就是说，这支舰队需要防守本土，只是偶尔护送维持此处守军所必需的给养才会来到直布罗陀。然而，马翁港和直布罗陀两地所起的作用有所不同。前者由于处在一个完全无关痛痒的时期，所以直到战争后期才引起法、西联军的注意，于是联军在围困了6个月之后，便攻下了此地；但因为双方都认为后者即直布罗陀极其重要，所以它从一开始便遭到了联军多次进攻，从而形成了有利于大不列颠的一支重要的牵制力量。在如此看待欧洲自然战略形势的主要特征的同时，我们不妨还恰当地多说一句，即荷兰就算有意向联合舰队派遣援军，一路上的交通也是很不安全的，因为此种支援必须经由英吉利海峡上的英军基地才能到达。事实上，荷兰也从未给予过联军此种支援。

在北美地区，战争爆发之初有纽约、纳拉干塞特湾和波士顿等本地基地。前两地当时正由英军据守，因为位置得当、易于防守且资源丰富，所以它们是美洲大陆上最重要的据点。波士顿已经易手到了美国人的控制之下，故为联军所用。由于此次战争的实际走向，使得1779年英军的作战行动全都转移到了南部诸州，故波士顿不再属于主要战场，且因其位置而在军事上不再具有重要性了；不过，倘若采用了通过占领哈德逊河与尚普兰湖一线并将军事行动集中在其东面来孤立新英格兰地区的那个作战计划，那么我们就会看出，这3个港口对于战争结局都会产生至关重要的决定性作用。纽约南部的特拉华湾与切萨皮克湾，无疑都是海军大显身手的合适战场；不过，由于两个海湾的入口都太宽，附近海域又没有合适且易于防守的地方来建立海军基地，而陆军想要守住如此之多的地方便必须大量分散兵力，再加上那一年大部分时间里此地都疫病肆虐，所以在第一阶段的战役计划中，本来就不该让此地发挥主要作用。我们也没有必要将它们当成此次战争中的本地基地。由于幻想着能够得到民众的支持，英军已经转战到最南部的诸州去了。他们没有想到，就算南方大部分民众更愿意和平地获取自由，这种品性也会让这些地区的民众不会起而反抗革命政府的，虽说在英国看来，这些民众是受到了革命政府的压迫；可英国还是将战胜这场遥不可及且结局极其不幸的战争的赌注，押在了南方民众的此种反抗之上。这次战争中还有一个与众不同的本地基地，那就是查尔斯顿；1780年5月，距第一支远征军在佐治亚登陆18个月之后，此地落入了英军手中。

通过前面的内容，我们已经了解到这场战争中西印度群岛地区那些主要的本地基地。英国这一方有巴巴多斯、圣卢西亚，以及作用较小的安提瓜。在其下风位置的1000英里之外，是牙买加这个大岛，而在该岛上的金斯敦，还有一个自然条件突出的造船厂。法、西联军一方所据基地，最重要的是马提尼克岛上的皇家要塞和哈瓦那，其次则是瓜达鲁佩和法兰西角。当时战略形势中的一个主导因素，便是信风以及随之而来的洋流；这一点，就算是在如今我们所处的这个时代，也并非全无重要性。要克服这些障碍迎风航行，即便是对单艘舰船来说，也是一件耗时甚久、危险重重的事情，故对于大型舰队而言就更是如此了。因此，双方舰队都只是在勉勉强强、确定敌方采用了相同航向的情况下，才会驶向西边的这些岛屿；就像罗德尼在桑特海峡之战后，因为知道法国舰队不得不前往法兰西角，所以他才率军前往牙买加那样。此种风向条件，使得向风或者说东边的那些岛屿，既是欧美之间自然航线上的要冲，也是进行海战的本地基地，从而将双方舰队都牵制在了此处。因此，我们也可以得出结论说，美洲大陆与安的列斯群岛这两个战场之间楔入了一个广袤的中心区域，除非交战一方在海军实力方面获得了重大优势，或者除非己方一翼获得了具有决定意义的优势，否则就不可能在此安全地进行规模较大的作战行动。1762年，英国就是在依赖其无可匹敌的海上优势占领了整个温德华群岛之后，才安全地进击并且征服了哈瓦那；但在1779年至1782年间，法国在美洲的海军实力以及法军对温德华群岛的占领，却抵消了英国本身的这种优势，使得哈瓦那的西班牙人能够任意实施他们攻取上述中心区域里的彭萨科拉和巴哈马群岛的计划了。[1]

因此，对于这场战争来说，像马提尼克和圣卢西亚这样的据点，就拥有

1782年，苏弗朗战胜英国东印度公司军队之后，会见印度迈索尔土邦王公海德尔·阿里（Hyder Ali）。

了比牙买加、哈瓦那以及其他处于下风位置的据点更大的战略优势。它们凭借自身的位置优势而扼守着后面那些地方，因为它们的位置，使得舰队经由这些地方往西航行要比往东返回快捷得多；而在大陆战争中起决定性作用的一些要冲，与这些地方的距离实际上却都相差无几。小安的列斯群岛中的大多数岛屿，全都具有这一优势；不过，巴巴多斯这个小岛由于正处在安的列斯群岛的上风向，所以更具一些独特的优势：它非但有利于进攻，而且因为大型舰队即便是从皇家要塞这样近的港口出发也难以靠近该岛，故防守起来也很容易。我们应该还记得，那支最终在圣基茨岛驻扎下来的远征军，起初是准备攻打巴巴多斯的，可正是因为信风猛烈，而未能到达此处。因此，在当时的条件下，巴巴多斯便极适合于做英军在此次战争中的本地基地和补给站，同时它也是通往牙买加、佛罗里达甚至是通往北美地区这条交通线沿途的一个庇护所；而通过武力占领的、位于下风向100英里远的圣卢西亚，便成了英国舰队的一处前哨，可以严密监视皇家要塞内敌军的动向了。

在印度，半岛上的政治形势使得其东海岸即科罗曼德尔海岸必然地变成了战场。位于邻近的锡兰岛上的亭可马里，虽说不是一处良港，却是一处极佳的、适于防守的港口，因而具有了一流的战略重要性，而沿海其他各处港口，不过都是一些毫不设防的锚地罢了。从此种环境来看，该地区的信风或季风也具有战略意义。自秋分到春分，海上往往刮的是东北风，间或还刮得极其猛烈，掀起惊涛巨浪拍岸而起，因而难以登陆；但在夏季却盛行西南风，海面相对平静，而天气情况也相对较好。9、10月间"季风转换"期有个特点，那就是通常都会出现猛烈的飓风。因此，从此时起到冬北季风期结束，不用说实施积极的作战行动，即便是让舰队停留在沿海地区，也是很不明智的做法。在这个季节，紧迫的问题便是找到一个可以退守的港口。唯一的选择便是亭可马里，而此地因为处在向风位置，天气晴好的季节里可做主要战场，故又进一步提高了其独特的战略重要性。英国在印度半岛西海岸的孟买港距此地太远，无法将其当成本地基地，因此属于与母国之间交通联络线上的据点，就像法国的毛里求斯和波旁岛那样。

上述这些地方，便是交战双方国内外主要的支援点或者基地。关于那些海外基地，我们必须说，它们通常都是资源稀缺——可资源正是战略价值的一个重要因素。海陆两军的补给品和装备，以及海上航运所需的大部分给养物资，都必须从母国运往这些地方。周围都是蓬勃发展且态度友好之居民的波士顿，可能是一个例外，还有哈瓦那，它当时是一个重要的海军船坞，建造了大量舰船；不过，这两个地方离此次战争的主要战场都太远。美国人向纽约和纳拉干塞特湾逼近得太近，使得这两地的英军都无法获得附近地区大部分可以获取的资源，而东、西印度群岛那些相距遥远的港口，则完全依赖于国内运送的补给。因此，交通补给这个战略性的问题，便具有了更大的重要性。拦截一支运送给养的大型舰队，是仅次于击溃一支军舰舰队的作战行动；而用主力来护送这种给养舰队或者避开敌军的搜索，则会极大地考验政府和海军指挥官在众多需要注意的目标当中部署手下军舰和舰队的本领。在北大西洋海域，凯姆本菲尔特的老练与基申伯爵的指挥不当，加上一场猛烈的风暴，使德·格拉斯在西印度群岛陷入了严重的困境。而切断大西洋上一些小型的给养船队，也给位于印度海域的苏弗朗带来了类似的损失；但苏弗朗马上就通过派出己方的巡逻舰去劫掠英军的补给船只，而部分地弥补了这些损失，并给敌人造成了干扰。

因此，海军能够独自保护或危及此种至关重要的交通补给线这一点，同样关系到我们业已说明了各个部分的这场全面战争的持续进行。海军是将战争中各个部分联结成一个整体的中间环节，因而决定了交战双方都会将敌方海军当成己方恰当的作战目标。

欧洲与美洲之间的距离，并未远到绝对少不了居间补给港的程度；而倘若因为意料之外的原因而出现了补给困难，那么只要不遭遇到敌人，舰队也总是可以返回欧洲，或者在西印度群岛中找个友邦港口停靠的。可经由好望角前往印度时，由于航程遥远，所以情况并不一样。比克顿在2月份率领一支运输船队从英国起航，接下来的9月份便抵达了孟买，人们都认为他干得非常不错；可忠心耿耿的苏弗朗从3月起航，用了相同的时间才抵达毛里求斯，而接下来他从毛里求斯前往马德拉斯，又花了两个月的时间。进行如此旷日持久的一次航行，中途是不可能不停下来补充淡水和新鲜给养的，并且就算是船上储备有必要的物资，常常也因进行此种休整而需要港口风平浪静才行。前面我们已经说过，一条完美的交通补给线上，需要有数个这样的港口，它们之间须间距合适、防御力量充分并且有着丰富的补给品才行，就像如今英国主要贸易线路上的一些港口那样，它们都是该国在过去的战争中夺得的。在1778年战争中，交战各方在这条线路上都没有此种港口；直到荷兰参战后，好望角才交由法国掌控，后来苏弗朗又适当地加强了此港的实力。由于这条交通补给线上有了好望角和毛里求斯，而航路的另一端则是亭可马里，因此联军与法国之间的交通补给便获得了一定的保障。尽管当时据有圣海伦那，但英国派往印度去的分舰队或运送给养的船队在大西洋上泊锚休整时，依赖的却是葡萄牙在马德拉群岛、佛得角和巴西诸港等地仁慈地实行的那种中立政策。此种中立，其实是一种脆弱的防御依赖心理，约翰斯顿与苏弗朗在佛得角的那场遭遇战，即表明了这一点；不过，由于一路上有着多个泊锚地，而敌人不可能知道我方将停靠哪一处，所以，只要海军指挥官不过分依赖停靠地，忽视了正确部署我方的兵力，就像约翰斯顿在波多普雷亚港的做法那样，那么敌方的这种不了解，本身就会给我方带来极大的安全。事实上，由于当时情报从一地传到另一地时经常会出现延误和不可靠的情况，所以不知道上哪儿去寻找敌人就是进击的一大障碍，难度甚至超过了去进攻防御力量通常都很脆弱的那些殖民地港口。

这些有用的海港与它们之间的交通补给条件结合起来，便组成了我们已经说过的、当时形势的主要战略性要点。作为将各个部分联结起来的有组织的军事力量，海军自然成了各方军事作战的主要目标。而为达成这一目标而采取的手段以及战争的指挥，则是一个仍需我们加以思考的问题。[2]

在此之前，我们还须简要说明一种属于海洋所特有、且会影响到后续讨论的情况；这就是，在海洋上获取情报非常困难。陆军经过之地，必定会是或多或少有着固定居民的那些地区，而在行进过程中，也必定会留下蛛丝马迹。而舰队却是在一望无边的水面航行，偶有船只掠过，可这些船只并不会在此久留；而且船只经过之后水面即行闭合，虽说船上偶尔掉落的漂浮物可以说明有船只经过此地，但这些漂浮物根本就无法表明船只的航向。尽管被追踪者数天前或数小时前才经过这个地方，但追踪者可能对被追踪者的动向还是一无所知。近来，在仔细研究风向和洋流的基础上，人们已经确定了一些便利的航线，一些谨慎的水手会习惯性地沿着这些航线航行，从而让别人可以推测其动向；但在1778年，人们还并未收集起如此准确的数据，而就算有了这些数据，人们也必定会经常在不久之后就放弃最快捷的那条航线，而改用其他许多可以走的水路之一，以躲避敌人的追踪或伏击。在这样一种捉迷藏式的游戏中，优势在于被追击者这一方，因此监视敌国的出海口，并在敌军进入茫茫大海之前停止追击，这样做的重要性马上就是显而易见的了。假如由于某种原因而无法监视敌国的出海口，那么最佳办法就是不要试图去监视那些敌军可能不会选择的路线，而是应当先于敌人到达其目的地，然后在那儿守株待兔；不过，这种方法意味着要知道敌人的意图，可敌方的意图并非总是能够获知的。在与约翰斯顿较量时，苏弗朗的行动从战略上来看是完全正确的，他进攻波多普雷亚并率军匆匆赶往约翰斯顿部通常的目的地，都是如此；而罗德尼在1780年和1782年两次截击前往马提尼克的法国给养船队时，尽管已经得知敌人正在前来，但截击都没有成功，这就说明，即便是在知道敌人目的地的情况下，守株待兔、等候敌人到来也并非易事。

对于任何海上远征队来说，只有两个地点是确定的，那就是远征队的出发地和到达地。敌方可能不知道我方的到达地；但一直到起航之前，港内有一支部队、有着种种很快会进行调遣的迹象，这些都是可以通过推测而得知的。对于交战双方来说，截击敌方的调遣可能都有着重大的意义；不过，防御方尤其更加且普遍地需要此种截击，因为防御方有着众多的地点容易遭到敌方攻击，所以不可能确切知道哪一处有危险；而倘若能够骗过对手的话，进攻者对自己的攻击目标就会了如指掌。倘若进行此种远征的舰队分处两个或多个港口的话，对它们进行封锁堵截的重要性还会变得更加明显——当单个船坞的设备设施不足以在规定的时间内装备如此之多的舰船，或者像此次战争中的情形一样，盟国分别装备各自的分遣队时，就会很容易出现远征船队分处两个或数个港口的情况。阻止这些分遣队会合，是一件极其必要的事情，而在这些分遣队始发港口外的海域进行堵截，则是比在任何地方进行堵截都要更加稳妥的办法。防御方，顾名思义，就是想必势力没那么强大的一方，因此也就更有必要利用敌人分兵所带来的劣势。1782年罗德尼在圣卢西亚时，曾监视驻马提尼克岛的法国舰队，防止它与驻法兰西角的西班牙船队会合，就是一个扼守正确战略位置的例子；而倘若此处群岛的分布更佳，使得罗德尼处在法军及其目的地之间，而不是处在法军及其目的地后方的话，那么除了这样做，就没别的什么更好的办法了。事实上，罗德尼在当时的形势下已经尽力而为了。

实力较弱的防御方，不能试图去封锁敌方分遣队所在的全部港口；因为这样做，会使防御方的实力在每支敌方分遣队面前都不如对方，从而让己方的目标落空。这样做，实际上是忽视了战争的基本原则。假如防御方正确地判断出不能这样做，而应当在一处或两处港口集中优势兵力，那么就必须决定哪些地方应当守卫、哪些地方应当忽略了——这可是一个涉及在充分了解每个地区的军事、精神与经济等方面的主要情况之后，制定出整体的战争政策的问题。

在1778年战争中，英国必然会采取防御态势。前一个时代中那些最优秀的海军权威人士、霍克及其同时代的人都有一条准则，那就是：英国海军应当维持能够与法、西这两个波旁王国的联合舰队相抗衡的兵力——因为英国海军人员素质更好、兵员也更充足，所以这种情况让英国具有了实实在在的优势。然而直到这些年，英国才注意到此种先见之明。这种失败究竟是像反对派所指责的那样，是因为英国内阁的无能，还是因为和平时期民选政府通常采用的节俭之法，对我们的研究来说并不重要。事实仍然是，尽管法、西两国很可能参战这一点人所共知，但英国海军此时的兵力却弱于法、西联军。从此种形势的所谓战略特征、国内大本营、海外次级基地来看，优势基本上都在英国一方。英国的各个战略要地，就算本身实力并不比敌方强大，至少在地理位置上都更具战略效应；但在战争的第二要素，即能够用于进攻作战的有组织的军事力量，或者说舰队方面，英国却任由自己的实力变得不如敌人了。因此，英国就只能凭借技术和气势来运用这支不如敌人的兵力，通过率先出海、巧妙抢占有利位置、凭借极为迅速的机动来抢占先机并防止敌军会合、干扰敌军与其作战目标之间的交通补给和集中优势兵力迎击敌方主要分遣队等方法，来挫败敌人的阴谋诡计了。

除了美洲大陆，此次战争能否在其他各地继续进行下去，取决于欧洲的那几个母国，取决于各地与这些母国之间的交通补给是否畅通，这一点是十分明显的。倘若让英国不受干扰地凭借其势不可挡的海军实力来扼制美国的贸易和工业，那么不用直接的军事行动，只需通过消耗战，最终将美国革命镇压下去也是很有可能的。假如摆脱盟国海军的压力，英国便可以用其海军来对付美国人；假如能够获得压制盟军的决定性优势——不仅仅是有形的优势，还有士气优势，就像20年后英军的士气那样，那么英国就能够摆脱联军的压力了。倘若那样的话，法、西两个盟国便会因为众所周知的财力不足，以及它们削弱英国实力的主要目标已经落空这两个原因而退出这场战争。然而，英国只有通过作战才能获得此种优势，只有通过向敌方表明，尽管兵力不如，但其海军的高超本领和丰富的财力资源，使得英国政府能够明智地运用这些实力，在此次战争中的关键时刻实实在在地胜敌一筹，才能获得这种优势。而将战舰分散部署在世界各地，使得它们在竭力保护这个散沙帝国中所有易受攻击之处时有被敌人逐一击溃的危险，这种做法却是绝不可能让英国获得此种优势的。

形势的关键在欧洲，而欧洲的关键则在于敌对双方的海军船坞。假如英国像事实业已证明的那样，无法发动一场大陆战争来对付法国，那么英国唯一的希望，便是找到并击溃敌人的海军。在敌方国内港口找到其海军最有把握，而待敌方海军离开这些港口后立即前去迎击也最为容易。正是这一点，决定了英国在拿破仑战争时期的政策；当时英国海军已经牢固地确立起了士气优势，所以敢于用不如敌方的兵力，去跟危险重重的海洋较量，去跟兵力和装备都精良得多、稳稳当当地泊在港内的敌方舰队进行较量。通过面对这种双重危险，该国也获得了双重的优势，既牢牢地监控着敌军，又让敌军在港内安逸的生活中逐渐消磨掉斗志，而英国自己的海军官兵却通过严峻的巡航锻炼，达到了一种准备好斗志昂扬地完成任何使命的完美状态。1805年，维尔纳夫上将附和法国皇帝的谕旨，宣布："我们没有任何理由一看到英国舰队便害怕得很。他们那些装有74门火炮的战舰上，兵力不足500人；而且，在历经了两年的巡航后，这些水兵都已经疲惫不堪了。"一个月后，他又写道："土伦舰队泊在港内时看上去好得很，官兵们着装整齐，操练得也不错；可暴风雨一来，一切都变了。他们没有在暴风雨里训练过。"纳尔逊则说："假如皇帝们听得到真话，那么法国皇帝此时就会发现，他的舰队在一夜之间所遭受的损失，比我方舰队一年遭受的损失还要大。……这些法国绅士不习惯在飓风中行动，而我们的舰队却已英勇地冒着飓风巡航了21个月，连一根桅杆和帆桁也没有损失过。"然而，必须承认的是，这种巡航给人员与船只都带来了巨大的压力，也有许多英国军官因舰船磨损、人员疲惫而反对继续让舰队在敌方沿海巡航。柯灵伍德就曾写道："我们每承受一次风暴，就是削弱了国家的安全一分。最后一次巡航让5艘大型战舰失去了作战能力，而不久前又有两艘无法作战了；其中有几艘，不得不拖回船厂去修理。"他还写道："这两个月来，我都不知道休息一个晚上是什么滋味了。在我看来，这种无休无止的巡航，似乎已经超出了人类承受能力之极限。卡尔德已经瘦得不成个样子，身体完全垮掉了，而手下还告诉我，格雷夫斯的状况也好不到哪里去。"就连豪勋爵这位高水平的专业人士，也是不赞同这种做法的。

除了人员和舰船的损耗，我们还必须承认，任何一种封锁，都是无法百分之百地确保不让敌方的舰队出港的。维尔纳夫曾率舰队从土伦港逃出，而米西埃斯也曾从罗什尔逃走。柯林伍德曾写道："我正在此处监视罗什福尔的法国舰队，但我认为阻止法国舰队起航的做法是行不通的；不过，要是他们从我身边逃走的话，那我就一辈子都抬不起头了。……唯一能够阻止他们出海的，就是他们的担心；因为不可能知道我们的确切位置，所以他们会担心陷入我方的埋伏之中。"

尽管如此，当时的英国海军还是承受住了此种压力。英国舰队沿着法、西两国海岸巡航；损失得到了弥补，舰船也修好了；倘若某位军官阵亡，或者在岗位上累倒了，就由另一名军官来取代。对布雷斯特的严密警戒，挫败了法国皇帝想将兵力联合起来的图谋；尽管遇到了种种异乎寻常的困难，但自土伦舰队动身的那一刻起，直到它越过大西洋并返回欧洲海岸，纳尔逊一直都在警惕地追踪着它的动向。很久以后双方才开始真正较量，而此时战略已经退居其次，结束特拉法尔加海战的是战术了；不过，英国却凭着那些粗犷而又纪律严明的水兵与那些锈迹斑斑、破旧不堪而又指挥有方的舰船，一步一步、一点一点地封锁着那些经验不足的对手的每一步行动。在敌方的每一个船坞前部署兵力，并通过大量的小型舰船将它们联结成一体，这种做法虽说偶尔会让英军在阻碍敌人袭击时失利，但还是有效地使得敌方的舰队没法声势浩大地联合起来。

1805年的舰船与1780年时的舰船，基本上并无多大差别。毫无疑问，舰船建造技术有了进步和改良；不过，这种改变是属于程度上的，而不是舰船种类上的变化。非但如此，就连20年前霍克及其同僚所指挥的舰队，也曾大胆地挑战过比斯开湾冬季的严寒天气。霍克的传记作者称："霍克的往来信件中并无一丝痕迹表明，对于即便是在冬季的暴风雪中巡航于海上非但能够做到、而且是他的义务这一点，他曾经心存疑虑；他也并不怀疑，不久自己就能'很快完成任务'了。"要是有人坚持说，与霍克和纳尔逊那个时代相比，此时法国海军的状况更好，法国海军官兵的品质和受训情况也更强，那么我们必须承认这是事实；但尽管如此，这些官兵在数量上仍然不足，从而严重地影响到了海军的服役质量，何况水兵也严重短缺，因而不得不用陆军士兵来补足，这种情况，法国海军部是不可能长期不知道的。至于西班牙海军，我们没有任何理由认为此时它的人员状况要好于15年之后的那种状况；当时，纳尔逊在谈到西班牙将某些舰船送给法国时，曾经这样说："我认为（西班牙人）并未给这些舰船配齐人员，因为那样做的话，就会再次轻而易举地损失掉这些舰船。"

不过，处于弱势的那一方压制敌方舰船最可靠的办法，就是当它们泊在港内时对它们进行监视，而倘若它们出动，便加以打击，这一点的确太过明显，因此无需多说。在欧洲，唯一严肃地反对此种做法的一个理由，便是法、西两国沿海天气恶劣，尤其是在冬季漫长的黑夜期里。这非但会让舰队有遭遇直接天灾的危险，连那些船体坚固、控制得当的舰船也难以承受，还会给船员带来一种任何本领都无法遏制的持久压力，故需要储备大量舰船，以替换那些送回港内维修的船只，并轮换船上的人员。

假如执行封锁任务的舰队，能够在敌方必经之路的两侧找到一处便利的锚地，就像纳尔逊在1804年和1805年间监视土伦舰队时利用撒丁岛上的马达莱纳湾那样，那么这个问题就变得极其简单了；当时，纳尔逊手下的许多舰船状况都异常糟糕，进一步迫使他采取了这一措施。詹姆士·索马勒兹爵士也是如此，他在1800年甚至利用了法国海岸上距布雷斯特仅仅5英里远的杜瓦尔纳内兹湾，在天气恶劣的时候让封锁部队中的近岸分队泊于此处。从这个角度来看，我们不能说普利茅斯和托贝的位置是尽善尽美的；因为它们不像马达莱纳湾那样处在敌方航线的一侧，而是像圣卢西亚那样，位于敌军航线的后面。尽管如此，霍克还是证明了勤勉和指挥舰船得当是能够克服此种不利因素的，而后来罗德尼也在他那个天气不那么恶劣的战位上证明了这一点。

在利用手下可调遣的舰船过程中，英国海军部纵览1778年这场战争的全局，使该国在美洲、西印度群岛和东印度群岛的海外分遣舰队在兵力上始终与敌人不相上下。实际上，在个别时候，情况也并非全然如此；不过，若只笼统地谈到舰船部署的情况，那么这种说法就是正确的。在欧洲，情况则正好相反，且这也是前述政策的必然结果：英国舰队的兵力，经常大不如法、西两国港内舰队的兵力。因此，只有极其小心谨慎，并且有着逐一遭遇敌军的好运气，才能让英国舰队去进攻；即便如此，一场代价高昂的胜仗，除非具有重大的决定性意义，否则便会因为参战舰船暂时失去作战能力而带来巨大的风险。由此可知，英国的本土舰队（或英吉利海峡舰队）由于作战和天气两个原因而利用得并不多，并且只用于防卫本土沿海或破坏敌方交通补给的作战行动，而英国国内与直布罗陀和地中海地区的交通补给线，也是依赖于这支舰队来保护的。

印度与英国相距遥远，因此此处的政策不可能出现例外情况。舰队派去后，就会在此处留下来，而遇到突发的紧急情况时，既不可能得到增援，也不可能被召回国内。这完全就是一处孤立的战场。欧洲、北美和西印度群岛则应当看成是一个大战区，其间发生的战事都是相互依存的，其中不同地区也都紧密相关，有着或大或小的重要性，从而应当对这些地区加以相应的关注。

假定作为交通补给卫士的各国海军是此次战争中的决定性因素，而海军与此种称作"交通补给"的不间断给养都源自母国，并且全都集中在国内主要海军船坞的话，那么就可以得出如下两个结论：首先，处于防御态势的大不列颠，应当将主要兵力集中部署在这些海军船坞之前；其次，为了实现此种兵力集中，海外的交通补给线不应当毫无必要地扩张，以免需要超出最大必要性地增派船队前来保护它们。与最后一个方面紧密相关的，便是通过防御工事或者其他方式，来巩固这些交通补给线所通往的各个要塞，使之无需依赖舰队任何方式的护卫，只需舰队每隔适当的一段时间便为其运送给养与援兵。例如，直布罗陀就完全满足了这些条件，非但差不多固若金汤，还储备了可以长久坚持的给养。

如果这种推理正确的话，那么英国在美洲大陆的兵力部署就是相当不对的了。将加拿大、哈利法克斯、纽约、纳拉干塞特湾和哈德逊河一线掌控在手中，英国就有能力将叛乱殖民地中的一大部分（或许还是其中具有决定性的一部分）孤立起来。纽约和纳拉干塞特湾本来是可以做到让当时的法国海军无懈可击，从而确保守军安全，使之不会遭到来自海上的攻击，并且将海军的作战任务减到最低限度的；而万一敌方有哪支部队躲过欧洲某处海军船坞前英国舰队的监视而出现在此处沿海的话，英国海军也可以把这两个地方当成是一个安全的庇护所。可正好相反，他们却任由这两个港口防务空虚，使之有落入某个纳尔逊或者某个法拉格特之手的危险，而纽约的守军又曾两次分兵，先是前往切萨皮克，后来又被派往佐治亚，且这两部分兵力都不够强大，无法完成各自面临的任务。在这两种情况下，英国的制海权都被用于将敌人置于英国陆军的两支分队之间，而就算是在英国陆军不分兵的情况下，英军也一直无法从陆路强行穿过敌军交错的北美大陆。由于两支陆军分队之间的交通补给完全依赖于海路，所以，海军的任务便随着交通补给线变长而增加了。由于既要保护海港，又要保护延长了的交通补给线，部署在美洲的海军分舰队便越来越多，从而相应地削弱了欧洲那些关键之处的海军力量。所以，远征南方还有一个直接后果，那便是1779年德斯坦率军出现在纳拉干塞特湾海岸后，由于柯林顿勋爵的兵力并不足以同时保护此地和纽约，英军便只得迅速放弃了纳拉干塞特湾。[3]

在西印度群岛，英国政府所面临的问题不是镇压殖民地叛乱，而是守住并继续利用众多面积不大却很肥沃的岛屿，是独占这些岛屿并且挫败敌人的破坏，尽可能地维持本国与这些地方之间的自由贸易。这就要求英国在海上取得优势，从而既能压制住敌方的舰队，也能压制住敌方的单艘巡航舰，即如今所称的"贸易破坏舰"，这一点自然无需再说。由于任何警戒措施也无法做到将敌方的所有舰船都封锁在港内，所以西印度群岛海域必须有英国的护卫舰和小型舰船进行巡逻才行；不过，倘若能够将法国舰队完全拒于此处海域之外，无疑会比用一支英国舰队在此处对法军来加以遏制更可取，因为不论什么时候，此处英军的兵力都只能是与法军不相上下，并且结果经常是，一旦兵力不如法军，英军便会溃败。由于只能进行防御，所以一旦兵力上处于劣势，英军就总是会蒙受损失。事实上，由于敌军的突袭，该国的确一个接一个地丢掉了大多数岛屿，并且在不同的时期，英国舰队也曾因敌方港内火炮的压制而受阻；可在发觉己方兵力上处于劣势之后，敌军却可以静待增援，因为敌军明白，在等候援军的这段时间里，他们根本就用不着担心自己的安危。[4]

这种捉襟见肘的局面，并非只是西印度群岛地区才存在。西印度群岛距美洲大陆很近，使得进攻方总是能够在防御方确定其进攻意图之前，将分处两地的舰队集结起来；尽管此种集结因大家都很清楚的天气与季节变换情况而在一定程度上受到了限制，但1780年和1781年间的战事却表明，那位最杰出的英国海军司令也因这一原因而产生过纠结，他的部署虽说有缺陷，却反映出了他的心中也是拿捏不定的。而任何防御过程中通常都会出现的这种困局，再加上必须保护英国繁荣兴旺所依赖的大规模贸易，让我们不得不承认，驻守西印度群岛的这位英国海军司令肩上的担子既不轻，也不简单。

在欧洲，由于西半球没有了这些大型的分舰队，所以英国本土和直布罗陀的安全都受到了极大威胁，而英国丢掉了米诺卡岛，原因或许也在于此。当联军的66艘战舰对阵当时英国只能集结起来的那35艘战舰，并将后者赶回港内之后，拿破仑曾经说过的那句话，即控制了英吉利海峡必可让他成为英格兰的主人，就变成了现实。接连30天，组成法国分遣队的那30艘战舰都在比斯开湾巡弋，等候行动迟缓的西班牙舰队到来；而这支法国舰队，根本就没有受到英国舰队的袭扰。由于与英国之间的交通补给中断了，所以直布罗陀曾经不止一次地被逼到了弹尽粮绝的边缘；而此地最终得到解救的原因，并不在于英国政府部署海军兵力的正确，而是在于英军官兵的高超本领和西班牙军队的无能。在最后那次伟大的解围战中，豪勋爵麾下的舰队仅有34艘战舰，而联军的战舰却多达49艘。

那么，在英国所苦的种种困境中，下面哪种应对方针更好呢？是任由敌军出港，然后尽量通过在每处易受攻击的基地都部署足够的海军兵力去迎击敌军，还是克服当前局势的各种困难，试图警戒敌军本土的海军船坞，不抱阻止敌人的每一次进袭、截击敌军的每一支给养船队的无益幻想，而是期待着挫败敌军的大规模联合行动，并且对任何逃跑的大型敌方舰队进行穷追猛打呢？我们不能将此种警戒与封锁混为一谈，虽说"封锁"这个术语经常可以用于指警戒，但不是很准确。纳尔逊曾经写道："谨此告知阁下，我从来就没有封锁过土伦港；情况恰好与此相反。敌人完全拥有出港的机会，因为我们想在海上实现祖国的种种希望与期盼。"他还说："驻土伦或布雷斯特的法国舰队一心出港的时候，我们从未采取过任何措施来加以阻遏。"尽管这话有点儿言过其实，但不可能将法国舰队完全封锁在港内这一点，却是真的。纳尔逊之所以让舰队守在敌方港口附近，并且合理部署足够数量的警戒船只，是因为他想获知敌方舰队何时起航、去往何方等情报；这样做，用他自己的话来说，旨在"追击敌军至地球的另一边"。还有一次，他如此写道："我曾经以为，由法国舰船组成的费罗尔分舰队会硬生生地闯入地中海。假如它与土伦舰队会师一处，那敌人的兵力就会大大超过我方了；但我决不能让这支舰队离开我军的视线，（指挥着费罗尔海域那支英国分舰队的）佩鲁很快便会追上它的。"因此，在这场旷日持久的战争中，法国的分舰队经常因为执行封锁任务的英国舰队在气候恶劣的时候暂时离开，或者因为英国舰队司令官的错误判断而脱逃出港；不过，在这种情况下，英军很快就会发出警报，众多护卫舰中的一些也会发现法国舰队的踪迹，并尾随侦察其可能的目的地，然后将情报从一地传到另一地，从一支舰队传递到另一支舰队，因此很快就会有一支兵力相当的分舰队去追击敌军，并且在形势需要的时候，还会"追至地球的另一边"去。因为从法国政府部署海军的一贯做法来看，其远征队出海，并不是要与敌方舰队作战，而是带有"隐秘的目标";所以,当忙乱而狂热的追兵紧随其后时,即便是单支分舰队,也不可能不受干扰、有条不紊地去执行业已制定的计划了;而对于大规模联合行动来说,因为必须将各个分舰队从不同港口集结起来,这种追击便是绝对致命的因素了。1799年布吕克斯冒险率25艘战舰离开布雷斯特去巡航,这一消息传播得非常迅速,英军随后采取忙乱的行动,犯下了个别失误,法军的目标被挫败,[5] 追兵紧紧咬住了敌人,[6] 1805年米西埃斯率军逃出罗什福尔,1806年维罗梅兹和雷西盖斯率舰队从布雷斯特逃出——所有这些,连同伟大的特拉法尔加一役,都可以说是为研究一种遵循此处所提原则的海军战略提供了许多很有意思的资料;而1798年一役虽说在尼罗河河口取得了辉煌战果而告结束,也还是可以看作是一个由于法国远征队起航时英国在土伦港海域没有部署兵力,由于纳尔逊所率护卫舰兵力不足,因而使得英国随后差点儿就一败涂地的例子。1808年冈托姆率军在地中海进行的那次为期9周的巡航也说明,即便是在如此狭窄的海域内,要控制一支出了海港且没有强大兵力对其加以监视的舰队,也是困难重重的。

尽管法国这个古老的君主国并未因为法兰西帝国那种严格的军事专制而用秘密手段隐藏其舰队的动向,但我们在1778年战争中却举不出类似的例子来。英国在这两个时期都处于防御态势;不过,在前一时期该国放弃了第一道防线,即敌方港口附近的海域,并且试图通过将英国舰队部署到各地来保护这个散沙帝国的每一个部分。我们已经尝试过,在说明一种政策的不足之处时,也承认另一种政策中存在难点与危险。后一种政策,是在认识到海洋同时可以将战场的各个部分或联结、或分隔开来,故海军就是形势的关键这一前提下,旨在通过封锁敌方海军或者迫使敌方海军交战,来缩短战争的时间和决定战争的结局。这就需要有一支兵力相当、作战效率却占有优势的海军,并且为其指定一个有限的作战区域,范围则应缩小到让这一区域内的分舰队能够相互支援。这样部署之后,拦截或者袭击敌方出海的任何分舰队所凭借的,便是技术和警戒了。此种政策,是通过进击敌方舰队来保护偏远地区的本国殖民地和贸易的,因为它将敌方舰队视作真正的敌人和己方主要的作战目标。由于地处本国港口很近的海域,因此就能用最短的时间将那些需要修理的舰船加以更换和补充,从而减轻对国外那些资源较稀缺的基地的需求。而另一种政策要想见效,就要求在兵力上占有优势,因为不同的分舰队之间相距太远,无法相互支援。因此,每一支分舰队的兵力,都必须与敌军可能联合起来向它发动进攻的兵力相当才行,而这意味着各处的兵力都得优于实际对抗的敌军兵力,因为敌人可能会出其不意地得到增援。尽管英国想方设法在各地都保持与敌人相当的兵力，但驻守海外的英军同驻守在欧洲的英军一样，兵力经常不如敌人；从这一事实就可以看出，当兵力不占优势时，这种防御战略是多么的不切实际，具有多么巨大的危险性。1778年豪勋爵在纽约、1779年拜伦在格林纳达、1781年格雷夫斯在切萨皮克湾海域、1781年胡德在马提尼克，以及1782年他在圣基茨岛时，所率兵力全都不如敌人，而与此同时，法、西联合舰队在欧洲的兵力，则压倒性地超过了英军。结果，英军连那些不适于航海的船只也留下来了，宁愿让船上的官兵身处危险之中，让舰船损伤日益增加，也不愿将这些船只打发回国内，以免削弱此处的兵力；因为殖民地的船坞不足，所以这些船舶只能横跨大西洋，否则就无法进行大修。至于这两种战略的相对代价，这个问题就不但涉及哪种战略在相同的时间内付出的代价更大，还涉及实施哪一种战略最有可能缩短战争的时间了。

由于采取攻势的一方较采取守势的一方具有优势是一种事实，因此法、西联军的军事政策比英国的军事政策更易遭到人们的严厉诟病。当盟军克服了起初难以将兵力联合起来的困难之后——而我们也已看到，大不列颠从未严重地阻遏过它们联合起来——联军就可以自由选择在什么地点、什么时间以及采取什么方式，利用己方的优势兵力来发动进攻了。可法、西两国又是怎样利用这种公认的巨大优势的呢？不过就是一点一点地蚕食大英帝国的边缘，把头往直布罗陀的岩石上撞罢了。法国最重大的一次军事行动，便是派遣了一支分舰队和一支陆军前往合众国，打算让业已抵达那里的兵力增加一倍。但一年多一点儿之后，结果却是让英国人看清了与殖民者较量毫无希望的形势，从而结束了北美对该国实力的牵制；可这种牵制对英国的敌人来说，其实却一直都是极其有利的。在西印度群岛，英国占领的那些小岛一个接一个地被敌军攻取，通常都是英国舰队不在场的时候轻而易举地攻下的；这表明，倘若对英国舰队取得一场决定性的胜利，就会让整个问题得到彻底解决。可法军尽管有着许多的大好机会，却从未想过用如此简单的办法，去进攻维系着英国的一切的那支舰队，来解决这一难题。西班牙则在佛罗里达一意孤行，虽然具有压倒性的优势兵力，却并未获得有什么军事价值的重大胜利。在欧洲，英国政府制定的计划，使得该国海军的兵力年复一年地处于毫无希望的劣势之中；而法、西联军所制定的作战计划，却似乎从未认真地考虑过，要去摧毁英国的这支武装力量。举个重大战例来说，当德比上将所率那支分舰队的30艘战舰，被联军的49艘战舰包围在托贝港那片空旷的锚地之后，联军作战会议不与之交战的决定，无非是集中体现出了联合海军作战行动的特点罢了。虽说为了进一步牵制英军在欧洲的行动，西班牙长期以来一直顽固地坚持将西班牙舰队限制在直布罗陀附近海域，但该国却从未真正认识到这样一个事实，那就是：在直布罗陀海峡、英吉利海峡或者公海上给予英国舰队以重击，是攻克直布罗陀这个多次被逼到弹尽粮绝边缘的要塞最可靠的一条途径。

在实施主动进攻作战的过程中，盟国政府都深受意见分歧和相互忌惮之苦，因为这些分歧与忌惮妨碍到了两国海军的绝大多数联合行动。西班牙政府的行为似乎一直都很自私，甚至差不多到了背信弃义的程度；法国政府的行为则更有信义一些，因而在军事上也更加正确——衷心合作、行动一致地来对抗一个精心挑选出来的共同目标，会更好地促进两国实现各自的目标。我们还必须承认，有迹象表明这两个盟国都管理无方，备战效率都很低下，西班牙则尤其如此；而联军的人员素质[7]也不如英军。然而，备战和管理虽说有着深远的军事意义和重要性，但这两个问题，与盟国政府在选取和进击作战目标并因而实现战争目标的过程中所采取的战略计划或战略手段并不相同；而探究这两个问题，非但会不合理地扩大本书论述的范围，还会因为堆砌一些与本书主题无关的细节内容，而让那些具有战略性的问题变得模糊不清。

关于战略问题，我们可以简单地说，"隐秘目标"这种说法体现了海军政策中的根本性缺陷。所谓的隐秘目标，让法、西这两个盟国的希望落了空；因为只关注各自的隐秘目标，两国都轻率地错过了实现这些目标的途径。两国都一心盯着眼前的目标——或者更准确一点来说，就是盯着构成其目标的那些虽说重大却只属局部的利益，从而蒙蔽了两国的双眼，使之看不到仅凭这一点即可稳稳当当地实现这些目标的途径；因此，就像此次战争的结局那样，两国在哪儿都没有实现这些目标。我们不妨再次引述一下前面已经给出的总结性说法，即法、西两国的目标是"为了一雪前耻，报复两国所遭受的损失，为了终结英格兰所篡取并在海洋之上保持的那个专制之帝国。"但是两国如愿以偿地进行的这种报复，对两国本身却并无益处。当时的那一代人认为，两国通过解放美国而让英国遭受了重创；可是，两国却没有纠正各自对直布罗陀和牙买加两地的错误政策，英国舰队也并未受到足以削弱其傲慢自恃之势的任何打击，且两国还任由北方列强组成的武装中立同盟如昙花一现般地无果而终，从而使得大英帝国不久之后就在海洋上变得跟以前一样专横，并且比以前更加不受限制了。

倘若不去考虑备战和管理方面的问题，不考虑联军与英军相比而言的作战能力问题，只考虑联军兵力具有极大优势这个无可争辩的事实，那我们必定会注意到此次战争中军事行动上最重要的一个因素，那就是：虽说法、西两个盟国处于攻势而英国处于守势，但在面对英国海军时，法、西联合船队却总是采取防御态势。无论是在较大规模的战略性联合行动中，还是在具体的某个战场之上，联合舰队似乎都没有认真考虑过用优势兵力去摧毁敌方舰队的一部分，让双方兵力上的差距变得更大，从而通过消灭英国赖以维持的有组织的军事力量，终结其海洋霸主的地位。除了苏弗朗那个唯一的精彩战例，法、西盟国海军要么是避免与英军交战，要么便是被动应战；它们从来都没有主动地向英军发动过战斗。然而，只要任由英国海军如此胆大妄为地横行海上，那么非但无法保证盟国在此次战争中的隐秘目标不会像以前那样一次又一次地落空，而且始终都存在这样一种可能性，那就是：英国可能通过某种机缘巧合，或者通过获得某次重大胜利，从而恢复该国与盟国之间的实力平衡。没有做到这一点，应该说是英国政府的一大失误；不过，英国任由其欧洲舰队的实力削弱到了远不如盟国舰队的地步，倘若这种做法不对的话，那么盟国舰队就更应该受到指责了，因为它们没能利用英国的这种错误获得好处。采取攻势、实力较强的一方，不能将防御一方因担心多地安危而过度分散兵力、从而造成了种种混乱局面当作借口，尽管这种混乱局面并不说明防御方的做法有道理。

法兰西民族所持有的那种成见，在此处的作战方针中再一次得到了体现，并且最后一次遭到了批评；当时的法国政府和海军将领，似乎都持有这种成见。这既是法国海军作战方针的关键，而在笔者看来，也是使得法国未能在此次战争中获得更多实质性成果的关键原因。此种成见表明，一种固有的传统可以力量强大地支配人们的心理，使得一批才能出众且英勇无畏的海军官兵虽说职业崇高，却甘愿毫无怨言地担当如此低劣的一种角色；这一点，是很令人深思的。假如这些批评意见中肯的话，那么这一现象也含有一种警示，说明如今人们的观点和那些似是而非的印象，始终都应当得到全面检验才行；因为倘若这些观点和印象是错误的，那就必定会带来失败，或许还会带来灾难性的后果。

当时法国的军事将领们，大多持有这样一种印象——而在如今的合众国将领当中，此种印象则更为广泛——即认为战争主要依赖于贸易破坏战，尤其是在对像大不列颠这样以贸易为主的国家发动战争的时候。拉蒙特·皮凯这位杰出的将领曾经写道："在我看来，征服英国最可靠的手段，便是进攻该国的贸易。"大家都会承认，对一个国家的贸易进行严重干扰，必定会给该国带来烦恼和危难。毫无疑问，贸易破坏战是海军战争中一种极其重要的辅助性作战行动，并且在战争本身结束之前，交战双方都不太可能放弃这种作战形式；不过，倘若将其看作是一种主要的、根本性的、本身足以击败敌人的手段，那么这种看法就很可能只是一种错觉罢了，并且当它披着"轻而易举"这种迷人的外衣呈现于一个民族的精英们眼前时，很可能还是一种极其危险的错觉。而当这个民族所对抗的那个国家，像大不列颠那样拥有一种强大制海权的两个必备条件——即一种分布广泛、兴旺发达的贸易和一支强大的海军——时，这种错觉则尤具误导性。假如一个国家的岁入与产业收入集中在为数不多的宝船上，像西班牙的大帆船舰队那样，或许一击便能斩断其维持战争所需的财源；不过，倘若一国的财富分散于成千上万来来往往的舰船之上，倘若其贸易体系像大树一样根脉广泛而深远的话，那么该国就能承受住多次猛击，可以失去众多枝干而不危及其生命。只有通过军事掌控海洋，通过长久控制那些具有战略意义的贸易中心，这样的攻击才具有致命性；[8] 而只有通过作战并且打败一支强有力的海军，才能从其手中夺取此种控制权。200年来，英国一直都是世界上一个伟大的贸易之国。无论是在战争时期还是在和平时期，该国的财富比其他各国都更加依赖于海洋；不过，该国一直也是世界上最不愿意承认贸易豁免权和中立国权利的一个国家。因为英国并未把这两个方面看成是权利问题，而把它们看成是政策问题，所以历史业已证明该国这种不愿意是有道理的；而假如英国维持其全部的海军力量，那么将来无疑还会重复过去的那种教训。

1783年1月20日，大不列颠与法、西等盟国政府在凡尔赛签署了和约草案，从而结束了这场大战；两个月之前，大不列颠已与美国派出的专员们缔结了一项协定，承认合众国独立了。这是此次战争的重大成果。至于欧洲的各个交战国，英国从法国手中收回了曾经失去的整个西印度群岛，只有多巴哥除外，同时还放弃了圣卢西亚。法国收复了印度的那些军事据点；由于亭可马里落到了敌人手中，所以英国无法阻止敌人将此地归还给荷兰，但它拒绝交出奈伽帕塔姆。英国还将东、西佛罗里达和米诺卡岛割让给了西班牙；假如西班牙的海军实力足够强大，能够一直占领该地的话，那么割让米诺卡岛就将是英国的重大损失了。可结果却是，在下一次战争中，米诺卡岛又落入了英国手中。此外，各国还对非洲西海岸的一些贸易站点进行了一些无关紧要的重新分配。

这些解决办法本身并不重要，但有一点，我们还是需要根据这些措施来加以说明才行。在日后的战争中，这些地方的归属是否会持久不变，将完全取决于各国的海权是否平衡，取决于英国这个没有通过此次战争确立下任何决定性问题的海洋帝国。

1783年9月3日，交战国在凡尔赛签署了正式的和约。

原注：

（1）此处我们可以顺便说一句，在时称西佛罗里达的那个地区，英属领地的门户是在彭萨科拉和莫比尔两处，全都依靠牙买加来提供支援；陆地条件、航运条件和进行全面陆上战争的条件，都不允许英国从大西洋上对此处进行支援。英国驻牙买加的海陆两军兵力，只够防卫该岛与保护贸易，并不足以救援佛罗里达。西班牙军队用压倒性的优势兵力，不费吹灰之力便攻下了佛罗里达和巴哈马群岛，还用多达15艘战舰、7000陆军的兵力进攻彭萨科拉。后面我们不会再提及这些战事了。它们对于这场战争的唯一意义，便是牵制了这支威武壮观得很的兵力，使之无法与法军联合行动；因为西班牙在此处也跟在直布罗陀那样，一心追逐该国自身的目标，而不是将注意力集中在两国共同的敌人身上——这是一种既目光短浅、又自私自利的政策。

（2）换言之就是，探究过交战各国的目标以及为了实现这些目标各国的军事行动应当针对哪些正确的作战目标之后，此时我们所讨论的，便是各国应当如何指挥其军事力量，应当采用什么样的手段，在什么地方对机动的作战目标发起进攻了。

（3）关于这一点，罗德尼曾说："撤离罗德岛，是可能采取的措施当中最具致命性的一种。这样做，就是放弃了美洲最优良、最出色的一个海港；从此处派出的舰队，48小时之后就可以封锁美国的3个主要城市，即波士顿、纽约和费城。"他写给英国海军大臣的这封私信，值得我们去读一读。（参见《罗德尼传记》第二卷，第429页）

（4）虽说失去了圣卢西亚，但由于这位英国海军上将有着乐观而勇敢的心态，而兵力上占极大优势的那支法国舰队的司令职业本领又很低劣，所以对这种说法并没有什么影响。

（5）督政府[1]给布吕克斯制定的那个作战计划是不可能实施的了；法、西两国分舰队耽搁了集结，使得英国在地中海地区集结了60艘舰船。

（6）法、西联合舰队在布吕克斯的率领下返回布雷斯特时，只比从地中海追击而至的凯思勋爵早了24个小时。（参见詹姆士的《大不列颠海军史》）

（7）此种说法，并未忽视许多法国将领具有高超职业素养的事实。由于优秀者不足，故军中还有许多素质较低的人员，从而降低了整体素质。"我国的船员素质，已经因1779年战役中的战事而受到了严重的影响。1780年初，我

---

[1] The Directory：督政府。指法兰西第一共和国时期，自1795年至1799年间掌握法国最高政权的政府，由元老院选出的5名督政官所组成。

们要么必须裁撤掉一些战舰，要么必须提高船员编制中陆军士兵的比例。海军大臣采纳了后一种办法。从陆军中抽调人力组成了若干个新兵团，交由海军支配。在战争刚刚爆发的时候，各级军官的数量本来就不多，而后来则变得完全不足了。基申伯爵这位少将在为其所率舰队补充兵源时，在军官和船员两方面都遇到了最大的困难。他在写给海军大臣的信中说，他是2月3日率领舰队出海的，当时舰队'人员配备极其糟糕'。"（参见希瓦利埃的《法国海军史》，第184页）"在上一次战争（即1778年战争）期间，我们遇到了最大的困难，无法为我国的舰船配备足够多的军官。就算当时指定海军上将、准将和舰长并不难，但在上尉和少尉这一级中，因阵亡、疾病或升职而造成的空缺，却不可能得到补充。"（参见希瓦利埃的《法兰西共和国海军》，第20页）

（8）英国生死攸关的贸易中心，便是不列颠群岛周围的海域；由于英国如今主要依靠海外地区来为其提供粮食，故我们可以得出结论说，法国因为距英国很近，并且在大西洋和北海沿岸都拥有海港，所以其位置最适合于用贸易破坏战的形式来不断地袭扰英国。以前劫掠英国商船的那些私掠船，正是从这些港口出发的。如今此种情况比过去更加可靠了，因为法国在英吉利海峡上又有了瑟堡这样一个良港，而在过去的一场场战争中，该国在此地并无这样的优良海港。而另一方面，汽轮和铁路已让英国可以更为有效地利用北部沿海的那些港口，故英国商船无需再像过去那样以英吉利海峡为中心进行活动了。

不久前（1888年）在英吉利海峡及其附近地区由巡洋舰所进行的夏末演习，已经相当重视捕获私掠船只。合众国必定还记得，这种巡洋舰过去都是在本国港口附近海域活动的。虽说它们的燃煤补给线可以达到200英里，但要让它们在距本国3000英里远的地方维持活动，却是另外一回事了。在此种情形下，要获得燃煤以及清洗船底或进行必要的维修等所需的设备设施，对英国来说是很不方便的，因为我们完全有理由怀疑，附近地区的中立国究竟会不会向英国舰队提供这些东西。

由独立的巡洋舰所进行的贸易破坏战，倚赖的是广泛分布的兵力。由一支大型舰队通过控制一个战略中心而进行的贸易破坏战，倚赖的是将兵力集中起来。倘若将贸易破坏战看成是一种主要而非辅助性的作战行动，那么数个世纪的经验教训，业已表明前一种方式并不正确，而后一种方式却是很有道理的。